HISTOIRE
de l'Eglise Métropolitaine
de Saint=Rombaut

A MALINES

PAR LE CHANOINE J. LAENEN
Docteur en Philosophie & Lettres, Archiviste de l'Archevêché

TOME II

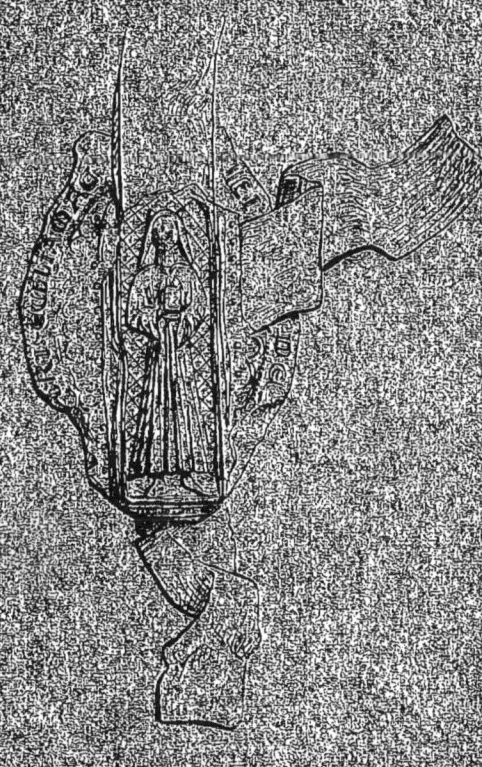

GODENNE, IMPRIMEUR-ÉDITEUR, 30, GRAND'PLACE, MALINES
1920

Intérieur de l'église métropolitaine vers la fin du xviie siècle, d'après un tableau de Guill. Van Ehrenberg et Gonzalès Coques

HISTOIRE
DE L'ÉGLISE MÉTROPOLITAINE DE SAINT-ROMBAUT
A MALINES

TOME II

Intérieur de l'église métropolitaine vers la fin du XVIIe siècle, d'après un tableau de Guill. Van Ehrenberg et Gonzalès Coques

HISTOIRE

de l'Eglise Métropolitaine de Saint=Rombaut

A MALINES

PAR LE CHANOINE J. LAENEN

Docteur en Philosophie & Lettres, Archiviste de l'Archevêché

TOME II

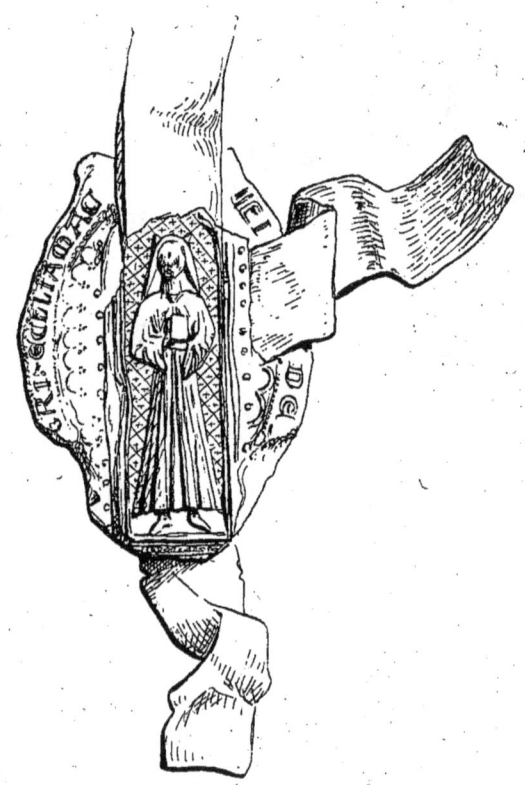

L. GODENNE, IMPRIMEUR-ÉDITEUR, 30, GRAND' PLACE, MALINES
1920

CHAPITRE IV

La Paroisse

§ I

La paroisse primitive

SOMMAIRE. — La paroisse-mère de Malines en 1134. — Un double problème à résoudre. — Les cinq paroisses primitives. — Le titre baptismal de Malines au xij^e siècle. — Faits qui corroborent notre hypothèse. — Deux difficultés. — Le transfert des fonts baptismaux à l'église Saint-Rombaut. — Conclusion.

La paroisse de Malines, telle qu'elle se présente avec ses chapelles dépendantes, ses *appendicia*, dans la première moitié du xij^e siècle, était très vaste. Elle s'étendait tant sur la ville proprement dite, le centre bâti et la banlieue immédiate, que sur la campagne environnante. Les limites de la paroisse malinoise touchaient, au Nord, au territoire de Waelhem, peut-être à celui de Waerloos; à l'Est, la paroisse se perdait dans les terres marécageuses, dans les bruyères et les bois du Waverwald, en englobant la paroisse actuelle de Neckerspoel et probablement les bruyères qui, au xiij^e siècle, formèrent la circonscription de la paroisse de Notre-Dame de Berentrode, au Boene-heyde; du même côté, le prêtre de Malines exerçait la cure d'âmes sur les hameaux de Muysen et d'Hanswyck; au Sud et à l'Ouest, le territoire de Malines était limité par les paroisses d'Elewyt, Sempst, Hombeek, Leest, Heffen et Rumpst.

Si la circonscription spirituelle l'*Altar-terminatio*, de l'église paroissiale de Malines, au xij^e siècle, peut être établie avec une grande probabilité, les historiens locaux négligent la question de l'importance primitive de la paroisse et ne sont guère d'accord sur l'identification du titre baptismal.

Les anciens chroniqueurs, sur la foi de la tradition, considèrent l'oratoire de Notre-Dame au delà de la Dyle comme la première église de Malines ; ses origines remonteraient tout au moins à saint Lambert (1), si ce n'est à saint Maxime, en 407 (2) ; les auteurs modernes préfèrent admettre que l'église Saint-Rombaut fut le premier centre religieux de la ville naissante (3).

La solution de la question est intimement liée à celle des origines mêmes de la ville. L'agglomération urbaine a-t-elle pris naissance autour de la basilique de l'abbaye, dans les terres basses qui s'étendent sur la rive droite de la Dyle, ou bien faut-il chercher le premier noyau de la population malinoise sur les terrains plus élevés, non exposés aux inondations, et partant plus salubres de la rive gauche ?

Nous estimons que la question est assez importante pour faire l'objet d'un examen approfondi ; elle se rattache, d'ailleurs, directement à notre sujet.

Rappelons d'abord deux documents que nous avons étudiés déjà à un autre point de vue.

Par son diplôme de l'année 1135, Liétard, évêque de Cambrai, à la prière de Raduard, chanoine de Saint-Rombaut, confirma et ratifia la cession faite l'année précédente, par le chapitre de Cambrai à celui de Malines, de l'autel de cette dernière localité, avec tous les droits et revenus qui y étaient attachés, « *Altare de Machlinia*, disent les chanoines de Cambrai, *cum appendiciis suis, excepta dota et capitalibus, vobis censualiter concedimus... quod si dotem et familiam altaris iure nostro conquisierimus, ea vobis censu con-*

---

(1) Avec l'imperturbable assurance qui caractérise les anciens chroniqueurs, REMERUS VALERIUS, — *Chronicke van Mechelen*, p. xxvj, — date la prédication de saint Lambert de l'année 640 et fixe en la même année la consécration de l'église Notre-Dame.

(2) J. COMPAIGNON, *Histoire... de N.-D. de Consolation, vénérée chez les Religieuses Carmélites de Vilvorde.* Bruxelles, 1648, ch. IV, p. 9.

(3) J. SCHŒFFER, *Historische Aanteekeningen*, t. I, p. 118 ; — G. VAN CASTER, *Histoire des rues de Malines et de leurs monuments.* Malines, 1882, p. 207 ; le même auteur, dans l'édition flamande de cet ouvrage, passe sous silence la question des origines.

venienti assignabimus... Nous vous transférons à cens l'autel de Malines avec ses dépendances, à l'exception de la dotation et des tailles à payer par les serfs... que nous vous céderons également moyennant un cens équitable, si nous parvenons à nous remettre en leur possession (1) ».

Quant aux *appendicia*, c'est-à-dire aux chapelles dépendantes du titre baptismal, l'acte de cession ne les énumère pas, mais nous savons, par la bulle du pape Eugène III, postérieure au diplôme de Liétard d'une quinzaine d'années, que le Chapitre, vers 1150, considérait comme telles les chapelles de Muysen, d'Hanswyck, de Donck et de Battel (2).

L'examen attentif de ces deux documents, mis en corrélation avec les données de quelques autres textes, est de nature, pensons-nous, à éclairer avec la plus grande probabilité le problème assez ardu des origines paroissiales de la ville et à établir d'une manière certaine l'identification du titre baptismal primitif.

On n'ignore pas, en effet, par l'étude des institutions paroissiales dans leur ensemble, que de nombreux *appendicia* cités dans les documents des xij^e et xiij^e siècles, doivent être considérés comme de véritables églises paroissiales anciennes. Ces églises, déchues de bonne heure de leurs prérogatives baptismales, conservèrent, parfois pendant de longs siècles encore, leur cimetière propre et leur territoire décimable.

Une situation de ce genre se présente à Malines, pour les chapelles énumérées dans la bulle de 1130.

La chapelle d'Hanswyck (3) paraît même n'avoir jamais complètement perdu ses prérogatives paroissiales. Une série d'actes de 1287 à 1289, dont nous aurons à nous occuper dans le § suivant, et qui consacrent la restitution intégrale de ses privilèges parois-

---

(1) Cf. Livre II, chap. I, § 1, tome I, p. 145.
(2) Cf. Livre I, chap. I, § 1, tome I, p. 147.
(3) Il est à peine nécessaire de rappeler que l'église d'Hanswyck, avant les troubles du xvj^e siècle, était bâtie hors de l'enceinte actuelle de la ville. Le territoire d'Hanswyck s'étendait, au témoignage de P.-J. de Roubaix, mayeur du district, de la ville et de la province de Malines, « buyten en teghens soo de Lovensche als de oude Brusselsche poorte, paelende alsoo westwaerts tusschen deze twee poorten.... ». — P. Siré, *Hanswyck en het wonderdadigh beeldt van de Alderheylichste Maegd ende Moeder Godts Maria....* Termonde, 1738, p. 4.

siaux à l'antique sanctuaire, nous apprennent que le desservant jouissait à cette époque du tiers pastoral de la dîme (1); en 1235 et en 1250, l'*État des revenus* et la bulle du pape Eugène III distinguent nettement, en ce qui concerne la dîme seigneuriale, le territoire décimable d'Hanswyck du reste de la circonscription malinoise (2); enfin, un acte scabinal, daté de la fête de l'Invention de la Sainte-Croix, 3 mai 1283, antérieur donc de plusieurs années à la restitution du titre pastoral, parle de biens situés dans les paroisses de Muysen et d'Hanswyck (3). Or, Mathilde, qui céda les biens en question aux religieuses de Leliëndael, ne pouvait manquer d'être au courant de la situation, puisqu'elle était la propre fille de Guillaume van Haren, chanoine de Saint-Rombaut et curé de Muysen et d'Hanswyck (4).

Au reste, déjà dans un acte de l'année 1258 du chartrier de Blijdenberg, nous voyons probablement le même Guillaume figurer comme *presbyter de Musinis et de Hanswic* et disposer d'une maison qu'il possédait près de l'église, *prope ecclesiam de Hanswic* (5).

La chapelle de Muysen, comme nous l'apprend l'acte d'érection de la paroisse, en 1255 (6), possédait également, à cette date, une dotation propre, avait des marguilliers et se trouvait avoir conservé, au profit du prêtre qui la desservait, la perception des novales (7), ainsi que celle du tiers pastoral (8).

---

(1) V. ci-après § 2.

(2) La bulle, après avoir rangé parmi les possessions du Chapitre l'autel de Malines, sans faire une mention spéciale des dîmes, cite à part, comme revenu distinct, les deux tiers de la dîme d'Hanswyck. L'*État des Revenus*, également, après avoir attribué au Prévôt les deux tiers des dîmes dans toute la paroisse de Malines, accorde à l'Écolâtre les deux tiers de celles d'Hanswyck.

(3) AM, *Lettres scabinales*, carton 1, 3 mai 1283.

(4) IBIDEM, 9 avril 1274. Par cet acte, Guillaume de Haren, « cupiens animae suae providere saluti et specialem facere provisionem filiabus suis Machtildis et Catherinae », leur cède cinq journaux de terre situés « in stockt in prato de Musinis ».

(5) AA, *Fonds de Blijdenberg*, Chartrier, 1258.

(6) MIRAEUS, t. III, p. 116. — V. ci-dessous, § 2.

(7) On se rappellera qu'en droit, et presque toujours en fait, même lorsque la dîme ancienne, ou sa majeure partie avait passé en des mains étrangères, les novales étaient demeurées aux mains du curé. — V. J. LAENEN, *La dîme ecclésiastique*, dans *La Vie diocésaine*, t. 1911, et *Introduction à l'histoire paroissiale*, chap. III, § 2.

(8) Tout au moins, Jean de Heveren attesta, le 23 mars 1352 (n. s.), que Guillaume de Haren avait prélevé sans contestation cette part de la dîme. AM, *Orig.*, Cf. *Inventaire*, t. VI, p. 200.

Nous avons des renseignements moins précis sur la chapelle Saint-Lambert au Donck (1) et sur celle de la Sainte-Croix à Battel (2). Nous savons, cependant, qu'à l'époque moderne, ces deux chapelles avaient encore leur cimetière propre (3) et qu'en 1261 la chapelle Saint-Lambert était desservie par un prêtre qui y résidait (4).

Nous croyons donc pouvoir affirmer que quatre paroisses primitives existaient dans la banlieue de Malines, sans compter la paroisse du centre ou de l'agglomération urbaine. De ce fait il résulte que l'*Altar-terminatio*, la circonscription spirituelle de l'autel de Malines, dans la première moitié du xij^e siècle, avait englobé déjà les territoires de quatre paroisses suburbaines.

Cette conclusion, basée sur l'examen des documents, concorde avec les données des traditions locales, qui attribuent la fondation des églises de Muysen, du Donck et de Battel à saint Lambert, et font remonter le culte de l'image miraculeuse d'Hanswyck à l'année 988 (5).

La seconde question est celle de l'identification du titre

---

(1) L'identification de la chapelle du Donck, signalée dans la bulle pontificale, avec la chapelle Saint-Lambert, hors la porte d'Adeghem, résulte de la description de la dîme du Donck, telle que celle-ci fut affermée au xive siècle. « Dit is dat begin van thiende van Donck. Item over de Zype oft waterloop gaande te Molenweert die legget tusschen thof van den Heyden te heyde syde, nu Jans van Dale, oft heyken streckende totter overste poorte lancx neven de broeckstrate, geheeten Leenskensblock, streckende lancx neven de eerste molen metten molenbergh ende alsoo dweers over de holstraete... — AC, *Grand Cartulaire*, reg. I, f° 16 v°, déclaration ou beley du 10 mai 1416. — La chapelle Saint-Lambert était située en face de l'hospice actuel d'Oliveten, au coin de l'Olivetenvest et de la chaussée d'Adeghem. Elle fut démolie au xvj^e siècle et le terrain incorporé dans les fortifications élevées en 1635, contre les Français et les Hollandais, et supprimées à leur tour sous Joseph II. Cf. J. Schœffer, t. I, p. 334.

(2) La chapelle de la Sainte-Croix, à Battel, fut détruite au xvj^e siècle et remplacée en 1627, par un oratoire en l'honneur de saint Joseph. — Cf. J. Schœffer, t. I, p. 366. — La chapelle ancienne était située non loin de la rivière.

(3) J. Schœffer, t. I, pp. 330 et 367.

(4) Arnold de Zellaer lui légua notamment une rente annuelle de cinq livres « ut ibidem divini officii cultus magis ac melius solitus frequentetur ». — ACZ, *Cart.* A, f° 19 v°.

(5) Le fait que le titre patronal de ces quatre églises était la Sainte-Croix, la Sainte Vierge, et deux fois saint Lambert, s'il ne constitue pas une preuve en faveur de l'ancienneté de ces églises, est cependant de nature à lui donner une certaine probabilité.

baptismal, c'est-à-dire de l'église à laquelle, à l'intérieur de la ville, était attachée la cure d'âmes de la grande paroisse malinoise au xij^e siècle.

Trois faits se dégagent de l'étude des deux documents que nous venons de rappeler.

D'abord, l'église baptismale de l'ancien Malines n'était pas une église domaniale, c'est-à-dire une église construite dans un grand domaine, faisant corps avec lui et relevant du patronage du propriétaire terrien; mais elle formait une église libre, construite à l'usage d'une agglomération d'hommes libres, et son patronage appartenait à l'évêque et au chapitre cathédral de Cambrai (1).

Ensuite, la *dos ecclesiae,* la dotation en propriétés foncières, et puisqu'il s'agit d'une époque reculée, en serfs, la *familia* servile, que toute église devait posséder avant son érection canonique ou sa consécration par l'évêque diocésain, appartenait, au xij^e siècle, ni aux chanoines de Saint-Rombaut, ni à ceux de Cambrai.

Enfin, troisième fait, l'autel incorporé au Chapitre, en 1134 et 1135, était seul, à l'intérieur de la ville, à posséder le droit de sépulture, ainsi que les autres prérogatives paroissiales, les quatre chapelles citées par Eugène IV, en 1150, étant toutes situées en dehors des murs.

Or, ces données ne répondent pas à ce que nous savons de l'église Saint-Rombaut.

Le *monasterium canonicorum,* dont nous parlent les *Gesta episcoporum Cameracensium,* était manifestement une église domaniale; elle faisait partie intégrante de l'antique *abbatia* et relevait comme telle de l'évêque de Liége, qui en nommait le prévôt. Un indice de cette séculaire dépendance se retrouve dans la précaution que les chanoines prirent en 1217, au moment où ils mirent la main aux travaux de reconstruction de l'édifice, en se faisant con-

---

(1) Sur la distinction à établir entre les église domaniales et les églises libres, on peut consulter : IMBART DE LA TOUR, *Les Paroisses rurales du ive au xj^e siècle.* Paris, 190'', — U. STUTZ, *Geschichte des kirchliches Beneficialwesens.* Berlin, 1890; — U. STUTZ, *Die Eigenkirche als element des mittelalterlich-germanischen Kirchenrechts.* Berlin, 1895; — U. STUTZ, *Lehen und Pfrunde,* dans le *Zeitschrift des Savignistijtung,* t. XXXII (1899), pp. 213-247; — A.-M. KOENIGER, *Burchard I von Worms und die deutsche Kirche seiner Zeit.* Munich, 1905, pp. 46-47; — V. aussi notre *Introduction à l'hist. paroissiale du diocèse de Malines,* chap. II et chap. VII.

firmer, par bulle du pape Honorius III, la propriété d'une église dont la condition juridique pouvait encore prêter à équivoque (1).

L'*État des revenus* de 1235 nous apprend ensuite que trois quarts de siècle après la bulle d'Eugène III, l'église Saint-Rombaut était toujours en possession de sa dotation en biens fonciers et en serfs (2).

Enfin, l'église Saint-Rombaut n'était pas seule, à l'intérieur de la ville, à posséder des droits paroissiaux, si tant est qu'elle-même ait jamais joui de ces prérogatives avant le xij^e ou le xiij^e siècle.

En effet, vers l'année 1200, nous nous trouvons en présence, sur la rive gauche de la Dyle, d'une église possédant en ce moment, ou ayant possédé peu d'années auparavant encore, le droit de sépulture, comme nous le savons par le relevé des biens de l'hôpital Notre-Dame, fondé en 1196 par Albert de Cuyck, relevé qui date de l'année 1220 environ, et qui mentionne un cens que l'institution levait sur une maison située *iuxta cimiterium Beatae Mariae*, près du cimetière Notre-Dame (3).

D'autre part, cette seconde église à laquelle, comme nous l'avons montré ci-dessus, les traditions malinoises attribuent la plus haute antiquité (4), était restée en possession de sa dotation; en 1255, elle l'administrait encore librement par des proviseurs (5).

N'y a-t-il pas lieu, dès lors, de conclure que le titre paroissial, en 1134-1135, n'appartenait pas à l'église Saint-Rombaut, mais qu'il était rattaché à celle de Notre-Dame?

Nous le pensons, d'autant plus que cette conclusion se trouve confirmée par ce que nous savons d'une situation commune aux autres villes brabançonnes et par un ensemble de circonstances que nous relevons à Malines même.

C'est ainsi que, dans plusieurs anciennes villes du Brabant (6),

---

(1) V. Chap. I, tome I, p. 149; v. également ci-après, IIIe partie, chap. II, § 1.
(2) V. Chap. I, § 1, tome I, pp. 148 et 153.
(3) AMH, *Fonds de l'Hôpital Notre-Dame;* — imprimé dans les *Analectes pour servir à l'histoire ecclésiastique*, t. XII, p. 81.
(4) V. ci-dessus, p. 2.
(5) MIRAEUS, t. III, p. 116. « Magistri seu provisores fabricae Sanctae Mariae bona quae dicentur dos sanctae Mariae, cum eorumdem pertinentiis percipient... »
(6) J. LAENEN, *Les paroisses primitives des villes et le problème des origines communales*, dans les *Mélanges Bon de Borman* (sous presse).

nous constatons, dès l'époque la plus reculée, la co-existence de deux églises, construites souvent à quelques pas l'une de l'autre. Leur présence ne répondait certainement pas à des exigences religieuses d'une population très peu dense encore, mais elle se manifeste comme la conséquence naturelle de la cohabitation, dans les villes naissantes, de deux populations nettement distinctes, serve l'une, habitant le bourg ou le monastère et les terrains domaniaux, libre l'autre, groupée autour du marché.

La situation, sous ce rapport, dans les villes, ne diffère guère de celle qui existait à la campagne, plus spécialement dans les régions de culture précoce, telles que la région limoneuse de la province actuelle du Brabant. Là aussi, la multiplicité des églises ne découlait pas des nécessités du culte, mais s'explique par le morcellement des terres en un nombre considérable de *villae* de petite étendue, qui appartenaient chacune à un propriétaire terrien différent. En dehors des motifs religieux que ce propriétaire pouvait avoir de construire une église dans son domaine, un puissant intérêt économique l'y engageait.

Du moment, en effet, qu'une église existait dans un domaine, les dîmes de ce domaine lui étaient acquises. Or, on ignore pas que de très bonne heure le tiers au moins de la dîme, la part de la fabrique, demeurait acquis au propriétaire de la *villa* (1).

On rencontre des exemples de la co-existence sur un terrain restreint de deux églises urbaines, domaniale l'une, libre l'autre, notamment à Anvers, à Bruxelles, à Louvain, à Tirlemont, à Diest et peut-être à Nivelles.

A Malines aussi, un double groupement de la population existait : les colons de *l'abbatia* et les hommes libres de la rive gauche.

Abstraction faite des traditions locales sur l'antiquité de l'église Notre-Dame et avant tout examen des documents et des faits, l'établissement d'un centre de population sur la rive gauche est probable, si l'on considère la nature même du terrain, plus élevé que celui de la rive droite et nullement exposé, comme ce dernier,

---

(1) Cf. J. LAENEN, *La dîme ecclésiastique dans le droit local du Brabant*, dans *La Vie diocésaine*, t. V, 1911, p. 58, et les auteurs cités — V. aussi *Introduction à l'hist. paroissiale*, chap. III, § 2 (en préparation).

aux inondations et aux émanations malsaines des terres marécageuses du bas de la ville.

De fait, comme nous venons de le voir, les documents nous montrent, à des distances très rapprochées, égrenés le long de la rive gauche, les hameaux de Muysen, d'Hanswyck, de Donck et de Battel, centres très anciens tous les quatre, puisque dans la première moitié du xij^e siècle déjà ils étaient en décadence et que leurs sanctuaires avaient déchu au rang d'*appendicia*.

Cette particularité, rapprochée du fait de l'emplacement même du hameau, le long de la rivière et sur un embranchement de la voie romaine qui descendait du Brabant par Perck et Weerde et par Elewyt (1), nous permet de conclure à l'existence, autour de la butte de Notre-Dame, d'une population libre très ancienne (2).

L'attribution du titre pastoral à une église de la rive gauche rend raison d'un fait assez surprenant à première vue, la dépendance, notamment de la paroisse malinoise de l'archidiaconé de Brabant, plus tard de celui de Bruxelles, et du doyenné de ce nom. Alors que la Dyle constituait ailleurs la délimitation entre les archidiaconés d'Anvers et de Brabant, seule, la paroisse de Malines formait comme un promontoire brabançon dans la juridiction de l'archidiacre d'Anvers. Cette anomalie trouve son explication toute naturelle, si l'on veut admettre que le titre pastoral était situé sur la rive gauche, tout en étendant son *Altar-terminatio,* sa juridiction religieuse, sur les terres de l'*abbatia* et les habitants des parties basses de l'agglo-

---

(1) C. Van Dessel, *Topographie des voies romaines en Belgique*. Bruxelles, 1877, pp. 11 et 14.

(2) Dans un document rapporté par L.-A. Warnkönig, *Flandrische Staats- und Rechtsgeschichte bis zum Jahre 1305*. Tubingue, 1835-1845, t. III, p. 17, et par A. Van Lokeren, *Chartes et diplôme de l'abbaye de Saint-Pierre à Gand*. Gand, 1868-1871, t. I, p. 43, — notamment un des actes d'asservissement volontaire, au profit du célèbre monastère du Mont-Blandin, sur lesquels Léon Vanderkindere, — *La liberté et la propriété en Flandre, du ixe au xij^e siècle*, dans *Choix d'Études historiques*, pp. 342-363, — a fixé à bon droit l'attention, nous fait connaître qu'en 1102, une dame libre, nommée Alburg, qui s'offrit elle-même et ses enfants, en tributaires ou sainteurs à Saint-Pierre, était originaire de Malines. Seulement, le Malines dont il s'agit dans cet acte n'est probablement pas notre Malines, mais la localité de Machelen-lez-Deynze.

Cf. J. Laenen, *Introduction à l'histoire paroissiale du diocèse de Malines*, chap. II, § 2 (en préparation).

mération. Tandis que si l'on préfère rattacher le titre pastoral à un oratoire de la rive droite, le phénomène contraire aurait dû se produire.

On pourrait se demander, cependant, comment il se fait que l'église Saint-Rombaut, si tant est qu'elle-même ne fut pas le siège de l'*altare* de Malines, ne soit pas citée parmi les *appendicia* de cet autel. N'en faut-il pas conclure que puisque Saint-Rombaut n'était pas une dépendance de l'*altare* de Malines, la future église métropolitaine doit être considérée comme cet *altare* lui-même ?

Nous ne le pensons pas.

Si l'église Saint-Rombaut n'est pas citée parmi les *appendicia*, c'est qu'elle ne devait pas l'être au même titre que les autres chapelles. Saint-Rombaut ne formait pas une chapelle dépendante, elle était une église monastique, et comme telle jouissait d'une condition juridique spéciale et d'une situation indépendante ; elle formait comme un îlot au milieu de la vaste paroisse malinoise.

On comprend donc sans peine que Saint-Rombaut ne fut pas rangée parmi les chapelles dépendantes ; mais une omission de ce genre ne trouverait aucune explication plausible en ce qui concerne Notre-Dame.

Concluons, de tout ce qui précède, que le titre paroissial, cédé par le chapitre de Cambrai aux chanoines de Saint-Rombaut, en 1134, et qui leur fut confirmé en 1135 par l'évêque Liétard, et en 1150 par le pape Eugène III, est et ne peut être que celui de Notre-Dame.

Mais une autre difficulté se présente.

En 1255, le 2 septembre, lendemain de la fête de saint Gilles, l'évêque Nicolas de Fontaines sépara de la grande paroisse malinoise les territoires de Muysen, de Neckerspoel et de Notre-Dame, en comprenant dans la dernière circonscription les anciens territoires de Saint-Lambert et de Sainte-Croix. L'évêque, en même temps, érigea en églises baptismales les chapelles de saint Lambert à Muysen, du Saint-Esprit à Neckerspoel et le temple de Notre-Dame. L'acte de 1255 ne fournit-il pas la preuve de la condition juridique inférieure de cette dernière église ?

Examiné séparément, le diplôme épiscopal de 1255, portant

création de la nouvelle paroisse, n'est pas sans présenter des difficultés d'interprétation. Nous voyons, en effet, l'évêque affirmer à deux reprises que le droit de sépulture appartient exclusivement au curé de Malines, au *plebanus machliniensis* (1), alors que nous savons que l'église, vers 1220, possédait un cimetière.

Cette apparente contradiction s'explique, si l'on veut bien admettre, qu'après l'incorporation des revenus de la paroisse et de la charge pastorale au Chapitre, les chanoines avaient transféré les fonts baptismaux et les autres services paroissiaux de l'église Notre-Dame, titre curial primitif, à leur propre église, à la Collégiale de Saint-Rombaut.

Quant à déterminer l'époque à laquelle eut lieu le transfert, nous en sommes réduits à de simples conjectures. Serait-ce au moment où les travaux de reconstruction de l'ancienne basilique de Notger (2), et peut-être aussi l'abandon de la vie commune devaient inciter les chanoines à faire encore d'autres réformes et à rechercher d'autres nouveautés ?

Un indice, bien faible il est vrai, semble confirmer cette hypothèse et reporter l'installation définitive du service paroissial dans la nouvelle collégiale entre les années 1235 et 1255.

Dans l'*État des revenus* de 1235, il est dit, en effet, que la cire provenant des funérailles, dans toute l'étendue de la paroisse, revient au Grand-Coûtre, alors que dans le diplôme épiscopal de 1255, nous constatons que le proviseur de l'autel des âmes, qui était aussi l'autel paroissial (3), avait droit à une part de cette même cire (4).

---

(1) MIRAEUS, t. III, p. 116. « ...In qua [parochia] solus machliniensis plebanus curam habuit animarum et sepeliebat mortuorum corpora tam Sanctae Mariae quam... » « De candelis eciam quae ponunfur circa corpora defunctorum et quae deferuntur ad ecclesiam Sanctae Mariae... tantum percipiet... sicut ante divisionem... quando ad ecclesiam Sancti Rumoldi deferebantur tumulanda corpora defunctorum... »

(2) V. sur la valeur que nous attachons à cette expression « Basilique de Notger », ci-après Livre III, chap. I.

(3) Cf. ci-après Livre III, chap. IV, § 1, n° 1.

(4) Notons toutefois que, dans un acte de 1211, — Cf. Livre III, chap. IV, § 1, n° 1, — les chanoines accordent au nouveau chapelain de l'autel de la Ste-Croix *sub ambone*, les oblations faites au pléban après l'offertoire, « altare... cum oblationibus quae ei offeruntur post offertorium plebani ecclesiae... » Un ancien relevé des revenus de la chapellenie limite ces oblations à celles faites aux messes de trentaine. AF 2, *Coll. De Coster*, Farde F 1, n° 18.

Le déplacement des services paroissiaux expliquerait mieux, pensons-nous, que le grand nombre d'habitants et leur éloignement de l'église, — les seules considérations invoquées par l'évêque, — la création de la paroisse Notre-Dame à quelques pas de l'église-mère.

Résumons brièvement cet exposé, trop long peut-être et nécessairement un peu confus, à raison de certaines digressions inévitables dans le domaine des institutions paroissiales, peu familier à bon nombre de lecteurs.

A l'origine, le territoire qui forma au xij^e siècle la circonscription paroissiale de Malines, était fractionné en cinq agglomérations possédant chacune son église paroissiale. C'étaient, en dehors de celle serrée autour de l'église Notre-Dame, les hameaux de Muysen, d'Hanswyck, du Donck et de Battel. Au commencement du xij^e siècle déjà, la fusion était faite au profit de l'église urbaine.

A l'encontre de la plupart des autres églises collégiales de nos contrées, dont les chapitres durent leur origine à l'évolution d'un antique clergé de *vicus* ou à la fondation, dans l'église paroissiale libre, de bénéfices simples; l'ancienne église monastique de Malines ne possédait pas de fonts baptismaux. Jusqu'après l'incorporation de la charge et des revenus presbytéraux au Chapitre de Saint-Rombaut, le titre paroissial appartenait à l'église Notre-Dame, l'église libre, construite au centre de la population libre, habitant la rive gauche de la Dyle.

Ce n'est qu'après 1135, peut-être seulement après 1235, que les chanoines, désireux de réserver à la Fabrique de leur propre église les revenus provenant des libéralités des fidèles, transférèrent le service paroissial à Saint-Rombaut, effectuant ainsi, entre leur collège et la paroisse malinoise, une union plus intime que celle qui existait de longue date entre le Chapitre et les autres cures incorporées de Steenockerzeel, de Hever et de Schelle.

§ 2

Le fractionnement de la paroisse-mère

SOMMAIRE: — Érection des nouvelles paroisses au xiij^e siècle. — Les paroisses de Notre-Dame, de Muysen et de Neckerspoel, et les conditions d'érection de ces paroisses. — La paroisse de Notre-Dame d'Hanswyck. — Les autres paroisses urbaines. — Les paroisses de Waelhem et de Bonheyden. — L'église Saint-Nicolas.

Un prodigieux développement économique caractérise les villes flamandes et brabançonnes aux xiij^e et xive siècles. Malines, également, connut une ère de grande activité industrielle et commerciale, qui s'étendit du milieu du xiij^e siècle jusqu'aux luttes politiques de la première moitié du xive.

La prospérité de la ville durant cette période nous est attestée par les travaux publics qui furent exécutés et par les monuments civils et religieux qu'on éleva durant cette époque. Elle nous est manifestée également par l'arrivée de plusieurs ordres religieux, des Chevaliers de l'ordre teutonique, des Victorines, des Franciscains, des Augustins, des Carmes, et par les fondations charitables qui éclosent en même temps. L'hôpital Notre-Dame, le couvent de Ter-Zieken, destiné à héberger les pauvres lépreux, l'hospice de saint Jacques et celui de saint Julien datent de cette époque.

L'accroissement de la population alla de pair avec le développement économique de la ville et rendit bientôt insuffisante l'unique paroisse, surtout depuis que le siège en avait été transféré dans le bas de la ville. D'ailleurs, les contributions volontaires et les offrandes des commerçants établis autour de la butte de Notre-Dame, et celles des artisans qui s'étaient groupés de préférence à Neckerspoel et à Hanswyck, permirent aux habitants de ces quartiers de pourvoir à la dotation d'une église particulière et à l'entretien d'un clergé propre.

Le premier démembrement de la grande paroisse malinoise du xij^e siècle eut lieu le 2 septembre 1255. Il eut pour conséquence la création de trois paroisses nouvelles; celle du Saint-Esprit à Neckerspoel, celle de saint Lambert à Muysen, et celle de Notre-Dame; l'ancien territoire d'Hanswyck fut rattaché à la paroisse de Neckerspoel; ceux de Donck et de Battel, soumis à la cure d'âme du curé de Notre-Dame.

« A raison, est-il dit dans les lettres d'érection (1), du trop grand nombre d'habitants et de la circonscription trop vaste de la paroisse de Saint-Rombaut, qui s'étend jusqu'au delà de la Dyle, à l'église Notre-Dame, notamment à Muysen, à Hanswyck et Neckerspoël, territoires soumis à la cure d'âme d'un seul pléban, qui préside également aux funérailles des personnes décédées à Notre-Dame et à celles des habitants de Muysen et même de Neckerspoel, bien que ces chapelles soient desservies par des chapelains qui y entendent les confessions et y imposent des pénitences, non sans mettre en péril le salut des fidèles... », l'évêque Nicolas de Fontaines, du consentement du pléban et du Chapitre, d'une part, du chapelain et des paroissiens de Notre-Dame, du chapelain et des paroissiens du Saint-Esprit à Neckerspoel, et du chapelain de Muysen et Hanswyck, d'autre part, prononça l'érection de ces différents territoires en paroisses distinctes, de manière que dorénavant chaque église eût ses fonts baptismaux, jouît du droit de sépulture et fût desservie par un prêtre chargé d'y administrer les sacrements.

L'évêque s'occupe ensuite dans le diplôme d'érection de la dotation de l'église et du curé, et stipule qu'un tiers des offrandes des fidèles faites à l'église Notre-Dame appartiendra au curé et les deux autres tiers au Chapitre, comme curé de la paroisse-mère. Il devait en être de même des legs et des contributions volontaires. Au mois de mai 1264, l'évêque interpréta cette clause et déclara que les legs faits dans un but déterminé, par exemple, en vue de l'entretien de la construction ou du luminaire, ou encore pour la fondation de chapellenies nouvelles, resteraient acquis, en leur totalité, à l'église filiale. Quant aux anniversaires, même si d'après le désir exprès des fondateurs la célébration devait se faire à l'église Notre-Dame, le Chapitre et le Clergé de Saint-Rombaut conser-

---

(1) MIRAEUS, t. III, p. 142, d'après le *Liber caerulaeus*, f° 4; — également VAN GESTEL, t. I, p. 67; — SOLLERIUS, p. 119; — AZEVEDO, *Korte chronyk*, ad a. 1255; — J.-B. DAVID, *Geschiedenis der stad Mechelen*, p. 32; — DHANIS, *Opkomst en bloei van 't christendom*, t. I, p. 54.

veraient le droit de les célébrer eux-mêmes, tout en abandonnant au curé une distribution égale à celle des autres assistants. Le proviseur de l'autel des Ames à Saint-Rombaut et le Grand-Coûtre conservèrent sur la cire des funérailles les droits dont ils avaient joui, alors que le corps de tous les défunts était encore porté à l'église collégiale. Enfin, la Fabrique de l'église Notre-Dame, qui administrait librement sa dotation, conserva ses biens et leur gestion, mais dût s'engager à payer au pléban Gérard, tant que celui-ci conserverait ses fonctions, une pension annuelle, en dédommagement des pertes subies par lui par le fait de l'érection de la nouvelle paroisse.

Il n'est pas question de dîmes dans cet acte.

Des clauses identiques furent insérées dans l'acte de fondation de la paroisse de Neckerspoel (1), sauf en ce qui concerne la pension à payer au pléban de Saint-Rombaut. Comme l'église du Saint-Esprit était de fondation récente, postérieure aux actes de 1134-1135 et 1150, qui ne la mentionnent pas, elle n'avait probablement pas d'autre dotation que les revenus d'une chapellenie. Aussi le diplôme de 1255 ne fait aucune mention ni de la dotation de cette église, ni des *provisores fabricae;* mais il accorde au pléban une indemnité à charge du chapelain et de la communauté des habitants, qui furent astreint à payer respectivement quinze et quarante-cinq sous de Bruxelles (2).

La situation fut toute autre à Muysen.

La chapelle Saint-Lambert constituait un ancien titre baptismal déchu ; à certain moment elle avait étendu sa juridiction sur le territoire d'Hanswyck, pour passer avant 1135, avec son *annexe,* sous l'autorité du curé de Malines. Mais l'absorption de l'ancien titre par la grande paroisse malinoise ne fut jamais complète. Aussi dans l'acte d'érection de la nouvelle paroisse, l'évêque se réserve-t-il la

---

(1) AC, *Liber caerulaeus,* f° 4 ; — VAN HELMONT, t. I, p. 70.

(2) « Ad haec ordinamus de consensu omnium praedictorum quod parochiani de Neckerspole, Gerardo, plebano Mechliniensi, pro redditibus sibi in dicta divisione sublatis quadraginta quinque solidos bruxellenses et presbyter de Neckerspole quindecim solidos eiusdem monetae quandiu plebanatum mechliniensem tenuerit annuatim persolvere tenebuntur eisdem terminis quibus ipsi parochiani ante divisionem parochiae supradictae, ipsi plebano viginti quinque solidos lovanienses persolvere consueverunt, a quo solutione postquam idem Gerardus desierit esse plebanus parochiani praedicti erunt penitus liberati... » — *Liber caerulaeus,* f° 5 ; — VAN HELMONT, t. I, p. 70.

faculté d'examiner ultérieurement la situation et de statuer, du consentement des partis intéressés, sur la dotation du curé et sur l'attribution des novales. La dotation, comme nous l'apprend un acte postérieur, comprenait le tiers des grosses dîmes. Pour le reste, les clauses insérées dans l'acte de fondation de la paroisse Notre-Dame furent reprises ici (1).

On serait tenté de croire que la création de la paroisse du Saint-Esprit, réclamée par la population, fut de nature à léser des droits acquis du desservant de la chapelle existante, car nous voyons, par l'acte même de séparation, les marguilliers s'engager à payer à leur curé une indemnité pour les revenus auxquels il avait renoncé, et lui accordant le produit de deux bonniers de terre arable, appartenant à la Fabrique (2).

Après avoir ainsi, dans chacun des trois diplômes, déterminé les conditions spéciales dans lesquelles la séparation fut faite, l'évêque, par une stipulation commune aux trois églises filiales, détermine les anciens droits et les privilèges honorifiques dont l'église-mère et le Chapitre continueront à jouir.

Nous y voyons, notamment, que les curés devront se présenter avec leurs paroissiens aux réunions synodales à l'église Saint-Rombaut (3).

Enfin, l'évêque fixe pour chaque nouvelle paroisse, à douze deniers le *cathedraticum* (4), ou la redevance due à l'Ordinaire.

---

(1) AC, *Chartrier*, 2 sept. 1255, *orig.*; AC, *Liber caerulaeus*, f° 5; VAN HELMONT, p. 71.

(2) « Ad haec ordinamus de assensu omnium praedictorum quod magistri sive provisores fabricae de Musinis fructus duorum bonariorum terrae ad fabricam pertinentium Gosuin capellano seu presbytero de Musinis pro redditibus sibi in dicta divisione subtractis quamdiu fuerit presbyter de Musinis persolvant. »

(3) Les synodes dont il est question ici étaient des tribunaux ecclésiastiques ambulants, composés du doyen et des *scabini synodales*, échevins synodaux, seenscepenen. Ces derniers n'étaient pas, comme leur nom semblerait l'indiquer, des échevins proprement dits, des juges, mais plutôt des accusateurs ou tout au moins des témoins qualifiés. C'étaient deux personnes honorables de l'endroit, convoquées spécialement à l'effet de dénoncer les délits de la compétence du juge ecclésiastique, et, en particulier, de faire connaître les personnes vivant dans un commerce illégitime. — Cf. J. LAENEN, *Notes sur l'organisation ecclésiastique du Brabant*, p. 52; — E. PROOST, *Les tribunaux ecclésiastiques en Belgique*, dans les *Annales de l'Académie royale d'Archéologie de Belgique*, t. XXVII.

(4) V. sur cette redevance due à l'évêque, J. LAENEN, *Notes sur l'organisation*, pp. 97-98.

L'érection des trois premières paroisses subalternes fut suivie de près par celle de la paroisse de Notre-Dame d'Hanswyck, ou plutôt, par la restitution intégrale des prérogatives et du titre paroissial que la chapelle n'avait jamais complètement perdus.

Le 7 janvier 1287 (1), les chanoines permirent qu'après la renonciation ou le décès de Guillaume de Haren, chanoine de Saint-Rombaut et curé de Muysen et d'Hanswyck, et du chapelain Gilbert, le sanctuaire et la chapellenie y annexée fussent mises aux mains des religieux du Val-des-Écoliers. Cette concession fut ratifiée, après enquête préalable, par l'évêque de Cambrai, Guillaume de Hainaut, qui, le 15 mars 1289, érigea canoniquement l'église en titre paroissial. En vertu de ce diplôme épiscopal, les Religieux devaient présenter au Chapitre celui de leurs confrères qu'ils désiraient voir chargé de la cure d'âmes, et après avoir obtenu l'agrément des chanoines, solliciter de l'archidiacre l'institution canonique. Le Chapitre se réserva également la moitié dans les oblations des fidèles et divers autres droits réels.

Nous sommes moins bien renseignés sur les origines et les conditions de formation des autres paroisses anciennes de Malines. Pour autant qu'on peut se fier à un extrait fragmentaire d'un diplôme de Nicolas de Fontaines, de l'année 1272, portant érection de l'archidiaconé de Bruxelles et du relevé des paroisses du nouvel

---

(1) Cf. *Chronycke ofte beschryvinge der besonderste geschiedenissen t'sedert het eerste van de derthienste eeuwe raeckende het cloostar van Onse Lieve* [Vrouw] *van Hanswyck... begonst door my* Fr. Gaspar van Veltom, *prior van hetselve clooster ende pastoor der selve prochie in het jaer 1746*. — Ms. aux Archives de l'église de N.-D. d'Hanswyck Les actes relatifs à la cession de l'église et à la création de la nouvelle paroisse sont au nombre de six, ils furent reproduits par G. van Caster, — *Histoire du Prieuré d'Hanswyck*. Malines, 1888, pp. 79 et ss., — d'après le Grand Cartulaire de Saint-Rombaut, et analysés par van Veltom, d'après les originaux.

Ces actes sont datés respectivement du 7 janvier 1286 (a. s.), consentement du Chapitre cité ci-dessus; du vendredi après l'Épiphanie 1287 (a. s.), consentement du curé de Haren; du vendredi avant la conversion de saint Paul, 1287 (a. s.), sentence de l'archidiacre d'Anvers, approuvant l'accord entre les chanoines et les religieux; — du jeudi après le troisième dimanche de carême 1288 (a. s.), commission donnée par l'Évêque aux archidiacres d'Anvers et de Bruxelles, pour examiner le projet; — du samedi avant le quatrième dimanche de carême 1288 (a. s.), confirmation de l'accord par les deux archidiacres, — du quatrième dimanche du carême 1288 (a.s.), approbation de l'Évêque.

archidiaconé, l'église de saint Jean et celle des saints Pierre et Paul existaient à cette époque, mais il n'en était pas de même de celle de sainte Catherine, ou au moins celle-ci n'était pas encore paroissiale, puisqu'elle n'est pas citée (1). D'autre part, un document de 1285 fait mention d'une maison située près du cimetière Sainte-Catherine, du côté de l'infirmerie des Béguines (2). Ce texte fait penser que nous avons à faire à une église jouissant du droit de sépulture. Au reste, l'église existait déjà en 1246, lorsque Godefroid de Breda légua douze sous de Louvain à la Fabrique de Sainte-Catherine, *ad fabricam sanctae Catharinae* (3).

Quant aux circonstances dans lesquelles les nouvelles paroisses furent érigées, s'il faut en croire une résolution capitulaire du 11 septembre 1587, résolution bien tardive donc pour avoir grande valeur documentaire, la disjonction de ces deux paroisses de l'église-mère aurait été faite sur les instances du Magistrat, qui assigna aux curés une pension annuelle (4). Toujours est-il que le 23 octobre de la même année, les chanoines remirent au curé de Saint-Pierre, le futur archevêque Mathias Hovius, copie authentique d'une lettre scabinale de l'année 1333, par laquelle le Magistrat s'engagea à payer au desservant une pension annuelle de quinze livres de Flandre (5).

---

(1) AM, *Chronol. Aenwyser*, reg. II, 1272, extrait fragmentaire. — Faisons observer que le texte publié par Duvivier, *Recherches sur le Hainaut ancien*, t. II, p. 665, ne donne pas de relevé des paroisses. Le copiste du *Chronologische Aenwyser* aurait-il peut-être repris le fragment qu'il nous a conservé, au pouillé de Cambrai, dont nous avons parlé ci-dessus, — chap. II, § 3; t. I, p. 236, — qui cite également les paroisses de saint Jean et de saint Pierre, mais ne signale que la chapelle de sainte Catherine? AC, Reg. *Taxationes beneficiorum*, f° 36; — Cf. J. Schœffer, t. I, pp. 142, 206 et 211.

(2) AMH, *Fonds du Béguinage*, acte scabinal du jour de la Séparation des Apôtres (15 juillet) 1285, orig., « iuxta cimiterium Beatae Catharinae versus infirmariam ».

(3) *Bijdragen tot de Geschiedenis, bijzonderlijk van het aloude Hertogdom Brabant*, t. V, 1906, p. 356. — Peut-être pourrait-on traduire *ad fabricam*, par *au profit des constructions*, puisque le même acte renseigne deux autres legs : le premier de cinq sous à l'église Saint-Rombaut; le second, de vingt sous, *ad fabricam* de la même église, laquelle, nous le savons, était en voie de construction en 1246.

(4) AC, *Acta*, reg. IV, f° 17.

(5) Ibidem, f° 17 v° « ...iniunximus nostro secretario, ut tradat eidem supplicanti copiam authenticam litterarum quindecim librarum flandricarum curato S. Petri per scabinos et communitatem civitatis Mechliniensis promissarum A° Dni XIII° XXXIII feria secunda post ramos palmarum... »

Quant aux églises de Waelhem et de Bonheyden, bien que dans l'*État des revenus* de 1235 la première soit citée parmi les *appendicia* de l'autel de Malines, et que la seconde fût toujours considérée par le Chapitre comme une filiale détachée jadis de l'antique paroisse-mère, leur origine nous paraît moins établie.

D'après le diplôme de Henri Berthout, sire de Duffel, de l'année 1255, donné en confirmation de la délimitation primitive de la paroisse de Waelhem, celle-ci fut fondée par les ancêtres de Henri, les frères Gauthier et Gilles (1). Cette donnée nous reporte à une année certainement postérieure à la mort de Gauthier Ier, père de Gauthier et de Gilles, probablement postérieure aussi à la mort de Henri Ier, sire de Duffel et de Gheel, troisième fils de Gauthier Ier, décédé entre les années 1231 et 1235, mais antérieure à l'année 1243, date de la mort de Gauthier II.

Nous savons peu de chose concernant l'érection de cette paroisse, si ce n'est que de commun accord avec l'évêque consécrateur, les seigneurs de la localité déterminèrent le district décimable de la nouvelle église et qu'ils lui assignèrent même une dîme sur le territoire de Saint-Rombaut.

Dans son Histoire de Waelhem, le chanoine Th. Cooremans (2) met en doute la filiation de Waelhem de l'ancienne paroisse malinoise. De fait, la circonstance que Waelhem fit toujours partie du doyenné d'Anvers et non de celui de Bruxelles est de nature à faire hésiter, d'autant plus que le patronage que les chanoines exercèrent sur cette église fut, dans les temps postérieurs tout au moins, plus restreint que l'autorité que le Chapitre s'était réservée sur les autres paroisses subalternes (3); si bien qu'on se demande à bon droit si la mention de Waelhem parmi les chapelles dépendantes dans l'*État de revenus* de 1235 n'équivaut pas plutôt à l'affirmation d'une prétention qu'à la constatation d'un fait réel. Cette inscription

---

(1) Le document a été publié, d'après un texte assez jeune et peu correct, par G. VAN CASTER, *Notice historique sur Waelhem et l'ancienne abbaye cistercienne de Roosendael*, extrait du *Bulletin du Cercle Archéologique*, t II, 1891, pp. 11-12.

(2) TH. COOREMANS, *Geschiedenis van Waelhem*, extrait demeuré incomple du *Ware Volksvriend*, années 1900 et ss., p. 26.

(3) Le Chapitre ne prélevait pas, notamment, à Waelhem les deux tiers des oblations et la cire des funérailles qu'il revendiquait dans les paroisses urbaines L'église de Muysen, il est vrai, fut dans le même cas.

nous rappellerait ainsi la précaution prise par les chanoines de Cambrai, qui firent insérer dans la confirmation de leurs possessions par le pape Eugène III, en 1148 et en 1152, certains biens qu'ils ne possédaient plus et d'autres que dans une circonstance toute récente ils avaient expressément reconnu eux-mêmes n'avoir jamais possédés (1).

Nos renseignements sont moins précis encore en ce qui concerne la paroisse de Bonheyden. Le fait, cependant, que de bonne heure le patronage de l'église appartenait aux chanoines, sans qu'il soit possible de relever l'origine de ce droit, paraît confirmer la thèse du Chapitre. L'emplacement de l'église, au milieu de la bruyère, le long de la grande route, est de nature également à faire écarter l'hypothèse d'une origine domaniale. Cet emplacement, hors de l'enclos de la demeure seigneuriale, est désigné dans les documents du xive siècle, par la dénomination caractéristique que porte la paroisse : « Notre-Dame de Berentrode op Boene heyde ». D'autre part, ce n'est qu'en 1316 qu'Alice de Guines, veuve de Gauthier IV, donna au Chapitre les dîmes de Bonheyden qui lui avaient été léguées en douaire par son mari (2).

Reste encore, parmi les églises anciennes de Malines, celle de saint Nicolas, hors la porte des Vaches. Celle-ci, pensons-nous, n'obtint jamais le rang d'église paroissiale. Elle fut très probablement construite comme oratoire de l'hospice des prêtres émérites (3), et comme telle peut avoir eu un cimetière jusqu'à sa destruction au xvj^e siècle (4), mais elle fut toujours considérée comme simple chapelle.

Il en fut, à peu de chose près, de même de l'église du Béguinage, dont le desservant porte dans les actes anciens, tantôt le titre de chapelain, tantôt celui de curé. Au xiij^e siècle, à la mort du curé Jean de Waerloes, les béguines élurent comme successeur Arnold d'Hérenthals, alors curé à Waelhem, le présentèrent au Chapitre et prièrent les chanoines de le présenter à leur tour à l'Ordinaire.

---

(1) CH. DUVIVIER, *Recherches sur le Hainaut ancien.* Bruxelles, 1869, t. II, p. 575; — Cf. ci-dessus, chap. I, § 1; t. I, p. 145.
(2) V. J. LAENEN, *Bonheyden*, dans *La Vie diocésaine*, t. II, 1908, p. 74.
(3) V. ci-dessus, chap. II, § 3; t. I, pp. 245-246.
(4) Cf. J. SCHŒFFER, t. I, pp. 239 et ss.

C'était, dirent les chanoines, une nouveauté; à eux seuls, prétendirent-ils, appartenait la collation de la cure du Béguinage, et ensemble avec Jean de Liesele, leur candidat, ils en appelèrent à l'officialité. Déboutées à Cambrai, les béguines allèrent en appel auprès du métropolitain à Reims, et obtinrent une sentence conforme à leurs vœux (1). Ce mode de nomination fut ratifié après la mort du curé Jean Caligatoris ou de Causmaeker, par acte solennel du Chapitre, le 24 novembre 1354 (2).

---

(1) ARCHIVES DU BÉGUINAGE, 1317, feria 6e post festum B. Martini hyemalis (18 nov.), *orig.*
(2) IBIDEM, *orig.* muni de l'ancien grand sceau du Chapitre.

§ 3

Le pléban et les curés des églises subalternes

SOMMAIRE : — La plébanie de Saint-Rombaut. — Le vice-pléban. — Le dernier pléban de l'ancienne cathédrale, J.-B. Van Trimpont. — Les curés des églises subalternes. — Les droits du Chapitre sur les oblations et la cire.

En acquérant le titre presbytéral de Malines et l'incorporation des revenus pastoraux à la mense capitulaire, le Chapitre assuma en même temps l'obligation de députer un prêtre chargé de la cure d'âmes de toutes les personnes non soumises à la juridiction directe du doyen, et d'assurer à ce prêtre des revenus suffisants pour son entretien.

Le desservant de la paroisse était le *vicarius perpetuus* du Chapitre, son remplaçant inamovible, mais en fait, il continua à porter le titre de *plebanus*, prêtre député pour le peuple. Sa nomination appartenait nécessairement au Chapitre, sous réserve de l'approbation de l'archidiacre, qui accordait l'institution canonique, l'*institution collative*, et de l'évêque, qui conférait la cure d'âmes, l'*institution autorisable* (1).

Quant aux revenus du *plebanus*, ils consistaient principalement dans les oblations, tarifées et volontaires, des fidèles. Nous ne voyons pas, en effet, que l'*État des revenus* assigne au pléban des ressources fixes, tandis que l'article 10 des *Statuta antiquissima* lui réserve les oblations faites par les fidèles, même après les messes célébrées par les chanoines. « Personne, est-il dit dans les *Statuta*,

---

(1) Cf. J. LAENEN, *Introduction à l'histoire paroissiale*, Chap. III (en préparation). V. aussi *Le titre pastoral avant le Concordat*, dans l'*Annuaire du clergé de l'Archevêché de Malines*, 1910 Le Chapitre possédait le même droit sur les curés et était tenu aux mêmes devoirs vis-à-vis des prêtres qui desservaient les autres paroisses incorporées. Dans ces paroisses, des accords spéciaux réglaient la part réciproque dans les revenus pastoraux du *vicarius perpetuus*, du prêtre desservant, et du *pastor primitivus*, du curé principal, c'est-à-dire, dans l'occurrence, du Chapitre.

ne fera siennes les aumônes qui lui auront été présentées après la célébration de la messe, mais il portera au pléban celles qui lui auront été offertes » (1).

Les fonctions plébanales, ni au début, ni plus tard, ne furent pas nécessairement confiées à des chanoines. Nous savons, en effet, que parmi les sept premiers plébans qui nous sont connus (2), Gauthier ou Walterus, que nous trouvons cité dans les documents de 1263 à 1286, était Zellarien (3), bien que plusieurs de ses prédécesseurs et son successeur immédiat, Arnold, dont le nom se rencontre dans plusieurs actes de 1287 à 1298 (4), aient possédé une prébende canoniale (5). Toutefois, même s'il n'était pas chanoine, les fonctions pastorales que le pléban exerçait lui assurèrent une grande considération, dont l'intervention de ce dignitaire dans de nombreux actes publics constitue le meilleur indice.

Les revenus considérables attachés à la plébanie la rendirent de bonne heure l'objet des convoitises de clercs étrangers à la ville. Aux premières années du xive siècle, nous voyons le pléban Jean Sapiens cumuler avec la plébanie, le décanat de Saint-Lambert de Liége, et nombreux sont les clercs qui, dans la suite, par la *voie romaine,* tentèrent de s'imposer au Chapitre.

La plébanie n'échappa pas aux funestes conséquences du relâchement général de la discipline ecclésiastique aux xve et xvie siècles. Ne relevons, à titre d'exemple, que le cas de Henri Ghiselberti, qui fut pléban de 1474 à 1487 environ. Ghiselberti avait obtenu, le 15 octobre 1472, par voie de permutation, le canonicat,

---

(1) Ces oblations, qu'il ne faut pas confondre avec ce que nous appelons aujourd'hui les intentions de messes, « quod promeretur », suivant l'expression du Cartulaire de Lobbes, « pro missis privatis vivorum sive mortuorum », étaient offertes pour « l'opus externum ». Cf. J. Warichez, *L'abbaye de Lobbes.* Louvain, 1909, p. 211.

(2) Ce sont : Symon (1205-1211); Arnold de Zellaer (1225); Gérard (1242-1255); Gauthier (1263-1286); Arnold (1287-1298); Jean Sapiens (1300-1311); Arnold Cnope (1349-1356).

(3) AC. *Chartrier,* 1265, 31 mars.

(4) Van Helmont, t. I, f° 133.

(5) Quant à Gérard, nous trouvons bien de 1242 à 1255, — AMH, Fonds de l'hôpital N.-D., 27 oct.; — Miraeus, t. I, p. 142, — un pléban du nom de Gérard, et dans l'État des revenus, en 1235, un Gérard chanoine, mais les éléments fon défaut pour déterminer s'il s'agit du même personnage.

abandonné en sa faveur, par Nicolas de Muysen. Deux années plus tard, nous ne savons par quelle voie, Ghiselberti obtint la plébanie, bien qu'à ce moment il ne fut encore que simple tonsuré. Afin de permettre au jeune pléban de jouir des fruits de sa cure, le pape Sixte IV le dispensa, le 28 juin 1475, pour un terme de sept ans, de l'obligation de recevoir la prêtrise, à condition de se faire ordonner sous-diacre dans le délai d'une année (1).

Après la publication des décrets du Concile de Trente dans nos provinces, la plébanie de Saint-Rombaut fut une des premières cures que l'Archevêque soumit au concours (2). En 1643, le pléban Disme Ellewouts fut promu de cette manière. Aussi, lorsque, par décret du 21 juillet de la même année, l'archevêque Jacques Boonen érigea la plébanie en canonicat, le prélat déclara expressément qu'il n'entendait pas renoncer par là au droit que lui avait conféré le Concile, d'exposer la plébanie au concours.

L'érection de la plébanie en canonicat avait eu comme prélude l'affectation à ses revenus d'un bénéfice zellarien, faite à la suite d'un décret de l'archevêque Hovius, le 3 juin 1611, promulgué par sentence de l'official, le 28 septembre de la même année (3). La mesure prise à cette époque passa sans susciter de réclamations de la part des Bénéficiers; mais il n'en fut plus de même en 1643. Jaloux du privilège accordé à l'un d'eux et péniblement affectés par l'érection du chapitre secondaire de Notre-Dame (4), les Zellariens, dans l'impossibilité d'attaquer le dernier décret, s'en prirent à la mesure de 1611 (5).

---

(1) AC, *Comptes des LX Frères*, reg. I. L'original de la bulle sert de couverture à ce registre. — Ghiselberti était doyen en 1488. Il mourut, gavé des bénéfices les plus divers, le 9 ou le 10 décembre 1501. — Cf. Van Helmont, t. I, p. 291.

(2) On se rappelle qu'en vertu d'un décret du Concile de Trente, sess. XXIV, C. XVIII, *de reform.*, les cures de patronage ecclésiastique devaient être mises au concours. L'évêque, après avoir pris connaissance du résultat d'un examen théorique, consistant dans une série de questions sur les matières théologiques et d'une épreuve pratique, un sermon, et tout en tenant compte des autres titres des divers candidats, *nommait* au patron ecclésiastique, celui d'entre les divers postulants qui lui paraissait le plus digne. Le patron était tenu de présenter le candidat ainsi désigné à l'archidiacre, pour recevoir la collation de la cure. En fait, c'était donc l'évêque qui désignait de manière irrévocable le curé.

(3) AC, Arm. I, casier 4, *cop.* En même temps, l'Archevêque unit à la plébanie la chapellenie de saint Jacques le Mineur et celle des saints Jean, André et Gudule.

(4) Cf. ci-dessus Chap. III, § 2; t. I, p. 272.

(5) AA, *Fonds de l'église Saint-Rombaut*, liasse III, projet d'accord, *min.*

Le 7 novembre 1643, par devant notaire, ils protestèrent contre l'union faite antérieurement et en appelèrent de la décision de l'Archevêque au jugement du Saint Siège. Pour expliquer un silence de plus de trente années, les Zellariens prétextèrent qu'ils venaient seulement de prendre connaissance du décret incriminé; celui-ci, prétendirent-ils, ne leur avait jamais été communiqué auparavant. Le recours à Rome, pris par les Zellariens, fut suivi de longs et de pénibles pourparlers, qui aboutirent, comme nous l'avons dit, à l'érection de toutes les prébendes zellariennes en canonicats de seconde fondation. A la suite de cet accord, la plébanie fut séparée du bénéfice zellarien et celui-ci attribué à une vice-plébanie, véritable vicariat dans le sens actuel de ce mot. Le vicaire, cependant, tout en prenant rang parmi les Zellariens et en payant les droits habituels exigés des confrères lors de leur admission dans le Collège, fut tenu de céder une partie des revenus au pléban. De plus, il avait la possession précaire de son bénéfice. Par dérogation aux statuts primitifs du Collège, en vertu desquels les autres bénéficiers de Zellaer étaient inamovibles, des *beneficiati perpetui*, d'après l'expression qui leur était familière, les droits du vice-pléban à sa *zellaria* étaient essentiellement temporaires et lui-même demeurait amovible au gré du Chapitre (1).

Les fonctions de vice-pléban ne furent pas créées par le décret de 1643. Déjà au xiij^e siècle, nous trouvons, sous le pléban Gauthier, un Laurentius, vice-pléban, qui en même temps que le pléban appose son sceau à un acte en faveur du couvent de Blijdenberg (2), et quelques années plus tard, en 1284, le même Gauthier est assisté d'un *sub-plebanus*, le zellarien Abel (3).

Jusque vers la fin du xvij^e siècle (4), le vice-pléban n'avait aucune juridiction propre, mais il dépendait dans toute son action du pléban, dont il devait suivre les directions. Par des règlements successifs de 1675, 1678 et plus particulièrement par son règlement

---
(1) V. ci-dessus, chap. III, § 2; t. I, p. 272.
(2) AA, *Fonds de Blijdenberg*, *Chartrier* 1268.
(3) AC, *Chartrier*, 1284, 31 mars.
(4) Au commencement de ce siècle, par décret du 1 mars 1604, l'official Oudaert prononça l'union définitive à la vice-plébanie de la chapellenie Saint-Étienne, dans la chapelle de Saint-Rombaut. — Cf. Livre I, chap. III, § 4; t. I, p. 94.

du 4 janvier 1681, l'archevêque de Berghes modifia cette situation et accorda au vice-pléban une initiative plus grande et une situation sinon égale, du moins parallèle à celle du curé (1). Le vice-pléban, dorénavant, reçut le pouvoir d'assister validement et licitement aux mariages, sans aucune délégation spéciale du curé, il devait seulement prévenir celui-ci et s'enquérir de l'absence de tout empêchement. Le vice-pléban pouvait aussi licitement visiter les malades et leur porter le Saint Viatique, présider même aux funérailles des fidèles et percevoir, à son profit exclusif, les oblations d'usage en ces circonstances.

C'était, sous une forme mitigée, le rétablissement d'un abus condamné par le Concile de Trente, celui de deux curés, avec droits égaux, préposés à la même paroisse (2).

Le nouveau règlement provoqua d'abord les plaintes du pléban Mathias Rosmer (3); mais devant la volonté expresse de l'Archevêque, Rosmer il finit par y souscrire (4). Confirmé et renouvelé en 1720, par l'archevêque Thomas-Philippe d'Alsace (5), le règlement demeura en vigueur jusqu'à la fin de l'ancien régime.

Dans les dernières années du xviij[e] siècle, un vicaire secondaire aidait le pléban dans son ministère pastoral. De plus, un certain nombre de confesseurs, deux religieux de l'Oratoire, notamment, en vertu d'un accord en date du 5 octobre 1645, deux prêtres séculiers, rétribués grâce aux fondations Van der Perre et Van Immerseel, ainsi que le doyen du Chapitre, le pénitencier et plusieurs chanoines, prêtaient leur aide au pléban (6).

Le dernier pléban fut Jean-Baptiste Van Trimpont, qui prit possession de sa charge, le 21 juin 1770. Durant la tourmente révolutionnaire, Van Trimpont demeura à son poste, et tandis que l'archiprêtre Huleu officiait à l'église, lui-même se tint caché dans

---

(1) AA, MECHLINIENSIA, reg. XXVIII, f° 234; — AC, Arm. I, casier 7, farde C, n°s 3, 4, 5, *orig.*

(2) *Conc. Trid.*, sess, XXIV, C. XIII, *de reform.*

(3) AA, Fonds de Saint-Rombaut, liasse III, Requête du pléban van Rosmer, *orig.*

(4) IBIDEM, Accord signé par le pléban van Rosmer et le vice-pléban Philippe Hermandes, *orig.*

(5) IBIDEM, décret du 20 février 1720, *orig.*

(6) AC, Arm. I, cas. 54, Déclaration des revenus. 22 mars 1787.

l'une des petites constructions qui entouraient le chœur chez la femme qui jadis vendait des cierges (1).

Les auteurs du xixe siècle ont apprécié sévèrement la conduite de Huleu, le vicaire-général du cardinal de Franckenberg, qui prêta le serment exigé par la République et s'installa, sans autorité et sans mission, sous la protection de l'Étranger, dans le temple qui venait d'être enlevé à ses propriétaires légitimes (2). Sans doute, la faute de Huleu fut lourde, mais n'y a-t-il pas quelque chose qui nous réconcilie avec cet homme, lorsque nous voyons la confiance que ne cesse de lui témoigner J.-B. Van Trimpont, en se mettant à l'abri, presque dans l'église même occupée par le jureur? On se demande même si l'ancien archiprêtre ne continua pas à rendre certains services au pléban et s'il ne lui facilita pas la célébration de la Sainte Messe. Les documents, il est vrai, ne nous parlent pas des rapports qu'auraient conservés ces deux prêtres, mais un compte de menues dépenses pour le service divin, tenu par le sacristain P.-J. Gooris, signale l'achat, le 19 mai 1800, à Isabelle van Perck, de 200 grandes et de 700 petites hosties ; le 4 juin, encore de 100 grandes et de 1000 petites ; le 18 du même mois, de nouveau 200 grandes et 700 petites hosties (3). L'achat d'un nombre aussi considérable d'hosties pour la seule consommation de l'archiprêtre et des rares fidèles qui fréquentaient son église, étonne à bon droit, et on se demande si, en dehors des jureurs, des prêtres restés fidèles à leur devoir ne célébraient pas clandestinement à l'église métropolitaine.

Lors du rétablissement du culte, l'archevêque de Roquelaure nomma l'ancien pléban à la cure primaire de Saint-Rombaut. A la suite de l'érection du nouveau chapitre, en 1803, Van Trimpont redevint premier pléban.

Jean-Baptiste Van Trimpont mourut après quarante années de ministère pastoral à Saint-Rombaut, le 17 août 1810, et fut enterré au cimetière communal (4). Aucune inscription ne rappelle à l'église métropolitaine le souvenir de ce pasteur vigilant.

---

(1) AM, *Chronique Beelaerts*, p. 37.
(2) V. ci-après chap. IV. — Dans le ministère paroissial, il fut secondé par J.-M. Chedeville, qui fit fonction de desserviteur, du 17 juin 1798 au 10 novembre 1800. Cf. Baeten, *Naemrollen*, t. I, p. 301.
(3) AC, Arm. I, casier 54, comptes de Gooris.
(4) Cf. J. BAETEN, *Naemrollen*, t. I, p. 300.

Le service paroissial, comme l'insinue l'acte d'érection des nouvelles paroisses en 1255, qui réserva une partie de la cire des funérailles aux proviseurs de l'autel des Ames, avait lieu à l'autel de la Sainte-Croix, qui dans la basilique notgérienne déjà se trouvait adossé au jubé, élevé à l'entrée du chœur. Cet usage ne fut guère modifié, ni lors de la construction du jubé gothique à la fin du xive ou dans les premières années du xve siècle, ni après l'établissement de la clôture en marbre dans la seconde moitié du xvij^e siècle. Jusqu'à la démolition de ce troisième jubé, au commencement du xixe siècle, toujours l'un des deux autels qui y étaient adossés, fut mis à la disposition du pléban pour le service paroissial (1).

Toutefois, de temps immémorial, les services de première classe furent célébrés par le pléban au chœur, et depuis le xvj^e siècle tout au moins, les services des classes inférieures dans la chapelle du T.-S. Sacrement. Mais cette chapelle était si peu considérée comme la véritable chapelle paroissiale, que la Fabrique s'engagea vis-à-vis des proviseurs de la Confrérie, à un cens annuel pour l'usage de cette partie de l'église (2).

Le Chapitre, en tant que curé primitif de l'ancienne paroisse de Malines et de toutes les églises érigées dans la suite sur son territoire, ne nommait pas seulement le prêtre chargé de la cure d'âmes dans l'église-mère, il exerçait le même droit dans les autres paroisses de la ville, ainsi que dans celles de Muysen, de Waelhem et de Bonheyden.

De bonne heure, comme nous l'avons dit, en parlant des prérogatives du Chapitre, les chanoines se passèrent de l'institution canonique par l'archidiacre, spécialement prévue cependant par l'Évêque, en 1255, et de la mise en possession par le doyen de chrétienté. Cette prérogative ne fut pas supprimée à la suite de l'érection de l'archevêché; seuls, les curés de Bonheyden et de Waelhem furent soumis, au xvij^e siècle, à l'archiprêtre. Les

---

(1) Cf. ci-après Livre III, chap. IV, § 1, n° 1.
(2) AC, Arm. I, casier 4. « Memoriael van de vervallen ende lasten competerende de kercke van St-Rombauts, sulckx als deselve tot noch toe onderhouden syn geweest, vernieut den 4 7bris 1633 ». Le cens était primitivement de six florins; plus tard, avant 1633, il fut abaissé à quatre florins.

autres continuèrent à être installés par le Chantre, au nom du Chapitre.

En analysant les décrets d'érection des nouvelles paroisses, nous avons vu que le Chapitre se réserva une part dans les oblations des fidèles, ainsi que toute la cire des funérailles.

Ce double droit fut maintenu jusqu'à la fin de l'ancien régime.

Dans l'acte de consentement que le Chapitre donna le 7 janvier 1287, à l'érection de la paroisse de Notre-Dame d'Hanswyck, il fut stipulé que les chanoines conserveraient l'une des deux clés du tronc des offrandes dont ils percevraient la moitié. Le prieur du couvent et le curé durent également s'engager de transmettre fidèlement au Chapitre la part qui lui revenait des autres offrandes et même la moitié des draps de soie que d'habitude on étendait sous les corps des défunts aux funérailles solennelles.

Bientôt, cependant, certainement déjà au xve siècle, l'usage prévalut d'affermer, moyennant une somme fixe et pour un terme déterminé, la part du Chapitre. Fréquemment l'affermage eut lieu au profit du curé de la paroisse subalterne. A l'église Saint-Rombaut même, la disposition primitive qui réservait au pléban la totalité de certaines oblations, fut modifiée dans la suite. Là aussi le Chapitre obtint sa part, qu'il donna également en ferme.

En 1451, les oblations de l'église Saint-Jean étaient concédées au curé, Christophe Crieckenbeke, moyennant dix peters d'or. Aux premières années du xvj^e siècle, le produit de l'affermage des oblations augmenta dans des proportions qui dénotent le luxe et le bien-être qu'avait amenés à Malines le séjour de la cour (1).

---

(1) Voici, d'après le *Livre censier* de 1525 et d'après les *Liber primus* et *Liber secundus decimarum*, pp. 149 et ss. et p. 139, un relevé, malheureusement très fragmentaire, du produit de l'affermage des offrandes au xvj^e siècle :

Saint-Rombaut : 1508, 43 fl. du Rhin d'or ; 1514, 45 fl. item ;

Notre-Dame : 1510, 14 fl. du Rhin d'or ; 1516, 30 item ; 1525, 35 item ; 1585, 15 fl. item ;

Saint-Jean : 1508, 18 fl. du Rhin d'or ; 1514 20 item ; 1520, 22 item ; 1557, 1563, 18 item ; 1585, 8 item ;

Sainte-Catherine : 1525, 18 fl. du Rhin d'or ; 1557, 16 fl. communs ;

Saint-Esprit : 1525, 9 fl. du Rhin d'or ; 1557, 12 fl. communs ;

N.-D. d'Hanswyck, à ferme perpétuelle, moyennant 9 fl. du Rhin d'or.

Après la Réduction de la ville, en 1585, les oblations se ressentirent de la situation économique générale ; si bien que le 5 octobre 1590, le Chapitre consentit à abandonner sa part au pléban de Saint-Rombaut et aux curés des autres paroisses urbaines, à l'exception de celle d'Hanswyck, pour une somme globale de 25 fl. du Rhin communs (1). Plus tard, après divers tâtonnements, les chanoines conclurent un nouvel accord avec le collège des curés, en vertu duquel ceux-ci jouiraient dorénavant, sans restriction, de toutes les oblations faites dans leur église, sous condition de prendre à leur charge les quatre-vingt florins dûs au Chapitre de Cambrai, en rédemption des quatre marcs d'argent, le prix de la cession de l'*altare* de Malines en 1134 (2).

Depuis l'incorporation de la coûtrerie au Chapitre au profit de la sacristie, les chanoines avaient droit à la totalité de la cire des funérailles, c'est-à-dire, de celle provenant des cierges placés ou portés autour des cadavres et de celle des petits cierges d'offrande, des *spillekens*. Toutefois, la Fabrique d'église de Saint-Rombaut, héritière des proviseurs de l'autel des âmes, prélevait une part sur la cire. Les sacristains des églises subalternes également, en compensation de la peine qu'ils s'imposaient de porter la cire de leur paroisse à la sacristie de Saint-Rombaut, recevaient une légère rémunération. Cette rémunération leur était payée sous la dénomination : *redemptie van den beet ofte afbyten der spillen* (3).

La cire, ainsi acquise par le Chapitre, était employée au service du chœur et des chanoines, ou vendue aux chapellenies, voire même à des particuliers. Cette vente produisit, en 1622, la première année dont le compte nous a été conservé, 622 fl. 13 s. 15 d., en 1700, 514 fl., et en 1791, 725 fl. 11 s.

---

(1) AC, Acta, reg. IV, f° 68 v°, 5 oct. 1590.
(2) IBIDEM, reg. VII, f° 24 v°, 20 déc. 1618; f° 43 v°, 25 janv. 1621; f° 57 v°, 22 févr. 1622; f° 73 v°, 22 déc. 1622.
(3) AC, Arm. II, casier 24, Contrat du 18 avril 1676, entre les chanoines et les sacristains intéressés, *orig*. Ni le sacristain de Saint-Rombaut, ni celui du Béguinage avaient droit à la redemptie van den beet.

§ 4

La Fabrique d'église de Saint-Rombaut

SOMMAIRE. — Les attributions du Conseil de Fabrique en général. — Les origines de l'administration fabricienne de Saint-Rombaut. — Le règlement de 1265. — L'évolution de l'institution. — Le règlement de 1590. — Le règlement de 1601. — Les revenus et charges de la Fabrique. — Les devoirs et droits des marguilliers. — La Fabrique dans la seconde moitié du xvije et au xviije siècle. — Le sceau de la Fabrique.

Depuis le xiij^e siècle, l'administration du temporel du culte à l'église Saint-Rombaut appartenait à un conseil de proviseurs ou de marguilliers, formant le Conseil de Fabrique ou, plus simplement, la Fabrique. Les marguilliers veillaient aux recettes et dépenses relatives aux constructions et à l'entretien des bâtiments, et à celles qui se rapportaient au service paroissial. Ils avaient également la gestion des propriétés et des capitaux destinés à ces mêmes objets; mais ils n'intervenaient pas dans l'administration du patrimoine du Chapitre, ni dans celle des revenus de la cure; enfin, les marguilliers n'avaient aucune autorité sur l'avoir ou les revenus des chapellenies, ni des confréries.

On reporte généralement à l'année 1265 la création de la première administration fabricienne de Saint-Rombaut. Nous croyons qu'elle est plutôt postérieure de quelques années à cette date.

L'organisation assez tardive du collège des proviseurs (1) s'explique par les origines monastiques de l'église. En effet, les Fabriciens, *provisores* ou *magistri fabricae*, *aeditui* ou encore *kerck-*

---

(1) Dix années plus tôt, lors de leur érection en titre baptismal, les églises de Muysen et de Notre-Dame au delà de la Dyle possédaient un collège de proviseurs. — Cf. ci-dessus, § 2, p. 15. — La plus ancienne administration fabricienne que nous avons pu relever jusqu'ici dans les limites du diocèse actuel, est celle de Westmalle, qui paraît en 1240. — *Bijdragen tot de Geschiedenis bijzonderlijk van het aloude Hertogdom Brabant*, t. VIII, 1909, p. 595.

magistri, comme on disait volontiers, sont une émanation de l'esprit communal. La commune, voire même la communauté des habitants à la campagne, bien qu'elle n'eût pas elle-même, dans beaucoup de cas, fondé et doté l'église, avait néanmoins de bonne heure, soit dès la fin du xije ou le commencement du xiije siècle, succédé au seigneur foncier et au suzerain ecclésiastique dans le *dominium* utile de l'édifice religieux et dans la gestion de la dotation destinée à son entretien (1). Pour administrer les revenus de l'église et pourvoir aux exigences du culte, la communauté des habitants délégua deux ou plusieurs de ses membres, comme elle confia aux jurés, aux *iurati,* et aux échevins, la direction des affaires administratives et judiciaires. Toutefois, si les fidèles tenaient à s'occuper des intérêts temporels de leur église paroissiale, ils ne pouvaient, au même titre, s'immiscer dans la gestion des propriétés et revenus des oratoires monastiques. On comprend aisément dès lors pourquoi l'administration du patrimoine de l'église Saint-Rombaut, qui ne devint paroissiale que fort tard, se soit maintenue pendant un certain temps encore aux mains des chanoines.

Dès la première moitié du xiije siècle, cependant, un fonds spécial, comportant quatorze maisons à la Mélane, ainsi que plusieurs autres maisons et pièces de terre, était spécialement affecté à l'entretien de la *fabrica,* du bâtiment (2); mais ce furent les chanoines qui conservèrent l'administration de ce fonds. Au xiije siècle, la dotation de la fabrique fut à maintes reprises l'objet de la générosité des fidèles, et plusieurs documents nous ont conservé l'écho de ces donations. En 1236, par exemple, Arnold de Grimbergis, en souvenir de sa femme Aleydis, lui assigna une rente de quarante escalins (3), et dix années plus tard, en 1246, Godefroid de Breda lui fit un legs de 20 sous (4).

Au moment de l'érection des premières églises subalternes, alors que depuis un certain temps les fonts baptismaux avaient été

---

(1) Cf. J. LAENEN, *Le patrimoine des églises paroissiales et les « provisores fabricae » avant le Concordat,* dans *La vie diocésaine,* t. I, 1907, pp. 91 et ss., et pp. 164 et ss. — V. aussi, *Introduction à l'hist. paroissiale,* ch. III (en préparation).
(2) V. ci dessus, chap. I, § 1; t. I, p. 152 et p. 169, lignes 6 et ss.
(3) DE MUNCK, p. 107 et p. V.
(4) *Bijdragen tot de Geschiedenis,* t. V, 1906, p. 356; v. ci-dessus § 2, p. 18, note 3.

transférés à Saint-Rombaut, nous constatons l'existence d'un organisme nouveau. Ce n'est plus, en effet, le Grand-Coûtre seul qui jouit du revenu de la cire des funérailles, mais le proviseur de l'autel de la Ste-Croix réclame également sa part.

Le lecteur se rappellera que dans les églises monastiques l'autel de la Sainte-Croix, placé sous la croix triomphale qui surmontait la clôture du chœur, était destiné aux offices à l'intention des frères convers; dans les collégiales également, cet autel était affecté aux services pour le peuple. Dès lors, il est permis de se demander si le proviseur chargé de l'entretien de l'autel de la Sainte-Croix ne fut pas le précurseur des marguilliers de 1265.

En cette année, le dimanche après la Pentecôte, soit le 31 mai le Chapitre, le seigneur de Malines, Gauthier Berthout et les *burgenses* édictèrent, de commun accord, un règlement pour la constitution d'un conseil de proviseurs.

C'est ce règlement qu'on s'est plu à considérer plus tard comme l'acte constitutif du Conseil de Fabrique. A vrai dire, cependant, les proviseurs créés à cette date ne devaient former, dans l'intention des fondateurs, qu'un organisme temporaire. Sa compétence fut limitée aux seules nécessités ordinaires du culte, qui avait souffert pendant la période de constructions qu'on traversait à ce moment, sans que l'autorité des proviseurs s'étendît à la construction elle-même. Ce ne fut que peu à peu, croyons-nous, par la force même des choses, que le collège de 1265 évolua en une administration fabricienne proprement dite.

« Nous désirons, lit-on dans notre document, prendre à cœur la décence et l'honneur de l'église de Malines, dont le temple, depuis bon nombre d'années déjà, est tombé en déconsidération, par suite de négligences dans son administration et par défaut d'entente et de concours de la part des chanoines, des échevins et des autres bourgeois. Dans cet esprit, mûs uniquement par zèle pour l'honneur de Dieu Tout-Puissant, de la glorieuse Vierge Marie et de saint Rombaut, évêque et martyr, patron de cette église, nous avons résolu de venir en aide, en toute bienveillance et en toute vénération, à la situation matérielle de la même église, et nous avons arrêté de commun accord que dorénavant, d'année en année, et tant que l'édifice ne sera pas entièrement achevé, trois proviseurs, un chanoine résidant, un échevin et un bourgeois, seront choisis par les proviseurs sortant de fonctions. Ces proviseurs, durant l'année de leur mandat, auront à veiller aux intérêts de l'église et de la fabrique, en procurant, au moyen des aumônes offertes par les fidèles et d'autres revenus affectés à cette fin, tous les objets dont on pourra avoir besoin en fait de livres, d'ornements sacerdotaux et d'autres objets de ce genre, nécessaires à l'ornementation de la maison de Dieu et à la décence du culte » (1).

Les premiers proviseurs furent le chanoine Jean Canis, l'échevin Gauthier de Stadeiken et le bourgeois Jean Mulaert, trois personnes jouissant de l'estime générale et d'une fortune considérable (2).

Du reste, la charge de proviseur n'était ni une sinécure ni une simple fonction honorifique, puisque le règlement prévoit une forte amende à charge de celui qui refuserait d'accepter la mission qui lui serait offerte. D'autre part, le règlement défend d'appeler un proviseur sortant à reprendre ses fonctions durant un nouveau terme, si ce n'est après la cinquième année, à moins que l'intéressé ne se présentât de son propre gré.

La mission très restreinte et nettement déterminée, assignée au collège des proviseurs, ne tarda pas à s'étendre et à englober

---

(1) « ...Qui anno provisoriae suae de fidelium elemosynis et aliis redditibus ad hoc spectantibus provideant utilitati ipsius ecclesiae et dictae fabricae secundum quod viderint expedire in libris, ornamentis et omnibus aliis rebus ad decorem domus Dei pertinentibus sicut decet. » SOLLERIUS, p. 42.

(2) Jean Canis était doyen de Saint-Pierre à Anderlecht et chanoine de Saint-Rombaut, lorsqu'en 1253 il acheta, en faveur des Augustins, une maison située au Nieuwland, et appartenant au couvent de Blijdenberg; — AA, *Fonds de Blijdenberg, Chartrier*, 1253, 1 avril; Cf. G. VAN CASTER, *Histoire des rues de Malines*, p. 14 ; — il était official forain de l'évêque de Cambrai en 1258; — IBIDEM, 1258, 16 juillet, et *Cartul. de Ninove*, B, f° 61 ; — chantre du Chapitre dès 1260 ; — VAN HELMONT, t. I, p. 83, — doyen dès le mois d'avril 1263 ; — AM, *Lettres scabinales*, carton 1, 1263, avril; — chapelain de l'évêque en 1280 ; — ARCH. GÉN. DU ROYAUME, *Cart. de S. Michel d'Anvers*, f° 143 v°. — Jean Canis vivait encore en 1286. V. concernant le sceau de Jean Canis ci-dessus, chap. I, § 2, t. I, p. 186; — Cf. GOETSCHALCKX, *Oorkondenboek*, t. I, p. 255, acte du 27 oct. 1255; et MERTENS en TORFS, *Gesch. van Antw.*, t. III, p. 512.

Gauthier de Stade ou Stadeiken fut échevin dès l'année 1260. On le rencontre encore en cette qualité en 1285. — A. VAN DEN EYNDE, *Tableau chronologique des écoutètes...*, pp. 3-5.

Jean Mulaert fut échevin à son tour dès l'année 1268. Il l'était encore en 1282. — IBIDEM, pp. 4-5.

l'intendance générale de l'édifice et l'administration du temporel du service paroissial dans son ensemble, y compris celle de la chapelle Saint-Rombaut (1).

Malgré la présence d'un chanoine parmi eux, les marguilliers s'affranchirent-ils de bonne heure de la tutelle du Chapitre, ou bien, pendant ces malheureux xive et xve siècles, les chanoines se désintéressèrent-ils de tout ce qui ne concernait pas directement et immédiatement leurs prébendes et le service du chœur? Nous l'ignorons; toujours est-il que durant ces deux siècles et au début du xvj^e, les proviseurs veillent aux intérêts qui leurs ont confiés dans une indépendance complète du Chapitre.

C'est ainsi qu'en 1500 ou 1501, alors qu'un incendie avait consumé le beffroi et fondu les cloches (2), les seuls magistrats et marguilliers s'adressèrent à l'évêque Henri de Berghes, pour obtenir l'autorisation de lever de l'argent à rente viagère (3).

Fait plus curieux encore, ce furent les seuls marguilliers laïques, le chevalier Arnold de Diest, Jean van der Beringen et Corneille Verbrecht qui, en 1514, devant le notaire du Chapitre, Gauthier Militis, donnèrent commission au Zellarien Jean Nicasii, pour s'entendre avec les autorités religieuses du diocèse de Liége, en vue de promener la châsse de saint Rombaut dans le territoire liégeois et d'y recueillir des aumônes (4), sans que, de leur côté, les actes capitulaires aient conservé la moindre trace d'une intervention des chanoines (5).

Il est vrai, lorsqu'en 1510, après la mort du chanoine et marguillier Antoine Hoots, il fallut donner un successeur au défunt, aucun des chanoines ne désira tout d'abord accepter des fonctions

---

(1) AC, *Chartrier*, 1341, le mardi après le dimanche des Rameaux (3 avril 1342). Vente faite par « Walterus dictus Weynsch, beneficiatus de Zellaer.... receptor fabricae ecclesiae predictae, nomine et ex parte Capellae sti Rumoldi..... ».
(2) V. ci-après, Livre III, chap. V.
(3) AA, *Cameracensia*, reg. XI (anc. côte IIII), f° 59. « Pro parte siquidem honorabilium virorum dominorum legislatorum oppidi Mechliniensis nostrae diocoesis ac rectorum fabricae ecclesiae collegiatae et parochialis Sancti Rumoldi eiusdem oppidi nobis seriose exposito.... »
(4) AC, *Manuale du notaire Gauthier Militis*, reg. I (anc. côte B), 1514-1527, f° 1. — C'était l'époque à laquelle le manque de ressources allait arrêter les travaux de la tour.
(5) AC, *Acta*, reg. I, 1498-1521.

que le grand âge du titulaire décédé (1) faisait considérer comme vacantes depuis longtemps (2). Or, c'était précisément à cette époque, du temps d'Antoine Hoots, que de 1498 à 1504 (3), les marguilliers commencèrent la construction des chapelles du bas-côté septentrional (4).

D'après leur propre aveu, du reste, les chanoines se contentèrent, à cette époque, du droit de haute surveillance qui leur revenait en vertu de leurs prérogatives archidiaconales (5).

D'autre part, le Magistrat, qui à diverses reprises intervient financièrement dans les travaux de construction et d'entretien du temple, reprit une autorité que d'autres avaient laissé échapper.

Depuis bien longtemps d'ailleurs, la Ville avait la direction de tout ce qui concernait le culte extra-liturgique de Saint-Rombaut. Nous l'avons dit, à propos du culte du patron de la cité, ce fut la Ville qui commanda les châsses successives, ce fut elle qui, aux xive et xve siècles, invita aux processions de saint Rombaut, les évêques, abbés et personnages de marque. Le Magistrat construisit également à ses frais, deux fois par an, le reposoir des reliques devant le chœur (6) et le jour des processions, invita les chanoines à un déjeuner (7).

---

(1) Antoine Hoots ou Capitis était déjà chanoine en 1475. — Cf. Van Helmont, t. I, p. 293.

(2) AC, *Acta*, reg. I, f° 18. « Die veneris xv mensis martii dni. in loco capitulari capitulariter congregati in locum quondam honorabilis viri dni. Anthonii Capitis, nuper defuncti, dum viveret magistri fabricae ecclesiae Sti Rumoldi [quod officium iam diu vacavit, *note marginale de la même main*] surrogaverunt honorabilem et prospectum virum dominum et magistrum Iohannem Picot, eorum confratrem ibidem praesentem, et satis se ab huiusmodi onere excusantem, iniungentes eidem ut huiusmodi officium ad animae suae salutem et ad maius profectum ecclesiae exerceat ».

(3) Dates approximatives. V. ci-après Livre III, chap. II, § 3.

(4) Cf. ci-après Livre III, chap. II, § 3.

(5) C'est à ce titre notamment, *tamquam archidiaconi*, que le 21 février 1521, les chanoines autorisent les proviseurs de la confrérie du T. S. Sacrement de percer un mur de la chapelle qu'ils occupaient derrière le chœur, pour placer leurs orgues. — AC, *Acta*, reg. I, f° 282.

(6) En 1587, le 1 avril, nous voyons la ville acquérir le bois nécessaire pour la confection d'un nouvel autel. AM, *Comptes*, 1587.

(7) Cf. AC, Arm. I, casier 4, « Memoriael van de vervallen ende lasten competerende de kercke van St-Rombauts.... ». — La sonnerie des cloches aux fêtes de saint Rombaut était également à charge de la Ville. — AC, Arm. I, casier 4, « Calender waer inne verclaert wort wat tyt dat men... sal volluyen. » xvij^e s. A la fin du xixe siècle seulement, l'administration communale, issue des élections de 1895, supprima les usages séculaires et refusa de faire descendre, par les ouvriers de la Ville et à ses frais, la châsse du maître-autel, pour la placer au chœur.

Il y a peut-être exagération à dire qu'il y avait, du xive au xvje siècle, à l'église Saint-Rombaut, trois autorités juxtaposées et quasi indépendantes : le Chapitre, qui prenait soin des offices religieux au chœur, les marguilliers, qui s'occupaient des constructions et de l'entretien de l'édifice et des frais du culte paroissial, et le Magistrat, qui réglait les solennités en l'honneur de saint Rombaut. Toujours est-il que, durant cette époque, l'état des choses de 1265, c'est-à-dire l'union des efforts et la collaboration de toute la population avaient subi de profondes modifications.

Vers la fin du xvje siècle, après le retour du clergé en 1585, l'état déplorable de l'église après l'occupation protestante, et la nécessité de pourvoir sans retard aux réparations les plus urgentes, exigèrent de nouveau le concours de toutes les bonnes volontés. Comme en 1265, un accord intervint entre le clergé et l'autorité communale, et le 23 février 1590, un nouveau règlement fut édicté, réglant la composition et la compétence du Conseil de Fabrique.

« Pour remédier, ainsi s'exprime le règlement, à la triste situation dans laquelle se débat depuis longtemps la Fabrique de Saint-Rombaut, sans parvenir à se relever, et dans le but de lui porter aide et secours, les partis en cause, le Chapitre d'une part et le Magistrat de l'autre, ont arrêté une série de mesures dont ils s'engagent à poursuivre l'exécution. »

En vertu du nouveau Règlement, les marguilliers qui depuis un certain temps déjà étaient au nombre de quatre (1), furent répartis en deux *overkerkmeesters,* marguilliers primaires, et deux *medekerkmeesters,* marguilliers-adjoints. La durée du mandat des uns et des autres fut fixée à quatre ans, de telle manière que chaque année l'un des quatre proviseurs serait sortant. Les deux *overkerkmeesters* seraient, respectivement à la nomination du Chapitre et du Magistrat, les *medekerkmeesters,* pris dans la bourgeoisie, devaient être élus par les trois proviseurs demeurés en fonction. Le dernier nommé des marguilliers laïques remplirait en même temps les

---

(1) Nous ignorons quand le quatrième marguillier fut adjoint aux trois premiers prévus par le règlement de 1265, et que nous retrouvons encore au même nombre en 1352; — AC, *Chartrier,* 15 février 1352, — mais au xve siècle, nous constatons, à côté du marguillier eclésiastique, la présence de trois collègues laïques.

fonctions de receveur, afin de bénéficier des cinquante florins qu'on avait l'habitude de payer à cet employé.

Il faut croire que le Chapitre, le Magistrat et les marguilliers furent pleinement d'accord sur la compétence du Conseil de Fabrique, et que celle-ci ne donna lieu à aucune difficulté, puisque rien ne fut stipulé à ce sujet dans le Règlement. Les contractants se contentèrent de faire mention des quêtes à faire par les marguilliers laïques et de prescrire la reddition annuelle des comptes à la Saint-Jean.

L'accord entre le Chapitre et le Magistrat fut suivi, après une dizaine d'années, d'un règlement nouveau, assez étendu, en soixante-dix-sept articles. Ce règlement, édicté le 21 mai 1601, par l'archevêque Mathias Hovius, et confirmé le 27 mars de l'année suivante par le Magistrat, détermine les revenus et les charges de la Fabrique et fixe les droits et les devoirs des marguilliers.

Le Règlement décida que l'entretien du bâtiment et les restaurations à faire au toit, aux murs et aux fenêtres, sauf les réparations à exécuter aux vitraux placés par les confréries, demeureraient à charge de la Fabrique (1). Celle-ci devait également pourvoir à l'entretien de la chapelle baptismale et fournir les objets nécessaires à l'administration du baptême. La Fabrique serait tenue, en outre, de procurer au pléban un autel et les ornements nécessaires à la célébration des services funèbres et des anniversaires (2), et de nommer et rétribuer une personne apte à distribuer le munichwyn (3), le vin donné aux communiants, au temps Pascal et aux grandes fêtes de l'année (4). « L'expérience a appris, ajoute le règlement, qu'il faut environ un demi-tierçon (5) à Pâques et un quart de tierçon à Noël (6).

---

(1) AC, Arm. I, casier 4, Règlement du 23 février 1590, *cop. authentique*.

(2) Cf. ci-dessus § 3, p. 28.

(3) Munichwyn = vin de communion. Le terme se retrouve dans monigen, munigen, mongen, « communire ». — Cf. Dr E. Verwys en Dr J. Verdam, *Middelnederlandsch woordenboek*. La Haye, 1897, col. 1889.

(4) C'étaient, en dehors du dimanche des Rameaux, du Jeudi et du Samedi-Saint et des trois jours de Pâques, le dimanche de la Pentecôte, le jour de l'Assomption et les trois jours de Noël.

(5) V. ci-dessus chap. I, § 2, t. I, p. 177, note 4.

(6) L'usage de présenter du vin après la Sainte Communion cessa en 1674. En 1689, la Fabrique vendit pour la somme de 105 fl. 11 1/2 sols, les bols en argent dont on se servait à cette occasion. AF, *comptes* 1674-1689, p. 50 v°. — L'un de ces bols, een vergulden munichcop, fut acquis en 1619, pour 156 fl., à Dierick Van Eyck. — AF, Compte de 1619, f° 21 v°.

L'entretien de l'autel de Notre-Dame, dans le transept, depuis que les Zellariens l'avaient abandonné (1), incombait également à la Fabrique; elle devait fournir les ornements sacrés, la cire, le pain et le vin aux prêtres étrangers, ainsi que les ornements aux prêtres habitués qui désiraient célébrer à cet autel.

Les dépenses à faire à l'occasion de la dédicace de l'église, le dimanche après la Sainte-Trinité (2), de la fête patronale de saint Rombaut et de celle de sainte Marie-Madeleine, étaient à charge de la Ville. Celle-ci ornait de verdure l'église, mais non le chœur, le jour de la procession du T. S. Sacrement et le jour de la procession du premier dimanche de juillet. Enfin, la Ville prenait à sa charge les frais résultant de l'exposition des Reliques aux deux processions de saint Rombaut; mais la Fabrique se chargeait de construire un autel devant la châsse, placée à cette occasion devant l'entrée du chœur (3).

Les revenus de la Fabrique consistaient en cens et rentes, libres ou chargés d'obits, dans le produit de la location de terres et maisons et dans un casuel provenant des droits de funérailles et des oblations volontaires des fidèles. La Fabrique jouissait encore du produit de certaines amendes et levait en sa faveur une partie du Torengeld (4).

Le Torengeld, destiné primitivement, comme son nom l'indique, à la construction et à l'entretien de la tour, était dû par tout nouveau bourgeois achetant le droit de bourgeoisie à Malines, à raison de quinze sous, par tout nouveau maître reçu dans les métiers de la ville, à raison de quatre sous, par les poissonniers étrangers amenant du poisson frais à la minque, à raison de quatre sous chaque fois (5), par les marchands de vin,

---

(1) Vers 1400. V. ci-après Livre III, chap. IV, § 3, n° 2.
(2) La consécration de l'église eut lieu le 28 avril 1312.
L'évêque consécrateur Gui, évêque d'Elne, fixa comme jour anniversaire le dimanche après la Sainte Trinité. Cf. ci-après Livre III, chap. II, § 1.
(3) AF, Compte 1623, « Item betaelt aende timmerlieden van den autaer onder doxael te stellen te paeschen ende te groote kermisse, elcke reyse x st. compt xx st.
(4) Sur certaines subventions extraordinaires durant la première moitié du xvij° siècle, v. ci-après Livre III, chap. II, § 3.
(5) Ce droit fixe remplaça le Voorslagh, ou un poisson de moyenne grandeur dû en vertu de l'ordonnance du Magistrat, du 29 janvier 1510-1511, qui rappela les anciens statuts de la corporation des marchands de poisson, du 22 mai 1478; — Cf. D'AZEVEDO, *Korte chronyck*, ad an^m 1510. Toutefois, la moitié des droits sur le poisson revenait à la Statue de Notre-Dame, dans l'église de Notre-Dame au delà de la Dyle.

enfin, pour chaque tierçon de vin qu'ils encavaient, à raison d'un sou (1).

Les oblations des fidèles laissées à la disposition de la Fabrique comprenaient le produit de la quête faite le dimanche pendant les offices, les offrandes faites à l'occasion de la communion les jours de fête, ainsi que le produit des troncs, à l'exception de celui en l'honneur de saint Georges, perçu par la Ville, et du tronc du laitage, dont un quart seulement revenait à la Fabrique. Les oblations faites le dimanche et à certaines fêtes sur la table des marguilliers et celles offertes à l'occasion d'indulgences jubilaires, revenaient également à la Fabrique. Afin de provoquer la générosité des fidèles, on exposait sur le banc des marguilliers, soit des reliques ou une statue de saint, soit, après 1609, une statuette en bois doré, représentant un ange tenant une relique de saint Rombaut (2), ou encore, le Vendredi-Saint, un Christ en croix. A l'occasion des indulgences jubilaires, on plaçait également à l'église les armoiries du Pape qui avait accordé l'indulgence, et un exemplaire de la bulle. De plus, la Fabrique avait le droit de faire une quête annuelle dans toutes les maisons de la paroisse, pour se procurer les cierges nécessaires à l'éclairage de la grande nef durant les offices du matin et du soir.

Un autre revenu, peu important en lui-même, puisqu'il ne rapportait que quelques florins par an, mais assez curieux en son espèce, consistait dans un droit de location des chandeliers en étain, que les églises subalternes étaient tenues de faire prendre à Saint-Rombaut, chaque fois qu'on y célébrait un service de seconde classe, *een tennen-kandelaarslijk* (3).

Les marguilliers étaient tenus de se réunir en séance administrative, tous les dimanches, à l'issue de la grand'messe, dans le local de la pay-camer (4), où étaient également conservées les archives de la Fabrique. Les marguilliers-adjoints, chargés des

---

(1) Les droits de la Fabrique ne s'étendaient que sur les caves de la rive droite de la Dyle; celles de la rive gauche payaient le sou par tierçon à l'église de Notre-Dame.
(2) Cf. ci-après Livre III, chap. IV, § 5.
(3) Le droit de location était de 20 sous.
(4) Cf. ci-après Livre III, chap. II, § 2.

collectes, rendaient leurs comptes devant leurs collègues et devant les députés du Magistrat.

Les fonctions de marguillier étaient gratuites. Comme les chanoines, ils avaient droit à un cierge d'une demi-livre d'abord, d'une livre ensuite, à la Chandeleur; ils prenaient place avec les membres du Magistrat dans les processions solennelles. Ils recevaient également, comme les membres du Magistrat, et aux frais de la ville, une pièce de drap écarlate pour leur toge, une paire de gants et un bâtonnet aux couleurs jaune et rouge, pour assister à la Procession de la Paix (1). Les marguilliers, enfin, étaient invités, avec les chanoines, au déjeûner offert par la Ville, le troisième dimanche après Pâques et le premier dimanche de juillet.

Le Règlement du 21 mai 1601 fut confirmé en 1633. Cependant, en cette année, la bonne intelligence entre les deux autorités qui se partageaient la surintendance de l'église était déjà compromise. Le 2 mars 1636, le Chapitre prit une résolution défendant aux marguilliers d'exécuter de nouveaux travaux à l'intérieur de l'église, sans l'agrément des chanoines (2). Vingt années plus tard, en 1655, le conflit prit un caractère plus aigu. Un texte suggestif sous ce rapport nous est fourni par les instructions données à Amé Coriache, par ses confrères du Chapitre.

En prenant séance au Conseil de Fabrique, comme marguillier désigné par les chanoines, Coriache dut prendre l'engagement, *in verbo sacerdotis*, que dans l'exercice de son mandat il suivrait fidèlement les instructions du Chapitre, et qu'il ferait rapport à ses confrères sur les affaires traitées au Conseil, ainsi que sur la gestion financière des marguilliers (3).

En réalité le Conseil de Fabrique de Saint-Rombaut subit le contre-coup du courant monarchique général de cette époque. Ce courant, au point de vue spécial qui nous occupe, se manifeste par la tendance de soumettre les administrations ecclésiastiques, quasi-autonomes jusque là, à la double tutelle, directe et effective, de

---

(1) Cf. ci-dessus Livre Ier, chap. III, § 1; t. I, pp. 58 et ss.
(2) AC, *Acta*, reg. VII, f° 171 v°, 1636, 2 mai.
(3) IBIDEM, reg. VIII, f° 207, 1655, 12 mai.

l'évêque diocésain et du prince (1). Cette tendance nouvelle eut pour conséquence immédiate, à la fin du xvij^e et au xviij^e siècle, des froissements fréquents entre le Chapitre et le Conseil, et des conflits, que souvent l'autorité des tribunaux royaux fut appelée à trancher. En même temps, les discussions répétées rendirent de plus en plus confuses la ligne de démarcation de la compétence respective des organismes, qui se partageaient l'autorité à l'église Saint-Rombaut.

L'usage, cependant, finit par garantir aux chanoines, comme corollaire de leur droit de visite, celui de contrôler les recettes et les dépenses de la Fabrique, et de disposer des chapelles et des autels de l'église, pour en accorder l'usage à des corporations ou à des particuliers (2). Depuis le milieu du xvij^e siècle également, le Chapitre intervenait par voie d'autorisation, lorsqu'il s'agissait de travaux d'ornementation intérieure de l'édifice.

Les marguilliers, de leur côté, s'occupèrent seuls de l'entretien de la construction et des travaux extérieurs (3) et prenaient soin des objets nécessaires au service paroissial; ils renouvelèrent et entretinrent les orgues, nommèrent l'organiste et le sonneur de cloches (4).

Quant au Magistrat, il était seul à entendre les comptes, de concert avec les deux *overkerkmeesters* (5). Tout contrat grevant les revenus de la Fabrique devait être soumis à son approbation. A la fin du xviij^e siècle, les marguilliers recourent également à l'autorité

---

(1) Cf. J. LAENEN, *Le patrimoine des églises paroissiales et les « provisores fabricae » avant le Concordat*, dans *La Vie diocésaine*, t. I, 1907, pp. 167 et ss., v. également Introduction à l'Histoire paroissiale, chap. III, § 2, n° 1 (en préparation).

(2) Cf. ci-après Livre III, chap. II, § 3.

(3) Par sentence du Grand Conseil, du 15 janvier 1653, il fut décidé que l'entretien de la bâtisse du chœur, comme celui du reste de la construction, incombait à la Fabrique, AC, *Grand Cartulaire*, reg. II, f° 354 v°.

(4) V. toutefois, Livre III, chap. V, § 2.

(5) V. AC, *Acta*, reg. VIII, f° 86 v°, 1646, 16 nov., une protestation du Chapitre contre l'autorité que le Magistrat s'arroge en cette occasion, « in magnum praeiudicium Capituli cui competit ius patronatus dictae ecclesiae ». Les comptes étaient rendus d'année en année, d'abord, puis dès la fin du xvij^e siècle, sur l'exercice de plusieurs années à la fois, commençant et finissant à la Saint-Jean. Le dernier compte fut rendu le 23 juin 1805, sur l'exercice des années 1790, 1791, 1792, 1793, 1794, 1795, 1796, 1797, 1798, 1802, 1803, jusqu'au 3 mars 1804, par Aug. van Kiel, au maire C. De Plaine, L. du Prats et P.-A. Piérets, marguilliers, commissionnés à cet effet par le sous-préfet de Wargny.

du Prince avant d'exécuter des travaux importants. En 1788, notamment, ils s'adressent au gouvernement pour obtenir l'autorisation de déplacer les pierres tombales de l'église.

Enfin, tout comme l'ornementation intérieure du chœur était du ressort exclusif du Chapitre, les proviseurs des confréries et les chef-hommes des corporations s'occupaient, de façon plus ou moins indépendante, de l'entretien de leur chapelle ou de leur autel. Il en était de même des titulaires des chapellenies. Après 1650, néanmoins, cette autonomie n'était pas toujours respectée, comme nous le verrons à propos du déplacement du tableau de l'autel des peintres (1) et de l'enlèvement du banc des proviseurs de la Confrérie du T. S. Sacrement (2).

Au xive siècle, les marguilliers, pour sceller leurs actes, se servaient d'un sceau qui reproduit, légèrement modifié, le dessin de celui du Chapitre. Il présente sur un champ réticulé, sous une niche gothique double, la figure de saint Rombaut placée à senestre et celle du meurtrier à dextre. Le Saint, agenouillé, porte les ornements pontificaux et la mitre ; des deux mains il serre sur la poitrine une crosse à bâton très allongé. Le meurtrier, en robe courte, le dos légèrement voûté et la jambe arquée, frappe de son instrument, une espèce de pioche, tenue des deux mains. En exergue on lit : —— RUMOLDI MACHLE (3).

---

(1) Cf. Livre III, chap. IV, § 3, n° 2.
(2) Cf. Livre III, chap. IV, § 5.
(3) AC, *Chartrier*, 1539, 17 oct.

CHAPITRE V

Le Chapitre et le Clergé à la fin du xviije siècle

Sommaire. — Les dernières années du régime autrichien. — La première conquête française. — La seconde invasion française et la contribution de guerre de 1,500,000 livres. — La situation financière du Chapitre lors de sa suppression. — Les débuts de la persécution religieuse. — Le serment de haine à la royauté et la suppression du culte. — La dispersion des chanoines. — Le sort des Zellariens.

L'heure des grandes épreuves était proche.

Préludant aux catastrophes, qui bientôt allèrent s'abattre sur l'Église en Belgique, les mesures vexatoires et attentatoires aux antiques privilèges de nos provinces, prises par l'empereur Joseph II (1), soulevèrent d'unanimes protestations de la part du Clergé comme au sein des États. Le Chapitre métropolitain ne pouvait manquer d'élever à son tour la voix pour demander le redressement des griefs. Dans une supplique, dont la rédaction est due au chanoine Van Helmont (2) et qui fut signée, au nom du Chapitre, par le secrétaire J.-L.-J. Ponthière de Berlaere, les chanoines s'adressèrent, le 22 juin 1787, aux Gouverneurs Généraux (3).

---

(1) Le caractère vexatoire de nombreuses mesures prises par Joseph II et leur opposition aux anciennes franchises et l'antique droit constitutionnel de nos provinces ne peut être mis en doute, même par ceux qui sont d'avis que plusieurs des réformes tentées par l'empereur auraient puissamment contribué à la régénération du pays. Joseph II était un de ces hommes à l'égard desquels, pour être équitable, on doit être, suivant l'expression d'un historien, « plus que juste ». Nous avons essayé de l'être dans une brochure, à laquelle nous nous permettons de renvoyer le lecteur : *Joseph II en zijne regeering in de Nederlanden*. Publication de l'*Extension Universitaire flamande*, n° 107. Anvers, 1908.

(2) AC, Arm. I, casier 54, lettre du chan. A. De Broux à Van Helmont, 22 juin 1787, *orig.* — D'après une note du chan. Van Helmont, les chanoines Van Rymenam, Van Ghindertalen et De Broux l'aidèrent dans cette tâche. — Van Helmont, t. II, supplément.

(3) Ibidem, Mémoire imprimé au 22 août 1787.

« En voyant, dirent-ils, que le retour du Cardinal-Archevêque, — appelé à Vienne par l'Empereur, — annoncé plusieurs fois comme prochain se diffère de plus en plus, et craignant avec raison que notre silence ne soit envisagé comme une approbation tacite des infractions de nos droits et de ceux du clergé du diocèse, nous croyons nous rendre coupables de négligence et de prévarication, si nous différions plus longtemps de parler et d'implorer avec le plus profond respect la justice de Vos Altesses Royales, afin qu'Elles daignent faire redresser entièrement les griefs que nous aurons l'honneur de leur exposer. »

Les griefs relevés par le Chapitre concernent les empiètements des tribunaux civils sur la juridiction de l'officialité épiscopale et sur l'ancien droit de correction exercé par les chanoines, et surtout l'obligation imposée aux aspirants à la prêtrise, de passer par le Séminaire Général. Les chanoines réclamèrent aussi le rétablissement des couvents supprimés (1) et le retrait des dispositions relatives au recrutement des chapitres (2).

Le 25 juin 1787, les délégués des chanoines furent admis à présenter leur pétition aux Gouverneurs Généraux et reçurent de la part de ceux-ci l'accueil le plus encourageant.

On en était, d'ailleurs, à cette époque, à une période d'accalmie, qui faisait présager une solution pacifique. Le 28, le gouvernement fit même savoir au vicariat de Malines, que les cours du séminaire pouvaient être repris (3). Malheureusement, les idées révolutionnaires avait pénétré dans les masses, et l'arrivée du comte de Trauttmansdorff et du général d'Alton, au mois d'octobre suivant, fit grandir l'opposition, qui bientôt dégénéra en insurrection ouverte.

Le Chapitre, comme le clergé en général, se vit entraîné par le mouvement. Non seulement le drapeau des Patriotes fut solennellement béni au chœur de l'église métropolitaine, le mercredi 19 juin

---

(1) Cf. J. LAENEN, *Etude sur la suppression des couvents par l'empereur Joseph II dans les Pays-Bas autrichiens, et plus spécialement dans le Brabant (1783-1794)*. Anvers, 1905.

(2) Par dépêche du 15 mai 1786, les Gouverneurs Généraux avaient ordonné, au nom de l'Empereur, que seuls les prêtres qui pendant dix années auraient occupé des fonctions dans le ministère pourraient être admis aux prébendes canoniales. — Cf. AC, *Acta*, reg. XX, p. 136, 26 juin 1786.

(3) AC, Arm. I, casier 54, lettre du 28 juin 1787, *cop*.

1790 (1), mais les chanoines contribuèrent aux frais de la guerre pour la somme énorme, eu égard à la situation financière du Chapitre, de trente mille florins (2). Hélas! nous ne le savons que trop, l'entreprise, mal conduite par ses chefs et abandonnée à ses propres ressources par ceux qui d'abord avaient encouragé l'insurrection (5), échoua piteusement. Un autre ennemi aussi s'était levé et le Clergé trouva de son devoir de se serrer de nouveau autour de la Maison d'Autriche, pour s'opposer à un envahisseur autrement dangereux, qui allait faire vivre notre malheureuse patrie les années les plus douloureuses de son histoire.

En 1792, la guerre fut déclarée entre la France et l'Autriche, et le 15 novembre de la même année, les troupes françaises entrèrent à Malines, saluées par une partie de la population, aux cris répétés de « Vive la Nation française! » (3).

Rien au début ne fit présager les crises terribles que la ville allait traverser (4). Aux premières élections, qui eurent lieu à l'église Saint-Rombaut, le 27 novembre, vingt représentants provisoires de la ville avaient été élus et tous furent choisis parmi les citoyens les plus honorables. Parmi eux se trouvaient le chanoine Duvivier, dont on n'avait pas oublié les patriotiques élans en 1789-1790, le chanoine Van Rymenam, le curé de Notre-Dame, J.-M.-B. Walravens (5) et le curé du Béguinage, Alex. Dolmans. Malheureusement, la République ne tint pas ses promesses. Déjà le 17 janvier, l'ordre fut donné de placer sous sequestre les biens appartenant aux communautés religieuses, aux églises et à l'Archevêché.

Les représentants élus le 27 novembre estimèrent qu'ils ne pouvaient, en conscience, coopérer à cette œuvre de spoliation, et

---

(1) AC, *Acta*, reg. XX, f° 277, 14 juin 1790.

(2) Les trois corps du clergé souscrivirent également, à charge de la *Pixis*, pour la fourniture de six canons. — Livre II, chap. II, § 2; t. I, p. 247.

(3) Cf. Fr.-P. Wittichen, *Preussen und die Revolution in Belgien und Luttich*. Gottingen, 1905.

(4) La plupart des données qui suivent sont empruntées à H. Coninckx, *Malines sous la République française*. Malines, 1893.

(5) Walravens, âgé de 72 ans, fut emmené par les Français en 1798, et vécut en captivité jusqu'en 1801. Il mourut à Malines, à la suite des traitements subis le 6 avril 1802. Le malheureux curé fut le dernier prêtre de Malines qui n'eût pas encore de funérailles religieuses.

refusèrent leur concours. Ce fut donc le commandant militaire d'Avorton qui donna ordre à ses soldats de se rendre aux établissements désignés et d'apposer les scellés.

Le Chapitre et les marguilliers, à l'approche de l'orage, avaient pris leurs précautions. Ils avaient fait enfermer l'argenterie dans des coffres, qui furent cachés dans deux caves, l'une près de l'autel de sainte Anne, l'autre dans la chapelle du T. S. Sacrement. La chose, cependant, n'avait pu se faire aussi secrètement que l'éveil ne fut donné aux Français. Le 19 janvier, au matin, un ouvrier, dont on avait requis l'aide pour cacher le trésor, fut arrêté par les Républicains, conduit à l'église, et sous les plus graves menaces, amené à découvrir la cachette. En présence des Commissaires français, les coffres furent enlevés, scellés et placés dans l'ancienne pay-camer (1). On ne laissa, pour les besoins du culte, que quelques calices et un devant d'autel.

Une garde de soixante soldats fut placée dans le temple même, pour veiller au dépôt. Ces hommes, qui passaient le jour comme la nuit dans le lieu saint, non contents d'y allumer de grands feux au risque de mettre le feu au bâtiment, s'y livrèrent à des actes de sauvagerie pendant les offices et ne craignirent même pas, dit Huleu dans son *Panégyrique de Saint-Rombaut,* de déposer leurs ordures dans l'église (2).

Dans la nuit du 7 mars, le trésor de la métropole fut transporté à Bruxelles, au milieu d'un fort déploiement de troupes.

Cependant, les revers essuyés par les armées de la République et le flot montant du mécontentement dans le pays donnèrent à réfléchir aux généraux français. Par ordre daté du 11 mars 1793, le général Dumouriez résolut la restitution des trésors enlevés aux églises.

Déjà le 23 janvier, le Chapitre s'était adressé au général en chef et ses délégués, de concert avec les marguilliers, eurent la bonne fortune de voir leurs démarches couronnées de succès. Bientôt les argenteries revinrent à Malines, et peu de jours après,

---

(1) Cf. H. CONINCKX, l. c., d'après la chronique ms. de Schellens. Ces données d'un témoin par ouï-dire ne concordent pas absolument avec les *Acta capituli* qui nous montrent les chanoines donnant ordre, eux-mêmes, de mettre au jour leur trésor, qui, disent-ils, fut caché à leur insu, « quae recondita sunt in locis tutis, inscio capitulo, proferantur ». AA, Acta, reg. XX, f° 510, 19 janv. 1793.

(2) Cf. Livre Ier, chap. II; t. I, p. 43.

la réunion capitulaire approuva le compte des dépenses, faites à cette occasion, qui montèrent à 121 florins. On décida également de donner au sacristain Gooris, dont nous avons déjà eu l'occasion de citer le dévoûment (1), une gratification de six pistoles (2).

Le trésor cependant, avait souffert; plusieurs pièces avaient été remises à l'hôtel de la Monnaie et brisées. Après le départ des Français, alors que le Gouvernement Général fit un appel pressant à la population pour obtenir les sommes nécessaires à la levée d'une armée, le Chapitre résolut de remettre la plus grande partie de ces objets détériorés à la Caisse des prestations militaires (3); ce qui lui valut de la part du prince de Metternich une lettre de remercîments et d'éloges, datée du 4 octobre 1793 (4).

D'autres parties, notamment les débris de la grande lampe d'argent, qui était suspendue autrefois au chœur (5), furent remises à l'orfèvre Hendrickx, pour en faire une nouvelle (6). On remit au même artisan les débris d'un calice d'or, pour être employés à la dorure de la lampe.

Les troupes Françaises avaient quitté la ville le 24 mars 1793 au matin.

Ce ne fut que pour peu de mois.

Le 15 juillet de l'année suivante, les Français surprirent une seconde fois la ville et chassèrent la garnison autrichienne. Cinq jours après, le représentant du peuple, Laurent, décréta le cours forcé des assignats et exigea le payement immédiat d'une contribution de guerre de quinze cent mille livres en numéraire. Comme la remise de la somme tardait, on enleva dans la nuit du 20 au 21,

---

(1) Cf. Livre I, chap. II, § 1; t. I, pp. 42 et ss.
(2) AA, *Acta*, reg. XX, f° 509, 15 mars 1793.
(3) On livra pour 14,242 fl. d'argent appartenant au Chapitre de Malines et 5,281 fl. 7 sous appartenant à celui de Bois-le-Duc. — AC, *Acta*, reg. XX, p. 536, 13 oct. 1793.
(4) AC, *Acta*, reg. XX, p. 534, 18 oct. 1793; — V. ci-après Livre III, chap. IV, § 1, n° 2.
(5) AC, *Acta*, reg. XX, p. 526, 2 août 1793.
(6) IBIDEM, p. 3 du cahier des *Acta* de 1797. La lampe fut livrée l'année suivante. Elle coûta 4,209 fl. 18 1/2 s. IBIDEM, p. 12.

treize otages, et parmi eux le chanoine zellarien Kersselaers (1), qui mourut en captivité, et les chanoines métropolitains De Lantsheere, Van Rymenam et Van Herbergen.

Le clergé, du reste, plus que tout autre, eut à supporter la charge de la contribution. Dans une proclamation émanée de la Municipalité, le 26 vendémiaire an III (17 octobre 1794), la part du Chapitre fut fixée à 40,000 livres; celle des Zellariens à 12,000; celle des chapelains à 5,000, en dehors des sommes exigées de la Fabrique et des Confréries. Afin de satisfaire à des exigences aussi exorbitantes, les chanoines durent faire de nombreux emprunts et se défaire d'une partie de ce qui leur restait d'objets d'orfèvrerie. Les quittances, délivrées par le receveur F. Nollet, en date du 22 et du 23 juillet, accusent déjà une remise pour environ 4,000 florins (2). La belle châsse de saint Rombaut fut également vendue, et le produit, 12,000 florins, versé par la Ville pour le payement de l'énorme rançon (3).

Toute l'argenterie cependant ne fut pas sacrifiée. Les chanoines avaient trouvé l'occasion d'en sauver une partie et de l'expédier en Zélande. Elle y resta jusqu'après le rétablissement du culte, lorsque, grâce aux soins du chanoine Van Gils, d'Anvers, elle fut envoyée à Breda et vendue à un orfèvre de cette ville. Le produit : 10,600 fl. de Hollande, en dehors du prix de vente de la lampe du chœur et d'un calice, fut consacré à payer les dettes les plus pressantes du Chapitre (4).

Une autre partie fut sauvée par le sacristain Gooris, dans une cachette de l'église, et remise au jour après le Concordat.

La contribution du Chapitre à l'impôt de guerre imposé par les Français, hors proportion avec les revenus des chanoines, fut un coup mortel à leur situation financière si obérée déjà. La confiscation de la majeure partie du produit des dîmes, notifiée le

---

(1) Le souvenir mortuaire de Kersselaers porte : « Bid voor de ziel / van den Eerw. Eerweerdigen / Heer / Joannes Franciscus / Kersselaers / kanonik zellaer binnen Mechelen / als Gyzelaer / overleden den 9 Augusti 1794 / tot Maubeuge in 't Henegouws' / in den ouderdom van 59 jaren / en 34 van 't priesterschap / R.I.P. »

(2) AC, Arm. I, casier 54, quittances, *orig.*

(3) V. ci-dessus Livre Ier, chap. II ; t. I, p. 44.

(4) AC, Arm. 1, casier 53, Papiers de Van Helmont, lettre de G. du Trieu à V. H., du 11 juillet 1803.

14 août 1795 (1), et l'obligation d'accepter en paiement les assignats, le papier monnaie de la République, déprécié déjà, consommèrent la ruine.

Une supplique, adressée par le Chapitre au Cardinal de Franckenberg qui, chassé de son palais, avait cherché un refuge au Séminaire, nous apprend que les chanoines avaient une dette de 99,559 fl. 6 s. 8 d., dont 40,000 provenaient des avances faites aux États et à l'Empereur, et 40,000 de leur quote-part dans l'imposition de guerre. Par suite de cette dette et à raison d'autres charges, le Chapitre avait à faire face annuellement à une dépense de 12,131 fl. 7 s. Le revenu des prébendes, d'autre part, était évalué à 736 fl. environ. Aussi le Chapitre pria-t-il l'Archevêque de réduire provisoirement le nombre des prébendes à douze, voire même à dix (2). Le Cardinal donna satisfaction à la demande des chanoines par apostille du 17 décembre 1795 (3).

A lire la supplique des chanoines, il faut croire qu'à ce moment encore le Chapitre se faisait illusion sur la mentalité du conquérant et sur le sort qui attendait l'Église de Belgique. Toujours est-il que, si pendant quelques mois ils purent encore conserver quelques vagues lueurs d'espérance, celles-ci ne tardèrent pas à s'évanouir.

Depuis les premiers jours de l'occupation, toute manifestation extérieure du culte fut défendue; cependant, durant toute l'année 1796, rien encore ne fut modifié en ce qui concerne l'exercice du culte à l'intérieur des églises, et les chanoines, réconfortés par l'exemple d'intrépide courage de leur Archevêque, continuèrent, comme aux jours sereins, de chanter l'office et de vaquer aux

---

(1) AC, *Acta*, reg. XX, suppl., f° 35.

(2) AC, Arm. I, casier 54; AA, Archives administratives, carton *Chapitre*, mém. du chan. Van Helmont.

(3) AC, *Acta*, reg. XX, cahier suppl., pp. 54-57, 6 déc. 1795. Trois prébendes étaient vacantes à ce moment : celle du prévôt Van de Velde de Melroy, promu à l'évêché de Ruremonde, et celles des chanoines Van Gindertaelen († novembre 1794) et Melchior Keller († 1795). — La situation financière des Zellariens n'était guère plus brillante. D'après le *Schuldboek ofte ligtingen der Capitalen welke de Canoniken van Zellaer op het crediet van hun capitael in verscheyden tyden te rente genomen hebben*, ils avaient emprunté, le 2 mai 1790, 10,000 fl. au profit des États, le 18 avril 1794, 3,000 et le 21 juillet suivant, encore 12,000, pour subvenir aux frais de la guerre contre la République. Dans ces circonstances, les Zellariens demandèrent et obtinrent la suppression de trois prébendes pour un terme de vingt années. — AC, *Acta*, reg. XX, cahier supplém., p. 27, 5 déc. 1794.

diverses fonctions du service divin. C'est le 5 mai 1797, que l'ordre de prêter le serment républicain fut notifié aux chanoines. Ce serment, prescrit par la loi du 7 vendémiaire an IV (29 septembre 1796), était conçu dans les termes suivants : « Je reconnais que l'universalité des citoyens est le souverain et je promets soumission et obéissance aux lois de la République ». Les prêtres qui refuseraient de faire la déclaration demandée auraient à cesser tout exercice de leur ministère.

Pressentis sur les suites qu'ils comptaient donner à une éventuelle continuation des offices, malgré le refus du serment, les juges de paix Oliviers et Crabeels répondirent que, quant à eux, ils consentiraient à dissimuler; mais ils ajoutèrent que si quelque prêtre était dénoncé, ils ne pourraient se dispenser d'agir (1). D'autre part, le Chapitre décida de faire, auprès de l'administration départementale, les démarches nécessaires pour obtenir la révocation de la mesure ou tout au moins un délai, jusqu'à ce que le clergé fut instruit sur son devoir par « le chef de l'Église que Dieu a établi comme le Père et le Docteur commun des fidèles » (2). La requête, signée par le Cardinal, par tous les chanoines, sauf Huleu, et par un grand nombre de prêtres de la ville, n'eut d'autre résultat que de faire remettre l'exécution de la loi jusqu'au 22 du même mois. La veille de la date fatale, le 21 mai, la réunion capitulaire décida la cessation des offices (3).

Seul, l'archiprêtre Huleu, qui déjà quelques jours auparavant avait cru devoir refuser sa signature à la requête, se sépara de nouveau de ses confrères, et, dans un opuscule flamand, publié à Malines, défendit la licéité de la déclaration (4).

Le scandale fut énorme.

Le geste de l'archiprêtre eut d'autant plus de répercussion que l'auteur de la brochure passait, à bon droit, pour un homme savant, zélé et pieux. S'il faut en croire le chanoine du Trieu, la publication

---

(1) AC, *Acta*, reg. XX, Cahier suppl., p. 93, 19 mai 1797, v. aussi arm. I, casier 54. Notes du chan. du Trieu sur la suppression des services religieux dans la ville de Malines.

(2) Ibidem, *Mémoire pour faire révoquer la publication de quelques extraits de la loi du 7 vendémiaire an IV, qui s'est faite dans le canton de Malines*. Imprimé.

(3) AC, *Acta*, reg. XX, cahier suppl., p. 93, 19 et 31 mai 1797.

(4) *Waerschouwinge aen het volk*. Malines, P.-J. Hanicq, 1797.

de la brochure de Huleu aurait eu surtout du retentissement en Flandre, où de nombreux prêtres, quatre-vingt à Gand seul, dit-il, auraient signé la déclaration. Malgré l'avis de ses confrères, les instances de l'Administrateur de la Nonciature, les remontrances de son évêque, voire même les mesures de rigueur prises à son égard par le retrait de tous ses pouvoirs, Huleu s'obstina dans la voie malheureuse dans laquelle il s'était engagé. Il répandit d'autres écrits encore (1) et devint, avec le westphalien Hövelman, professeur à Louvain, le chef avéré des « jureurs », c'est-à-dire des prêtres qui prêtèrent le serment républicain (2).

Cependant, les chanoines qui avaient jugé prudent de surseoir à la célébration de la Sainte Messe, décidèrent de se réunir quotidiennement à l'église avec le clergé inférieur, pour y réciter l'office. On se rendrait au chœur, le matin, à 5 1/2 h., pour y réciter à haute voix Matines, Laudes et Prime, jusque 6 1/2 h.; on reviendrait ensuite à 9 h. ou neuf heures un quart, pour dire Tierce, Sexte et None, et on demeurerait à l'église jusque 10 h.; enfin, on achèverait l'office l'après-midi à 2 1/4 h., par la récitation à haute voix de Vêpres et de Complies.

Le lundi 22 mai, les chanoines, ensemble avec les Zellariens et les chapelains, se rendirent au chœur, mais sans surplis et en habit de ville. Après l'office, un séculier, l'apothicaire Louis, homme d'une grande piété, entonna les prières du Rosaire, auxquelles répondirent le clergé et le peuple.

A neuf heures, en présence du Cardinal, ou récita Tierce et Sexte. Ensuite le chanoine Van Beughem, secrétaire de l'Archevêché, bravant toute crainte, chanta la messe des Rogations. Après l'aspersion avec l'eau bénite, on chanta les Litanies et on fit la procession à l'intérieur de l'église. La croix était portée par un jeune homme,

---

(1) *Veritatis aurora... circa sensum formale iuramenti 19 fructidor examen serum*. Malines, 1798, 2ᵉ éd., *Anno Reip. VI;* — *Plichten van allen catholyken borger*. Malines, 1798. — Cf. P. CLAESSENS, *Histoire des Archevêques de Malines*, t. II, p. 217; — V. aussi GOETHALS, *Lectures*, t. IV, pp. 310-324; KERSTEN, *Journal historique*, t. VI; J. B[AETEN], *Naemrollen*, t. I, p. 260.

(2) V. sur Huleu, la notice de la *Biographie nationale*, signée E. Reusens. L'auteur rend bien cette curieuse figure de prêtre de la fin du xviiiᵉ siècle, pieux, zélé, qui, « après avoir mérité notre admiration et notre affection », comme le lui écrivit son Archevêque le 17 avril 1798, — *Coll. Brevum*, t. III, p. 22, — fit bande à part, se sépara de ses chefs et de ses confrères, et, peut-être malgré des intentions meilleures, donna au diocèse le triste spectacle d'un prêtre révolté.

accompagné de deux autres jeunes gens, avec des cierges allumés; puis venait le célébrant, revêtu de l'aube et de l'étole, et immédiatement derrière lui marchait le Cardinal.

L'après-midi, le Cardinal assista encore à l'office, à l'issue duquel un laïc, Van den Briel, proviseur de la Confrérie du S. Sacrement, ouvrit le tabernacle, tandis qu'au jubé on chanta les motets habituels.

Le mardi, le chanoine Van Beughem chanta encore la grand' messe et fit la procession. Comme la veille, le Cardinal assista aux offices, entouré d'une foule nombreuse et recueillie.

Le même jour, vers midi, l'huissier Vermeulen intima à Van Beughem l'ordre de se présenter devant le juge de paix, qui fit procéder à l'arrestation du prévenu.

La nouvelle de cette arrestation produisit en ville une profonde émotion. La foule se porta en masse devant l'hôtel de ville, où l'on avait amené le prisonnier, pour lui faire subir un premier interrogatoire. Des scènes de violence se seraient produites sans l'intervention de quelques personnes qui prêchèrent le calme au peuple exaspéré. Plusieurs membres du tribunal, de leur côté, s'abstinrent, sous des prétextes divers, de paraître à la séance à laquelle l'inculpé dut être jugé.

Sur ces entrefaites, une protestation énergique, couverte de quinze mille signatures, fut envoyée le 1er juin aux Représentants de la Nation, et on se prit à espérer que cette manifestation unanime des sentiments du peuple malinois lui vaudrait la liberté de prier sans entraves. Aussi, le 8 juin, le Chapitre décida de reprendre les offices. Le Cardinal de Franckenberg, qui à cette heure d'angoisse, malgré ses soixante-dix ans, semblait avoir retrouvé toute l'ardeur avec laquelle, dix années auparavant, il avait résisté au Joséphisme, tint à être présent à l'office de matines et à la grand' messe. Il n'y eut, cependant, que quatre chanoines, le pléban Van Trimpont, le président du Séminaire De Lantsheere et les chanoines Van Helmont et du Trieu, qui s'enhardirent à célébrer la messe en public, ainsi que le zellarien Smets et quelques chapelains.

Hélas! Le coup d'État du 18 fructidor an IV (4 septembre 1797), en portant au pouvoir la fraction la plus avancée de la démagogie, vint annihiler toutes les espérances. La loi du 19 du même mois, en même temps qu'elle prononça le bannissement contre les partisans de la royauté, décida l'application rigoureuse des lois votées contre les ministres du culte. La formule même de la déclaration de fidélité à la République fut modifiée et remplacée par un serment de « haine à la royauté et à l'anarchie et d'attachement à la République et à la Constitution de l'an III ».

Le 19 septembre, le Commissaire du Directoire exécutif près de l'Administration du Canton de Malines, Auger, somma le « citoyen Franckenberg » de prêter le serment, en le prévenant que les ordres les plus sévères avaient été donnés à la police pour constater par des procès-verbaux les contraventions à la loi commises par les ministres du culte. Le jour même, le Cardinal répondit par la lettre, d'une fermeté toute évangélique dont P. Claessens nous a conservé le texte (1).

Cette lettre valut l'exil au courageux vieillard. Le 20 octobre, entre deux et quatre heures de la nuit, des soldats vinrent arracher l'Archevêque au Séminaire, sans lui donner le temps de s'habiller convenablement, ni celui de prendre quelque nourriture. Malade, couvert d'une robe de chambre, le vieillard fut brutalement poussé par les soldats français dans une voiture et conduit sous bonne escorte à Bruxelles. Là, on enferma le prélat dans une chambre de l'ancienne Cour des comptes, pendant que ses bourreaux délibéraient froidement s'il fallait l'envoyer à Cayenne ou à l'île d'Oléron. Les médecins ayant déclaré que le grand âge et l'état de santé du prisonnier défendaient de se mettre en route sans l'exposer à une mort certaine, on décida de différer de deux jours le départ et de conduire ensuite le « citoyen malade » au delà du Rhin.

L'exemple de fidélité au devoir donné par l'Archevêque ne fut pas sans porter des fruits. Huleu, seul des membres du Chapitre, prêta, le 22 décembre, le serment demandé par les Français. Avec lui, deux Zellariens et trois chapelains (2) cédèrent aux injonctions du pouvoir.

---

(1) P. Claessens, *Hist. des archevêques de Malines*, t. II, pp. 211-212.

(2) C'étaient les Zellariens Michaux et Verhasselt et les chapelains Hertinckx, Laddersons et le premier sacristain-prêtre De Bruyn. Ibidem, p. 210. Il y eut en tout, à Malines, sur 209 prêtres, 11 assermentés. — Cf. C.-B. De Ridder, *Analectes concernant l'histoire ecclésiastique de la Belgique et en particulier l'archidiocèse de Malines*, extrait de l'*Annuaire ecclésiastique* de l'archevêché de Malines, 1860-1864, p. 92. — V. aussi J. Laenen, *Les diocèses de Malines et d'Anvers, de 1794 à 1802*, dans l'*Annuaire du clergé*, 1907.

Lorsque le refus du Chapitre lui fut connu, l'autorité française donna ordre, le 26 septembre, de cesser les offices dès le lundi suivant. En même temps, on enjoignit aux prêtres de la ville de déposer l'habit ecclésiastique, pour prendre le costume laïque. Tout le monde s'inclina devant l'inéluctable nécessité. Le 9 octobre suivant, les marguilliers, à leur tour, durent comparaître à la municipalité et remettre entre les mains des Français les clés de l'église.

Pendant quelques semaines encore, les chanoines continuèrent à se réunir capitulairement, mais sans nous laisser, dans les procès-verbaux ternes et brefs de leurs séances le moindre écho des soucis et des angoisses qui devaient en ces heures tragiques étreindre leur cœur. Au commencement du mois de novembre, le chanoine Jean-Louis de Ponthieure de Berlaere, secrétaire du Chapitre, se retira en Allemagne. La dernière réunion capitulaire eut lieu le 6 du même mois. Six chanoines encore étaient présents; c'étaient l'archidiacre Van Rymenam, le chantre Van Helmont, l'archiprêtre Huleu, le chanoine du Trieu, le président du Séminaire De Lantsheere et le secrétaire de Ponthieure.

Quant à l'archiprêtre Huleu, après son acte de faiblesse vis-à-vis du pouvoir, il demanda et obtint l'usage de l'église métropolitaine, et il y célébra la Messe jusqu'au Concordat.

On aurait tort de croire que le geste de l'archiprêtre valut au moins à celui-ci la confiance de ceux qui l'avaient fait dévier de son devoir. « Vous pourrez croire, écrivit, le 29 frimaire an VI (19 décembre 1797), le commissaire Auger à l'administration centrale, que je suis trop sévère sur le compte du sieur Huleu; mais d'après les renseignements que j'ai pris auprès de personnes probes, qu'aucun motif ne fait agir, il résulte que je le regarde comme un homme d'autant plus dangereux qu'ayant beaucoup d'esprit et ayant joué depuis la révolution belgique toutes sortes de rôles, il paraît accoutumé à se servir de tous les masques et pour cela en impose davantage; mais je ne l'en crois pas moins l'ennemi de la République » (1).

Le Chapitre, au moment de la dispersion, comptait quatorze membres; c'étaient, par ordre d'ancienneté :

---

(1) DE RIDDER, l. c., p. 354.

Le doyen Jean-Henri Haenen, né à Maestricht le 23 mai 1719, élu chanoine gradué en théologie le 25 octobre 1753 et doyen le 12 décembre suivant (1);

Jean-Baptiste Gilis, chanoine depuis le 15 mai 1767, cantor de 1767 à 1776 (2);

Le pénitencier Jean Van Herbergen, chanoine gradué le 14 juin 1768, pénitencier le 19 octobre 1787 (3);

Jean-Louis-Ignace Ponthieure de Berlaere, chanoine gradué noble depuis le 16 juin 1769 (4);

Le péblan Van Trimpont, chanoine depuis le 20 juin 1770 (5);

L'archidiacre Rombaut Van Rymenam, chanoine théologal le 23 avril 1773, official en 1786 et archidiacre en 1791 (6);

L'archiprêtre Huleu;

Jean-François Van der Moeren, chanoine de la prébende Van Cauteren depuis le 5 décembre 1777 (7);

Le chantre P.-J. Van Helmont (8);

Alexandre de Broux, possesseur de la prébende du personnat de Melle depuis le 15 décembre 1780 (9);

Gaspar-Joseph-François du Trieu, chanoine gradué noble depuis le 11 janvier 1782 (10);

Jean-Hubert De Lantsheere, chanoine théologal le 5 novembre 1787, vicaire-général en 1793 (11);

---

(1) Après la dispersion, le doyen Haenen se retira en Allemagne, puis à Breda, où il mourut le 4 février 1803.

(2) Gilis mourut à Malines le 7 novembre 1803.

(3) Van Herbergen mourut à Tirlemont, sa ville natale, le 4 septembre 1806.

(4) De Ponthieure mourut au Muysenhuis à Muysen, le 30 août 1810.

(5) V. ci-dessus chap. IV, p. 26.

(6) Van Rymenam fut l'un des rédacteurs du *Jugement doctrinal* sur l'enseignement du Séminaire Général; otage d'abord à Maubeuge, il fut condamné plus tard à la déportation; mais parvint à se cacher et mourut à Malines le 12 avril 1799.

(7) Après le Concordat, Van der Moeren devint curé à Sottegem le 3 janvier 1803. Il y mourut le 16 novembre 1821.

(8) V. t. I, *Introduction*, p. XII.

(9) De Broux était secrétaire de l'Archevêché. Il mourut à Bruxelles, le 9 août 1817.

(10) G. du Trieu mourut à Malines le 13 janvier 1826.

(11) De Lantsheere administra le diocèse avec grande prudence et grande fermeté de 1797 à 1802. Arrêté par ordre du préfet, le 18 mars 1803, De Lantsheere fut amené à Anvers d'abord, à Paris et en Italie ensuite. Après une longue captivité, dont il ne fut libéré qu'après la chute de Napoléon, il mourut, dans le plus complet dénuement, à Bruxelles, le 26 août 1824.

Corneille Pauwels, possesseur de la prébende Quarré depuis le 21 juin 1791 (1);

Jean-Hippolyte Duvivier, secrétaire du cardinal de Franckenberg, chanoine gradué en droit depuis le 13 juin 1792 (2);

Après la réunion capitulaire du 6 novembre 1797, par la dispersion des chanoines et la cessation des offices, le Chapitre se trouva virtuellement supprimé. Il fut canoniquement éteint par le Concordat et la prise de possession du siège archiépiscopal par le premier titulaire du nouveau diocèse, Jean-Armand de Roquelaure, le 24 juillet 1802.

Un sort identique frappa les Zellariens.

Dans le courant du mois de pluviôse an VI (janvier-février 1798), des commissaires, accompagnés d'un membre de l'administration municipale, se rendirent à la maison de J.-R. Smaes, le président du Collège. Ils notifièrent aux Zellariens leur suppression en vertu de la loi du 5 frimaire an V (25 novembre 1797), et mirent les scellés sur leurs archives (3).

Vers la fin de l'année 1807, les chanoines Zellariens survivants, persuadés que tout espoir de reconstituer leur collège devait être abandonné à jamais, décidèrent de vendre le mobilier de leur chapelle et les ornements qui leur appartenaient. Ils donnèrent commission dans ce sens à P. Van der Hasselt, le dernier proviseur de la chapelle (4). La vente produisit une somme totale de 570 fl. 17 s., qui fut partagée, après déduction des frais, entre les huit confrères encore en vie (5).

Quant aux biens de la fondation qu'on parvint à sauver, ils furent attribués, après 1802, avec ceux des chapellenies et des LX Frères, à la Fabrique de l'église.

---

(1) Pauwels mourut curé à Puers en 1807.

(2) Duvivier devint chanoine, archidiacre et vicaire-général à Tournai; il mourut le 25 janvier 1834.

(3) Les scellés y étaient encore en 1805. — AC, Arm, I, casier 54, — Certificat délivré le 3 fructidor an XIII (21 avril 1805), par l'administration municipale, à Smets et à Schuermans.

(4) IBIDEM, *orig.*

(5) IBIDEM, Quittance *orig.*, s. d. Les participants étaient J.-B. Van Trimpont, F.-J. Schuermans, C.-F. Michaux, P. Van Hasselt, B. Smets, J.-B. Malingrau, Crutz et J. Van den Herreweghen.

CHAPITRE VI

Le nouveau Chapitre métropolitain

SOMMAIRE. — La fin de la persécution religieuse. — La prise de possession du siège archiépiscopal, par Jean-Armand de Roquelaure. — Erection du nouveau Chapitre. — Installation des premiers chanoines titulaires et honoraires. — Le Chapitre de 1808 à 1834. — L'organisation définitive du Chapitre. — Le nouveau sceau. — Les événements de 1914.

Dans les derniers jours de l'année 1799, le Directoire fit place au Consulat.

En même temps, la persécution religieuse diminua en intensité. Sans doute, on exigea encore des prêtres qui voulaient exercer publiquement le ministère sacré, une promesse de fidélité à la République, mais peu à peu les autorités se relâchèrent de leur sévérité.

Bientôt, à la campagne surtout, les églises furent rouvertes. Les fidèles s'y réunirent à nouveau pour réciter ensemble le chapelet ou chanter des hymnes, tandis qu'à la sacristie, séparée seulement du public par une porte entr'ouverte, un prêtre célébrait les Saints Mystères. L'autorité n'y eut ou n'y voulut rien avoir à redire.

Les municipalités ne se montrèrent pas moins bienveillantes que l'administration centrale s'était faite tolérante. Les Consuls avaient décidé que les prêtres déportés ou poursuivis pouvaient obtenir leur libération ou la cessation des poursuites sur production d'un certificat attestant qu'avant le décret du 4 vendémiaire an IV, ils avaient renoncé aux fonctions sacerdotales. Quelques prêtres, et surtout de nombreux amis des déportés, sollicitèrent ces certificats, que sans le moindre examen les municipalités délivraient indistinctement à tous ceux qui les demandaient.

Le procédé parut incorrect aux Vicariats. De Lantsheere à Malines, Forgeur et ses collègues à Anvers, condamnèrent la pratique. « Il s'agit là, disait De Lantsheere, d'un mensonge, d'une offense à Dieu donc. Le procédé est injurieux à notre ministère, puisque par là on semble rougir de l'Évangile; il est contraire à notre profession de foi et de nature à scandaliser le peuple ». En conséquence, les prêtres qui de cette manière avaient obtenu leur libération, reçurent ordre de brûler les lettres de sauvegarde et de se comporter en toutes choses comme leurs confrères (1).

Cependant, ni les uns ni les autres n'eurent plus rien à redouter.

Au mois de juillet 1801, un Concordat fut conclu entre le Saint-Siège et la République, et bien que cet acte ne fut approuvé par le Sénat et reçu comme loi de l'État que l'année suivante, toute l'ancienne législation contre le culte catholique se trouva virtuellement abolie.

Un article du Concordat stipulait la suppression des anciens sièges épiscopaux dans toute l'étendue du territoire français et la création de nouveaux diocèses. Informé du désir du Souverain Pontife, le vénérable Archevêque de Malines n'hésita pas à accomplir le sacrifice demandé et renonça à son siège. Toutefois, à la demande du Pape, il conserva, en qualité d'administrateur apostolique, le gouvernement de son ancien diocèse, jusqu'à l'arrivée de son successeur, Jean-Armand de Roquelaure (2).

La prise de possession du siège archiépiscopal par le nouvel Archevêque eut lieu le 4 juillet 1802, en présence des chanoines Van Helmont, De Lantsheere, du Trieu, Van Trimpont et Huleu, ainsi que de Forgeur et Van Bombergen, vicaires-généraux et chanoines d'Anvers. La veille, une dernière réunion capitulaire des chanoines de Saint-Rombaut avait pris connaissance des lettres de nomination du nouveau titulaire et déclaré dissous et éteint l'antique chapitre, après une existence huit fois séculaire.

Par la bulle *Qui Christi Domini vices* du 3 des calendes de décembre 1801, le pape Pie VII avait accordé au Cardinal-Légat

---

(1) Cf. J. LAENEN, *Les diocèses de Malines et d'Anvers, de 1794 à 1802*, dans l'*Annuaire du clergé*, 1907.

(2) Le cardinal Jean-Henri de Franckenberg avait gouverné le diocèse pendant plus de quarante-deux années, du 22 septembre 1759 au 4 juillet 1802. Fait unique peut-être dans les annales ecclésiastiques, après un épiscopat de presqu'un demi-siècle, il eut pour successeur un prélat plus âgé que lui et plus ancien évêque, puisque de Roquelaure était né le 24 février 1721, et avait été sacré évêque le 16 juin 1754, alors que de Franckenberg était né le 18 septembre 1726 et avait reçu l'onction épiscopale le 15 juillet 1759.

Caprara, avec pouvoir de les confier à des sous-délégués, les facultés nécessaires pour ériger un nouveau chapitre dans les églises cathédrales et métropolitaines, d'en approuver les statuts et de prescrire aux chanoines l'habit de chœur qu'il trouverait le mieux convenir. En exécution de cette bulle, le Cardinal, par lettres datées de Paris, du 9 avril 1802, confia aux évêques nouvellement nommés le soin de procéder à cette érection dans leurs diocèses respectifs.

Le décret constitutif du nouveau chapitre de Malines fut signé par l'archevêque de Roquelaure, le 2 juillet 1803. L'Archevêque fixa le nombre des chanoines titulaires à douze, et leur assigna comme habit de chœur le rochet simple, c'est-à-dire sans doublures aux manches, la barette noire et le camail ou la mozette en laine noire, doublée et liserée de laine rouge.

L'usage du camail fut une innovation : jusqu'alors on n'avait connu que l'aumusse dans nos provinces. Une autre innovation fut la création de chanoines honoraires. Nous avons vu de quelle manière, au xvij^e siècle, l'Archevêque et le Chapitre avaient essayé de porter remède à l'insuffisance du nombre de chanoines, pour donner aux offices du chœur la dignité et l'ampleur que réclamait la présence de l'Archevêque. L'archevêque de Roquelaure crut pouvoir atteindre le même objectif en accordant le titre et les insignes de chanoine à quelques prêtres résidant à Malines et qui partageraient avec les chanoines titulaires les honneurs du chœur et s'acquitteraient avec eux des fonctions canoniales, mais sans jouir des avantages matériels réservés à leurs confrères et sans prendre séance avec eux aux réunions capitulaires.

Le 14 août, les futurs chanoines furent convoqués à Anvers, par le Préfet du Département des Deux-Nèthes, pour y prêter, à l'église Notre-Dame, le serment exigé par les articles VI et VII du Concordat.

Le même jour, l'Archevêque publia les statuts du nouveau Chapitre.

« L'office du chœur, est-il dit dans ces statuts, n'aura lieu que les dimanches et jours de fête. Il commencera par la récitation de Tierce; ensuite aura lieu la grand' messe avec prône, et après on dira Sexte. Le soir auront lieu None, Vêpres, Sermon, Complies et Salut du T. S. Sacrement.

» Le service de l'église étant réservé aux seuls chanoines, ils occuperont les confessionnaux, chanteront les messes et les saluts qui seront conservés, se chargeront des catéchismes, soit en français, soit en flamand, et feront en sorte que les messes se succèdent tous les jours, depuis six heures du matin jusqu'à onze heures et demie. Ils distribueront eux-mêmes la Sainte Communion immédiatement avant la première ablution, afin que les fidèles participent plus intimement au Saint Sacrifice.

» Aussitôt que les chanoines auront été mis en possession de leur dignité, ils s'assembleront pour élire, à la pluralité absolue des suffrages, celui d'entre eux dont je confirmerai le choix et auquel je conférerai la juridiction spirituelle sur les membres du Chapitre, afin qu'il puisse remplir à cet égard toutes les fonctions attribuées autrefois au doyen des chanoines de l'église métropolitaine et qu'il ait partout la préséance ».

Un autre article reprit un usage séculaire, en prescrivant une réunion mensuelle des chanoines titulaires.

Le lendemain, 15 août, fête de l'Assomption, les chanoines nommés, revêtus du rochet et du camail, attendirent, groupés sous le porche, l'arrivée de l'Archevêque, pour le conduire au chœur. Là, avant de commencer la messe pontificale, le prélat prit place sur le faldistorium devant l'autel, et fit donner lecture du décret exécutorial, portant nomination de douze chanoines titulaires et d'onze chanoines honoraires. A mesure que les noms furent proclamés, les chanoines s'avancèrent vers l'Archevêque et baisèrent l'anneau en signe d'obédience, puis ils prirent place dans la stalle qui leur fut assignée.

Les nouveaux chanoines titulaires étaient : G.-Fr. Bertou (1), J. Forgeur (2), P.-J. Van Helmont (3), J.-Fr.-Gh. Huleu (4), J.-J. Her-

---

(1) Guillaume-François Bertou, ancien vicaire-général de Senlis, vicaire-général de Malines, accompagna l'Archevêque dans sa retraite, le 26 septembre 1808. Il mourut à Paris, au mois d'août 1810.

(2) Joseph Forgeur, ancien vicaire-général d'Anvers, vicaire-général de Malines, mourut pieusement à Malines, le 5 février 1833.

(3) V. t. I, *Introduction*, p. XII.

(4) V. ci-dessus chap. IV, p.

tinckx (1), L. Manderlier (2), Ph.-J. Beaurain (3), R.-Th. de Plaine (4), Ch.-A.-J. Malet de Coupigny (5), Ch.-Fr. Michaux (6), J.-G. Hövelman (7), Th.-G. Baraton (8).

Les chanoines honoraires étaient : F.-J. Schuermans (9), P. Naulaerts (10), B. Smets (11), Jean Van Herreweghen (12), P. Riemslagh,

---

(1) Jacques-Joseph Hertinckx, né à Malines le 23 décembre 1746, mourut le 18 mars 1826.

(2) Léopold-Pierre-Joseph Manderlier naquit à Bruxelles le 4 mai 1748. Il fut, avant la Révolution, président du Collège de Savoie et doyen de Saint-Pierre à Louvain. Elu doyen de Saint-Rombaut, le jour de l'installation du Chapitre, il occupa ce poste jusqu'à sa mort, le 4 février 1815.

(3) Philippe-Joseph Beaurain, né à Binche, prêtre du diocèse de Malines, successivement chanoine de seconde (1787) et de première fondation (1792) à Louvain, mourut le 17 décembre 1809.

(4) Rutger-Théodore-Joseph de Plaine de Terbrugghen, né au château de Terbrugghen, à Relst, le 18 avril 1755, licencié ès lois, ordonné prêtre à Liége le 9 juin 1781, bachelier *formatus* en théologie en 1782, chanoine de Sainte-Gertrude à Nivelles, archidiacre de Malines le 25 juillet 1836, mourut le 25 juin 1842.

(5) Charles-Alexandre-Joseph Malet de Coupigny, né à Occoche, dans le département de la Somme, le 22 août 1755, mourut le 6 mai 1812.

(6) Charles-François Michaux, né à Bruxelles le 21 mars 1757, fut reçu chanoine zellarien le 18 juin 1779. Il prêta le serment républicain et prit même part aux fêtes de la déesse Raison, dans l'église désaffectée des saints Pierre-et-Paul. Michaux mourut le 5 mai 1831.

(7) Jean-Guillaume Hövelman, né à Buer, en Westphalie, le 12 septembre 1759, fut proclamé 4e de la première ligne à la pédagogie du Château, en 1776. Il devint professeur au Château, le 12 octobre 1783, puis président du collège de Divaeus. Pendant la période révolutionnaire, Hövelman s'acquit une triste célébrité par son attitude dans la question du serment. Après le Concordat, il devint président du Séminaire et mourut le 13 janvier 1809, atteint d'une maladie contagieuse, qu'il avait contractée au chevet des soldats malades, qu'il s'était offert à soigner en qualité d'aumônier volontaire.

(8) Thomas-Gilbert Baraton, né à Paris en 1773, ordonné prêtre en 1787, devint chanoine de Senlis en 1788 et secrétaire de l'évêque de Roquelaure en 1792. A l'exemple de son évêque, il refusa le serment républicain et fut emprisonné de 1793 jusqu'à la chute du Directoire. Il fut président du Séminaire de Malines de 1803 à 1809, et mourut le 30 juin 1847.

(9) Schuermans était ancien Zellarien ; il mourut le 5 septembre 1817.

(10) Ancien chanoine de Notre-Dame, premier receveur de la Fabrique 1804 ; P. Naulaerts mourut le 6 juin 1811. — Cf. J. B[AETEN], *Naemrollen*, t. II, p. 46.

(11) Ancien zellarien, mourut le 10 novembre 1811.

(12) Ancien zellarien depuis le 30 juin 1790, renonça à sa dignité le 18 mars 1823.

(13) Van Riemslagh, ancien prieur du monastère cistercien de Waerschoot, ne résida jamais.

Fr.-D.-E. Blanchardin-le-Chêne (1), P.-J. Verlinden (2), J. Bouchart (3), L. Van Provyn (4), J.-Fr. Mertens (5), Ch.-L.-J. André (6).

D'après le décret du 21 juillet, l'Archevêque avait eu l'intention de ne nommer que huit chanoines honoraires. Un de ceux-ci, L. Fayd'herbe, n'accepta pas la dignité qui lui fut offerte; d'autre part, quatre nouveaux noms furent adjoints à la liste primitive, ce furent ceux de Schuermans, Riemslagh, Van Provyn et André.

Après l'office, les chanoines titulaires tinrent, sous la présidence de l'Archevêque, leur première réunion, au cours de laquelle Léopold Manderlier fut élu doyen.

L'érection du Chapitre obtint la pleine approbation du Cardinal-Légat, qui écrivit, le 3 octobre, à l'archevêque de Roquelaure, en lui réitérant la faculté d'édicter au moment voulu des statuts définitifs (7).

Les circonstances religieuses ne se prêtèrent guère, durant les années qui suivirent, à l'organisation définitive du Chapitre. L'archevêque de Roquelaure, vieillard plus qu'octogénaire, brisé par de longs revers, ne fut plus guère de taille à résister aux charges accablantes d'une administration aussi vaste et aussi laborieuse que celle du diocèse de Malines. Il quitta la ville le 26 septembre 1808. Son successeur, Dominique de Pradt, ancien évêque de Poitiers, ne parvint jamais à se faire installer à Malines. Plus tard, après 1815, les entraves mises à l'exercice du pouvoir épiscopal par le gouvernement haineusement calviniste de Guillaume Ier, ne permirent pas

---

(1) Ancien religieux capucin, retourna dans sa patrie.

(2) Ancien chanoine de Notre-Dame, devint curé à Beersel, près d'Alsemberg, en 1816, et mourut à l'âge de 80 ans, le 28 octobre 1831. Cf. J. B[AETEN], *Naemrollen*, t. II, p. 528.

(3) Bouchart, ancien religieux dominicain, devint succentor au nouveau Chapitre; il démissionna au mois de février 1805, pour devenir curé à Hombeek, et mourut le 7 octobre 1837.

(4) Mourut, le premier des chanoines du nouveau Chapitre, à Ypres, d'un cancer à la figure, le 10 novembre 1804. Un service solennel fut chanté à la métropole le 25 du même mois.

(5) Né à Malines le 22 octobre 1761, mourut le 26 février 1827.

(6) Jadis organiste et phonascus de Saint-Rombaut, mourut le 8 avril 1839.

(7) « Voilà donc, enfin, écrivit le Cardinal-Légat, l'important travail de l'organisation de votre diocèse terminé, par l'acte d'érection du Chapitre métropolitain, dont vous avez eu la bonté de m'envoyer copie. Je crois qu'il sera prudent, comme vous le remarquez fort bien, que l'expérience vous détermine sur le choix des statuts qui conviendront le mieux ». — AA, *Archives administratives*, carton *Chapitre*, orig.

au Prince de Méan de pourvoir, comme il l'aurait voulu, aux nécessités de son église métropolitaine. En 1818, cependant, l'Archevêque fut sur le point de parfaire l'œuvre de son prédécesseur. Les nouveaux statuts qu'il avait préparés pour le Chapitre reproduisaient dans leurs grandes lignes les constitutions du 18 novembre 1600 (1).

L'Archevêque projeta également, sur les conseils du chanoine Van Helmont, d'incorporer la cure de Saint-Rombaut à la mense capitulaire (2).

L'organisation définitive du Chapitre, comme celle du diocèse en général, fut réservée à l'intelligente initiative du cardinal Sterckx. Par décret du 24 juillet 1836, l'Archevêque renouvela l'érection du décanat qui était resté sans titulaire depuis la mort de Léopold Manderlier, en 1815 (3), et institua les nouvelles dignités d'archidiacre et de chantre (4). Le décret régla également une question de préséance qui, du temps de l'abbé de Pradt, avait donné lieu à des tiraillements entre les chanoines et les vicaires-généraux, en accordant à ceux-ci, tant au chœur que dans les processions, le pas sur les chanoines et même sur le doyen. Le lendemain, 25 juillet, l'Archevêque publia également de nouvelles règles pour l'usage de l'église métropolitaine par le Chapitre et par le curé de la paroisse, ainsi que les nouveaux statuts des chanoines et le calendrier du chœur.

Grâce au concours de diverses circonstances, le cardinal Sterckx put également, en 1843, créer une treizième prébende canoniale, qui fut maintenue jusqu'en 1895. Enfin, l'Archevêque obtint, en 1846, un bref apostolique, autorisant les chanoines à porter la mozette et le manteau de chœur, de couleur violette. Cette faveur fut suivie, en 1866, sous l'épiscopat du cardinal Dechamps, par la concession d'une croix pectorale. Le bijou, dessiné par le Baron Jean Béthune, à la demande du chanoine De Coster, est en argent doré et, en partie émaillé. La croix porte sur la face antérieure un

---

(1) IBIDEM, projet de statuts. Cf. L. II, chap. III, § 2; t. I, pp. 261 et ss.
(2) IBIDEM, Projet de la main du chan. Van Helmont.
(3) Le premier doyen fut P.-E. Collier († 6 avril 1854).
(4) Le premier archidiacre fut R.-T. De Plaines († 23 juin 1842), et le premier chantre Jean-Joseph-Ghislain Baguet († 1 sept. 1868). L'Archevêque, en 1836, rétablit également la charge de pénitencier et désigna, comme premier titulaire, Charles-Josse Crockaert († 18 juillet 1860).

médaillon central, en émail brun, représentant saint Rombaut, et sur les lobes des quatre bras, sur fond bleu, les emblèmes des Évangélistes. Le revers est orné, au centre, des armoiries sur fond bleu, du pape Pie IX, avec, dans le lobe supérieur, celles du cardinal Dechamps, et dans le lobe inférieur, celles du Chapitre. Sur les extrémités des bras transversaux, on lit : Pius pp : iv a.d. MDLXI, et Pius pp : IX a. d. MDCCCLXVI.

Le nouveau sceau du Chapitre métropolitain, peu heureux à divers points de vue, porte dans le champ l'ancien écu au lion d'Écosse, timbré d'un chapeau à trois rangées de glands. En exergue, on lit : CAPITULUM ECCLESI.,E METROPOLITANAE MECHLINIEN. Au commencement du xixe siècle, le Chapitre fit également graver un sceau, représentant saint Rombaut en habits pontificaux, avec le livre et la crosse, mais sans les meurtriers. Ce sceau porte : SIGILLUM CAPITULI METROPOLITANI MECHLINIENSIS, et autour de la figure : SANCTUS RUMOLDUS. Ce sceau, dont les matrices de forme ronde sont conservées, mais dont nous n'avons guère rencontré d'empreinte, existe en deux modules : de 38 et de 25 mm. Nous avons également une matrice représentant sur le champ la tour de Saint-Rombaut, avec l'inscription : SIGILLUM VIC.-GEN. ARCHIEP. MECHL. SEDE VACANTE. Ce dernier sceau fut en usage après la mort du Prince de Méan.

Lors du premier bombardement de la ville et de l'église, par les armées allemandes, le 25 août 1914, le Chapitre suspendit le matin, l'office du chœur. L'après-midi, cependant, on chanta Vêpres et le surlendemain eut lieu le service solennel pour le repos de l'âme de S. S. Pie X. Le même jour, dès l'heure de midi, les troupes belges opérèrent leur retraite, et en même temps se répandit le bruit des atrocités commises à Aerschot et à Louvain, où les Allemands avaient massacré de nombreux civils, tué des femmes et des enfants, mis le feu aux églises et à la bibliothèque universitaire. Dans ces circonstances, l'autorité civile jugea prudent de faire évacuer la ville. Les chanoines aussi se dispersèrent.

Depuis le 27 août jusqu'au 1er novembre, l'office canonial fut interrompu.

Le jour de la Toussaint, après l'office de Tierce, à l'église Saint-Jean le Cardinal-Archevêque y chanta pontificalement la grand' messe, entouré de Mgr Lauwerys, vicaire-général, et de ceux des chanoines titulaires et honoraires qui étaient revenus en ville (1). L'après-midi eurent lieu Vêpres et Complies. L'office fut régulièrement repris quelques jours plus tard, le 9 du même mois.

En attendant que l'église métropolitaine fut suffisamment remise en état pour y célébrer le service religieux, le Chapitre s'installa en semaine dans la petite chapelle de la Congrégation des Filles de Marie, au Cimetière Saint-Rombaut, et chanta, le dimanche, la messe et l'office de l'après-midi à Saint-Jean. Le jour de Noël, l'église métropolitaine fut rouverte au culte, mais, seules, les messes basses y furent dites. Le jour de l'an 1915, le Chapitre également rentra dans la Métropole; mais jusqu'au 3 mai, il continua à faire usage en semaine de la chapelle du Cimetière.

Quant aux solennités de la Semaine-Sainte et de Pâques, Son Éminence les célébra à l'église Notre-Dame. C'est dans cette dernière église également qu'eurent lieu, en 1915, les ordinations de la Pentecôte et les cérémonies de clôture des retraites ecclésiastiques.

A partir de la Toussaint, les offices pontificaux furent de nouveau célébrées à l'église métropolitaine, ce ne fut, cependant, qu'après la conclusion de l'armistice, que le 8 décembre 1918, les chanoines reprirent leur place dans les stalles du chœur (2).

---

(1) Les membres du Chapitre présents étaient les chanoines titulaires Van Genechten, archidiacre, Nuten, pénitencier, Van Messem, Otto et Van Olmen, et les chanoines honoraires Lemesle, H. Appelmans, Caeymaex, Loncin, Dens, Willems, Vrancken, Laenen et Steenackers.

(2) V. ci-après Livre III, chap. II, § 3.

LIVRE III

L'ÉDIFICE

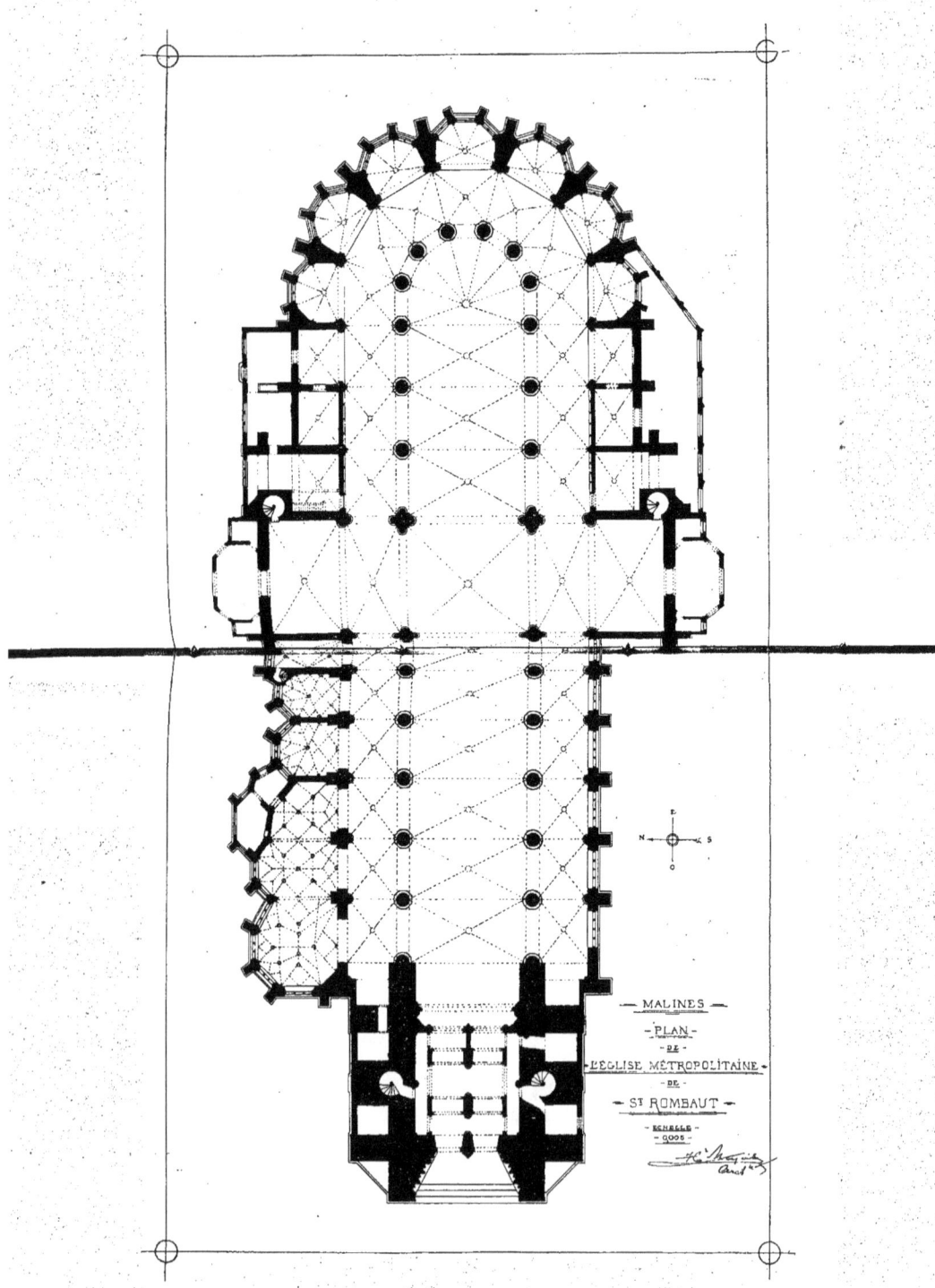

CHAPITRE I

Le plan terrier et l'aspect extérieur du Monument

SOMMAIRE. — L'église de Notger. — La construction de l'église actuelle. — Plan terrier. — Aspect extérieur : les parties hautes; les chapelles; les fenêtres; les porches; la balustrade des combles; les sculptures extérieures. — Le campanile et sa cloche.

Il serait superflu de relever les dires des anciens chroniqueurs malinois au sujet de l'église primitive de l'*abbatia* et au sujet de sa reconstruction par l'évêque Notger de Liège. Nous reléguons également parmi les productions de la fantaisie, les aquarelles conservées dans plusieurs collections, qui représentent l'église de Notger, — puisqu' église de Notger on veut qu'il y ait eu (1), — et qui font voir l'édifice précédé d'une tour massive, flanquée de quatre tourelles d'angle et couronnée par une galerie formant chemin de ronde.

Toutefois, de nombreuses indications glanées dans les sources écrites nous permettent de conclure que l'ancienne tour de Saint-Rombaut et l'église elle-même ne furent pas sans présenter une certaine importance.

Une note conservée aux archives de l'église Saint-Jean et utilisée par F. Steurs, nous apprend qu'en 1485, la charpente de la flèche fut cédée à la Fabrique de la paroisse subalterne, qui en fit le remploi pour sa propre tour. Les comptes communaux, de leur côté, attestent que le beffroi de Saint-Rombaut renfermait plusieurs cloches, dont l'une, celle qui servait pour la sonnerie des heures, pesait 2,200 livres, et que la tour possédait une horloge, remplacée en 1385 (2); nous savons aussi que dans une tourelle à jour était

---

(1) Quoique rien ne nous dise que Notger ait fait construire ou reconstruire l'église de l'*abbatia*, nous continuerons, cependant, par routine si l'on veut, mais surtout pour éviter de fastidieuses circonlocutions, à désigner l'église immédiatement antérieure à la construction actuelle, sous la dénomination d'*église* ou de *basilique de Notger*.

(2) EMM. NEEFFS, *Hist. de la peinture*, t. II, p. 7.

logé un bonhomme de bois, placé en 1389 par Jean van Lokeren (1), qui, comme son confrère de Nivelles, frappait de son marteau les coups de l'heure; enfin les comptes de la ville nous parlent de deux veilleurs de nuit qui avaient leur poste d'observation dans la tour (2).

Quant à l'église elle-même, nous verrons, en traitant du jubé, que le chœur de l'église de Notger était séparé de la nef par un ambon, surmonté d'une croix triomphale (3).

L'église était assez spacieuse. En effet, si l'on considère qu'une église collégiale pouvait difficilement se passer de chœur et que le chœur actuel, même les travées antérieures, comme il ressort de leurs caractères architectoniques, ne remontent pas aux premiers jours de la construction (4), on est tenté de faire coïncider l'entrée de l'ancien chœur, plus étroit peut-être et moins long certainement que le chœur actuel, avec l'entrée de ce dernier. En admettant, d'autre part, comme on est obligé de le faire, que la tour actuelle, construite en 1450, fut élevée à l'emplacement et peut-être tout autour de l'ancien clocher (5), on est amené à donner à l'église de Notger une longueur assez considérable, qui pourrait aller jusqu'à 55 ou 60 mètres.

Du reste, des vestiges d'anciennes maçonneries mises à jour en 1913, lors des travaux d'excavation pratiqués dans le transept méridional en vue des installations du chauffage central, ont établi que des constructions antérieures à l'édifice actuel se sont étendues jusqu'en cet endroit.

Des renseignements précis nous font défaut concernant la date à laquelle les chanoines commencèrent la construction de l'église actuelle, et sur la marche progressive de l'œuvre. Néanmoins, l'étude des sources d'archives, rapprochée de l'examen des éléments architectoniques qui se rencontrent nombreux et variés dans ce beau monument, nous mettent à même de circonscrire dans quelques larges cercles l'historique de la construction.

---

(1) Cf. ARCHIVES GÉNÉRALES DU ROYAUME, Notes Pinchart, 23.
(2) F. STEURS, *De Toren van Sint-Romboutskerk te Mechelen*. Malines, s. d., pp. 2 et ss.
(3) V. ci-après chap. IV, § 1, n° 1.
(4) V. ci-après chap. II, § 1.
(5) V. ci-après chap. V.

Il en fut, du reste, de l'église Saint-Rombaut, comme de la plupart des édifices religieux importants de l'époque ogivale. « Généralement, dit le Dr X. Smits, dans son *Histoire de la Cathédrale de Bois-le-Duc,* on procède de la manière suivante. On commence par établir les premières assises du chœur, puis, partie par partie, l'architecte remplace l'ancien édifice par une construction plus vaste. Celle-ci enveloppe le monument ancien dégréé, dont quelques éléments sont conservés, provisoirement, afin de permettre la célébration des offices. De cette manière, on adapte les constructions nouvelles aux parties existantes et on trouve remploi pour les matériaux provenant de la démolition (1) ».

Si l'on peut se fier à certains indices, on serait tenté de croire qu'une courte période de tâtonnements précéda la mise en train définitive des travaux. En effet, le mur oriental du transept mériodional présente des arcatures décoratives plus archaïques dans leur conception que les autres parties de l'édifice, mais qui ne remontent pas, cependant, au delà de l'année 1200. De plus, le même mur offre, du côté de la sacristie, des particularités dont l'interprétation paraît à peu près impossible, à moins d'admettre que nous avons à faire à un essai de construction aussitôt abandonné ou modifié. On y remarque, notamment, une arcade, fort ancienne, en forme d'ogive surhaussée, d'une hauteur de 6^{m}25 (2). A quelque distance du pied droit de cette arcade, on aperçoit également, contre le contrefort du transept, un tronçon de mur, et dans l'angle formé par cette maçonnerie et le contrefort, un fût de colonnette en pierre de taille, soigneusement ciselé et coupé obliquement à deux mètres du sol. La colonnette a 15 cm. de diamètre et repose sur un socle circulaire pareil à celui des colonnettes adossées au mur du côté du transept.

L'église métropolitaine actuelle est construite en forme de croix latine.

Le chœur, qui a 30 m. de long sur 13^{m}50 de large, comprend trois travées de 7 m. chacune, et une quatrième de 4 m., ains^i

---

(1) C.-F.-X. SMITS, *De Kathedraal van 's Hertogenbosch.* Bruxelles-Amsterdam, 1907, p. 29.
(2) Cette arcature est coupée, depuis 1913, par la cheminée du chauffage central.

qu'un chevet en hémicycle, formé de six colonnes. Le chœur est entouré d'un déambulatoire, avec sept chapelles rayonnantes sur plan polygonal et, de part et d'autre, trois chapelles sur plan rectangulaire, soustraites aujourd'hui au culte et affectées à des services secondaires.

Le transept mesure 41 m. sur 12 m.; il a une hauteur de 28 m., qui est aussi celle de la grand nef.

Cette dernière est formée de six travées et se prolonge sous la tour, pour atteindre une longueur totale de 66^{m}50, de la grande porte d'entrée jusqu'à la marche du chœur. Le vaisseau, large de 13^{m}50, est longé de part et d'autre d'un bas-côté. Le collatéral méridional est fermé, du côté du cimetière, par un mur plat, percé d'une porte en face de la seconde travée à compter du fond de l'édifice. Cette porte, appelée primitivement porte du cimetière ou *lijkpoort*, et plus tard, *trouwdeur*, porte des mariages (1), fut supprimée en 1775 (2). Elle était précédée d'un porche, qu'on peut croire assez monumental (3), et fut ornée d'une statue de saint Rombaut (4). Le collatéral Nord donne accès à une série de six chapelles, construites en hors-d'œuvre.

Extérieurement, l'édifice, avec la prestigieuse masse de sa tour inachevée, présente un aspect des plus imposants.

Les surfaces planes des murs de la haute nef, percés de larges fenêtres, sont seules interrompues par des espèces de contre-forts peu larges et peu saillants, véritables « boucles » de pierre, destinées à arrêter la déformation des murs. Contre ces « boucles », couronnées

---

(1) Le cimetière, de ce côté de l'église, fut mis hors d'usage en 1666. — AC, *Acta*, reg. IX, f° 139, 15 février 1666.

(2) Deux plans terriers, l'un de la seconde moitié du xviie siècle, postérieur à l'achèvement des portails extérieurs du transept, construits en 1626, et indiqués par les mots « nief portael », l'autre daté du mois d'octobre 1770, tous deux conservés aux archives de la Fabrique, — farde *Sacristie*, — indiquent l'emplacement de ce portail.

(3) Un dessin de J.-B. De Noter, aux Archives de la ville, représente le portail comme une construction assez importante, formée d'une suite de voussures, flanquée de niches et de contreforts, et couronnée par une galerie ajourée. — V. ci-dessous p. 75, note 2. — Le porche figure également dans une gravure de l'église vue du Sud-Ouest, dans l'édition de 1711, de l'ouvrage *Délices des Pays-Bas*. Bruxelles, chez François Foppens, et sur un méreau de l'année 1733. Cf. *Bulletin du Cercle Arch.*, 1898, p. 205.

(4) AF, *Comptes de la Fabrique*, 1697-1700, f° 52. « Den 30 december, betaelt aen Niclaes Tousseyn, voor het stofferen van Ste Rombaut aen de trouwdeure... ».

de pinacles et reposant sur des culs-de-lampe, viennent buter les volées très simples des arcs-boutants.

Par un procédé analogue, les architectes ont neutralisé la poussée de la voûte du chœur, mais ici les surfaces planes des murs sont ornées d'une succession d'arcatures décoratives. Les fenêtres du chœur, également, se dérobent dans des enfoncements creusés par une suite de voussures. Celles-ci ressortent même sur le plan du mur et se trouvent encadrées dans un pignon orné d'un fenestrage aveugle et surmonté d'un fleuron.

Les grands pignons du transept nous font rentrer dans la note sobre des constructions du xiij^e siècle. Ils sont soutenus par un double contrefort placé à angle droit, et dans lequel, du côté oriental, est logé un escalier à vis, qui donne accès aux gouttières. Le mur du pignon est percé d'une immense fenêtre de 18^{m}70 d'élévation, à laquelle, du côté de la grand' place, une intelligente restauration rendit, dans la seconde moitié du xixe siècle, les meneaux rayonnants que le placement de la verrière, dite de Charles-Quint, au commencement du xvj^e siècle, avait sensiblement modifiés (1). Au-dessus de cette fenêtre, une claire-voie à neuf lancettes toutes simples allège, la construction sans nuire à sa noble gravité.

Un système semblable de claires-voies décoratives fut appliqué aux chapelles sur plan carré qui bordent le déambulatoire. Ici, cependant, la décoration ne présente plus la même belle simplicité; mais les ogives qui relient les montants sont en partie doubles et munies de redents; les parties planes aussi sont chargées de culs-de-lampe historiés, destinés à recevoir des statues.

Le mur extérieur de la première chapelle, de part et d'autre du déambulatoire, est construit en prolongement du contrefort oriental du transept, et reserré entre ce contrefort et celui qui reçoit la poussée de la seconde arcade du chœur. De là certaines anomalies. Les pignons, en effet, dont le développement est nécessairement commandé par la toiture qui couvre l'aire de la chapelle, est tronqué du côté du transept, et son gable vient butter en plein contre le contrefort; il en résulte un manque de symétrie dans la décoration de la partie supérieure, tandis que, d'autre part, pour ne pas nuire

---

(1) L'architecte, lors de la restauration, copia les meneaux existants encore dans la fenêtre septentrionale. Nous ignorons à quelle époque ces meneaux furent placés. Ils sont plus jeunes en tous les cas que ceux des fenêtres des bas-côtés, mais antérieurs au placement du vitrail de Louis de Male, soit avant l'année 1369. V. ci-après Chap. IV, § 2, n° 2.

à l'aspect intérieur et afin de conserver à la fenêtre une forme régulière, l'architecte a placé celle-ci au milieu du mur, sans tenir compte des arcatures de la pointe.

Le long du collatéral Nord, la chapelle près du transept, — la chapelle actuelle du Rosaire, — est construite dans les mêmes conditions. Ici encore, la décoration manque de symétrie. Le pignon est coupé horizontalement par un larmier à forte saillie; la partie inférieure, décorée de fausses arcatures, est percée d'une fenêtre du style flamboyant; la partie supérieure est divisée en trois compartiments par des pinacles d'égale hauteur, dont l'un reste en-dessous de la pointe du pignon, l'autre, sur le côté, dépasse le gable du toit. Dans le compartiment central, l'architecte a pratiqué une baie de forme carrée fermée d'un volet; au-dessus de cette fenêtre, un cul-de-lampe et un dais attendent une statue; de même, de part et d'autre, dans les compartiments latéraux, sous un arc trilobé, une niche légèrement concave présente une console très simple, dans le genre de celle du compartiment central. Ces niches, également, sont vierges encore de leur statue (1).

Le lecteur nous excusera de l'arrêter, trop longuement peut-être, à la description de ces pignons, dont le dernier surtout ne saurait être rangé parmi les parties les meilleures de l'édifice; si nous avons cru pouvoir insister sur les anomalies de cette partie de la construction, c'est que nous y trouverons à l'instant un élément précieux pour déterminer la chronologie du monument.

Quant aux chapelles sur plan polygonal, tant celles du déambulatoire que celles qui longent le collatéral Nord, elles ont leurs murs surmontés de pinacles et couronnés d'une balustrade.

Le plus bel ornement des grands pignons du transept et de celui des premières chapelles du déambulatoire est constitué par le riche et gracieux dessin de leurs fenêtres rayonnantes. Tandis que dans le vaisseau et le collatéral Sud, les meneaux, munis encore de colonnettes engagées, ont la naissance de leur courbure à la hauteur de celle de l'archivolte, et sont ornés de simples redents. Les fenêtres

---

(1) Notons que le pignon que nous voyons aujourd'hui n'est plus le pignon d'il y a un demi-siècle. Lors des travaux de restauration, en 1877, l'architecte qui dirigeait l'entreprise constata la qualité inférieure des matériaux mis en œuvre, et se vit dans la nécessité de reconstruire en grande partie le mur.

des chapelles que nous venons de citer sont dépourvues de colonnettes, mais grâce à la manière de disposer la bifurcation des meneaux en-dessous du point de départ de l'archivolte, elles acquièrent un caractère d'ampleur et de force qui s'allie, dans un impressionnant ensemble, avec le dessin habile du tympan. Une impression toute aussi favorable se dégage des fenêtres du chevet du chœur, datant de la fin du xive siècle, qui sont ornées d'un lys héraldique de grande beauté.

Actuellement, le transept présente un porche extérieur, bas heureusement et sans prétention, construit en 1626, et remanié en 1713 ou 1714 (1), dont la modestie fait pardonner l'insignifiance. Avant le xvije siècle, s'il faut en croire le dessin de De Noter, auquel déjà nous nous sommes référés, il y avait à cet endroit un avant-corps peu spacieux, mais non sans intérêt, formé de voussures encadrées dans un pignon (2).

Aujourd'hui, les hauts combles de l'édifice sont bordés d'une élégante balustrade, ornée de quatrefeuilles encadrées à la nef centrale, et de petites arcades ogivales au chœur. Primitivement, il n'en était pas ainsi.

Avant un incendie, dont nous parlerons plus loin, et qui en 1342 devora la charpente du toit, la maçonnerie était moins élevée et n'était pas surmontée d'une balustrade. En effet, l'inspection du mur, dans les combles de l'édifice, montre que celui-ci fut construit en matériaux à peine dégrossis et posés en assises très inégales. Cette partie de la maçonnerie porte encore, très apparentes, les traces du feu. Quant aux assises supérieures, vierges de toute action de l'incendie, elles sont formées de pierres d'une taille plus soignée et d'un appareil plus régulier. D'autre part, les travaux, exécutés au cours de la seconde moitié du xixe siècle, montrèrent l'existence, à environ 60 cm. au-dessous du niveau actuel des murs, de larges

---

(1) AM, *Resolutieboeck* n° 79, f° 231, 9 avril 1714.

(2) Faisons observer, toutefois, que J.-Fr. De Noter, né en 1787, — cfr. C.-F.-A. PIRON, *Algemeene levensbeschryving der mannen en vrouwen van België*. Malines, 1860, art. Jan-Frans De Noter, — n'a pu connaître par lui-même ni le porche de la porte du cimetière, ni ceux du transept; d'autre part, le chanoine Schœffer signale, dans sa description de l'église, — *Aanteekeningen*, t. I, p. 31, — une gravure du xvije siècle, représentant l'extérieur Sud de l'église, gravure que nous n'avons pu retrouver, mais dont De Noter s'inspira peut-être. C'est cette considération qui nous fait attacher de la valeur documentaire au dessin que nous renseignons ici.

pierres munies à leur bord extrême d'un chenal pour l'écoulement des eaux pluviales. Tantôt, on se contenta de couper le larmier extérieur, ainsi que les gargouilles, dont on retrouva également les queues engagées dans la maçonnerie ; tantôt, le maître de l'œuvre de 1342 recula les anciennes gouttières vers l'intérieur. Lors des travaux de restauration, après l'incendie, la charpente fut rétrécie, de façon à donner entre l'aboutissement du versant du toit et la galerie extérieure, qui fut établie à ce moment, l'espace nécessaire pour un chenal. L'opération, du reste, ne devait guère présenter de grandes difficultés, puisque, même à cette hauteur, le mur de la nef et celui du transept ont encore une largeur de 1ᵐ73.

De nombreuses statues auraient dû garnir les multiples niches et culs-de-lampe prévus sur les pignons et sur les contreforts et pinacles des chapelles du déambulatoire. Quatre seulement de ces statues, si tant est qu'un nombre plus grand ait jamais existé, ornèrent encore le monument au cours du xixᵉ siècle. De ces quatre statues, trois étaient placées du côté Nord (1), et la quatrième du côté Sud. Encore cette dernière fut découverte dans une dépendance de l'église et ne fut replacée à l'extérieur qu'après 1840. Les débris qui nous restent de ces œuvres sculpturales, et qui sont conservés au musée communal et dans la cour d'une maison appartenant à la fabrique d'église, suffisent pour apprécier leur valeur décorative et leur facture large et monumentale, mais ne permettent plus d'identifier avec certitude les personnages qu'on a voulu représenter.

A l'intersection du chœur et du transept, le toit est couronné d'un élégant campanile, dont la flèche octogonale, très élancée, mesure 3ᵐ40 à sa base et atteint une hauteur de 25 mètres.

D'après les comptes de la Fabrique, le fondeur malinois Henri van den Gheyn, fils de Pierre II, fournit, en 1595, une cloche de 358 livres (1), qui fut refondue en 1601 par Pierre III (2).

---

(1) *Bull. des Comm. royales d'Art et d'Archéologie*, t. VII, p. 182.
(2) AF, *Comptes de la Fabrique*, 1594-1597, fº 42 vº ; — V. aussi Dʳ G. Van Doorslaer, *L'ancienne industrie du cuivre à Malines, IIIᵉ Partie, la Fonderie de cloches*, extrait des tomes XXII et XXIII du *Bulletin du Cercle Archéologique de Malines*, p. 196. — Azevedo, en 1396, note : « in 't selve jaer viel het cruys van Sinte-Rombouts cleynen toren ». S'agit-il déjà du schellekenstoren ?
(3) AF, *Comptes de la Fabrique*, 1601-1602, fº 13.

Le campanile, qui avait beaucoup souffert par suite du manque d'entretien depuis 1797, fut démoli, par mesure de sécurité, au mois de décembre 1805. Rétabli en 1873, il pouvait être considéré comme achevé, puisque seules les voliges attendaient encore leur couverture en ardoises, lorsque, le 3 janvier 1874, à la suite d'un vent violent, il s'écroula ensemble avec l'échafaudage qui l'entourait, et retomba sur la chapelle des merciers, dont il arracha le pinacle et la statue décorative (1). Le campanile fut rétabli avec grand soin (2) l'année suivante. En 1908, le doyen du Chapitre, Victor-Marie van den Branden de Reeth, archevêque titulaire de Tyr, y fit placer une cloche destinée aux services quotidiens du Chapitre. Cette cloche, du poids de 846 livres, et de 81 cm. d'ouverture, sort des ateliers de Marcel Michiels à Tournai ; elle fut solennellement bénite par le donateur, le 22 septembre.

Elle porte cette inscription :

MCMVIII
REGNANTE ROMAE PIO X
MECHLINIAE SEDENTE DESIDERIO CARD. ARCHIEPO
CAPITULI DECANO VICTORE ARCHIEPO TYREN
TORNACI ME FUDIT M. MICHIELS
CANTATE DOMINO CANTICUM
LAUS EIUS IN ECCLESIA SANCTORUM.

Lorsque pendant l'occupation allemande, les cloches de la tour furent condamnées à un silence volontaire, la clochette du campanile demeura seule, durant de longs mois, à pleurer les morts et à faire entendre son grêle appel à la prière, suprême consolation de la nation en deuil (3).

---

(1) Le fait donna lieu à un double chronogramme : SEXTA VESPERE NOVI ANNI TERTIO ALTA CADEBAT CAMPANILLA, — La Dyle, 11 janv. 1874 ; — et VENTO VEHEMENTI CECIDIT TURRICULA ; — Mechelsch Nieuws- en Aankondigingsblad, — 21 janv. 1874 ; — V. également Bull. des Comm. royales d'Art et d'Archéologie, t. XIII, p. 10.

(2) Un double ancrage, composé de fers en forme de double T, d'une section de 120 × 55 m/m, fut boulonné sur chacune des fermes ; en outre, aux huit pieds-droits, un tirant de fort calibre relie ces derniers aux grosses poutres du gîtage inférieur.

(3) Les cloches de la grande tour sonnèrent, la première fois, le jour même de l'armistice, le lundi 12 novembre, dans l'après-midi, pour annoncer à la population la libération et la victoire. Deo gratias !

CHAPITRE II

La chronologie du Monument

§ I

La première période des constructions 1200-1342

SOMMAIRE. — Les grandes périodes de l'histoire du monument. — Les constructions de la première période. — Le début des travaux. — Le transept. — Les caractères architectoniques de la grande nef. — Le chœur et le déambulatoire. — La chapelle du S. Rosaire. — Les chapelles sur plan carré du déambulatoire. — Variations dans les éléments constructifs et décoratifs de la première période : les colonnes, les arcatures décoratives et claires-voies, les voûtes. — La marche successive des travaux durant cette première période. — La consécration de l'église, le 28 avril 1312, et le titre patronymique.

On peut distinguer quatre périodes dans l'histoire du monument. La première s'étend des débuts de la construction, soit des premières années du xiij^e siècle jusqu'à l'année 1342 ; la seconde comprend les travaux de restauration après l'incendie de 1342 et les constructions nouvelles élevées jusqu'au grand Jubilé de 1451, ainsi que l'établissement de la voûte du chœur en cette dernière année ; la troisième période, qui commence l'année du Jubilé et se prolonge jusqu'à l'occupation de la ville par les troupes protestantes au service des États, comprend la construction de la tour et celle des chapelles du collatéral Nord. Après la Réduction de la ville, en 1585, on n'éleva plus que quelques constructions d'ordre subsidiaire, d'autre part s'ouvrit la période des travaux d'entretien et de restauration. Cette période comprend deux phases principales : celles des réparations exécutées à la fin du xvj^e siècle et dans le premier quart du xvij^e, et celle des grandes restaurations du xixe. Ces deux phases seront bientôt suivies d'une troisième, celle des travaux de réfection nécessités par les dégâts causés lors des événements de 1914.

A la première période des constructions appartiennent le transept, la grande nef avec ses collatéraux, ainsi que la chapelle du Saint-Rosaire, les trois premières travées du chœur avec la partie correspondante du déambulatoire et les six chapelles sur plan carré. Les travaux de cette partie de l'église furent commencés peu après l'année 1200.

A cette époque, nous voyons le Chapitre qui, un demi-siècle plus tôt, avait obtenu du pape Eugène III, la confirmation de ses divers biens et revenus (1), s'adresser de rechef au Saint-Siège, pour demander que la propriété du temple qu'il occupait lui fut garantie de façon plus explicite (2).

C'est également au début du xiij^e siècle et aux premiers essais du style gothique dans nos contrées, que remontent les éléments décoratifs les plus anciens qu'on relève dans l'église, notamment les arcatures qui ornent le mur oriental du transept méridional. Ces arcatures furent remises au jour par feu le chanoine van Caster, derrière l'autel dédié à sainte Anne, et décrites dans le *Bulletin du Cercle Archéologique de Malines* (3). Les socles, de forme circulaire,

---

(1) V. Livre II, chap. I, § 1; t. I, p. 149.

(2) AC, *Liber caerulaeus*, f° 4, bulle du pape Honorius III, du 4 décembre 1217. « Eapropter, lit-on dans la bulle, ...personas vestras et ecclesiam in qua Domini estis obsequio mancipati... sub Beati Petri et nostra protectione suscipimus, specialiter autem ius praenominatum quod in ipsa ecclesia proponitis vos habere ac alia bona vestra sicut ea omnia iuste et pacifice possidetis vobis et per vos eidem ecclesiae vestrae auctoritate apostolica confirmamus... » Cette confirmation pouvait n'être pas sans utilité. Nous nous trouvons, en effet, à une époque à laquelle il demeurait des souvenirs de ce que nous appellerions volontiers la période domaniale de l'histoire des églises rurales, — Cf. J. LAENEN, *Le patrimoine des églises rurales et les « Provisores fabricae »* dans *La Vie diocésaine*, t. I, p. 93, — LE MÊME, *Introduction*, chap. III, § 3; — le Chapitre pouvait encore craindre une main-mise du propriétaire du domaine, en l'espèce l'évêque de Liège, sur l'église qu'on allait construire. — Une préoccupation semblable se révèle dans le diplôme de donation de l'église Saint-Michel de Bruxelles aux chanoines qui la desservaient, par le comte Baldericus, en 1047. — *Analectes*, t. XXIV, p. 41. — Il importe peu, du reste, en ce qui nous concerne, que le texte de ce dernier diplôme, tel qu'on le possède aujourd'hui, soit ou non authentique, puisque sa rédaction date, en tout état de cause, du xj^e siècle, et qu'il reflète bien les idées et les institutions de l'époque. — Cf. G. DESMAREZ, *Le diplôme de fondation de l'église des SS. Michel et Gudule*, dans les *Annales de la Soc. d'Arch. de Brux.*, t. XII, pp. 325 et ss.

(3) *Bull. du Cercle Arch. de Mal.*, t. X (1900), p. 11.

et les bases à tore aplati et scotie profonde, qui portent les colonnettes à large section, les chapiteaux à crochets et épais tailloir, ainsi que le gros boudin qui forme les arcs en ogives, appartiennent, à ne pas s'y méprendre, à l'année 1200 environ.

En 1250, le transept septentrional était achevé, au point de recevoir un autel dédié à la Bienheureuse Vierge Marie; Arnold de Zellaer fonda à cet autel une chapellenie, et non loin de là il obtint la sépulture quinze années plus tard (1).

Les caractères architectoniques qu'on observe aux colonnes du vaisseau et des collatéraux nous disent également l'ancienneté de cette partie de la construction, à l'exception toutefois de la voûte haute, qui ne fut fermée qu'en 1437.

L'église Saint-Rombaut, disions-nous plus haut, est construite en forme de croix latine. Les quatre grandes piles qui s'élèvent dans le transept, à l'intersection de la grande nef et à l'entrée du chœur, sont formées chacune de quatre grosses demi-colonnes, de 35 cm. de diamètre, et de huit colonnettes plus minces, de 16 cm. de diamètre, séparées les unes des autres par les arrêtes vives du pilier central. Les bases de ces colonnes sont circulaires et reposent sur un plateau quadrilobé, enveloppant les bases partielles et formant socle. Les piles sont couronnées d'un chapiteau décoré de feuillages, et découpé en autant de parties que la pile elle-même compte de membres.

Les colonnes de la grande nef, à section cylindrique et composées d'assises irrégulières, sont toutes, sauf deux, construites en pierre bleue, grossièrement taillée (2). Les deux colonnes qui font exception et qui sont construites en pierre blanche, sont la dernière, de part et d'autre, près du jubé actuel. Le socle de ces colonnes montre, du reste, à ne pas s'y méprendre, par sa hauteur, 93 cm. au lieu de 1^{m}05, qui est celle de la base des autres colonnes, et par les profils de ses moulures, qu'on apporta des modifications à cette partie de la construction, peut-être au XVe siècle, lors de la

---

(1) Cf. Livre II, chap. II, § 1; t. I, p. 218. V. toutefois, concernant les meneaux des fenêtres, ci-dessus chap. I, p. 73.

(2) Faisons observer, cependant, que lors du nouveau crépissage apposé sur ces colonnes au cours du XIXe siècle, d'après les souvenirs du surveillant des travaux de l'église, Jean-Baptiste Van Dessel, on entailla, à certains endroits, plus profondément la pierre, afin de mieux faire tenir l'enduit.

construction de la tour. Les colonnes de la grande nef ont le tailloir de leur chapiteau sur plan octogonal. La corbeille est décorée aujourd'hui de feuilles de chou frisé, dans le genre de l'ornementation des colonnes au chevet du chœur. Cet ornementation, cependant, est de date récente. Comme il résulte des traces relevées lors des études faites en vue d'une restauration de l'intérieur de l'édifice, les chapiteaux étaient munis primitivement de crochets ou de feuilles enroulées. Cette décoration ancienne fut coupée en l'année 1775, en vue de l'ornementation pour le jubilé millénaire de saint Rombaut, et remplacée par un décor dans le goût de l'époque. Lorsque vers le milieu du xixe siècle les marguilliers firent disparaître les cariatides et autres ornements en bois, dont le sculpteur P. Valckx (1) avait surchargé les murs en 1775, la Commission royale des Monuments fut d'avis, contrairement au sentiment d'un Comité local, nommé par la Fabrique pour la direction des travaux, que l'avantage de mieux sauvegarder l'unité dans l'aspect général du monument justifiait une dérogation aux règles habituelles des restaurations; elle imposa des feuilles de chou frisé au lieu des crochets (2).

Dans les premières années du xxe siècle, sous l'impulsion du chanoine van Caster, on fit un essai de restauration des crochets. Peut-être, s'il avait connu un tableau de 1675 environ, du peintre Guill. Van Ehrenberg, qui représente l'intérieur de l'église et paraît être traité avec un grand souci de vérité, le savant archéologue aurait hésité à donner aux chapiteaux un crochet aussi simple que celui qu'il préconisa. Le tableau, en effet, nous montre des feuilles largement étalées.

Toutefois, les modifications apportées aux chapiteaux par P. Valckx et ses commettants n'avaient porté que sur les grandes colonnes de la nef principale. Aujourd'hui encore, la décoration primitive subsiste aux colonnes engagées des transepts et aux colonnettes ornant les montants du milieu et les pieds-droits des fenêtres primitives. Les petits chapiteaux qui à la grande pile portent la

---

(1) Voyez ci-après § 3 et chap. III.
(2) La divergence de vues entre la Commission royale et le Comité nommé par la Fabrique d'église, — v. ci-après chap. III. — trouva son écho dans la presse et donna lieu à une lettre de protestation publiée dans les journaux, en date du 2 décembre 1852.

retombée des nervures de la première arcade de la nef, conservèrent également leurs sculptures primitives : des feuilles de chêne largement étalées.

Au-dessus des colonnes cylindriques de la grande nef, un faisceau, composé de trois fuseaux engagés, légèrement comprimés et munis d'une arrête coupée, s'élance, svelte et gracieux, jusqu'à la naissance de la voûte haute. Deux de ces colonnettes prennent naissance sur le tailloir du chapiteau, la troisième, celle du milieu, repose sur un cul-de-lampe orné d'un décor végétal variant de modillon à modillon. Un chapiteau feuillé couronne ces fuseaux.

Les colonnes du chœur sont, elles aussi, à section cylindrique et à base octogonale. Les chapiteaux des trois colonnes antérieures, les seules qui appartiennent aux constructions de la première période, sont décorés d'un double rang de brindilles de chêne, creusées par le ciseau du sculpteur, au point de faire tenir les feuilles à la corbeille par de rares points de contact. De même que les colonnes de la nef, celles du chœur portent trois fuseaux, sans modillon d'appui, cependant, et sans couronnement, qui s'allongent d'un jet, pour se confondre avec les nervures de la voûte haute.

Quant au déambulatoire, seule la base de la seconde colonne engagée du côté Nord, porte des traces contestables peut-être, d'une ancienne forme circulaire. Partout ailleurs, la colonne du xiij^e siècle fait place à des faisceaux de moulures et de nervures cylindriques et à des bases qui dénotent le milieu du siècle suivant.

Toutefois, les documents écrits semblent attribuer une ancienneté plus grande à cette partie de l'église. Un acte de 1287, notamment, nous apprend qu'en cette année, Sophie, fille de Gauthier III Berthout, surnommé le Grand, et veuve de Henri de Breda, fonda une chapellenie dans le déambulatoire, près du tombeau de son père (1). Même si l'on peut se fier à la valeur documentaire et à la transcription exacte d'une épitaphe qui se trouvait autrefois peinte sur la colonne du chœur, en face du passage actuel des chanoines, on aurait déjà enterré dans le transept,

---

(1) AC, *Liber caerulaeus*, f° 27 ; — Mirabus, t. IV, p. 771 ; — De Munck, p. xj. V. ci-après chap. IV, § 3, n° 1.

en 1219; les premières travées du chœur (1), ainsi que les parties correspondantes du déambulatoire, constitueraient dès lors une des parties les plus anciennes de l'édifice.

La contradiction qui existe entre les données architectoniques et des renseignements d'archives positifs et certains, comme le sont tout au moins ceux du document de 1287, peut trouver une double solution. Ou bien on admettra que cette partie de l'église fut remaniée profondément, soit lors de la construction des chapelles sur plan carré, commencée après 1310, soit après l'incendie de 1342 (2), ou bien, et c'est la solution qui nous paraît seule plausible, il faut croire que dans le document cité il s'agit du déambulatoire de l'église antérieure au temple actuel, l'église de Notger (3).

Aux constructions élevées avant le milieu du xive siècle appartient également, bien qu'elle n'ait pas été prévue dans le projet primitif, la chapelle actuelle de Notre-Dame du Saint Rosaire, la première du bas-côté septentrional à compter du transept. Cette chapelle, fermée alors du côté du collatéral, communiquait autrefois avec le transept par une porte dont on releva des traces lors des travaux de dérochement pratiqués au cours du xixe siècle (4). Elle était pratiquée dans l'arcature centrale, en face de l'autel actuel des Ames, comme le montre une interruption dans le banc de pierre.

Les murs extérieurs (5) de cette chapelle s'appuient contre le contrefort du transept et contre celui de la première travée de la nef; ils en suivent la ligne intérieure, en laissant une saillie du côté extérieur. Dans l'angle Nord-Ouest de cette construction a été aménagé un escalier qui jadis donnait accès, par une porte bien apparente encore, à un étage établi alors dans l'élévation actuelle.

Quant à la voûte, qui ferme aujourd'hui cette chapelle, le réseau compliqué de ses nervures, dont les retombées reposent sur des culs-de-lampe historiés, montre qu'elle ne peut être de beaucoup

---

(1) « Hier leet begraeve Goeris Sader die sterf in t iaer M. CC. XIX op Sinte Mertens aevt ». *Mechelen opgeheldert*, t. I, p. 47.

(2) V. ci-après § 2.

(3) Les constatations faites au xvj^e siècle, à l'intérieur du tombeau des Berthout, montrent que même celui-ci fut remanié. — V. ci-après chap. IV, § 3, n° 1.

(4) Schœffer, t. I, p. 29.

(5) V. ci-dessus, p. 74, la description de l'extérieur de cette chapelle.

antérieure au xvj^e siècle. Il en est de même de la fenêtre de style flamboyant, dont la hauteur dépasse le niveau du plafond primitif.

Tout en étant postérieure à la construction du collatéral, la chapelle existait cependant dès le premier quart du xive siècle. Le 1er juillet 1338, en effet, le notaire Arnold de Averaet acta dans ce local un accord entre les chanoines et Gérard de Campenhout, de Steenockerzeel, relatif aux dîmes de cette localité (1). La construction, dans ce document, est désignée sous la dénomination de *vestibulum*, et le nom usuel « de oven », — *furnus*, diront d'autres documents, — ce qui paraît indiquer qu'on avait à faire en ce moment à un local mal éclairé. La dénomination populaire « de oven » demeura d'ailleurs au local jusqu'à la fin du xviij^e siècle (2). Anciennement, avant la construction de la sacristie actuelle, le local servit de *thesauraria* (3).

Enfin, il faut ranger parmi les parties de l'édifice remontant à la première période des constructions, les chapelles sur plan carré, qui de part et d'autre du chœur s'ouvrent sur le déambulatoire.

Sans doute, un simple coup d'œil sur le monument, voire sur le plan terrier, montre que les constructions extérieures de ces chapelles font corps à ce point avec l'ensemble de la bâtisse, que leur suppression entraînerait l'écroulement de la voûte du chœur. Ceci, cependant, n'implique pas que les chapelles furent élevées en même temps que les premières travées du chœur, puisque la voûte ne date que l'année 1451. Il est même hors de doute que dans l'idée première des constructeurs, les chapelles n'étaient pas prévues : les irrégularités que nous avons signalées dans la construction des pignons le montrent à l'évidence. L'examen de l'intérieur de la première de ces chapelles, tant du côté Nord que du côté Sud,

---

(1) « Acta sunt haec Mechliniae in ecclesia Beati Rumoldi Cameracensis dyocesis in vestibulo seu in loco dicto oven ». VAN HELMONT, t. I, p. 118.

(2) AC, Reg. *Visitatio capellaniarum*, 1550-1573, f° 12; « capellania in furno »; — Reg. *Visit. capell.*, 1783 : « capellania B.-M. Lamentabilis in furno sive sacello Smae Trinitatis ».

(3) AC, Reg. *Visitationes ecclesiarum*, reg. I, visite de 1621 : « Capellania Lamentationis 2^{dae} fundationis in furno sive antiqua thesauraria »; — *Acta*, Reg. I, f° 279, 12 oct. 1520 : « Capellania B. M. V. in furno sive thesauraria antiqua ». V. aussi l'acte de fondation de cette chapellenie par Nicolas Stege *alias* Os, du 7 juillet 1444, AF, Coll. D. C., Liasse F, n° 15, *orig.*; — AM, *Goedenisboek*, 1444-1446, 16 juin 1444; — VAN HELMONT, t. I, p. 205.

suggère la même conclusion. On y remarque, en effet, une décoration feuillée, formant frise, dans la chapelle méridionale, sur la face orientale, dans la chapelle septentrionale, sur la face intérieure du contrefort qui loge l'escalier d'accès aux combles et au toit (1). Cette décoration, formée de feuilles largement sculptées et de peu de relief, paraît parfaitement adaptée à une ornementation extérieure, mais semble moins convenir à la sculpture d'intérieur.

Selon toute probabilité, les chapelles qui nous occupent forment le trait d'union entre les constructions de la première période et celles élevées après l'incendie de 1342. Nous estimons que leur construction fut commencée dans le premier quart du xive siècle, interrompue peut-être par les travaux de restauration après 1342, et achevée au cours de la seconde période.

Cette manière de voir est basée tant sur l'étude des données du monument lui-même que sur l'examen des documents écrits.

Expliquons-nous. Le dessin des meneaux de fenêtre, si riche et si pur, appartient à la meilleure époque du style rayonnant (2). Il en est de même de la voûte. Celle-ci est bandée sur des nervures croisées à forte saillie, dont la moulure principale se relève en arête coupée. La clé de voûte, peu large et plate, est ornée d'une couronne de feuillage, avec, aux points de jonction des nervures, quatre figures humaines, qui se redressent le long des profils. Toutefois, du côté méridional, la décoration est plus fouillée que dans la chapelle correspondante du côté du cimetière, et les figures humaines y sont remplacées par des feuillages. Des clés de voûte de même genre, mais ornées, tant du côté Sud que du côté Nord, de figures humaines et de phylactères, se retrouvent dans les trois premières travées du déambulatoire.

Par ces deux éléments, les meneaux des fenêtres et les voûtes, les chapelles sur plan carré s'avèrent comme construction nettement distincte de la construction de la nef et des trois premières travées du chœur, comme aussi de celle des chapelles rayonnantes.

D'autre part, de nombreuses affinités architectoniques rapprochent les parties antérieures et les parties rayonnantes du déambulatoire et prouvent qu'un intervalle très court sépare leur construction,

---

(1) V. ci-dessus p. 73.
(2) V. ci-dessus p. 74.

si même elles n'indiquent pas la continuation ininterrompue, mais sous une direction différente des travaux commencés avant 1342.

En effet, les nervures des voûtes dans les premières comme dans les dernières chapelles, prennent naissance au sol et s'élancent d'un jet jusqu'à leur point de jonction. Il n'y a d'exception que pour les nervures appuyées contre les murs très anciens du transept. Celles-ci reposent, à des niveaux différents, sur des culs-de-lampe historiés. De plus, les nervures de la dernière chapelle sur plan carré et celles de la première sur plan polygonal se compénètrent et paraissent construites en même temps.

Les piliers engagés également, qui à l'extérieur des premières chapelles portent la voûte du déambulatoire, présentent une ordonnance identique à celles des piliers de construction postérieure (1). Les mêmes caractères architectoniques se retrouvent aux pieds-droits de la fenêtre haute, aujourd'hui murée, mais primitivement pratiquée dans le mur qui sépare, tant au Nord qu'au Sud, la première chapelle du déambulatoire, et aussi à l'encadrement des portes percées dans le même mur (2).

Enfin, les arcatures qui décorent, tant à l'intérieur qu'à l'extérieur, le bas des murs des premières chapelles, sont en tout semblables à celles qui ornent les chapelles rayonnantes. Les montants des arcatures de la troisième chapelle, de part et d'autre, cependant, au lieu de reposer sur le sol, comme ailleurs, sont coupées et portées sur des culs-de-lampe ornés de personnages accroupis ou des symboles des Évangélistes.

Les sources d'archives suggèrent les mêmes conclusions.

Un acte conservé aux archives de la ville nous apprend qu'en 1310 la ville acheta à un lombard, du nom de Denys, une vaste propriété située derrière l'église Saint-Rombaut et appelée le Lombaerdenhuis (3). Ce texte, en même temps qu'il nous fournit

---

(1) V. ci-dessus p. 82.

(2) Comme nous aurons l'occasion de le montrer ci-après chap. IV, § 3, n°s 1 et 2, les secondes et troisièmes chapelles du déambulatoire demeurèrent ouvertes jusque vers le milieu du xixe siècle. Quant aux premières, bien qu'elles aient subi plusieurs modifications au cours des temps, elles furent destinées dès le principe à des services accessoires, salle du Chapitre du côté de l'Évangile, grande sacristie du côté de l'Épitre.

(3) AM, Ms. côté DD, S. I, n° 4, p. 4.

probablement l'origine de la dénomination de « chapelle des Lombards », *capella Lombardorum,* donnée à la seconde chapelle du côté de l'ancien hôtel de ville, fixe une date approximative pour le commencement des travaux. D'autre part, la chapellenie la plus ancienne, fondée dans une des chapelles du déambulatoire, est celle de Notre-Dame et de saint Jean-Baptiste, due à la générosité de Martin de Brolio, fils de Richard de Monte Magno, et remontant à l'année 1356 (1).

C'est donc entre ces deux dates, 1310 et 1356, qu'il faut placer la construction des chapelles sur plan carré du déambulatoire.

La longue durée de la première période des constructions, du commencement du xiij^e jusque vers le milieu du xive siècle, et les préférences personnelles des architectes qui se succédèrent dans la direction de l'entreprise, amenèrent nécessairement des variations dans les éléments constructifs et surtout dans les détails de l'ornementation.

Arrêtons-nous y un instant; leur examen complètera la description que nous venons d'esquisser dans les pages précédentes.

Ces variations sont surtout sensibles aux colonnes et aux arcatures.

Alors que dans la grande nef, du côté de l'Évangile, le socle avec la base des colonnes n'a que 84 cm. de hauteur et qu'il est à section octogonale, du côté de l'Épitre, le socle a 1^{m}05 de haut et conserve l'ancienne forme cylindrique. Cette dernière forme s'observe également aux colonnes engagées des collatéraux et du transept et aux pieds-droits des arcatures décoratives de ce dernier.

D'autres anomalies, qu'on relève dans les parties anciennes de l'église, les unes commandées par les nécessités de la construction ou voulues et systématiquement calculées, les autres inattendues et spontanées, affirment, les premières, le talent des constructeurs, les autres, le défaut d'unité dans la direction des travaux.

C'est ainsi que les fuseaux qui de part et d'autre composent les piles engagées à l'entrée du déambulatoire, sont munis d'une bague, alors que cet ornement fait défaut partout ailleurs. Les colonnettes également, qui à l'intersection du mur oriental et du

---

(1) Cf. Chap. IV, § 2, n° 2.

mur extérieur du transept reçoivent la retombée des nervures de la voûte, reposent sur un modillon, tandis que dans l'angle occidental, la colonnette est prolongée et vient s'appuyer par un socle sur le sol. La présence de la porte d'accès à l'escalier logé dans le contrefort oriental du transept rend raison de cette différence dans la construction.

Nous n'oserions pas ranger non plus parmi les anomalies la différence de hauteur donnée par l'architecte au socle des piles libres et à celui des piles engagées à l'entrée du déambulatoire et des collatéraux, 1^m17 et 97 cm. Cette différence, ainsi que les profils dissemblables employés à ces mêmes bases, résultent plutôt d'une logique scrupuleuse. L'artiste de goût, qui présida à leur ordonnance, sut tenir compte des exigences respectives de l'importance des piles, très élevées au chœur et à la grande nef, plus trapues au pourtour et aux bas-côtés.

Si dans la conception du niveau et des profils de ces bases (1) rien ne fut laissé à l'arbitraire du tailleur de pierre, d'autres éléments dénotent une direction moins suivie. Alors que, dans la décoration des chapiteaux et des culs-de-lampe il n'est fait usage, partout ailleurs, que de motifs, d'une riche variété du reste, empruntés au règne végétal, la grosse pile à l'entrée du chœur, du côté méridional, et la pile engagée à l'entrée du déambulatoire Nord, sont ornées, à la retombée de l'arc doubleau ou des arêtes de la voûte basse, non plus d'un chapiteau, mais de modillons décorés de figures humaines ou d'animaux fantastiques. Le modillon de la grosse pile, surtout, par la belle exécution de ses sculptures, mérite d'arrêter l'attention. Celles-ci représentent, en dehors d'une figure humaine accroupie et d'un ange, deux groupes traités avec un saisissant réalisme.

Du côté du déambulatoire, on voit une figure de vieillard, posant d'un geste affectueux le bras sur l'épaule d'un homme plus jeune, agenouillé devant lui, la tête baissée et les mains jointes, et

---

(1) V. également ce que nous avons dit des dernières colonnes de part et d'autre près de la tour, p. 80. L'emploi de la pierre blanche à ces colonnes et l'usage non justifié de matériaux dissemblables, dont l'arcade de la première travée Nord, près du transept, offre un saisissant exemple, prouve bien, autant que la taille grossière des colonnes, que dans l'idée de l'architecte primitif, toutes les parties de l'église devaient, tôt ou tard, recevoir la décoration polychrome que, de fait, plusieurs reçurent au xve siècle. — Cf. Chap. III et Chap. IV, § 5.

dans lequel on reconnaîtrait volontiers le fils prodigue revenu auprès du père. Du côté du chœur, se trouve une figure de chanoine drapé dans un ample vêtement, la tête couverte du capuchon, tenant en main un livre ouvert dont, du doigt, il suit le texte. A côté de lui, un singe grimaçant figure sans doute le diable venant distraire le pieux ecclésiastique et lui souffler je ne sais quelles idées profanes.

Plus encore que les anomalies que nous venons de décrire, les variations dans la conception et dans l'ornementation des arcatures décoratives et des claires-voies révèlent des personnalités distinctes dans la direction des travaux.

Au chapitre précédent, déjà, nous avons insisté sur l'aspect tout primitif que présentent les arcatures derrière l'autel du transept méridional. Les arcatures qui ornent les autres murs du même transept et ceux du transept septentrional, à l'exception du mur derrière l'autel de la Sainte Vierge ou des Ames, qui est dépourvu de toute décoration, ainsi que les arcatures qu'on voit le long du mur du collatéral Sud, sont plus jeunes dans leur expression. Le socle arrondi, placé sur un banc de pierre, rappelle encore les arcatures anciennes; mais la colonnette dépourvue de chapiteau s'est résolue en une simple moulure. L'architecte, de plus, a garni les ogives de redents et les écoinçons de sculptures délicatement fouillées, parfois traitées peut-être avec trop de recherche. Ces sculptures, le long du transept méridional et du mur du bas-côté, sont peu variées, et se bornent à reproduire deux types : le chardon aux feuilles largement étalées ou peut-être la nèfle, qui est le plus fréquent, et la grande rose; tandis que dans le transept Nord, nous nous trouvons en présence de sculptures variant d'écoinçon à écoinçon, et reproduisant les types les plus divers de la flore indigène. On y trouve notamment, la grappe de raisins, une branche de poirier avec son fruit, le chêne traité à plusieurs reprises, mais d'une manière différente; le trèfle, le chardon ou la nèfle, la rose, ces deux dernières plantes rendus cependant d'une manière différente et plus soignée que dans le partie méridionale de l'église; le mûrier, le nénuphar. Un procédé décoratif similaire, à type unique ou à flore variée, fut appliqué aux écoinçons des arcatures qui, dans les transepts, forment les claires-voies en-dessous des fenêtres hautes en face des autels. Les arcatures elles-mêmes rappellent les claires-voies des pignons extérieurs; elles sont formées de simples moulures sans base et sans chapiteau, et leur partie inférieure est dépourvue de toute balustrade.

Dans le vaisseau également, les montants moulurés des claires-voies n'ont ni chapiteau, ni socle, mais, dans leurs partie haute, ils sont reliés par une ogive double, et dans le bas, par un appui formé d'un quatre-feuilles encadré. Plus rien dans ces arcatures ne rappelle l'archaïque simplicité de celles de l'autel Sainte-Anne. Il en est de même, de manière plus prononcée encore, des claires-voies en-dessous des fenêtres du chœur.

Le triforium du chœur, commencé par les architectes de la première période, a été continué dans le même goût par leurs successeurs de la seconde moitié du xive siècle. Il présente une balustrade découpée en arceaux trilobés, surmontés de deux rangs d'ogives semblables, formées de meneaux prismatiques. Le mode d'exécution et le caractère plus grêle des moulures et des motifs ornementaux dans les travées antérieures, plus solides et plus massives dans les parties absidales, de même que des variations dans le tracé des ogives, montrent, cependant, une direction différente avant et après l'incendie de 1342.

En vue de donner une richesse plus grande à cette partie de l'édifice, l'architecte a continué le motif décoratif du triforium sur les surfaces planes des murs, qui sont ornés de panneaux formés d'un réseau trilobé et de quatre-feuilles dans un encadrement allongé.

Nous nous en voudrions de clore cette description des éléments architectoniques de la partie la plus ancienne de l'édifice, sans signaler le système constructif des voûtes des collatéraux.

Ces voûtes, à part celles des deux dernières travées méridionales, qui ont subi des restaurations ultérieures (1), sont construites entièrement en moellons soigneusement taillés et posés perpendiculairement aux arcs doubleaux et formerets. La calotte est simplement appuyée sur les nervures qui, par le fait, sans constituer

---

(1) Peut-être, lors de la construction de la tour au xve siècle, peut-être au commencement du xviie siècle, en 1601-1603 notamment, lorsque les comptes de la Fabrique nous renseignent d'importants travaux « aen den afhang aen de vonte ».

partie intégrante du système constructif, font office de cintres ou de formes, mais de cintres à demeure, tel que les architectes de cette époque le pratiquaient volontiers. Même l'arc formeret ne supporte pas la retombée de la voûte, mais celle-ci est engagée directement dans une excavation pratiquée dans l'épaisseur du mur.

L'excellence de la méthode adoptée fut démontrée une fois de plus aux derniers événements. La violence du choc produit par les projectiles allemands a pu enlever formerets et nervures, sans entraîner la chute de la voûte elle-même.

Les clés de voûte, dans le collatéral méridional, de même que les arcatures du mur bas et les claires-voies du transept du même côté, présentent une décoration uniforme, formée d'une fleur à cinq pétales, largement étalées, tandis que le collatéral Nord offre dans ses clés de voûte une variété qui rappelle celle des écoinçons des arcatures.

Même le modillon à côté de la porte de l'escalier dans le transept Nord présente une sculpture, une grappe de raisin avec des feuilles qui dénote une main postérieure et moins habile que la décoration à la feuille de mûrier du modillon correspondant du transept méridional.

De tout ceci n'est-on pas en droit de conclure que la partie méridionale est plus ancienne que la partie Nord de l'église? La base octogonale des colonnes de la grande nef du côté de l'Évangile n'est guère de nature à contredire cette hypothèse, qui fixerait de manière de plus en plus précise la marche progressive des travaux. Ceux-ci auraient commencé par les substructions des transepts, pour être continués par les colonnes et le collatéral du côté Sud, puis par les colonnes et le collatéral Nord, enfin, par l'achèvement du transept Nord. Dans les premières années du xive siècle, on remplaça le chœur notgérien, qui demeurait accolé à la basilique nouvelle, par la partie antérieure du chœur actuel. Enfin, en dernier lieu, après 1310, on construisit les chapelles sur plan carré, non prévues dans le projet primitif.

L'église que nous venons de décrire, y compris ou non la première chapelle du bas-côté Nord près du transept (1), mais selon

---

(1) Cf. ci-dessus p. 83.

toute probabilité avant la construction des chapelles sur plan carré du déambulatoire, fut consacrée le vendredi après la fête de saint Marc, soit le 28 avril 1312 (1), par Gui, de l'ordre de Cîteaux, évêque d'Elne, et auxiliaire de l'évêque de Liége, dûment commissionné par l'Ordinaire, Pierre d'Ailly, de Cambrai. Le prélat consacra en même temps deux autels et fixa l'anniversaire de la dédicace au dimanche après la Sainte-Trinité.

La nouvelle collégiale fut dédiée à Dieu Tout-Puissant, à la Bienheureuse Vierge Marie, et à saint Rombaut. Dans l'acte de consécration, il n'est pas question de sainte Marie-Madeleine. Cependant, à la même époque, la Sainte biblique était regardée comme patronne secondaire de l'église et de la ville (2).

La question se pose dès lors : l'église antérieure, que la basilique en voie de construction fut appelée à remplacer, était-elle dédiée également à saint Rombaut, ou bien y vénérait-on, comme patronne unique ou principale, sainte Marie-Madeleine?

Nous n'oserions nous prononcer.

D'une part, il est certain que l'antique *abbatia* n'est connue, dans les diplômes impériaux, que sous le nom d'abbaye « construite en l'honneur de saint Rombaut (3) », mais d'autre part, il est tout aussi prouvé qu'un demi-siècle après la consécration de l'église, sainte Marie-Madeleine avait conquis dans le culte local un rang que ne put lui valoir un titre récent.

Il faut une explication à ce second patronage.

Nous ne pouvons guère la trouver dans l'existence d'une ancienne église paroissiale, indépendante de l'église monastique, et construite au centre de l'agglomération actuelle, puisque, comme nous l'avons montré au chapitre IV du Livre II de cette étude (4), on chercherait en vain, au xij[e] siècle, trace d'une telle église sur la rive droite de la Dyle, alors que le souvenir nous a été conservé des cinq paroisses primitives de la rive gauche.

A moins, par conséquent, de renoncer à tout essai d'explication, nous estimons que la seule hypothèse plausible est celle qui

---

(1) Sollerius, p. 55.
(2) Cf. Livre Ier, chap. II, § 1; t. I, p. 29.
(3) Cf. T. I, p. XXIII et p. 3.
(4) Cf. ci-dessus pp. 23 et ss.

admettrait que sainte Marie-Madeleine fut la première titulaire de l'église des chanoines de Notger, du *monasterium canonicorum*. Cette hypothèse ne manque pas d'une certaine solidité, si l'on considère que saint Rombaut était titulaire déjà d'une église toute voisine, sanctuaire très ancien, devenu bien étroit, sans doute, au cours des temps, mais religieusement conservé, parce qu'il recélait les reliques du saint Patron (1), nous voulons parler de la chapelle du cimetière.

Un regain de popularité du culte de saint Rombaut, au xij[e] siècle, et peut-être aussi le transfert des reliques (2), fournirent occasion à la mutation du titre. Le titre nouveau aurait été donné tout d'abord, mais abusivement, à la basilique de Notger, que des documents de 1205 et 1211 appellent déjà l'église Saint-Rombaut, puis officiellement reconnu au xive siècle, par le prélat consécrateur. Un exemple de mutation de titre nous est fourni par l'église du Bourg à Anvers, connue anciennement sous le titre des saints Pierre et Paul, et qui devint plus tard l'église Sainte-Walburge (3).

---

(1) Cf. t. I, p. 31.

(2) V. Livre I, chap. II; t. I[r], p. 32.

(3) Toutefois, à première vue, une autre explication paraît plausible. A Anvers, à côté de l'église libre de saint Michel, existait, en 1138-1139, une chapelle ou seconde église, dédiée à sainte Marie-Madeleine, à l'usage des religieuses norbertines — Cf. *Bijdragen*, t. V, pp. 550 et 560, — mais dont plus tard il ne resta plus de traces Le même cas ne s'est-il pas présenté à Malines, et le titre de sainte Marie-Madeleine n'appartint-il pas à quelque sanctuaire disparu, voisin de la basilique notgérienne? Nous l'ignorons, mais il est certain qu'aucun document ne fait entrevoir, à notre connaissance, l'existence de cet oratoire. Du reste, nous connaissons déjà, à proximité immédiate de l'église canoniale, les chapelles de saint Rombaut et du Saint-Esprit. Faut-il donc multiplier à plaisir et sans preuves les églises dans un enclos si étroit?

Il y aurait lieu dès lors de répéter, à propos du culte, cette strophe de l'office liturgique :

« Sed ibidem lux eclypsim
Passa, sole clarius,
Relucescit, non passura
Defectum in amplius. »

§ 2

L'édifice de 1342 à 1580

SOMMAIRE. — L'incendie de 1342. — Les travaux de restauration. — Les nouvelles constructions après 1342. — La construction de la voûte de la grande nef, en 1437. — L'indulgence du Jubilé de 1451. — Autres bulles d'indulgences, de 1451 à 1456. — Les constructions de la troisième période. — La voûte du chœur. — Indulgence accordée par Léon X.

Trente années après la consécration de l'église, en 1342, éclata un incendie qui, dit-on, réduisit en cendres les deux tiers de la surface bâtie de la ville (1). Commencé dans la rue d'Adeghem, le feu gagna successivement tout le quartier situé sur la rive gauche de la Dyle, puis la paroisse Saint-Pierre et celle de Saint-Jean. Le couvent des Carmes fut détruit et l'église Saint-Rombaut gravement endommagée. Les dégâts, à cette dernière église, auraient été tels, suivant le dire des chroniqueurs, que pendant plus de vingt années les chanoines abandonnèrent le temple pour chercher un refuge en l'église Sainte-Catherine, dans laquelle ils auraient célébré leurs offices jusqu'en 1366 (2).

Faute de documents, nous n'avons pu nous rendre compte du séjour prolongé des chanoines hors de leur collégiale ; il paraît peu probable, cependant, que le service religieux ait été suspendu pendant ces vingt-quatre années à Saint-Rombaut. Ne voyons-nous

---

(1) Le 16 octobre de la même année, — l'incendie avait eu lieu le 29 mai, — Arnold de Lira, maître ès-arts, conseiller du duc Jean III de Brabant et son envoyé [à Rome?], — « ambaxiator et consiliarius Johannis ducis Brabantiae », sollicita en cour de Rome, un canonicat, bien que déjà il fut curé à Malines, sous prétexte qu'à la suite de l'incendie les revenus de sa cure avaient été réduits à presque rien, « quasi ad nichilum in suis redditibus per incendium horribile villae Machliniensis redactam ». D. URSMER BERLIÈRE, O. S. B., *Suppliques de Clément VI*. Rome, 1906, n° 256. Un Arnoldus Cnope fut pléban de Saint-Rombaut en 1349. Cf. VAN HELMONT, t. I, p. 133, pléban et chanoine en 1354. IBIDEM, p. 133, et *Analectes*, t. II, pp. 121 et 124. Serait-ce le même?

(2) Cf. FOPPENS, *Mechlinia Christo nascens*, ad ann. — V. également sur l'incendie, BR, ms. 5442 (18107-11) f° 73ᵛ-75ᵛ : *Van den grooten Brandt tot Mechelen*.

pas, en effet, en 1356, Martin de Brolio fonder une chapellenie à l'autel de la chapelle des Lombards ? (1)

Il y aurait également beaucoup à rabattre, semble-t-il, sur l'importance des effets de l'incendie et des dégâts causés par le feu (2). Sans doute, la toiture au-dessus de la grande nef, de même que celle au-dessus du transept, furent consumées par le feu, et comme la nef n'était pas encore voûtée à cette époque, les poutres enflammées, en tombant sur le sol, détériorèrent certaines parties du revêtement des murs et des colonnes, mais le gros de l'œuvre n'a pu être atteint.

Les parties supérieures des murs au-dessus de la voûte actuelle, qui furent en contact immédiat avec la toiture en feu, montrent encore aujourd'hui, par endroits, les traces de l'incendie dans leurs pierres calcinées; seulement, même au-dessus de l'autel du transept méridional, où la maçonnerie avait le plus souffert, les architectes de 1342 jugèrent le mur encore assez solide pour supporter une nouvelle assise de 60 cm. de hauteur. Du reste, les travaux de dérochage, récemment pratiqués aux colonnes, ont montré qu'en dehors de la grosse pile du vaisseau, près du transept Nord, dont un nombre assez considérable de pierres ont dû être renouvelées, — de quatre-vingt à quatre-vingt-dix, — les colonnes n'ont guère souffert du feu. Ces constatations concordent avec ce qu'en trop de circonstances récentes nous avons pu établir concernant les dégâts, relativement peu considérables, que le feu causa aux parties constructives des églises. Alors que dans la plupart des cas que nous avons eu sous les yeux, il s'agissait d'édifices abondamment pourvus d'objets mobiliers de tout genre, et que les incendiaires allemandes firent un copieux usage de matières inflammables, généralement, les murs, les colonnes et toute la maçonnerie ont parfaitement résisté à l'action de l'incendie.

Après la réparation des dégâts causés par le désastre et, pensons-nous, après l'achèvement des travaux que l'incendie trouva en voie d'exécution, on se mit à parfaire l'église.

Le mur de la grande nef, comme nous l'avons dit, fut exhaussé et muni d'une balustrade; on acheva également le chœur; on

---

(1) V. ci-dessus, p. 87 et ci-après chap. IV, § 3, n° 2.
(2) C'est surtout SCHAYES, *Histoire de l'architecture en Belgique*. Bruxelles, s. d., t. II, p. 203, qui a exagéré la note, en parlant d'une destruction complète de l'église.

prolongea le déambulatoire et on construisit les sept chapelles rayonnantes sur plan polygonal. Il est assez probable que la Fabrique acquit, dans ce but, diverses propriétés, parmi lesquelles l'ancienne maison d'Arnold de Zellaer (1).

Nous ne savons en quelle année les travaux furent repris, mais, comme nous l'avons montré au § précédent, il est à penser que l'interruption fut de courte durée, d'autant plus que le 12 février 1352, Radbodus Vueght, chanoine et chantre, Guillaume Kerman et Godefroid a Lapide, marguilliers laïques, reconnaissent avoir appliqué un capital appartenant aux Soixante-Frères, *in evidentem aedificationem et eminentem necessitatem dictae ecclesiae* (2). D'ailleurs, la compénétration des parties constructives du déambulatoire et des chapelles serait de nature à faire croire à un travail exécuté d'un jet, si certaines variations dans l'ornementation n'étaient pas là pour dénoter deux directions successives et distinctes.

Cette double direction est surtout sensible aux chapiteaux de colonnes et dans la forme donnée aux meneaux des fenêtres et aux clés de voûte. Alors que les fenêtres des premières chapelles se font remarquer par la beauté des lignes de leurs meneaux, celles des chapelles rayonnantes sont plus simples et ne portent dans leur tympan qu'une rose ornée de trois trèfles, d'un dessin assez lourd. Quant aux clés de voûte, celles du déambulatoire sont devenues moins larges et ornées d'une sculpture plus délicate, tandis que celles des chapelles présentent une décoration historiée qui déjà fait pressentir le goût du XVe siècle.

Les travaux furent poussés avec une célérité qu'on serait tenté d'appeler de bon aloi; malheureusement, les matériaux mis en œuvre furent moins bien choisis que ceux des parties construites antérieurement.

---

(1) Cette acquisition explique le cens de douze livres de Louvain dues par la Fabrique à la fondation des Zellariens, qu'elle ne leur devait pas encore lors de la confection du plus ancien livre de cens qui nous a été conservé. Ce livre, qui mentionne le pléban Nicolas Fabri, que nous ne connaissons du reste pas par ailleurs, est certainement antérieur à l'année 1352, puisqu'il parle d'un cens dû par Sauweil et Jean de Slike, sur une maison située derrière l'église et ayant appartenu à Arnold de Zellaer, et qu'une lettre scabinale du 12 octobre 1352, — AC, *Chartrier*, — parle d'une maison située à côté de celle de « quondam Sauwelli ».

(2) AC. *Chartrier*, 1352, 15 février. — V. sur l'idendification de cet autel, chap. IV, § 3, n° 1.

En 1393, comme nous l'apprend un acte du Fonds des Zellariens, la construction, y compris la chapelle absidale, était achevée et en usage chez les Bénéficiers, qui y tinrent leurs réunions (1). En 1408, ils y firent célébrer la Sainte Messe à un autel placé devant l'image de la Vierge (2); mais ce n'est qu'en 1411, peut-être après l'achèvement de la voûte, qu'ils déplacèrent, de l'autel du transept Nord à celui de la chapelle, leur ancien retable, redoré et repeint (3).

Durant la seconde période des constructions, on éleva également une annexe près de la seconde et de la troisième chapelle du côté du cimetière et une autre près de la seconde des chapelles sur plan rectangulaire du côté de la Grand' Place. D'autres annexes existèrent également au xvj^e siècle autour des chapelles rayonnantes du chœur et le long du collatéral Sud (4). Les annexes autour du chœur étaient employées comme sacristies particulières ou louées à des personnes de la ville, ou encore mises à la disposition des employés de l'église (5). Ce fut dans une de ces maisonnettes, à côté de l'entrée actuelle des chanoines, qu'habitait, aux xvij^e et xviij^e siècles, la femme qui vendait des cierges à l'église, la *keerskens-vrouw*, et que se tint caché, durant la tourmente révolutionnaire, le pléban Van Trimpont (6).

Quant à l'annexe près de la sacristie, elle servit d'abord de dépôt pour les ornements, puis de sacristie particulière à la chapelle des Merciers et des archevêques (7), et finit par être incorporée, en 1665, à la grande sacristie (8).

Enfin, la première des deux annexes du côté Nord servit pendant longtemps de dépôt aux archives capitulaires (9); et la

---

(1) V. ci-après chap. IV, § 3, n° 2.
(2) ACZ, *Comptes,* reg. B (anc. côte), 1408.
(3) Ibidem, 1411.
(4) AF, plan terrier de 1770.
(5) AF, *Comptes de la Fabrique, passim,* chap. des recettes de loyers. Le chapitre des dépenses pour réparations fait régulièrement mention de ces annexes. L'une d'elles servit de sacristie à la chapelle du S. Sacrement, puis plus tard de local pour les proviseurs des LX Frères. — Cf. Livre II, chap. II, § 2, t. I, p. 237; et ci-après chap. IV, § 3, n° 1.
(6) V. ci-dessus Livre II, chap. V, § 3, p. 24.
(7) Cf. ci-après chap. IV, § 3, n° 2.
(8) AC, *Acta,* reg. X, f° 82 v°, 20 mai 1665.
(9) AC, *Acta,* reg. V, f° 52.

seconde, après avoir été employée, au xvij^e siècle, comme chapelle aux Reliques de saint Rombaut (1), fut agrandie et incorporée à la petite sacristie, en vertu d'un accord entre les marguilliers et les chanoines, en date du 12 janvier 1664 (2).

Une annexe plus intéressante, mais dont la date est moins certaine, est la *pay-camer*, la chambre du trésorier, à l'usage des marguilliers, qui y tenaient leurs réunions (3) et y conservaient leurs archives (4).

On entrait à la pay-camer par la porte qui existe encore dans le transept méridional, en face de l'autel de sainte Anne, et dont l'encadrement ne diffère guère de celui de la porte de la sacristie et de celle de la salle capitulaire.

A côté de la pay-camer existait un second local, auquel on avait accès par une porte donnant dans le bas-côté (5). Ce local était à l'usage des proviseurs des pauvres.

Pour autant qu'on peut se fier au dessin de De Noter, auquel déjà nous avons fait allusion, la pay-camer et la salle des aumôniers formaient une construction à étage et à double pignon (6).

Le 19 octobre 1818, le Chapitre se plaignit du dépérissement du local de la pay-camer que les Marguilliers avaient abandonné pour installer, « par voie de fait », dit la délibération capitulaire, au second étage du local réservé jusque là aux chanoines, le dépôt actuel des archives de la Fabrique (8). En ces derniers temps, il ne restait de la pay-camer qu'un magasin sans étage, où l'on remisait

---

(2) V. ci-dessus Livre Ier, chap. II, t. I, p. 39.

(3) AC, *Acta*, reg. X, f° 68 v°, 12 janv. 1664. « Insuper a R. D. Decano facta propositione de erigenda et extendenda dicta sacristia ad modum capitularis cubiculi eidem contigui et collateralis, quae extensio erit ad quatuor et amplius pedes versus coemeterium et incipiet in angulo dicti cubiculi capitularis et terminabitur ad extremum angulum domunculae cui inhabitant filiae quae intendunt venditioni cereorum ecclesiae... »

(4) AC, Arm. I, casier 4, Règlement de la Fabrique.

(5) La pay-camer fut tapissée, en 1689-1693, de cuir doré. — AF, *Comptes de la Fabrique*, 1689-1693, f° 63 v°.

(6) AC, plan terrier de 1550.

(7) En dehors des sources graphiques, un document écrit nous signale ce double toit : « Item betaelt aen den voorschreven Merten Offermans voer het toedecken tusschen de paye camer ende superintendenten daer een nieu gote geleyt es... » AM, reg. 74, f° 46, compte de 1692-1693.

(8) AC, *Archives administratives, Procès-verbaux des réunions capitulaires*, 19 octobre 1818.

le matériel des enterrements et qui fut détruit en grande partie lors des événements de 1914 (1).

Après l'achèvement du chœur et des chapelles rayonnantes du *nieuw werk,* vers l'année 1400, on commença l'établissement de la voûte de la grande nef, qui fut achevée en 1437.

De Munck, rectifiant une lecture de Sollerius, suivie par Corn. Van Gestel, nous apprend que lors des travaux de dérochement exécutés en vue du grand jubilé de 1775, on mit à jour un distique flamand rappelant le fait :

DIT WERT GESLOTEN IN 'T IAER

MCCCC XXXVII OPENBAER

Le système constructif de la voûte, d'ailleurs, montre qu'elle est postérieure à celles des bas-côtés. On n'y voit plus les arcs doubleaux à section carrée et taillés en tore aux angles de l'intrados, qu'on rencontre dans les collatéraux; les claveaux des nervures sont plus élevés aussi, mais moins larges; enfin, les clés de voûte, au lieu d'être ornées d'une décoration feuillée, offrent des sculptures historiées variées (2).

Au point de vue décoratif, les parties nouvelles sont plus riches que les constructions de la première période, mais de valeur inégale. Au chœur, l'architecte, tout en s'inspirant de l'ornementation qui déjà recouvrait les murs des travées construites dans les dernières années du xiij^e et au commencement du xive siècle, a donné plus de force aux montants du triforium et aux moulures des arcatures; il a également su trouver pour le tympan des fenêtres du chevet du chœur un lys héraldique d'un effet fort satisfaisant. D'autre part, les arcatures, raides et grêles qui décorent les murs des chapelles, ne rappellent en rien les moelleuses sculptures du transept méridional.

---

(1) En dehors des annexes adaptées aux services accessoires de l'église, les comptes signalent, au commencement du xviij^e siècle, six maisons louées à des particuliers. Quatre de ces maisons furent achetées par la ville, moyennant un cens de 100 fl., et démolies en 1715. AF, *Comptes de la Fabrique,* 1715-1722, f° 15. — Il est probable que ces maisons étaient indépendantes de l'église.

(2) Rappelons que la clé de voûte à l'intersection de la nef et du transept a été renouvelée en 1850. Elle représente une tête de Christ et fut placée par Fr. Van Meerbeek, aux frais de Mgr Scheppers.

Les chapiteaux des dernières colonnes présentent à première vue beaucoup d'analogie avec ceux des colonnes plus anciennes, mais leur sculpture est plus tourmentée et plus profondément découpée. Le dessin des meneaux de fenêtres, sauf celui des baies du chœur, est bien inférieur à celui qu'on observe au transept et aux chapelles sur plan carré. En un mot, malgré certaines parties bien réussies, au chœur, c'est la décadence qui se fait sentir, au pourtour principalement.

Au milieu du xve siècle, une nouvelle source de revenus s'ouvrit pour la Fabrique et provoqua, ou tout au moins favorisa l'entreprise de nouveaux travaux.

Le 1er février 1451, le pape Nicolas V scella la bulle accordant au duc de Bourgogne et à ses sujets, les indulgences de l'Année jubilaire, telles que celles-ci pouvaient être gagnées à Rome même, à condition, pour les fidèles, de visiter les sept églises de la ville de Malines et d'y verser une aumône équivalente à celle requise des pèlerins de la Ville éternelle. Une moitié du produit des troncs du Jubilé devait être transmise à la *Camera apostolica*, c'est-à-dire à la trésorerie pontificale, l'autre moitié était laissée à la disposition des églises malinoises (1).

Cette première faveur, — temporaire, mais combien précieuse! — fut suivie de plusieurs concessions, moins importantes sans doute, mais qui contribuèrent dans une large mesure à procurer à la Fabrique de Saint-Rombaut les ressources nécessaires pour achever les vastes constructions en cours.

Le 7 avril de la même année, en effet, le Pape accorda une nouvelle indulgence de sept années et de sept quarantaines à ceux qui visiteraient l'église Saint-Rombaut, aux jours des processions solennelles, et y verseraient leur obole.

---

(1) Cf. H. DUBRULLE, *Documents pour servir à l'Histoire des indulgences accordées à la ville de Malines au milieu du xve siècle*. Paris, 1904; — J. LAENEN, *Bulletin Bibliographique*, dans le *Bulletin du Cercle Archéologique* de Malines, t. XIV (1904), pp. 313 et ss.; — Dr P. FRÉDÉRICQ, *Rekeningen en andere stukken van den Pauselyken aflaathandel te Mechelen in 't midden der 15e eeuw (1343-1472)*. Bruxelles, 1909, extr. des *Mém. de la classe des lettres de l'Ac. Royale de Belg.*, 2de série, in-8°, t. V. Une quittance donnée en 1465, par Louis, évêque d'Albani, nous apprend que la somme versée à la Chambre apostolique, pour sa part dans les offrandes du Jubilé, monta à 1,790 florins d'or, — AM, orig.; cf. *Inventaire*, t. VI, p. 97.

« Nous avons appris, est-il dit dans ce document, que l'église Saint-Rombaut à Malines, au diocèse de Cambrai, église importante et illustre parmi les autres églises collégiales de ces contrées, a subi récemment des agrandissements dans ses bâtisses et qu'elle a reçu des embellissements qu'elle n'avait pas jusqu'à ce jour; mais que le chœur lui fait encore défaut et que son clocher menace ruine, alors qu'elle ne possède pas les ressources nécessaires pour la construction d'un chœur et pour la reconstruction de la tour... »

Le 21 août 1455, une troisième concession d'indulgences, sous forme de jubilé, est accordée pour un terme de onze ans, pendant quarante jours chaque année.

Enfin, le 14 juillet 1456, une quatrième bulle, donnée par Calixte III, prolonge, pour la première année, le temps déterminé pour gagner les indulgences du jubilé du jour de Noël, primitivement fixé jusqu'aux fêtes pascales.

Les motifs allégués par le Magistrat pour obtenir la bulle d'indulgences du 7 avril 1451 n'étaient exacts qu'en partie. Sans doute, les bénéfices financiers que la ville avait escomptés, en sollicitant la bulle du 1er février, paraissaient lui échapper en grande partie au profit de la *Camera apostolica*, et rien ne faisait encore prévoir l'énorme concours de pèlerins qui affluèrent à Malines; mais, d'autre part, les travaux étaient poussés plus loin que les suppliants le disent.

Le chœur, nous l'avons dit, avec les chapelles rayonnantes, était achevé dès les dernières années du xive siècle, et au milieu du xve il ne restait plus qu'à établir la voûte du chœur. Celle-ci fut construite l'année même du Jubilé, comme l'indiquaient les vers flamands qui y furent peints, et que Sollerius nous rapporte sous cette forme :

INT IAER MCCCCLI
WAS 'T IAER VAN IUBILEEN HIER GEMEEN
DOEN WORT GESLOTEN DESEN STEEN

ainsi que les armoiries du Pape Nicolas V, à la bienveillance duquel la ville devait les indulgences jubilaires.

L'inscription fut légèrement modifiée à l'occasion d'un badigeonnage de la voûte au cours du xvij⁰ siècle. En 1774, De Munck y lut :

IN IAER MCCCCL EN EEN
WAS HET IAER VAN IUBILÉ HIER ALLEEN
ENDE DOEN WERT GESLOTEN DIT WERK

Lors du malencontreux dérochage de la voûte du chevet, dans les premières années du xx⁰ siècle, on ne rétablit pas l'inscription; par contre, en laissant la brique à nu, on affubla le maître-autel, le chef-d'œuvre du P. Hesius, d'une calotte rouge sale du plus désastreux effet (1).

La voûte du chœur, comme toutes les autres voûtes de l'église, sauf celles des collatéraux de la grande nef, est construite en briques, assez irrégulièrement appareillées, posées sur nervures croisées. Les clés de voûte, larges mais peu saillantes, sont ornées de feuillage. Seule, la clé de voûte du chevet est décorée d'un sujet historié.

A la troisième période de l'édifice, c'est-à-dire aux constructions élevées après l'année du Jubilé, appartiennent les chapelles du collatéral Nord et quelques modifications aux annexes. A cette période appartient aussi et surtout, la belle tour actuelle. Nous traiterons de cette dernière à notre chapitre V. Disons un mot des autres travaux.

Les chapelles du bas-côté datent des premières années du xvj⁰ siècle. Elles furent construites par la Fabrique, aux frais ou tout au moins grâce au concours de quelques généreux bienfaiteurs, mais en dehors de toute intervention du Chapitre. Celui-ci paraît même s'être absolument désintéressé de l'entreprise, car dans les actes capitulaires de 1498 à 1521, nous ne relevons aucune trace directe de ces constructions (2).

Tout au plus peut-on conclure de la collation canonique faite en 1498 d'une chapellenie à l'autel de sainte Barbe, que cet autel, dont les services furent transférés dans la suite à l'un des autels de

---

(1) Le dérochage eut lieu du consentement du Ministre de la Justice, contre l'avis de la Commission Royale des Monuments.

(2) Cf. ci-dessus Livre II, chap. IV, p. 36.

la dernière chapelle, existait encore à cette date (1), alors que, d'autre part, l'autorisation donnée aux peintres, le 17 février 1502, de construire un autel en l'honneur de saint Luc, contre l'avant-dernière colonne de gauche, pour y faire célébrer les messes qu'ils avaient l'habitude de faire dire à l'autel de saint Jean, démoli et déplacé dans une des nouvelles chapelles, est de nature à faire croire qu'en cette année le mur de clôture Nord fut percé pour la construction des chapelles.

On pourrait, de cette manière, fixer le commencement des travaux entre les années 1498 et 1502, peut-être bien en cette dernière année (2).

La première chapelle près de l'ancienne trésorerie fut élevée grâce à la générosité de Jean Wyts, watergraaf de Flandre, qui y fonda une chapellenie (3). Aert Van Diest construisit la chapelle suivante, en souvenir de son père Arnold et de sa mère Elisabeth de Wertfeldt, dont les armoiries écartelées ornent un modillon à la retombée des nervures de la voûte (4).

La dernière chapelle, plus large que les autres et de forme assez irrégulière, comprend trois travées. Elle portait jadis les noms de chapelle des Gantiers dans sa partie centrale, de chapelle d'Hoogstraeten, dans sa partie près de la tour, et de chapelle de Michaux, dans sa partie vers le transept. Nous savons qu'un vitrail, connu sous le nom de verrière d'Hoogstraeten, ornait l'abside près de la tour, et que l'autel de saint Gommaire, auquel le métier des Gantiers faisait célébrer ses offices, se trouvait dans l'abside du milieu ; mais nous ignorons jusqu'où le métier des gantiers ou le comte d'Hoogstraeten contribuèrent aux frais de la construction (5), bien que la

---

(1) AC, *Acta*, reg. I, f° 8, 19 juillet 1498.
(2) AC, *Acta*, reg. I, f° 64 v°, 17 février 1502.
(3) V. ci-après chap. IV, § 5. L'acte de fondation de la chapellenie portait : « Providus et circumspectus vir Joannes Wyts... hodierna die... in ecclesia Beati Rumoldi huius opidi, in capella per eumdem ac propriis ipsius sumptibus et expensis de novo opere satis sumptuose constructa et ex fundo erecta... » — Cf. AM, *Chronique Beelaerts*, p. 111.
(4) V. ci-après chap. IV, § 5.
(5) Il est peu probable que le métier des Gantiers put concourir efficacement à la construction, puisque vers 1540 les ressources de la corporation ne lui permirent pas même de payer les deux ou trois sous qui constituaient sa redevance annuelle au Chapitre. — AC, Arm. I, casier 16, *Annotata ex reg. actorum capituli* 1538-1552.

présence du vitrail ne laisse guère de doute sur le généreux concours de ce dernier. Nous ne sommes guère renseignés sur l'origine de la dénomination de la troisième chapelle, appelée la chapelle de Michaux.

Toutes les chapelles sont ornées, le long de leur murs, de fausses arcatures, dont l'arc en plein cintre porte à son intrados des redents à feuillage tourmenté. Les nervures des voûtes réticulées de ces chapelles buttent contre des clés et reposent sur des modillons à pendentifs fortement prononcés.

Une voûte similaire, mais plus irrégulière encore, fut établie probablement à la même époque dans l'ancienne trésorerie, dont on fit disparaître l'étage intermédiaire et le mur de clôture du côté du collatéral.

D'autre part, on établit un étage intermédiaire dans la sacristie ou première chapelle sur plan carré du déambulatoire méridional.

Pour subvenir aux frais résultant de ces constructions, la Fabrique se proposa, comme nous l'avons vu plus haut (1), de promener la châsse de saint Rombaut par le pays de Liége, à l'effet d'y solliciter, d'après les traditions du moyen âge, la générosité des fidèles; mais nous ne savons s'il fut donné suite à ce projet. Les marguilliers eurent recours également, et à plusieurs reprises, à la générosité du Magistrat. Le cardinal Guillaume d'Enckevoirt, qui devint chanoine de Saint-Rombaut en 1505 et prévôt en 1513, obtint de son côté, en 1506, du pape Léon X, une nouvelle bulle, accordant aux jours des stations à Rome, une indulgence équivalente aux fidèles qui visiteraient sept autels de l'église de Malines et y verseraient une aumône pour la continuation des constructions.

---

(1) V. ci-dessus Livre II, chap. IV, § 4, p. 35.

§ 3

L'édifice de 1585 à 1919

SOMMAIRE. — La restauration de l'édifice après l'occupation protestante. — Les constructions nouvelles aux xvije et xviije siècles. — Les premiers travaux après le Concordat. — La restauration de l'église de 1840 à 1914. — Les événements de 1914. — Les réparations provisoires en 1914 et 1916.

Au chapitre III, § 1er du Livre second de cette étude, nous avons exposé les événements politiques et militaires de la seconde moitié du xvje siècle et le sac de la ville par les troupes de Van den Tympel et du colonel anglais Norritz. L'occupation de la ville par les États, de 1580 à 1585, n'amena pas seulement la destruction presque totale du mobilier de l'église et des œuvres d'art qu'elle renfermait, le défaut d'entretien de la bâtisse, durant ces années néfastes, causa également de graves dommages à la construction elle-même.

Après la Réduction de la ville, les marguilliers eurent dès lors à s'occuper des grosses réparations. Afin de se procurer les ressources nécessaires, les Fabriciens obtinrent du gouvernement un octroi, renouvelé à diverses reprises, imposant, au profit de l'église, un droit d'exportation sur les légumes, les *groene waren* (1). La Ville aussi accorda divers subsides, jusqu'à ce que, le 21 mai 1601, la *Policyecamer* consentit une somme annuelle de 4,000 fl. (2), auxquels, le 8 mars 1606, fut ajouté un subside spécial de 1,500 fl., pour les travaux urgents nécessités à la suite des dégâts causés par une violente tempête, qui en 1605 sévit sur la ville et y occasionna

---

(1) AF, *Comptes de la Fabrique*, compte spécial « van de penningen geaccordeert van de uitvaerende groene waren », 1591-1592 ; 1592-1593 ; — Compte général, 1594-1597, f° 31 v°. — V. ces octrois AM, n° 65, 16 juin 1590 ; n° 66, 13 oct. 1590 ; n° 75, 19 oct. 1593 ; n° 78, 14 oct. 1594, du t. II de l'*Inventaire*.

(2) AM, *Policyeboeck*, 21 mai 1601 ; — AF, *Comptes* 1606-1607.

de nombreux ravages (1). Enfin, la Fabrique s'adressa au Saint-Siège et obtint du pape Paul V une nouvelle bulle d'indulgences.

Toute la bâtisse réclamait des travaux de restauration et de consolidation. Les comptes de la Fabrique nous permettent de suivre, année par année, les travaux exécutés aux voûtes, aux toits, aux pinacles, le renouvellement de deux contreforts aux chapelles rayonnantes, le placement, en 1596, des ancrages et des tirants dans la partie haute de la grande nef (2). Le toit surtout avait beaucoup souffert et semble avoir été renouvelé en grande partie. Presque dans chaque compte, nous trouvons mentionnés des achats d'ardoises, parfois en quantités considérables, notamment en 1605, cinq mille (3), en 1609, trois mille deux cents (4), en 1616, vingt-cinq mille neuf cents en une seule commande (5). Après l'orage de 1605, la dépense faite pour la réfection du toit, monta à 2652 florins (6).

En 1618, après trente années de travaux ininterrompus, la restauration touchait à sa fin. Le rapport présenté au Chapitre, lors de la visite d'église de cette année, constata que les réparations nécessaires étaient terminées et qu'on s'était mis à travailler aux parties endommagées de la tour (7).

Quelques constructions d'importance secondaire furent entreprises au cours du xvije siècle. On élargit notamment les annexes le long des chapelles sur plan carré du déambulatoire (8) on construisit, en 1625 ou 1626, les porches extérieurs du transept (9), enfin, en 1664, les proviseurs de la confrérie agrandirent la sacristie de la chapelle du Saint-Sacrement, en y employant les matériaux provenant de la démolition du jubé devant le chœur (10).

---

(1) AM, *Policyeboeck*, 8 mars 1606.
(?) FOPPENS, *Mechlinia Christo nascens*, ad ann.
(2) AF, *Comptes de la Fabrique*, 1594-1597, f° 39.
(3) IBIDEM, 1604-1605, f° 17 v°.
(4) IBIDEM, 1609-1615, f° 46 v°.
(5) IBIDEM, 1615-1616, f° 32.
(6) IBIDEM, 1606-1607, f° 29.
(7) AC, *Visit. eccles.*, reg. I, visite de 1618.
(8) AC, *Acta*, reg. X, f° 68 v°; — f° 82 v°. — V. ci-devant p. 98.
(9) AC, *Visit. eccles.*, reg. I, visite de 1626.
(10) AC, *Acta*, reg. X, f° 72, 23 sept. 1664. Le pléban paya de ce chef 200 fl. au Chapitre. — Cf. ci-après chap. IV, § 1 n° 1 et § 5.

Au cours du xviij^e siècle, on n'exécuta guère de travaux de quelqu' importance à la bâtisse en dehors du remaniement des porches latéraux de 1626 et des modifications apportées à l'ornementation des colonnes de la grande nef, lors du jubilé de 1775 (1). A cette même occasion, on ferma également la porte des enterrements, dans le collatéral Sud.

Au sortir des années douloureuses de la fin du xviij^e et du commencement du xixe siècle, pendant lesquelles, sans autorité et sans mission légitime, un prêtre assermenté avait occupé l'église, le manque de tout entretien avait, une fois de plus, provoqué un rapide délabrement des toitures et hâté celui des parties constructives.

En 1802, cependant, le défaut de ressources ne permit pas de songer à une restauration complète du monument. Les nouveaux marguilliers, qui entrèrent en fonctions le 2 mars 1804, durent se contenter de faire exécuter les réparations les plus urgentes, quitte à supprimer certaines parties qui menaçaient ruine, comme par exemple, le campanile, qui fut démoli en 1806. Il ressort, toutefois, d'une lettre adressée par la Fabrique aux Députations permanentes des provinces d'Anvers et du Brabant, que sans aucun subside des pouvoirs publics, les marguilliers firent exécuter pour 140 mille francs de travaux de 1804 à 1835 (2).

Ce ne fut qu'au mois de janvier 1840 que, grâce au concours de l'État et des Provinces, la Fabrique se décida à mettre la main aux grosses réparations de l'extérieur, aux parties les plus dégradées d'abord, au *nieuw werk*. On avait espéré parvenir assez promptement à une mise en état définitive ; aussi, grande fut la déception lorsque la démolition de quelques parties de murs fit constater des dégradations beaucoup plus importantes que celles qu'on avait pu prévoir. En neuf années, la dépense s'éleva à 162 mille francs, et un devis estimatif dressé par le service technique des deux Provinces, le 15 juin 1849, évalua à 244 mille francs le montant des frais pour les travaux qui restaient à exécuter. Encore, la restauration de la tour et les travaux d'intérieur n'étaient-ils pas compris dans cette évaluation.

---

(1) V. ci-après chap. III.
(2) AF^2, *Registre de la Correspondance du Conseil de Fabrique*, 1835-1843, 9 février 1835.

Résolûment, néanmoins, on se remit à l'œuvre; les pierres de revêtement détériorées furent remplacées, des pans de murs et des contreforts menaçant ruine, principalement au *nieuw werk*, ainsi que le pignon de la chapelle du Saint Rosaire, furent démolis et reconstruits, des pinacles, des parties de galerie, des meneaux de fenêtres furent remplacés; le monument, en un mot, subit une entière et intelligente restauration, dirigée successivement par les architectes Van de Wiele (1864-1893) (1), L. Baeckelmans (1894-1895) et depuis 1896, par Henri Meyns.

Tandis qu'on exécutait les restaurations extérieures, on s'occupa également de rendre à l'édifice son aspect ancien à l'intérieur. On remit notamment à jour les arcatures du mur Sud et du mur Nord des transepts, qui avaient été masquées au xviij^e siècle, lors de la construction des porches intérieurs; on éleva également, mesure moins heureuse, tant dans la partie Sud que dans la partie Nord du pourtour, le mur qui sépare aujourd'hui la seconde chapelle du déambulatoire (2); on démolit l'ancien jubé au-dessus de l'entrée du pourtour, près de l'autel Sainte-Anne, pour reporter les orgues sur un nouveau jubé élevé au fond de l'église; enfin, on procéda à un nouveau dérochage partiel.

En ce qui concerne les restaurations extérieures, la Fabrique fit disparaître les constructions parasites qui entouraient le monument; plus tard, malheureusement, on coupa aussi les grands arbres, plantés sur la partie méridionale du cimetière. Espérons qu'ici du moins le mal ne demeurera pas irréparable.

La restauration extérieure de l'église touchait à sa fin et déjà la Fabrique songeait à reconstruire la grande sacristie, renouvelée de façon assez malheureuse vers le milieu du siècle, et à remplacer par de nouveaux porches extérieurs, mieux en harmonie, avec le bâtiment, espérait-on, les avant-corps bâtis en 1626; déjà aussi un projet, que nous n'avons pas à apprécier ici, de restauration intérieure était préparé, lorsque, dans les premiers jours du mois d'août 1914, les

---

(1) Avant cette époque, la Fabrique, malgré les instances de la Commission des Monuments, avait cru pouvoir procéder par entreprises partielles et sans le concours d'un architecte dirigeant.

(2) AC, ARCHIVES ADMINISTRATIVES, *Procès-verbaux des réunions capitulaires*, séance du 31 mars 1848. La construction se fit aux frais du cardinal Sterckx.

événements politiques amenèrent la Belgique « victime d'un guet-apens inqualifiable, inouï dans l'histoire des relations internationales » (1), dans l'inéluctable nécessité de faire honneur, au prix des plus douloureux sacrifices, à la parole donnée et à ses obligations de nation perpétuellement neutre.

Au Livre I de cette étude, nous avons esquissé dans quelles circonstances se produisirent les premiers bombardements de la ville, les 25 et 27 août et jours suivants.

Celui du 25 août, interrompu au bout d'une heure par le succès des troupes belges qui refoulèrent l'ennemi vers Vilvorde, et conduit avec des projectiles de moindre calibre, ne causa que des dégâts relativement légers. Bien que l'église fut atteinte à diverses reprises, seul le double mur du bas-côté méridional, qui ferme l'ancienne baie de la porte des mariages ou du cimetière, fut en partie percé. Le toit aussi fut endommagé et quelques vitres furent brisés. Si peu importants furent les effets de cette première attaque, que le surlendemain, comme nous l'avons déjà rappelé, put avoir lieu le service pour le repos de l'âme du pape Pie X.

Il n'en fut plus de même, malheureusement, lors des bombardements du jeudi après-midi et de ceux des jours suivants. Ce fut durant ces journées de détresse que le contrefort de la chapelle des saints Martyrs de Gorcum, dans le déambulatoire Sud, fut atteint et démantibulé, au point de faire craindre l'écroulement de la chapelle et de provoquer ainsi un désastre dont personne n'aurait pu prévoir les conséquences. Comme nous avons eu l'occasion de nous en rendre compte, ce fut pendant le mois d'août également que l'arcade de la troisième et le seuil de la quatrième fenêtre furent démolis, la statue du saint apôtre Jacques le Mineur renversée, la grande arcade de la nef principale et la voûte du collatéral Nord atteints.

Dans les premiers jours du mois de septembre, une accalmie se produisit, durant laquelle l'armée allemande dirigea ses efforts sur Anvers, du côté de Termonde. Pendant ce temps aussi, le contrefort de la chapelle des saints Martyrs de Gorcum fut provisoirement rétabli. Le Cardinal-Archevêque, de son côté, de retour du conclave,

---

(1) Paroles du Ministre de la guerre, chef du Cabinet, Baron de Brocqueville, au peuple massé devant le Palais de la Nation, après la séance du Parlement, le 4 août 1914. Cf. *Le Bien Public*, 1914, 6 août, éd. du soir.

était rentré à Malines, et l'architecte Meyns avait pris, sur son invitation, les dispositions nécessaires pour établir une clôture en bois à l'intérieur de l'édifice, afin d'y rendre possible la reprise du service religieux.

Sans avertissement préalable, le dimanche 27 septembre, vers huit heures du matin, l'artillerie allemande, cette fois avec des projectiles de gros calibre, rouvrit le feu et bombarda la ville.

Comme lors des attaques antérieures, le feu fut dirigé de préférence vers le centre de la ville et sur la tour de Saint-Rombaut.

Après la retraite de l'armée belge et l'abandon de la place d'Anvers, il fut permis aux Malinois qui avaient quitté la ville de rentrer dans leurs foyers; les rares habitants également qui étaient restés à Malines furent relâchés de la prison, où ils avaient été enfermés par le vainqueur. Hélas! ils trouvèrent l'église métropolitaine dans le plus désolant état. La façade méridionale, exposée au feu, avait surtout eu à souffrir. Les meneaux de presque toutes les fenêtres avaient été, en partie démolis, les seuils ravalés, les moulures, les cordons, les plinthes moulurées, les corniches, les larmiers contournant les arcades des fenêtres, les couronnements, gables et fleurons des contreforts avaient été atteints et en grande partie gisaient à terre. Les arcades des baies de la première, de la troisième et de la sixième fenêtre étaient défoncées et avaient entraîné dans leur chute des parties de maçonnerie.

Le contrefort près de la tour était démoli depuis le cordon inférieur jusqu'au couronnement; le quatrième et le cinquième contrefort étaient en partie brisés.

La troisième travée du chœur était démolie sur toute sa superficie à partir de la hauteur des arcs-boutants, et une partie de la voûte, vers l'intérieur du chœur, était réduite en morceaux. Par la chute des matériaux, le pavement du chœur était défoncé et les marches du sanctuaire brisées.

Les voûtes du collatéral méridional dans les troisième, cinquième et sixième travées, avaient souffert, les nervures étaient arrachées et la voûte en partie tombée. Le bas-côté Nord avait également, dans les troisième et quatrième travées, les nervures de la voûte en partie démolies.

Quant aux vitraux, tous, sauf ceux de deux fenêtres dans le

déambulatoire, furent arrachés de leurs plombs et brisés. La toiture enfin, du côté méridional, tant sur les chapelles que sur le collatéral et le déambulatoire, avait ses ardoises arrachées et les solives défoncées.

Aussitôt après le retour en ville de Son Éminence et dès que le pouvoir occupant lui permit de reprendre possession de l'église, on se mit en devoir d'enlever les décombres et de remettre l'édifice provisoirement en état de servir au culte. Sous la direction de l'architecte Meyns, on établit, dans les fenêtres hautes de la nef, dont les meneaux n'avaient guère souffert, un vitrage provisoire; on remplaça également ce qui restait des vitraux peints des chapelles par du verre blanc, enfin on plaça la cloison en bois, prévue au mois d'août déjà, et on sépara ainsi du reste de l'édifice les parties les moins atteintes : la grande nef et le collatéral Nord.

Ce fut dans cette partie de l'église, à l'autel de la chapelle du Saint Rosaire, placé contre la cloison dans la grande nef, que le jour de Noël 1914, nous l'avons dit, le service fut repris (1).

Pour prévenir d'ultérieures détériorations par l'infiltration des eaux, le Conseil de Fabrique décida, au commencement de l'année 1916, de boucher les trous béants dans les murs et de fermer les fenêtres, partie par des vitrages, partie par une maçonnerie en briques, et de restaurer les toitures.

Les travaux, commencés le 1er février, furent terminés le 30 juin suivant. Au mois de novembre 1918, après la conclusion de l'armistice, on répara le pavement du chœur, et le 3 décembre on enleva la cloison qui fermait la grande nef. Le vendredi 6, Son Eminence le Cardinal-Archevêque célébra, le premier, la Messe au chœur, à la communion générale de sept heures, et le dimanche suivant, il y chanta le *Te Deum* d'actions de grâces pour la libération de la Belgique (2).

---

(1) L'ensemble de ces travaux de premier aménagement coûta la somme de 20,046 francs 65 cent. Le devis des restaurations complètes, dressé par l'architecte de l'église, le 28 décembre 1915, monte à fr. 147,097,86 pour le gros-œuvre, et l'estimation des dégâts, y compris le mobilier et les vitraux, à frs 496,052,83.

(2) L'église, à cette occasion, était ornée du chronogramme : RestaUratUr eCCLesIa SanCtI RUmoLDI.

§ 4

Les pierres tombales

SOMMAIRE. — Usage général d'enterrer dans les églises. — Les dalles funéraires. — L'enlèvement des pierres tombales aux xvj^e et xvij^e siècles. — Le déplacement des dalles au xviij^e siècle. — Les pierres tombales au xixe siècle.

Nous ne pouvons clore ce chapitre, consacré au monument lui-même, à l'historique de sa construction et à sa description architectonique, sans nous arrêter un instant aux pierres tombales. Par leur double destination de partie du pavement et de monuments commémoratifs des défunts, les dalles tumulaires tiennent le milieu entre les éléments constructifs et les objets d'ameublement.

A diverses reprises, au cours de notre étude, nous avons eu l'occasion de signaler la disparition ou le déplacement de dalles funéraires, et dans les pages qui suivent, nous aurons plus d'une fois encore à toucher au même sujet.

A toute époque, en effet, mais surtout au commencement du xvij^e et au cours du xixe siècle, les marguilliers se laissèrent aller avec une facilité qui semble être de l'insouciance, à la déplorable manie de déplacer et d'aliéner les pierres tombales.

Esquissons dès lors, dans un aperçu d'ensemble, le sort de ces objets si intéressants à tant de points de vue.

Tout le monde le sait, nos églises constituent de véritables nécropoles. On y enterrait, non seulement dans des tombes, élevées au-dessus du sol, comme celle des Berthout dans le déambulatoire, et dans des caveaux murés, mais encore, et de préférence même, en pleine terre.

Les travaux d'excavation pratiqués en 1913 dans le transept méridional, montrèrent, par la position de nombreux ossements et de plusieurs crânes, qu'il y a bien longtemps déjà, on réunit dans des fosses communes ce qui restait des squelettes anciens, pour faire place à de nouveaux hôtes. Sans doute, dans le sol sacré de l'église, bon nombre de morts reposaient bientôt oubliés, sans qu'aucune inscription rappelât leur souvenir à l'indifférence des vivants; mais d'autres tombes, très nombreuses également, furent couvertes de dalles, de pierre ou de marbre, incrustées souvent de plaques de cuivre, armoriées ou ornées d'emblèmes divers.

Si dans beaucoup de cas les armoiries et les inscriptions gravées sur ces dalles constituent un inutile étalage de la vanité posthume d'inconnus auxquels personne ne s'intéresse, il en est d'autres, en grand nombre aussi, dont à bon droit l'historien et l'archéologue regrettent la disparition. Tel est principalement le cas pour les inscriptions antérieures au xvj^e siècle, pour celles du xiij^e siècle surtout, dont les données épigraphiques suppléeraient utilement au silence des documents d'archives.

Nous savons que la plaque de cuivre qui rappelait le souvenir de l'insigne bienfaiteur de l'église que fut Arnold de Zellaer, disparut lors de la domination protestante (1), et cette plaque ne fut pas seule à tenter la cupidité des Iconoclastes; ils enlevèrent également celles du tombeau du Conseiller de Roubaix, celles qui ornaient les tombes de Gérard Van den Dale (2), de la famille Bauw (3), de Catherine Denis (4) et probablement d'autres encore.

Malheureusement, il n'y eut pas que les briseurs d'images à spolier les morts. Les marguilliers de la fin du xvj^e et du commencement du xvij^e siècle, et comme en général tous ceux qui se trouvent appelés à remédier aux grandes ruines, les restaurateurs du xixe, ne crurent pouvoir mieux inaugurer leur œuvre de reconstruction qu'en achevant la destruction de ce que les brigands protestants ou sans-culottes avaient épargné.

Déjà vers l'année 1500, lors de la construction des chapelles du collatéral Nord, on enleva de nombreuses pierres tombales, qu'on coupa et dont l'architecte se servit pour couvrir les murs de la

---

(1) V. Livre II, chap. II, § 1; t. I, p. 217.
(2) BR, *Fonds Goethals*, ms. 1511, p. 290; — Cf. *Mechelen opgeheldert*, t. I, p. 112.
(3) BR, *Fonds Goethals*, ms. 1512, p. 230.
(4) Ibidem, p. 277; — Cf. *Mechelen opgeheldert*, t. I, p. 53.

chapelle du Saint-Sacrement, où les restaurateurs les retrouvèrent en 1872 (1). Plus tard encore, en 1573-1580, on enleva des dalles pour les revendre (2); mais ce fut surtout après la Réduction de la Ville que les indications des comptes à ce sujet se répètent nombreuses et incessantes (3).

L'enlèvement des pierres funéraires fut surtout pratiqué dans la grande nef et dans ses collatéraux, où les inscriptions antérieures au xvj^e siècle ne se rencontraient plus qu'exceptionnellement au xviij^e siècle, alors qu'à cette époque elles étaient relativement nombreuses encore dans le pourtour du chœur.

Bon nombre d'armoiries et d'inscriptions de pierres tombales, d'obits et d'épitaphes furent relevées en 1695, par les soins du comte J.-F.-D.-J. de Cuypers de Rymenam, et se trouvent conservées aujourd'hui dans divers registres, principalement les n°s 1510, 1511 et 1512 du Fonds Goethals, à la Bibliothèque royale. Les inscriptions qui existaient encore vers la fin du xviij^e siècle ont été reproduites avec grand soin, en 1770, par Rombaut Van den Eynde et le comte J.-F.-G. de Cuypers d'Alsingen, dans le premier volume de leur ouvrage *Provincie stadt ende District van Mechelen opgeheldert in haere kercken, kloosters... als oock alle op-schriften, grafschriften, jaerschriften, wapens... die tot heden toe bevonden of voortijds in-wesen hebben geweest...*, imprimé à Bruxelles, chez J.-B. Jorez, en deux volumes in-4°.

Les inscriptions relevées par ces auteurs furent réimprimées par la Commission pour la publication des Inscriptions funéraires et monumentales de la province d'Anvers, dans le tome VIII de ses publications (4). Les éditeurs de ce dernier recueil se sont malheureusement contentés de faire quelques ajoutes aux textes donnés par Van den Eynde et de Cuypers, quelques inscriptions modernes

---

(1) AF^2, Rapport de l'architecte Van de Wiele au Conseil de Fabrique, sur l'avancement des travaux en 1872.

(2) AF, *Compte de la Fabrique*, 1573-1580, f° 13.

(3) A côté des ventes d'anciennes pierres, on constate aussi l'achat de dalles de pavement en pierre bleue et blanche. — Cf. *Comptes* de 1616, f° 32; 1617, f° 20 v°; — 1618, f°s 21 et 22; — 1619, f° 18 v°, etc.

(4) Quelques inscriptions ont été reproduites également par AUG. VAN DEN EYNDE, *Choix d'inscriptions et monuments funéraires de la ville de Malines et ses environs*. Malines, 1856, un vol. gr. in-folio.

notamment, mais sans se donner la peine de faire des recherches ultérieures et sans tenir aucun compte des changements survenus dans l'emplacement des dalles, ni même de leur disparition depuis le xviij^e siècle.

Or, depuis 1770, un bouleversement quasi général des pierres funéraires eut lieu. En 1788, les marguilliers sollicitèrent du gouvernement l'autorisation « om te mogen doen der verplaetsinge der sarcken ende grafsteenen van de eene zeyde naer de andere in de selve kercke ». Nos braves fabriciens désiraient placer ces dalles, « alle in een gelijck order bij maniere van spieghel, daer tusschen brengende linien van nieuwe voet-steenen » (1).

Encore une fois, comme l'aspect actuel du pavement en fournit la preuve, ce fut la nef du milieu qui eut à pâtir davantage de l'opération.

Peu d'années auparavant, en 1775, la Fabrique avait également fait enlever les nombreux obits qui décoraient les murs de l'édifice (2).

Le xixe siècle ne respecta guère mieux ces intéressants souvenirs du passé. Comme nous aurons l'occasion de le dire au chapitre suivant, le marguilliers enlevèrent, en 1810, toutes les pierres tombales du chœur, et en 1818 celles de la chapelle du Saint-Sacrement, qui furent reportées sous la tour; en 1863, disparurent plusieurs dalles des chapelles du pourtour; enfin en 1913, les travaux d'excavation pour l'établissement du chauffage firent enlever quelques pierres tombales dans le transept méridional, qui furent placées au fond de la grande nef.

---

(1) AF, Coll. DC, liasse Grande nef, *minute*.
(2) De Munck, *suppl.*, p. 24; — les marguilliers, cependant, consignèrent dans un album les armoiries des obits enlevés. Le chan. G. van Caster en publia un certain nombre dans le *Bulletin du Cercle Archéologique*, t. XI (1901), pp. 177 et ss., sous le titre : *Les anciens blasons funéraires à l'église St-Rombaut à Malines*. Cf. p. 138.

CHAPITRE III

Coup d'œil général sur le mobilier, du xiij^e au xxe siècle

SOMMAIRE. — Pénurie de renseignements concernant le mobilier avant 1580. — Les trois époques du mobilier. — Le mobilier de la première époque (xiij^e s.-1580) : les vitraux, les peintures décoratives, les autels, les statues, autres objets mobiliers. — La destruction de l'ancien mobilier en 1580. — Période de transition (1585-1620 env.). — La seconde période du mobilier. — Les préparatifs au jubilé millénaire de Saint-Rombaut, en 1775. — L'époque républicaine. — Le vandalisme pieux du xixe siècle. — Le mobilier de la troisième période. — Les événements de 1914.

Il n'existe aucune description ni aucun tableau qui rappelle l'aspect intérieur que présentait l'imposante basilique de Saint-Rombaut avant le passage des Iconoclastes et des troupes des États au xvj^e siècle.

Le doyen Jérôme Stevaert possédait jadis une peinture représentant l'intérieur de l'église avant 1580; à la mortuaire du doyen, le tableau fut acquis par le Chapitre (1) et confié plus tard, sa vie durant, au cardinal de Franckenberg, mais nous ne savons ce qui en advint lors du pillage des trésors artistiques et littéraires du palais archiépiscopal par les Français en 1797 (2).

Grâce à quelques indications fragmentaires, la plupart extraits de comptes, nous savons que tel ou tel meuble important ornait l'église, que telle ou telle peinture décorait les parois de ses murs, qu'un vitrail resplendissait dans les baies de ses fenêtres, mais ce n'est que dans des cas très rares que nous pouvons préciser la forme des objets dont nous venons de constater la présence, ou, à un moment donné, la disparition. Plus rares encore que des notions

---

(1) *Mechelen opgeheldert*, t. I, p. 59.
(2) Cf. J. LAENEN, *L'ancienne Bibliothèque des Archevêques de Malines*, extrait du *Bulletin du Cercle Archéologique*, t. XIV, 1904, pp. 18-19.

quelque peu précises sur des œuvres d'art disparues, sont les restes de l'ancien mobilier échappé à toutes les vicissitudes et parvenus jusqu'à nous. En dehors de la cloche *MARIA*, datant de 1498, nous n'en connaissons guère d'autres que quelques pierres tombales, un vitrail remisé aujourd'hui au local des archives de la Fabrique et les blasons des chevaliers de la Toison d'or qui assistèrent au Chapitre de 1491, ainsi que l'ancien tableau de l'autel des peintres, enlevé de l'église par l'archiduc Mathias, et qui décore aujourd'hui le maître-autel de la cathédrale de Prague.

Au cours de la description des différentes parties de l'église, nous aurons à revenir en détail, et pour autant que nos renseignements le permettent, sur chacun des éléments qui concoururent, aux différentes époques, à la décoration et à l'ameublement de l'édifice. Contentons-nous de tracer dans ce chapitre les grandes lignes de l'histoire du mobilier et de déterminer les principes esthétiques dont s'inspirèrent ceux qui contribuèrent à la décoration de l'église.

Dans l'histoire du mobilier, comme dans celle de l'église elle-même, il y a lieu de distinguer trois périodes, séparées les unes des autres par la dévastation protestante au xvj^e siècle et par les restaurations inconsidérées de la fin du xviij^e et du commencement du xixe siècle.

Le mobilier de la première période avait atteint son plein épanouissement en 1580, au moment où les bandes pillardes de Van den Tympel et du colonel Norritz dévastèrent le temple (1).

Après plusieurs années de tâtonnements au cours desquelles on se conforma encore aux principes décoratifs des temps antérieurs, la seconde période s'ouvre décidément vers l'année 1620, pour atteindre son apogée à la veille du jubilé millénaire de saint Rombaut. Les préparatifs de ce jubilé firent une première brèche dans le luxueux ensemble qu'avaient créé deux siècles épris d'art et de sentiment religieux.

Le manque de tout goût et l'absence de cette piété filiale envers un glorieux passé chez les hommes qui durant la première moitié

---

(1) Le mobilier avait également souffert en 1573, des pillards de l'armée du duc d'Albe. — Cf. AC, *Visitatio Capellaniarum*, 1550-1573, f° 4.

du xixe siècle s'occupèrent des intérêts de la Fabrique, achevèrent l'œuvre de destruction inaugurée vers 1775. Un vide immense se fait alors, vide d'art et vide de souvenirs, auquel la bonne volonté de ceux qui, après 1850 prirent en mains les destinées de la Métropole, ne réussit que très imparfaitement à porter remède.

Ce n'est qu'en ces dernières années, en 1908, qu'un effort vraiment fertile fut fait par l'aménagement de la chapelle des saints Pierre et Lambert, en souvenir de feu S. É. le cardinal Goossens.

Si on voulait caractériser d'un mot les principes qui guidèrent les artistes de ces trois périodes, on pourrait dire que la décoration antérieure à 1580 se fait valoir par le châtoiement des couleurs et le luxe tout extérieur des dorures et de la polychromie; que l'ameublement après 1620 se distingue par la perfection des formes et la richesse des matériaux mis en œuvre; que le xixe siècle, enfin, est marqué par un essai, peu heureux, de retour à un style et à des méthodes décoratives imparfaitement compris, nullement sentis, et ne donnant lieu, par le fait, qu'à des œuvres dénuées de sincérité et de vie.

De la couleur et de l'or, tel semble avoir été la synthèse du thème esthétique des artistes du moyen âge.

Comme toutes les églises d'une certaine importance de cette époque, celle de Saint-Rombaut avait reçu une abondante décoration de peintures décoratives, de vitraux aux reflets multicolores, de tableaux, de retables sculptés ou dorés, de statues polychromées.

Vers 1235 déjà, alors que la construction de l'église actuelle ne pouvait être bien avancée et que d'importantes parties de l'ancienne basilique, sans doute, étaient encore debout, nous voyons le Chapitre réserver à l'entretien des fenêtres le revenu de quatorze maisons qu'il possédait à Malines (1).

En 1415-1416, le peintre Jacques Van Helmont fut chargé de restaurer un vitrail au chevet du chœur, au-dessus du maître-autel, qui avait été donné par la Ville (2). Le vitrail fut remplacé

---

(1) Cf. Livre II, chap. I, Annexe 2; t. I, p. 169, ligne 10.
(2) EMM. NEEFFS, *Hist. de la peinture et de la sculpture à Malines*, t. I. Gand, 1876, p. 107.

peu de temps après, en 1451, par une verrière dans laquelle figuraient les portraits de Philippe le Bon et de son fils Charles le Téméraire (1).

Un autre vitrail, à peu près de la même époque que celui du chœur, subsista longtemps dans le transept septentrional; il représentait Louis de Male, comte de Flandre et seigneur de Malines, et fut placé probablement en 1356.

Dons des princes, de la ville, des corporations et métiers, souvenirs offerts par la piété des particuliers ou monuments placés par la gratitude des marguilliers, les vitraux étaient décorés tantôt de figures de saints ou de portraits des donateurs, tantôt de scènes empruntées à la vie des artisans ou ornés de simples armoiries. Dans la bigarrure de leur conception variée, ces vitraux descendaient des fenêtres du chevet du chœur jusque dans les dernières baies sous la tour, garnissant les fenêtres du transept et celles des collatéraux et formant ainsi pour le temple le plus éclatant des décors.

Dans les parties saillantes de l'édifice, ce décor était complété par la polychromie des murs.

Dès qu'on décorait, comme le fait observer à juste titre Viollet-le-Duc, les fenêtres d'un édifice de vitraux coloriés, il était logique de ne pas laisser les parois opaques des murs dans l'état brut des matériaux employés. En art, la couleur appelle la couleur. Aussi, comme le montrèrent feu M. J. Helbig et le chanoine van Caster (2), jusqu'à la fin du xve siècle, — et nous ajouterions volontiers jusque dans les premières années du xvij^e (3), — il était de tradition d'orner les édifices destinés au culte, même les plus modestes, de peintures murales historiées ou simplement décoratives.

Nous l'avons dit, l'usage de matériaux disparates dans un même élément constructif et l'emploi de pierres grossièrement taillées dénotent que dans l'intention du constructeur de génie qui

---

(1) EMM. NEEFFS, *Notes sur les anciennes verrières de l'église métropolitaine de Malines*, extrait du *Messager des Sciences historiques en Belgique*, 1877, p. 7.

(2) Cf. *Annales du XIIe Congrès d'Archéologie*. Malines, 1897; — *Bulletin de l'Acad. royale d'archéologie de Belgique*, 1900 et 1901; — *Bulletin de la Comm. royale des Monuments*, assemblées générales de 1903 et de 1905.

(3) Nous en avons plusieurs preuves dans les chapelles absidales de Saint-Rombaut.

conçut la basilique de Saint-Rombaut, le monument devait, tôt ou tard, recevoir une décoration polychrome.

Au reste, cette décoration, de même que celle des surfaces translucides, ne fut exécutée ni d'un jet, ni d'après un plan d'ensemble. Malheureusement, les grattages successifs qu'on a fait subir au monument durant les xvije, xviije et xixe siècles, sacrifièrent coup sur coup trop de vestiges de ces peintures pour qu'il soit possible de nous faire une idée approximativement exacte de leur valeur et de leur importance. Les colonnes de la grande nef furent, dit-on, décorées de figures d'apôtres (1); nous savons que le collatéral Sud présentait de nombreuses figures de saints et des scènes religieuses. Nous savons aussi que sous la tour était figuré un saint Christophe. Nous connaissons la décoration des murs et de la voûte des chapelles du pourtour du chœur; enfin, nous avons encore sous les yeux les restes — détériorés, sans doute, mais combien vivants dans leur coloris toujours brillant ! — de la sainte Dorothée, du saint Alexis et du saint Jean qui décorent les entrecolonnements des arcatures derrière l'autel de sainte Anne.

C'est dans le même esprit de prédilection pour tout ce qui pouvait contribuer au chatoiement des couleurs, que les chanoines conservèrent au-dessus de leurs stalles, les blasons que les chevaliers de la Toison d'or y avaient placés en 1491, qu'ils faisaient suspendre au chœur et dans le transept les bannières peintes que Van Battel fut appelé à restaurer en 1517-1518 (2); c'est encore la tendance au brillant du coloris qui domine dans les autels et les statues.

En effet, la piété des fidèles et le concours généreux des corporations avaient enrichi, nous dirions volontiers encombré l'église, d'un nombre considérable d'autels et de statues.

---

(1) Le chan. G. VAN CASTER, — *Bull. des Comm. royales d'Art et d'Arch.*, 1903, — assure avoir vu les dernières traces de ces peintures. Nous nous demandons toutefois si le docte archéologue ne fait pas erreur dans ses souvenirs, en rapportant à l'église Saint-Rombaut des peintures qu'on rencontre encore en plusieurs églises. Ce qui nous amène à le penser, est un passage du compte de la Fabrique de 1774-1783, f° 16 : « Betaelt aen den selven by aenneminge van het besetten der pilaeren in den grooten beuck tot vyff gulden den pilaer en voordere daghueren by 8 specificatien ende quitantie... 125 g. 4 s. 3 d. » Le prix semble indiquer qu'il ne s'agit pas d'une simple restauration de quelques parties détériorées, mais d'un travail complet de crépissage.

(2) EMM. NEEFFS, *Hist. de la peinture*, t. I, p. 138.

En 1580, au moment de la dévastation du temple, on ne comptait pas moins de quarante-trois autels dans l'église.

Cette surabondance d'autels s'explique par la fondation des chapellenies qui, pour la plupart, avaient chacune leur autel particulier et leurs ornements sacerdotaux à l'usage exclusif du titulaire. Elle trouve sa raison d'être également dans la dévotion des corporations. Toutes ou presque toutes, si elles ne possédaient pas une chapelle à eux, comme les forgerons, les bouchers, les portefaix, tenaient au moins à se réserver, dans l'une ou l'autre église, un autel, qu'elles entretenaient à leurs frais et auquel elles faisaient célébrer leurs offices.

Il arrivait assez fréquemment, cependant, qu'une chapellenie fut fondée à un autel déjà existant, soit sous le même, soit sous un autre vocable. Dans le premier cas, la nouvelle chapellenie était appelée de 2de ou de 3e fondation. De même, les corporations moins riches se contentaient souvent de solliciter la faveur de célébrer leurs offices annuels à un autel appartenant à quelque chapellenie (1).

Dans un livre censier de l'année 1525 (2), nous trouvons l'indication des corporations qui, à cette date, faisaient célébrer leurs offices à Saint-Rombaut. Elles étaient au nombre de vingt. C'étaient d'abord, les serments des Archers ou de saint Sébastien, de l'ancienne Arbalète ou de saint Georges, des Arquebusiers ou de saint Christophe, des Escrimeurs ou de saint Lambert; ensuite, les métiers des Boulangers, des Brasseurs, des Chapeliers, des Merciers, des Épiciers ou Vettewariers (3), des Tailleurs, des Pelletiers, des

---

(1) C'est qu'en effet la possession d'un autel propre imposait à la corporation non seulement l'obligation d'entretenir et de décorer l'autel, de pourvoir aux ornements sacerdotaux, mais obligeait, de plus, les confrères à payer un cens annuel au Chapitre, en rédemption des oblations faites à leur autel, et à faire dire plusieurs messes basses par semaine en dehors des offices solennels. En 1525, le cens qui primitivement s'élevait parfois jusque huit sous, était de deux, parfois de trois sous, et encore cette somme était-elle au-dessus des ressources de certains métiers, tels que ceux des Gantiers. — AC, Arm. I, cas. 16, *Annotata ex reg. actorum capituli* 1538-1552; — le nombre de messes basses généralement était fixé à quatre.

(2) AC, Livre censier de 1525 : *Dits den chijs aengaende den heeren vander capittele Sinte-Rombouts te Mechelen, beghinnende a° xve viventwintich*, f° 39 v°.

(3) Les vette waren ou marchandises grasses étaient l'huile, le beurre, le fromage et les chandelles.

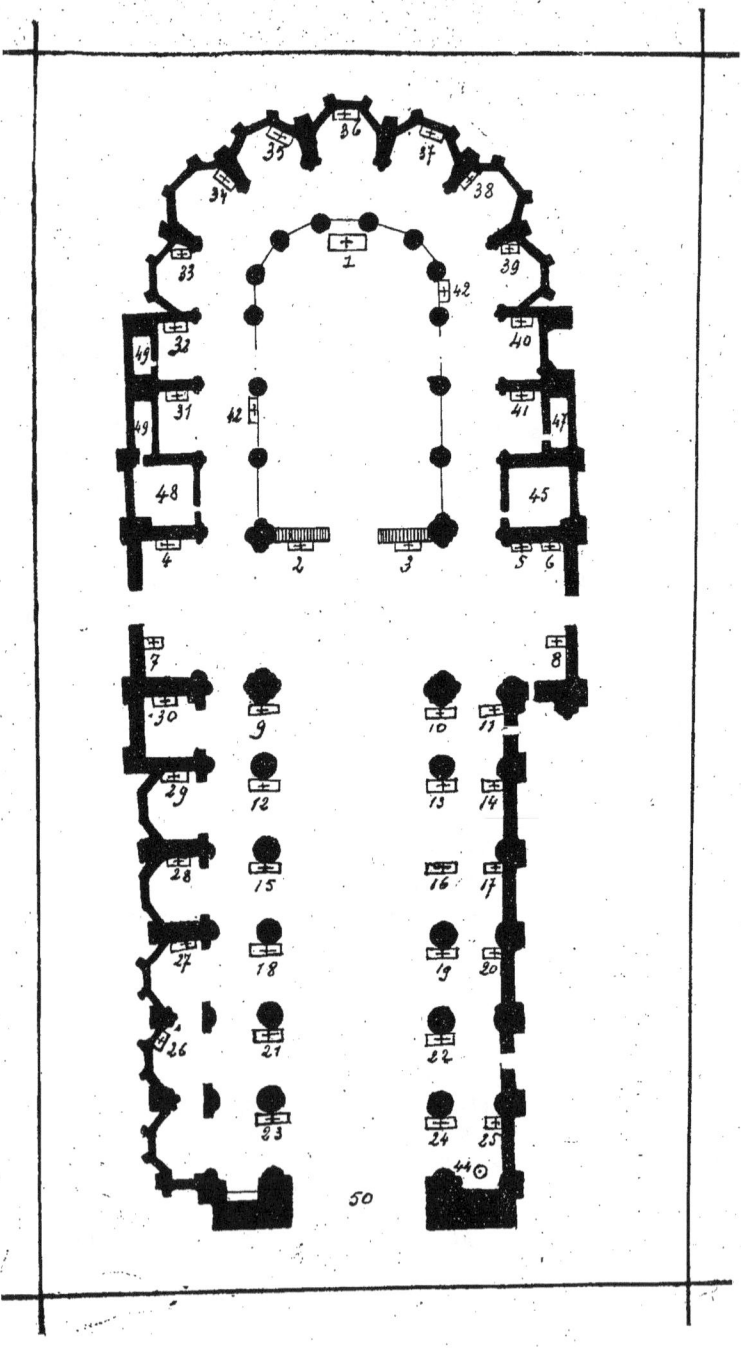

Plan terrier de Saint-Rombaut (1550)

LÉGENDE :

1. Autel majeur; chapellenie des Ames.
2. Autel Saint-Rombaut; chap. de l'Annonciation.
3. Autel Sainte-Marie-Madeleine.
4. Autel des saints Jean et Nicolas et des saints Gommaire et Gudule.
5. Autel Saint-Jacques.
6. Autel Sainte-Marguerite.
7. Autel Saint-Antoine.
8. Autel des Rois Mages.
9. Autel de N.-D. et saint Rombaut; 2me messe nationale; 1re messe nationale, 1re et 2e fondation.
10. Autel Saint-Lambert, 1re, 2e et 3e fondation.
11. Autel Saint-Laurent.
12. Autel de la Ste-Croix, 1re fondation, et de N.-D. et sainte Barbe.
13. Autel Sainte-Catherine, 1re et 2e fondation.
14. Autel des saints Jean, Gudule et André.
15. Autel Sainte-Gudule.
16. Autel Saint-Quérin ou de la Ste-Croix de 1re et 2e fondation.
17. Autel des saints Josse et Daniel.
18. Autel Saint-Michel, 1re et 2e fondation.
19. Autel Saint-Nicaise.
20. Autel Sainte-Anne.
21. Autel des saints Jean-Baptiste et Barbe.
22. Autel Saint-Luc.
23. Autel des saints Anne et Joseph.
24. Autel des Quatre Couronnés.
25. Autel Saint-Ewald.
26. Autel Saint-Gommaire.
27. Autel Saint-Jean l'Évangéliste.
28. Autel des Sept Dormants.
29. Chapelle de N.-D. de la Visitation, 1re et 2e fond., chapellenie Wyts.
30. Autel des Douleurs de la Vierge, 1re et 2e fondation.
31. Chapellenie des Douleurs de la Vierge, sans revenus, de 1re fond., autre chapellenie des Douleurs de la Vierge.
32. Autel des saints Arnulphe et Arnold.
33. Autel Saint-Jacques le Mineur.
34. Autel des saints Pierre et Paul, 1re et 2^e fondation.
35. Autel de sainte Marie-Madeleine.
36. Chapelle de N.-D. ou des Zellariens.
37. Chapelle des saints Georges, Egide et Catherine.
38. Autel Saint-Sauveur.
39. Autel des saints Macaire et Antoine.
40. Autel de N.-D. et saint Georges, ou de Schoonjans.
41. Autel de N.-D. et saint Jean-Baptiste, 1re fond.; de N.-D. des Lombards et des saints Pierre et Lambert.
42. Autel Saint-Corneille.
43. Autel des saints Jérôme et Dorothée.
44. Fonts baptismaux.
45. Grande sacristie.
46. Petite sacristie.
47. Dépôt des ornements.
48. Salle du Chapitre.
49. Dépendance de la salle du Chapitre [*Dépôt des archives*].
50. Entrée de l'église.

Fripiers, des Cordonniers, des Maçons, des Peintres et Sculpteurs, des Charpentiers (1), des Gantiers, des Menuisiers; c'était enfin la Chambre de rhétorique de Pioene (2).

Un certain nombre d'autels étaient placés dans les chapelles, d'autres se trouvaient adossés contre les colonnes de la grande nef, qui toutes étaient ornées de cette manière, ou s'appuyaient contre le mur du collatéral Sud, et avant 1502, soit avant la construction des chapelles du bas-côté Nord, contre le mur de clôture de cette partie de l'église.

Les renseignements que nous possédons se rapportent en général aux chapellenies dont les autels étaient dotés et aux services religieux que les corporations y faisaient célébrer, mais nous permettent rarement de juger de leur ornementation. Pour autant, cependant, que de rares textes, glanés çà et là autorisent une conclusion, peut-être trop généralisée, la plupart de ces autels étaient décorés d'un retable peint ou sculpté et polychromé, et munis d'un thuyn ou clôture.

Nous savons, notamment, que la chambre de rhétorique de Pioene, qui possédait l'autel Sainte-Anne, l'avant-dernier des autels du collatéral Sud, obtint, le 15 février 1510, l'autorisation de placer un tronc, en vue de réunir les ressources nécessaires pour l'acquisition d'un retable à panneaux peints, dont les confrères soumirent le projet au Chapitre (3). Les Cordonniers aussi avaient un retable peint (4); les Maçons un retable doré et sculpté, représentant la Circoncision. Cet autel, de plus, était entouré d'une clôture (5). L'autel de Notre-Dame, au transept Nord, après avoir été orné d'un retable sculpté, enlevé par les Zellariens vers l'année 1400, était surmonté, en 1580, d'un retable à volets peints, dont le panneau central était orné d'une statue de la Vierge, revêtue d'un ample manteau en étoffe de prix (6). Les Pelletiers avaient sur leur autel une

---

(1) AC, *Acta*, reg. I, f° 188 v°.
(2) V. de plus amples détails sur ces différentes corporations et leur autel, ci-après chap. IV, §§ 4 à 6.
(3) Cf. ci-après Chap. IV, § 5.
(4) Cf. ci-après Chap. IV, § 4.
(5) Cf. ci-après Chap. IV, § 2.
(6) Cf. ci-après Chap. IV, § 2 et § 3, n° 2.

statue de saint Jean-Baptiste (1); l'autel des Peintres, était doté du superbe tableau représentant saint Luc peignant la Sainte Vierge que l'archiduc Mathias s'appropria en 1580 (2); enfin la chapelle des Zellariens, dans le déambulatoire, était munie, en 1411, du retable polychromé et doré provenant de l'autel *in novo opere*. Ce retable fut remplacé en 1509 par un tryptique, acheté à Anvers, et dont le panneau central était également sculpté et doré et les volets peints (3).

Malheureusement, si nous pouvons constater l'existence de ces retables, nous ne sommes que fort peu renseignés sur leur aspect et sur leur valeur artistique.

Il en est de même des statues qui décoraient l'église; celles-ci devaient être fort nombreuses. En Italie et en Autriche, la mode existe toujours de placer devant l'image du retable une seconde statue ou un second tableau de proportions moindres, représentant un autre Saint. Il est assez probable qu'une pratique semblable fut également en honneur à Saint-Rombaut. Du moins nous savons qu'après 1586, l'autel de saint Jérôme, sous le jubé, était orné, en même temps que d'un retable peint, d'une statue du patron des Chapeliers (4). Les confréries et les corporations tenaient d'ailleurs à orner leur chapelle des statues de tous leurs saints Patrons. Lorsque le 6 septembre 1478 les Merciers obtinrent du Chapitre l'usage d'une chapelle particulière, nous les voyons y transporter aussitôt un retable peint et cinq statues (5). La même surabondance se manifeste sur les colonnes de la grande nef, qui portaient, en dehors des figures peintes des apôtres (6), également les statues sculptées en bois et polychromées de ces mêmes saints (7).

Ajoutez à cet encombrement d'autels et de statues, les clôtures qui entouraient les autels et fermaient les chapelles (1), les *epitaphia* ou tryptiques ornés d'inscriptions, que les familles placèrent volon-

---

(1) Cf. ci-après Chap. IV, § 5.
(2) Cf. ci-après Chap. IV, § 3, n° 2.
(3) Cf. ci-après Chap. IV, § 3, n° 2.
(4) Cf. ci-après Chap. IV, § 1, n° 1.
(5) Cf. ci-après Chap. IV, § 3, n° 2.
(6) V. p. 120, note 1.
(7) Les statues, dit-on, furent brûlées par les Iconoclastes de 1580, dans une brasserie de la rue de Beffer.

tiers dans l'église, en souvenir de leurs morts, les mausolées, notamment ceux des Berthout, de Vranx van Halen, du conseiller de Roubaix, polychromés, au moins celui de Vranx van Halen, et décoré de bannières peintes, les lampes et couronnes de lumière placées devant les autels, les chandeliers en laiton surmontant la clôture du chœur, les drapeaux appendus dans les transepts; ajoutez-y aussi les coffres et bahuts, destinés à renfermer les ornements liturgiques et placés auprès des autels (2); ajoutez enfin à tous ces objets les dais, les courtines et les tapisseries à figures de Saints, qui, au témoignage de la visite des chapellenies de 1550, étaient suspendus auprès de presque chaque autel, ainsi que les bières couvertes de leur drap mortuaire, qui demeuraient placés sur les tombes pendant un mois ou six semaines (3), et on se rendra compte que l'aspect de l'église métropolitaine à la fin de la première période, devait être bien différent de celui qu'offre aujourd'hui le vide désolant des vastes nefs et la nudité miséreuse des murs blanchis au lait de chaux.

Une première fois, les pillards espagnols de 1572 s'attaquèrent à l'église, et dépouillèrent notamment l'autel de la Vierge dans le transept.

Leurs méfaits, cependant, paraissent bien anodins, quand on les compare aux ravages exercés par les Anglais et les Hollandais en 1580.

En 1585, il ne resta dans l'église Saint-Rombaut que d'informes débris de tout le riche mobilier que le XVe siècle et la brillante époque de Marguerite d'Autriche et du séjour de la Cour à Malines y avaient accumulé.

---

(1) Vers 1540, le Chapitre défendit de placer ces clôtures sans son assentiment. — AC, Arm. I, cas. 16, *Annotata ex reg. actorum Capituli*, 1538-1552.

(2) Les armoires à côté des autels dans les chapelles, telles qu'on les trouve dans beaucoup d'églises, ne se rencontrent pas à Saint-Rombaut; d'autre part, les comptes, notamment ceux de la confrérie du Saint-Sacrement, font souvent mention de coffres et d'armoires placés soit à la sacristie, soit dans l'église même.

(3) Ces bières, placées sur la tombe elle-même, certes n'étaient pas à demeure, mais vu l'habitude d'enterrer dans les églises, il y aura eu peu de jours dans l'année sans que dans un endroit ou l'autre on n'en ait trouvées. — Cf. AC, Arm. I, casier 17, Farde : *Fossores, Ordonnancie over de rechten der grafmaekers*, 13 nov. 1599. Le fossoyeur avait droit au poêle.

A leur retour en ville, après un exil de cinq années, les chanoines trouvèrent le sol jonché de décombres (1), les ornements et objets de valeur avaient été volés, les statues enlevées ou mutilées, les autels, suivant l'énergique expression de la requête adressée en 1585 au Chapitre par le métier des Maçons, « geruineert ende te gronde vernielt »; la pluie pénétrait de toute part par le toit défoncé et par les vitres brisées.

Nous avons parlé ci-devant de la restauration de l'édifice, disons un mot du nouveau mobilier.

Comme c'étaient les autels et les images saintes qui avaient souffert davantage, ce fut à relever les uns et à remplacer les autres qu'on s'attacha tout d'abord.

En 1595, Philippe de Save plaça un saint Rombaut contre le pilier sous la tour (2), en 1603-1604, Corneille Ferremans polychroma cinq statues (3); en 1604-1605, le sculpteur Jean Van Doren livra une sainte Agnès, un saint Jérôme, une sainte Véronique; le même sculpteur restaura une statue de sainte Anne et livra trois statues pour décorer le portail méridional (4); en 1617, on paya à Antoine Van Auwen, 60 florins pour huit statues nouvelles et 51 fl. 10 sols pour la polychromie « het stoffeeren » de sept statues (5); en 1621, Liévin Van Eeghem toucha cent florins pour cinq statues destinées aux fonts baptismaux (6). C'étaient les figures du Christ et des quatre Évangélistes que Nicolas Toussyn cira en 1692 (7).

La plupart de ces statues et d'autres encore (8), dont nous parlent les sources, que nous aurons l'occasion de signaler au chapitre

---

(1) Le compte de l'année 1585 renseigne plusieurs dépenses pour l'enlèvement des décombres.

(2) Cette statue lui fut payée 5 florins. — EMM. NEEFFS, *Hist. de la Peinture*, t. II, p. 144.

(3) AF, *Comptes de la Fabrique*, 1602-1604, f° 12 v°.

(4) IBIDEM, 1604-1605, f° 16-18.

(5) IBIDEM, 1617, f° 21.

(6) IBIDEM, 1621, f° 27 v°.

(7) IBIDEM, 1692, f° 60.

(8) Le compte de 1697-1700, f° 37, signale notamment une dépense de 9 fl. « voor het versilveren ende vergulden van het beldt van Ste Rombaut ». Le nom du décorateur, Nicolas Toussyn, montre qu'il ne peut s'agir ici du buste en métal, œuvre de Joachin Meyer. — Cf. Livre Ier, chap. II; t. I, p. 4.

suivant, furent, comme l'indiquent les comptes, dorées et polychromées d'après les traditions du xve siècle.

C'est qu'en effet, — il est assez intéressant de le constater, — pendant un certain temps encore, les préférences anciennes pour la décoration aux couleurs multiples et voyantes persista. Les marguilliers poussèrent même leurs goûts pour ce genre d'ornementation à un degré qui rallierait difficilement aujourd'hui les suffrages des plus enthousiastes partisans de l'esthétique du moyen âge. C'est ainsi que, jusque vers l'année 1600, deux fois par an, lors des expositions des reliques de saint Rombaut, on suspendait au-dessus de l'autel érigé à cette occasion, une couronne de fleurs en papier, un « rozenhoed » (1); de même, aux grandes fêtes, on décorait la nef de plusieurs couronnes formées de cercles en bois, qu'on achetait chez des brasseurs, et auxquels on attachait, découpés dans du papier bleu et blanc, des « auwelen », ou hosties, « kelcken ende ciborien ende ander' chiraten » (2).

Dans leur œuvre de pieuse restauration, les marguilliers furent activement secondés par les métiers de la ville, par les confréries, voire même par des particuliers.

La Ville venait à peine de rentrer sous l'obéissance du roi, le 24 juillet 1585, que déjà le 9 août se présentèrent devant le Chapitre, Gaspar Van Lovene, Pierre Van den Eynde, Henri Ghooris, au nom de Pierre De Castere, doyen des Boulangers. Ils offrirent de faire restaurer l'autel que le métier possédait d'ancienne date dans le pourtour du chœur, et s'engagèrent à y faire dire deux messes par semaine, aux frais de la corporation (3).

Peu de jours après, le 16 du même mois, les Vettewariers font une proposition semblable et s'engagent à restaurer l'autel du Saint-Sauveur (4).

Le même jour que les Vettewariers, les proviseurs de la confrérie du Saint-Sacrement, qui avaient eu jusque là leur autel dans la chapelle des saints apôtres Pierre et Paul, dans le pourtour du chœur,

---

(1) Ibidem, 1594-1597, f° 31.
(2) Ibidem, 1594-1597, f° 29 v°; f° 36; f° 42. — V. également l'inventaire des objets appartenant à l'autel des peintres à Sainte-Catherine, ci-après chap. IV, § 3, n° 2.
(3) AC, *Acta*, reg. II, f° 33.
(4) AC, *Acta*, reg. II, f° 34.

obtinrent l'usage de celle des Gantiers, et s'engagèrent à leur tour à renouveler le mobilier détruit.

Le 29, ce furent les Maçons qui demandèrent à rétablir leur autel, non plus, il est vrai, dans le collatéral, mais au transept, en remplacement de l'autel détruit de saint Jacques (1).

Les Cordonniers également obtinrent l'ancienne chapelle des Chevaliers de Jérusalem et, à l'effet d'orner leur autel, contractèrent une dette pour dégager leur tableau (2).

D'autres métiers encore, les Brasseurs, les Merciers, les serments et les confréries, celle notamment de Notre-Dame de Cambrai, restaurèrent leurs autels et les ornèrent d'œuvres d'art. Des dons plus modestes, mais agréés avec reconnaissance, vinrent s'ajouter à ces généreuses initiatives; c'est ainsi, par exemple, que les Bouchers, qui avaient leur chapelle particulière dans la halle aux viandes (3), offrirent néanmoins une statue de la Vierge, destinée au calvaire qui surmontait la clôture du chœur.

Parmi les particuliers, Claude Longin s'engagea à restaurer l'ancienne chapelle du Saint-Sacrement, dans le pourtour du chœur; il promit d'y construire un nouvel autel et de le doter des ornements nécessaires (4).

---

(1) AC, *Acta*, reg. II, f° 36. « Ten selven dage ter ootmoediger beden van den dekens ende overmans van den metsers ambachte, wyens altaer bij de Geussen in den ommeganck van den beuck geruineert ende te gronde vernielt was, hebben de Eerw. Heeren Deken ende Capitele den voorn. ambachte toegelaten ende geaccordeert de plaetse daer sinte Jacops altaer gestaen heeft ghadt, omme aldaer eenen nyeuwen altaer te mogen oprechten, te verchieren van beelden ende andere chyraten daer toe behorende... Soe sullen zijlieden thunnen coste ende laste de capelle verheffe naer de correspondentie van de capelle van Onse Lieve Vrouw van Cameryck op dander zijde staende ».

(2) AC, *Acta*, reg. II, f° 37 v°.

(3) La halle aux viandes ou maison des bouchers était située aux Bailles-de-Fer; dans ces derniers temps, l'étage était occupé par le musée d'antiquités malinoises appartenant à M. Fr. De Blauw. La maison subsista jusqu'en 1914, lorsque, plusieurs jours après leur entrée à Malines, les Allemands y mirent le feu.

(4) Ibidem, f° 35 v°. « Veneris mensis VI septembris 1585. Domini de capitulo concesserunt et annuerunt Dno magistro Claudio Longin, presbytero, iurium licentiato, eorum confratri, usum capellae et altaris quondam venerabilis Sacramenti sub invocatione Sanctorum Petri et Pauli ac Martini in ambitu chori, et hoc ad illum finem et sub onere quod eandem capellam et altare reparabit, aptabit et ibidem pro devotione sua missas celebrabit, sedem confessionis habebit, ornamenta capellae et altaris procurabit prout sibi ex devotione ad ornatum ecclesiae expedire videbitur, quod suo arbitrio relinquitur ».

Toutefois, une partie des travaux exécutés en 1585 et pendant les années qui suivirent immédiatement eurent un caractère provisoire. La valeur du mobilier nouveau se ressentait trop de la hâte avec laquelle il avait fallu remettre l'église en état afin d'y reprendre les offices, et aussi de la modicité des ressources, pour qu'il pût être considéré comme définitif. D'ailleurs, ce mobilier fut construit dans le goût de l'époque antérieure, dès lors, il ne tarda pas à ne plus répondre aux tendances nouvelles nées sous l'influence de l'art de Rubens et de son école.

Aussi, dès que les grosses réparations à l'édifice furent terminées et que les moyens financiers le permirent, les marguilliers se mirent en devoir de remplacer les meubles existants les plus en vue par des œuvres qui répondaient mieux à l'idéal artistique nouveau, et qui, en même temps, par la valeur des matériaux et le fini de l'exécution, parurent mieux en rapport avec la majesté du temple qu'elles furent appelées à décorer.

La première modification de quelqu' importance fut le remplacement, commencé en 1629, des dix statues d'apôtres que l'on s'était procuré après 1585, par les puissantes figures en pierre blanche qui, aujourd'hui encore, sont placées contre les colonnes de la grande nef. Peu après, en 1631, la chapelle du Saint-Sacrement fut dotée du premier autel dans le goût rubénien, avec tableau du maître de l'école anversoise. Dans la seconde moitié du xvij^e siècle, l'archevêque André Cruesen fit don du maître-autel en marbre; en 1670, l'ancien jubé fut démoli et remplacé par une clôture dans le même style; en 1679, la clôture fut prolongée devant l'entrée du pourtour du chœur; en 1666 et 1679, on plaça la balustrade derrière le maître-autel et celle qui jadis surmontait les stalles des chanoines. En 1680, l'archevêque de Berghes fit enlever les deux autels qui ornaient les premières colonnes de la grande nef (1); enfin en 1698, on construisit les autels en marbre du transept, et en 1714 et 1715, les nouveaux portails intérieurs, du côté de la grand' place et du côté du cimetière.

---

(1) Cet enlèvement suscita, semble-t-il, de telles réclamations, que les chanoines de Saint-Pierre de Louvain, en demandant en 1695 l'autorisation d'enlever, eux aussi, les autels appuyés contre les colonnes de la grande nef, crurent nécessaire d'assurer l'Archevêque qu'il n'y aurait ni récriminations, ni opposition, comme à Malines. AA, *Parochiala*, Louvain, St-Pierre, mobilier, lettre du Chap. du 13 avril 1695, *orig*.

En même temps, les fidèles ornèrent les murs de nombreuses épithaphes, en marbre avec statue, ou sous forme de tryptiques peints, et on suspendit, un peu partout dans l'église, des obits ou blasons funéraires en grand nombre.

Vers le milieu du xvij^e siècle également, lors de la conquête du Brabant septentrional par les troupes des États-Généraux de la République des Provinces-Unies et l'asservissement des Catholiques par les Protestants du Nord, le clergé de Bois-le-Duc confia au Chapitre de Malines ses *jocalia,* ses objets en orfèvrerie et de nombreuses œuvres d'art, parmi lesquelles un tableau de Blommaert, qui fut placé à la chapelle paroissiale, et deux grandes figures en bronze, un Roi David et un Moïse, qui furent déposées, la première au chœur, la seconde dans la grande nef (1).

Tant par nécessité, à raison du mauvais état de la décoration ancienne des murs, que sous l'impulsion des aspirations esthétiques de l'époque, les membres du Conseil de Fabrique firent enduire de lait de chaux les colonnes et les murs de l'église. Dès l'année 1585, nous relevons le badigeonnage de certaines parties, des voûtes d'abord, qu'on venait de restaurer et qui avaient souffert de l'infiltration des eaux. En 1609-1615, un travail plus général fut entrepris néanmoins, certaines parties furent encore épargnées. Ce n'est qu'en 1654 que les marguilliers mirent en adjudication un travail complet de crépissage, qui devait s'étendre à toutes les parties de l'édifice, à la seule exception des chapelles occupées par des corporations (2). Les proviseurs de plusieurs d'entre elles, d'ailleurs, de celles des Vettewariers, des Arquebusiers, de Schoonjans, de Sainte-Anne et de la Sainte-Trinité, s'empressèrent de suivre l'exemple des marguilliers (3).

---

(1) V. la nomenclature des objets et divers actes concernant ce dépôt, *Grand Cartulaire*, reg. II, p. 348.

(2) Les conditions portèrent : « In den iersten salmen de geheele kercke, soo choore, cruyschoore, beucke, affhangen, ommeganck ende alle de capellen portaelen buyten de kercke ende allen hetgene eertyts gewit is geweest, mitsgaders allen de geschilderde cruycen sullen de aenveerders moeten behoorlyck vuytwitten als van gelycken allen het grausel ende swertsel bouen ende achter de apostelen, taefferielen en allen de geschilderde plaetsen andersints... » — AF, Coll. D. C., farde B 1, orig. 1654. — Les adjudicataires furent Lambert Aegels et J.-B. Vermeulen. Déjà en 1602-1603, la Fabrique avait fait disparaître la décoration polychrome des colonnes de la nef. — AF, Comptes, 1602-1603, f° 11°.

(3) AF, Comptes, 1697-1700, f° 34.

Sans doute, dans les dernières années du xvije siècle, l'aspect de l'intérieur de Saint-Rombaut était bien différent de celui que l'antique basilique présentait deux siècles plus tôt, et le principe même de la décoration avait subi une complète évolution depuis 1580; néanmoins, quelles que peuvent être nos préférences, il y aurait autant d'ingratitude que de sotte vanité d'en faire un grief aux donateurs généreux qui commandèrent le mobilier nouveau ou aux artistes de talent qui le conçurent et l'exécutèrent (1).

D'ailleurs, après les méfaits dûs au mauvais goût de la seconde moitié du xviije siècle, et après les regrettables excès du xixe, on serait mal venu de vouloir juger encore aujourd'hui de l'aspect et de la valeur artistique de la Métropole aux xvije et xviije siècles. Pour se faire une idée de l'église Saint-Rombaut à cette époque, il faut se reporter à quelqu'une des rares églises, gothiques dans leur bâtisse, mais dotées d'un mobilier du xvije siècle, qui n'ont subi que très accidentellement les injures des modernes gothicisants, telle, par exemple, l'ancienne collégiale de Saint-Jacques à Anvers, toujours belle, malgré quelques statues et quelques vitraux récents qui la déparent et en rompent l'harmonieuse unité.

C'est de l'année 1765 que date la première atteinte au bel ensemble que présentait l'église. En cette année, en effet, malgré les protestations du Chapitre, les Zellariens, à l'occasion du vje centenaire de leur fondation, démolirent l'autel du xvje siècle, dans la chapelle absidale, enlevèrent, pour le vendre, un tableau peint par Michel Coxie, et construisirent un retable nouveau, en marbre blanc, dans le goût douteux de cette époque de décadence artistique. Commis dans une chapelle écartée, le méfait, à la rigueur, pouvait presque passer inaperçu; il n'en fut malheureusement pas de même des travaux entrepris dix années plus tard.

Nous avons dit dans notre première partie, le faste avec lequel, en 1775, la population malinoise célébra le millénaire de la mort de saint Rombaut. A l'église aussi, les marguilliers, d'accord avec le Chapitre, décidèrent d'entourer d'un éclat inusité les solennités

---

(1) Seuls, semble-t-il, les confessionnaux furent négligés. Les 20 florins qu'on paya à Matthieu Leumes et à Corneille Zoetemans pour ceux qu'ils placèrent, en 1630, dans les chapelles des Merciers et des Vettewariers ne donnent pas une haute idée de la valeur artistique de ces objets.

religieuses, et de donner, à cette fin, au temple lui-même, des atours de fête.

Toutefois, au lieu d'exécuter quelques travaux réclamés depuis longtemps et de se contenter, pour le reste, d'une ornementation temporaire, comme lors du jubilé précédent, en 1680 (1), on résolut de corriger l'austère beauté des nefs, en accolant aux murs des guirlandes et des statues allégoriques en bois, destinées à demeurer en place après la clôture des fêtes jubilaires (2). Les sculptures exécutées par l'artiste malinois Pierre Valckx, furent, de fait, maintenues jusqu'en 1845.

Une vue de cette décoration, plutôt malheureuse, nous a été conservée par un tableau offert par le cardinal de Franckenberg, représentant l'intérieur de Saint-Rombaut en 1775, par une gravure de J. Hunin de 1821, par une gravure, de 1830, due à John Lee, d'après un dessin de C. Weld, ainsi que par le projet original dessiné par P. Valckx et conservé aux Archives de la ville.

De nombreux autres travaux furent exécutés à la même occasion. On enleva, notamment, plusieurs bancs à l'usage des proviseurs des pauvres ou de ceux de plusieurs confréries, qui encombraient l'église; on restaura l'ossature des fenêtres, on décrépit certains murs et on badigeonna à nouveau l'église; les chanoines aussi remplacèrent leurs anciennes stalles et les marguilliers la chaire de vérité.

Malheureusement, ces travaux n'allèrent pas sans porter atteinte à plusieurs œuvres d'art et sans faire disparaître des souvenirs qui auraient mérité un meilleur sort.

Pour établir une certaine harmonie entre les éléments constructifs de l'édifice gothique et les cariatides et ornements en bois blanc accrochés au-dessus des arcades de la grande nef, on coupa les crochets ou feuilles enroulées du xiij^e siècle qui ornaient la corbeille des chapiteaux, et on affubla ceux-ci d'une décoration pseudo-classique (3).

---

(1) Cf. *Beschryvinge der negen-hondertjarige jubelfeesten van den H. Rombout, geviert in het jaer 1680*. Malines, Van der Elst, 1774. On se contenta, en 1680, de festons de verdure naturelle, entrelacés de grappes de raisins en cire.

(2) AC, Arm. I, casier 4, contrat original du 17 nov. 1770. — V. aussi AF, *Comptes de la Fabrique*, 1774-1783, f° 17. L'ensemble des travaux exécutés par P. Valckx revint à 4931 fl. 6 s.

(3) V. ci-dessus chap. II, § 1, p. 81.

Par une mesure qui lésait également les droits acquis des familles (1) et les intérêts de l'art et de l'histoire, les marguilliers firent enlever les épitaphes et les blasons funéraires (2), dont l'effet décoratif ne fut qu'imparfaitement compensé par une série de dix-huit grandes toiles représentant des épisodes de la vie de saint Rombaut (3).

Enfin, le renouvellement des fenêtres fit disparaître en grande partie ce qui restait encore des vitraux anciens (4). En ce qui concerne ce dernier travail, gardons-nous, cependant, de juger les marguilliers avec une sévérité qui pourrait ne pas être exempte d'injustice. En parcourant les comptes de la Fabrique, on est frappé des incessantes réparations que réclamaient les fenêtres. Les restaurations nécessaires, de plus, donnèrent lieu à des difficultés sans cesse renaissantes entre les marguilliers et les corporations qui, les uns comme les autres, s'efforçaient d'échapper à des charges d'entretien devenues trop onéreuses (5). Enfin, si le vitrail aux multiples couleurs est le complément nécessaire du mobilier gothique, suivant le principe que nous avons rappelé ci-dessus, le mobilier en marbre du xvij^e et du xviij^e siècle réclame une lumière plus abondante et plus uniforme.

Mûs par un zèle tout aussi sincère que leurs devanciers du xvij^e siècle, les marguilliers des premières années du xixe eurent la main moins heureuse que leurs prédécesseurs.

---

(1) La famille, en effet, acquittait, du chef d'un blason funéraire, un droit de 6 fl. au profit de la Fabrique. — AC, *Acta*, reg. VII, f° 176, 19 sept. 1636.

(2) La Fabrique fit consigner les dessins et les inscriptions de ces blasons dans un registre intitulé : « Copye van de Lyck-Blazoenen en Epitaphien alwaer wapenschilden op bevonden syn... dewelcke alsnu syn hangende op een camer boven de kercke ». — Cf. G. VAN CASTER, *Les anciens blasons funéraires de l'église St-Rombaut*, extrait du *Bulletin du Cercle Archéologique*, t. II, pp. 17 et ss.; l'auteur se servit des gravures parues au t. VIII des *Graf- en Gedenkschriften*.

(3) V. Ire Partie, chap. III, § 4; t. I, pp. 134 et ss.

(4) En 1849, il restait encore, des anciens vitraux, celui de la chapelle des Escrimeurs, une balance dans celui de la chapelle des Merciers et une figure de la Vierge dans la fenêtre d'une chapelle qui n'est pas spécifiée dans le Rapport auquel nous empruntons ce détail. AF^2, Description du mobilier, rapport du 13 février 1849.

(5) Toutefois, les Boulangers, les Cordonniers, les Merciers, les Vettewariers et les quatre serments, ainsi que les Zellariens, supportèrent encore leur part dans les frais de renouvellement du vitrage en 1774. — AF, Comptes de la Fabrique, 1774-1783, f° 15.

Lorsqu'après la conclusion du Concordat, qui fut proclamé à Malines le 25 avril 1802, l'autorité légitime reprit possession de l'église, elle put constater que le mobilier avait peu souffert durant les années de deuil qui venaient de finir. L'archiprêtre Huleu, en effet, qui eut la faiblesse de prêter le serment exigé par la République, obtint du gouvernement l'usage de la Métropole, fermée le 9 octobre 1797 (1), et en prit possession dès le 14 janvier de l'année suivante.

Une solution aussi prompte sauva la presque totalité du mobilier. Seuls, les écussons avaient été enlevés ou mutilés et le tableau de Rubens, de la chapelle du Saint-Sacrement, enlevé par le vainqueur et transporté en France.

Néanmoins, le manque de ressources et le défaut d'une organisation régulière furent cause que l'église prit rapidement un aspect de dépérissement et de ruine. Le grand nombre d'autels qui avant l'occupation française constituaient une richesse d'ornementation pour l'édifice, abandonnés maintenant par les corporations et les confréries qui jadis en prenaient soin, ou par les bénéficiers qui les desservaient, contribuèrent à faire naître une impression de triste délabrement.

Ajoutons à ces causes les infiltrations d'eau causées par le mauvais état des toitures, et on s'expliquera le geste des premiers marguilliers, qui n'hésitèrent pas à sacrifier la majeure partie des autels existants et à faire argent de tout ce qui n'était pas indispensable au service du culte, pour obtenir les ressources nécessaires à la mise en état de l'édifice.

Une église propre semble avoir été l'ultime idéal des hommes de 1802.

Déjà avant la constitution d'un conseil de Fabrique régulier, le 2 mars 1804, ceux qui prirent en mains l'aménagement intérieur de la Métropole commencèrent l'œuvre que, pendant un demi-siècle, leurs successeurs poursuivirent avec une pieuse mais déplorable ténacité. Cette œuvre fut une œuvre de zèle et de bonne volonté, nous n'en disconvenons pas, mais hélas! aussi et avant tout, une œuvre de démolition et de dégradation.

---

(1) C'est la date de la remise des clés au pouvoir civil. Les offices avaient cessé quelques jours auparavant.

Les marguilliers de 1804 (1), à leur première séance (2), décidèrent la vente de tous les vieux cuivres hors d'usage, « dont, dit le procès-verbal, le produit servira aux embellissements et réparations à faire dans la Métropole ». C'était le 4 avril. Le 10 juin de l'année suivante, on décida la vente de quatre chandeliers en cuivre, « pour le produit en être versé au fonds destiné à faire blanchir l'église ». Le 24 du même mois, on aliéna les chandeliers des petits autels ainsi que la balustrade d'une des chapelles rayonnantes ; le 17 août, tout un lot d'objets y passa : deux calices, un ostensoir d'argent, provenant de la succession de l'archevêque Hovius, « quelques vieux cuivres », quatre chandeliers en étain, le Christ et quelques ornements d'argent provenant d'une croix placée à la sacristie ; le 27 janvier, ce fut le tour à d'autres chandeliers en étain (3) ; le 11 mars, aux branches en cuivre qui se trouvaient devant les statues des apôtres dans la grande nef. En 1805 on vendit la cloche du campanile (4), et en 1809 on enleva les balustrades de marbre avec pilastres de cuivre des chapelles du bas-côté Nord.

Les statues et les autels n'eurent pas un meilleur sort que les chandeliers et les cuivres.

Le 7 mai 1704, le Conseil prit la résolution de remplacer dans la chapelle de sainte Marie-Madeleine, à côté de celle des Zellariens, l'autel par deux statues, et « d'ôter plus tard et successivement » les autres autels des chapelles du déambulatoire (5). Bien que les procès-verbaux des séances soient muets au sujet de l'enlèvement de ces autels, et de la démolition du jubé à l'entrée du chœur, la gravure de J. Hunin de 1821, représentant l'intérieur de la Métropole, nous montre qu'à cette date les clôtures et les autels, qui y étaient adossés, avaient disparus (6).

---

(1) Le premier conseil de Fabrique nommé par l'archevêque de Roquelaure, en exécution de son règlement approuvé par le pouvoir civil, le 1 nivôse an XII, fu installé le 11 ventôse suivant (2 mars 1804).
(2) Cf. AF², *Registres aux délibérations du Conseil de Fabrique*, reg. I, passim.
(3) Ces branches provenaient d'un grand lustre. — Cf. ci-dessous chap. IV, § 1, n° 2.
(4) AF², Compte de 1805. La cloche fut vendue pour 60 fl. 6 s.
(5) AF², *Registres aux délibérations*, reg. I, 7 mai 1805.
(6) La clôture fut enlevée, dit-on, le 2 juin 1812. — Cf. ci-après chap. IV, § 1, n° 1.

L'aliénation des objets provenant de ce que le Conseil appela les travaux « d'embellissement » donna lieu à des épisodes qui rappellent dans leur navrante tristesse les heures les plus sombres de la persécution religieuse.

Au mois de juillet 1811, par ministère du commissaire-priseur Laureys, aux Bailles-de-Fer, on jeta aux enchères et à la rapacité des brocanteurs, une partie de l'ancien mobilier, notamment les statues de Notre-Dame et de saint Jean, provenant de l'ancien jubé et datant des premiers mois après le retour du clergé, en 1585.

Le 11 décembre suivant, ce fut le tour aux statues des Évangélistes, des Patrons contre les maladies contagieuses, de douze grands tableaux, parmi lesquels une toile de Perry, représentant les meurtriers de saint Rombaut jetant à la rivière le corps de leur victime, et une autre de la même série, qui furent adjugées à 10 frs pièce (1) ; le Christ entre les meurtriers, qui ornait jadis la chapelle du Saint-Nom, fut vendu 82 frs ; un volet du retable des Boulangers et un autre provenant, dit Schellens, de l'autel des Cordonniers, peut-être la Mort du Bon-Larron, « een heylighe aan 't kruis die met slagen gedood wordt », adjugé à raison de ... 4 frs (2)! A voir le mépris de tout un passé qui s'affiche dans ces ventes regrettables, y a-t-il lieu de s'étonner que les mêmes marguilliers se crurent bientôt en droit d'aliéner un ostensoir d'or massif, don du cardinal d'Alsace et dernier souvenir d'un trésor des plus riches ?

Des hommes éclairés et pénétrés du souvenir de la splendeur (3),

---

(1) Cf. Livre I, chap. III, § 4, t. I, p. 135.

(2) SCHELLENS, *Parochiekerken*, ms. aux Archives de la ville, reg. I, fº 36 et fº 38. — Notons, cependant, que la chapelle des Arquebusiers fut considérée comme celle du Bon-Larron. — Cf. ci-dessous chap. IV, § 3, nº 2.

(3) Dans un rapport adressé au Saint-Siège, sur la situation du diocèse, rédigé par le chanoine Van Helmont, et daté du 2 novembre 1814, le Chapitre se plaint en termes amers de l'intervention de l'évêque-nommé dans l'administration diocésaine, et dans la direction des travaux exécutés à l'église métropolitaine. « Et quidem, y lit-on, quod templum metropolitanum mechliniense aedituus auctor fuit ut chori facies integra mutaretur, sepem marmoream quatuor columnis magnificis suffultam, qua chorus a navi ecclesiae separabatur, auferri iussit. Altaria duo quae maximo populi commodo ante chorum exstabant consecrata destrui procuravit. Ipsum chorum magis depressum novis stallis, novoque pavimento marmoreo ab ecclesia monialium suppressa desumpto, magno sumptu sterni iussit ; utque fabrica sumptus ferre posset ostensorium aureum, unionibus et margaritis praeciocissimis ornatum, donum quod unicum restabat e cymeliis ecclesiae huic ab Eminentissimo Domino Thoma Philippo Card. ab Alsatia archiepiscopo mechliniensi donatis, alienatum ac divenditum fuit. Quae cuncta aedituus efficere ausi non fuissent nisi suffulti ab praedicto antistite ». Cf. *Analectes*, t. XXX, p. 329.

passée de l'ancienne Métropole eurent beau se plaindre, les marguilliers, encouragés et soutenus par l'Archevêque-nommé de Pradt, continuèrent ce qu'ils crurent être une œuvre méritoire.

D'autre part, il est vrai, quelques objets apportés d'ailleurs trouvèrent place dans l'église, notamment, en 1810, le mobilier de la chapelle de Leliëndael, un tableau d'Égide-Jos. Smeyers, provenant du couvent supprimé des Dominicains, une Adoration des Bergers de Jean-Érasme Quellin, achetée à Anvers, deux statues, une sainte Barbe et un saint Roch, qui avaient orné l'autel des Carmes, une dalle funéraire des Récollets, et surtout l'intéressante série des XXV tableaux de la Légende de saint Rombaut, et, après le second traité de Paris, la toile de Van Dyck, qui avant la Révolution avait appartenu également aux Récollets. Sous l'épiscopat du Prince de Méan, en 1819, les marguilliers firent aussi construire, sous la tour, un portail, partie en pierre et partie en bois peint, reproduisant la silhouette et jusqu'aux détails d'ornementation de l'arc de triomphe du maître-autel.

Ne discutons pas la valeur de cette œuvre; fut-elle irréprochable, ni le portail, ni l'intérêt que présentent les meubles apportés d'ailleurs dans l'église, sont de nature à faire oublier le regrettable vandalisme de cette triste époque.

Vers le milieu du siècle, on s'essaya à faire œuvre meilleure.

En 1848, les marguilliers décidèrent l'enlèvement du badigeon; le 24 novembre de l'année suivante, le travail de dérochage, commencé dans le pourtour du chœur, mit à jour d'intéressants restes de peintures décoratives, en trop mauvais état, dit-on, pour être conservées, mais dont on fit exécuter un dessin, malheureusement sur très petite échelle (1). La Fabrique fit également enlever les cariatides et autres ornements en bois blanc placés lors du jubilé de 1775, et en 1852, d'accord avec la Commission royale des Monuments, remplaça les feuilles d'acanthe aux chapiteaux des colonnes dans la nef par une décoration se rapprochant de celle qui existe au chevet du chœur. Les marguilliers résolurent aussi de replacer des vitraux dans les fenêtres.

Un premier essai de vitrail fut fait en 1846, dans la fenêtre du

---

(1) V. ci-après chap. IV, § 3, nos 1 et 2. Les originaux, signés Jean Vervloet, sont conservés aux Archives de la Fabrique.

chœur, au-dessus du maître-autel. Le peintre-verrier J.-F. Pluys y plaça, d'après les cartons d'Éd. Dujardin, une grande figure symbolique, représentant l'Église, assise sur un globe et foulant aux pieds la tête du dragon.

Malgré la valeur du dessin, le vitrail ne plut guère et fut remplacé en 1851.

L'année précédente, à la réunion du 21 juin, le conseil de Fabrique décida de faire appel, pour la restauration intérieure de l'église, à une commission consultative. La Commission était composée du pléban Crabb, du chevalier Félix van den Branden de Reeth, du peintre Pierre Morissens, du chanoine-chantre Baguet, de l'avocat Aug. De Backer, du sculpteur Jos. Tuerlinckx, du chanoine Emm. Joos, de l'échevin de la ville, Ed. Broers, de Léon Van Hamme, du chanoine J. Schœffer, de Fr. de Cannart-de Meester, de l'archiviste de la ville J. Van Doren, du chanoine Vict. Scheppers, de J.-F. Dusart, receveur de l'octroi, et de Willaert-Stalnis, négociant en vins. Elle fut installée le 25 mai 1851 et avait pour mission d'aider de ses avis le Conseil et aussi de recueillir les fonds nécessaires à l'exécution des travaux. Afin d'intéresser le public à son œuvre, la Commission publia une brochure intitulée : *Restauration et embellissement de l'église métropolitaine de Saint-Rombaut à Malines*. Dans cette brochure, due à la plume du chanoine Schœffer, la Commission exposa les résultats acquis jusqu'en 1851 et le programme des travaux projetés. Il serait cruel de faire aujourd'hui le procès du programme de la Commission et des théories esthétiques développées dans la brochure. L'activité de la Commission se borna d'ailleurs à recueillir une somme de onze mille francs, produit d'une quête faite au mois de juin. La position des membres était trop délicate vis-à-vis du Conseil de Fabrique d'une part, qui seul portait la responsabilité des travaux, et de la Commission royale des monuments, jalouse de son autorité d'autre part, pour que la Commission consultative put escompter de longs jours. Le registre des procès-verbaux, commencé le 25 mai 1851, se termine au 12 mai 1852.

La lettre du 2 décembre de la même année, par laquelle la Commission protesta contre la décision prise par la Commission des monuments, à laquelle nous avons fait allusion ci-dessus, ne porte plus que cinq signatures. C'était la fin.

Le branle néanmoins était donné. Peu à peu, à mesure que les travaux de restauration intérieure avancèrent, le mobilier également fut renouvelé et de nouveaux vitraux remplacèrent dans les baies des fenêtres les verres incolores du xviij^e siècle. Deux hommes surtout exercèrent une influence marquée sur la nouvelle ornementation de l'église : Jean-François Pluys et le chanoine Henri-Louis De Coster.

Le premier était peintre verrier de son métier. Né à Malines le 6 septembre 1810, simple vitrier au début, Pluys s'appliqua d'abord à composer ce qu'il appelait « des mosaïques » de verre, c'est-à-dire, des panneaux formés de morceaux de verre de couleur, teintés dans la masse et sertis dans le plomb, mais sans aucune application de peinture ou de dessins au trait. La restauration d'un vitrail ancien, que lui confia le duc d'Ursel, fit entrevoir à notre vitrier une voie nouvelle. Doué d'une volonté tenace, en même temps que de grandes aptitudes naturelles, Pluys, au bout de peu d'années, se fit dessinateur, peintre sur verre, archéologue, chimiste même. Le renom que notre peintre-verrier s'était acquis le désigna naturellement à l'attention de ceux qui avaient à s'occuper de travaux d'intérieur de la Métropole : ils lui confièrent non seulement l'exécution des vitraux, mais le chargèrent encore de la direction des sculptures.

La première œuvre de Pluys, placée dans l'église Saint-Rombaut, fut le vitrail du chœur, dont nous venons de parler. Il fut remplacé en 1850 et suivi d'une série d'autres verrières dans les fenêtres de l'abside, de 1850 à 1854. En 1852, Pluys exécuta le vitrail de la chapelle de N.-D. du Saint Rosaire et, en 1860, la grande verrière de la Proclamation du dogme de l'Immaculée Conception dans le transept Nord.

Pluys fournit également, en 1853, le projet de l'autel du Rosaire; en 1865, celui de l'autel de saint Jean Berchmans; en 1867, celui de l'autel des saints Martyrs de Gorcum. Ce fut lui encore qui dessina le premier confessional gothique, en 1865, et qui en 1860 dressa le projet des grandes stalles du chœur.

Il serait souverainement injuste de juger les premiers essais du style gothique, tentés en 1850, avec la sévérité qu'autorisent aujourd'hui des connaissances acquises au bout de trois quarts de siècle d'efforts et d'études continues ; aussi faut-il user d'indulgence en appréciant, par exemple, l'autel du Rosaire. Cette bienveillance qui n'est, dans l'espèce, qu'une forme obligée de l'équité, s'impose d'autant plus que les progrès d'une œuvre à l'autre sont sensibles et que la conception générale des stalles, abstraction faite de l'inhabileté du sculpteur, décèle une véritable compréhension des œuvres du moyen âge (1).

J.-F. Pluys mourut le 23 juin 1875. Déjà en 1868, le chanoine De Coster, professeur de liturgie au Grand Séminaire, était devenu trésorier de la Fabrique. Henri-Louis De Coster, né à Borgerhout le 25 mai 1825, était généreux, jouissait d'une large aisance, et, par esprit de piété, plus encore que par amour de l'art, se donna comme tâche de rendre à l'église métropolitaine sa splendeur d'autrefois.

Réussit-il dans ses efforts? Nous estimons plutôt que le résultat obtenu ne répondit ni au zèle du pieux trésorier, qui seul prit en main la direction des travaux, ni à l'inépuisable générosité dont il donna l'exemple et qu'il sut susciter autour de lui. Durant les vingt-cinq années, de 1868 à 1893, que le chanoine De Coster géra les intérêts de la Fabrique, plusieurs chapelles furent complètement renouvelées, des vitraux furent placés dans presque toutes les fenêtres qui n'en étaient pas encore pourvues ; mais la plupart des travaux exécutés durant cette période nous reportent involontairement, dans nos souvenirs et, je dirais volontiers dans nos vœux, au mobilier de 1585, qui lui aussi fut considéré comme du provisoire et remplacé peu à peu par un ensemble d'œuvres d'art plus dignes de l'église primatiale de la Belgique.

Les événements de 1914 furent néfastes pour le mobilier. A quelques vitraux près, notamment ceux de la troisième chapelle sur plan carré, de part et d'autre du chœur, qui certes ne peuvent être rangées parmi les meilleures œuvres de Léopold Pluys, fils et successeur de Jean-François, et celles de la chapelle de saint Jean Berchmans, qui n'ont guère de valeur supérieure, toutes les verrières furent ou complètement détruites ou endommagées, au

---

(1) V. sur J.-F. Pluys, H. CONINCKX, *Mechelsche Levensbeschrijvingen*, extrait du *Bulletin du Cercle Archéologique*, t. XV (1895), pp. 76 et ss.

point que leur restauration devient fort difficile pour ne pas dire impossible; l'une des statues de la grande nef fut arrachée de son socle et précipitée sur le sol; les statues de saint Marc et celle de saint Joseph, dans le transept, et la Vierge du groupe surmontant le tombeau des Berthout, dans le déambulatoire Nord, furent mutilées; il en fut de même de la figure de saint Norbert, au pied de la chaire de vérité; deux des tableaux de la vie de saint Rombaut, don, l'un de l'abbé d'Heylissem, Jean-Michel Cosin, l'autre de l'évêque d'Anvers, Gabriel van Gameren, furent déchirés, de même que la Dernière Cène ornant l'autel de la chapelle paroissiale. D'autres parties du mobilier encore ont souffert, soit par suite des projectiles ou de la chute des matériaux, soit au cours d'un emballage hâtif et d'une fuite précipitée, telles, par exemple, le nouvel autel de saint Lambert, la tombe de l'archevêque Boonen, les panneaux de la Légende de saint Rombaut, le Christ en croix de Van Dyck, et non le moins, le tableau de Quellin, qui ornait l'autel de Notre-Dame au transept.

CHAPITRE IV

Description du mobilier aux différentes époques

§ I

LE CHŒUR

n° I

La clôture du chœur

SOMMAIRE. — L'ambon de l'église de Notger et l'autel de la Sainte-Croix. — Le jubé gothique. — L'autel de sainte Marie-Madeleine. — L'autel de saint Rombaut. — Le jubé du xvij^e siècle et les autels dressés devant le nouveau jubé. — Démolition du jubé. — Essais de clôture du chœur au xixe siècle. — La clôture du chœur du côté du déambulatoire.

Au point du vue architectural, le chœur actuel de saint Rombaut appartient à deux périodes successives de la construction. Comme nous l'avons dit au chapitre II de ce IIIe livre, les trois premières travées font partie des constructions primitives (1220-1342); la quatrième travée et le chevet furent élevés après l'incendie de 1342 et achevés peu avant la fin du xive siècle.

Comme, du reste, toutes les églises romanes, la basilique de Notger avait son chœur clôturé par un ambon ou jubé, sur lequel se dressait la croix triomphale et devant lequel était élevé l'autel de la Sainte-Croix ou des Ames.

Nous avons un souvenir de cet autel dans le diplôme de l'évêque Nicolas de Fontaines, du 2 septembre 1255, relatif à l'érection de la paroisse de Notre-Dame (1), et dans l'existence aux époques postérieures d'une chapellenie de la Sainte-Croix *sub*

---

(1) Cf. ci-dessus Livre II, chap. IV, § 1, p. 14.

ambone (1), transférée plus tard à un autel de la grande nef (2) et uni, en 1643, à la nouvelle prévôté.

Il faut probablement rattacher au même autel la chapellenie de la Sainte-Croix de 1re fondation (3), ainsi que le bénéfice, *prebendae beneficium*, qu'Hugo de Hanswick fonda en 1211 et que les chanoines conférèrent aussitôt au prêtre Henri, ensemble avec l'autel devant le chœur *altare ante chorum*, ainsi que la totalité des revenus et le produit des oblations présentées par les fidèles après l'offertoire de la messe du pléban (4).

Ce bénéfice, qui fut augmenté par le titulaire Jean Waghemans, le lundi après la Saint-Matthieu 1385 (25 septembre), d'un cens de deux florins d'or de Florence (5), paraît devoir être identifié avec la chapellenie des Ames (6), à laquelle un ancien état des revenus assigne les oblations faites aux messes de trentaine (7).

Il était d'un usage universellement admis dans les collégiales de célébrer les offices pour le peuple à l'autel adossé à la clôture du chœur, comme aussi, dans les églises monastiques, on disait au même autel la messe pour les frères convers, d'où la triple dénomination : autel de la Sainte-Croix, autel des Ames et autel des convers, *altare conversorum* (8).

---

(1) Les *Visites* des chapellenies donnent tantôt « in ambone », tantôt « sub ambone ». Pour des raisons archéologiques, nous pensons que la seconde lecture est préférable. Elle est d'ailleurs la plus commune.

(2) La chapellenie était grevée de deux messes, dont les biens de fondation étaient situés à Hever. Elle était *de gremio chori*, mais son titulaire ne prenait pas part aux distributions des anciens anniversaires.

(3) Cette chapellenie, qui fut transférée plus tard à l'un des autels septentrionaux de la grande nef, était grevée d'une messe; après les Troubles, d'une demi-messe. Elle était *de gremio chori* et son titulaire prenait part aux distributions des anciens anniversaires.

(4) AC, *Liber caerulaeus*, f° 27. « In nomine S. et I. T. Ego, Hugo de Hanswick,... Sciant ergo praesentes et posteri quod ego praenominatus, divina inspiratione, in remissionem peccatorum meorum et parentum meorum, praebendae beneficium in ecclesia Sancti Rumoldi in Mechlinia de bonis meis et reddituis institui. Cuius donationem capitulo praefatae ecclesiae libere et absolute et cum omni integritate assignavi. Imprimis itaque ipsi canonici benificium hoc et altare ante chorum Henrico sacerdoti liberaliter cum omni integritate et cum oblationibus quae ei offeruntur post offertorum plebani ecclesiae, contulerunt... ».

(5) AF², Coll. D. C., Farde F¹, n° 31, *orig*.

(6) La chapellenie *de gremio chori* et participant aux anciennes fondations, était grevée de deux messes. Elle fut rattachée plus tard au maître-autel.

(7) AF², Coll. D. C., Farde F¹, n° 18.

(8) Edm. Reusens, *Éléments d'Archéologie*. Louvain, 1886, t. II, p. 214.

L'église Saint-Rombaut ne faisait pas exception à la règle commune. L'assignation des oblations au chapelain des Ames en est un premier indice; nous savons, de plus, par le diplôme de Nicolas de Fontaines, que les proviseurs de l'autel de la Sainte-Croix percevaient une partie de la cire des funérailles. Enfin, jusqu'à la regrettable démolition de la clôture du chœur, au commencement du xixe siècle, malgré les modifications survenues aux xve et xvij^e siècles, dans la forme de l'ambon, toujours le service paroissial fut maintenu à l'un des autels devant le chœur.

Lors de la reconstruction du chœur au xive siècle, l'ancien ambon avec autel unique disparut et fut remplacé par un jubé nouveau muni de deux autels.

Le collège des bénéficiers, fondé par Arnold de Zellaer, qui ne disposait pas comme les chanoines d'un local spécialement affecté à ses réunions, avaient pris l'habitude de traiter les affaires de ménage à l'église même, soit dans un coin du chœur, *in angulo chori,* soit dans une chapelle, ou à toute autre place dans le temple. C'était à l'église aussi que le proviseur faisait volontiers ses paiements, et comme ce proviseur aimait la précision dans les comptes, il ajouta fréquemment dans ses registres l'indication de la place exacte où il s'était acquitté de ses dettes. Cette pratique nous vaut de savoir qu'en 1410, l'autel de sainte Marie-Madeleine existait et par conséquent aussi la clôture du chœur ou le jubé gothique contre lequel cet autel était appuyé (1).

C'est le seul renseignement que nous possédons au sujet de la construction du jubé, encore est-il peu précis et, nous l'avouons, pas décisif, puisqu'il existait encore à l'église, au xve siècle, un autre autel dédié à la même sainte, situé à côté de la chapelle même des Zellariens, mais appelé généralement dans les sources, pour le distinguer de celui du jubé, autel de sainte Marie-Madeleine *in ambitu* (2).

---

(1) « Item die vij ianuarii solvi Johanni de Eyteghem in ecclesia Beati Rumoldi, juxta altare Beatae Mariae Magdalenae, in praesentia Johannis Buydens, magistri fabricae Beati Rumoldi... ». — ACZ, *Comptes,* reg. B (anc. côte), compte de François Grauwels, présenté le 15 septembre 1410.

(2) Faisons observer également que la chapellenie de sainte Marie-Madeleine *in ambitu* fut fondée en 1424 seulement, dans une chapelle de construction récente, dit l'acte de fondation, — Cf. ci-après § 3, n° 1, — mais dont le gros œuvre existait néanmoins depuis les dernières années du xive siècle.

Nous ne sommes guère mieux renseignés sur l'aspect et la valeur artistique de ce jubé du xve siècle. Nous savons, cependant, qu'il était construit en pierre (1) et orné de sculptures, puisque Liebrecht Van Eghem fut chargé, en 1604-1605, de le retailler, « d'ocsale te herhouwen » (2). Les comptes nous disent également que Henri Van de Venne nettoya, en 1609-1615, les statues qui en décoraient la face antérieure (3).

Entre les deux autels, le jubé avait une baie, munie d'une porte (4), et dans laquelle, pour fermer complètement le chœur, on suspendait un rideau de drap écarlate (5).

Le jubé était surmonté d'une balustrade en bois avec chandeliers de laiton (6), et présentait une plate-forme assez spacieuse pour y loger, au xvij^e siècle, un grand coffre renfermant la châsse aux reliques de saint Rombaut (7) et un autel auquel la Confrérie faisait régulièrement célébrer la Sainte Messe (8). C'était du jubé également que, jusqu'à la fin de l'année 1603, le diacre chantait l'évangile aux messes solennelles (9).

Enfin, sur le devant du jubé était dressé un calvaire, que les hérétiques détruisirent en 1580, mais qui fut rétabli aussitôt après le retour du clergé. Le compte de la Fabrique pour l'année 1589-1590 mentionne diverses dépenses pour ce calvaire, dont le modèle fut fourni par Thomas Haesaert et l'exécution confiée à Jan Van den

---

(1) AC, *Acta*, reg. X, f° 72, 23 sept. 1664.
(2) AF, *Comptes de la Fabrique*, 1604-1605, f° 17.
(3) IBIDEM, 1609-1615, f° 42 : « voordat hij de santen staende in de kercke ende voor de ocsaele gekuischt heeft ». Le compte de 1630, f° 25, renferme un poste de même genre : « voort repareren van eenige santen voor docsale staende ». — Lorsqu'en 1871, on rouvrit l'ancienne porte de la sacristie dans la chapelle du Saint Sacrement, fermée jadis pour l'établissement du tabernacle de Boeckstuyns en 1705, on découvrit dans l'un des montants, scellée dans le mur, la sculpture à l'intérieur, une console à tête d'ange. C'était probablement un reste de l'ancien jubé dont les matériaux servirent à la construction de la sacristie.
(4) AF, *Comptes de la Fabrique*, 1594-1596, f° 26 v°. — C'est probablement la porte signalée dans le compte communal de 1545-1546, « voor den choor daer Sinte Rommouts doer gedraegen wordt ». EMM. NEEFFS, *Hist. de la peinture*, t. II, p. 137.
(5) V. Livre II, chap. III, § 2; t. I, p. 286.
(6) AF, *Comptes de la Fabrique*, 1627, f° 19 v°.
(7) V. Livre I, chap. II; t. I, p. 40.
(8) AC, *Acta*, reg. VI, f° 37, 26 déc. 1603.
(9) AF, *Comptes de la Confrérie de S. Rombaut*, 1631 à 1666, *passim*.

Venne (1). Seules, toutefois, la figure du Christ et la croix furent rétablies aux frais de la Fabrique : la statue de la Vierge fut donnée par la corporation des Bouchers (2) et celle de saint Jean offerte par la Fabrique de l'église Saint-Jean, en échange d'une figure de saint Jean-Baptiste, qui avait orné, avant 1580, l'autel des Pelletiers (3).

Après la démolition du jubé, en 1674, les statues furent placées au-dessus de la grande porte de l'église, puis, en 1810, vendues publiquement aux Bailles-de-fer, par le ministère d'un fripier (4).

Comme nous l'avons dit, deux autels étaient adossés au jubé : celui de saint Rombaut, du côté de l'Évangile, et celui de sainte Marie-Madeleine, du côté de l'Épitre. Ces autels, détruits par les hérétiques en 1580, furent reconstruits aussitôt après le retour du clergé et consacrés par l'archevêque Jean Hauchin, le 13 août 1585 (5).

L'autel de sainte Marie-Madeleine fut doté, en 1483, par acte passé le 17 juin devant l'official de Cambrai à Bruxelles, d'une chapellenie de deux messes, en exécution du testament de Nicolas Volkaert (6). Nous ne savons quand ni dans quelles conditions l'ancien bénéfice fut augmenté (7), toujours est-il qu'en 1550, il est signalé dans la *Visitatio capellaniarum,* comme cantuarie de six messes (8). La cantuarie fut unie à la plébanie par l'archevêque Hauchin, le 20 décembre 1587 (9). En 1665, les chanoines transférèrent au même autel les messes de la Sainte-Croix qui se disaient jusque là à l'autel de Notre-Dame (10).

---

(1) AM, *St-Rombaut*, n° 74, *comptes de la Fabrique*, 1589-1590.
(2) IBIDEM.
(3) V. ci-dessus chap. III. p. 129.
(4) V. ci-dessus chap. III, p. 137.
(5) AF, *Comptes de la Fabrique*, 1585, f° 3 ; — BR, ms. n° 16527, f°2.
(6) AF², liasse F 1, n° 51, orig.
(7) La *Visitatio capellaniarum* de 1550, complétée par celle de 1587, renseigne parmi les revenus de la cantuarie, un rente sur le Waertertol d'Anvers, constituée par lettre du 4 août 1523.
(8) La *Visitatio ecclesiarum* de 1617 (reg. I), attribue à Jean Martini, conseiller e maître des Requêtes au Grand Conseil († 22 février 1604), le mérite d'avoir augmenté les revenus du bénéfice, dont il aurait porté les charges à six messes. Nous ignorons la portée exacte de la générosité de Jean Martini, sur lequel on peut voir *Mechelen Opgeheldert*, t. I, p. 118.
(9) AF², Liasse F 1, n° 52, *orig.*
(10) AC, *Acta*, reg. X, f° 167, 30 oct. 1665.

Lorsque, le 7 mai 1597, le serment des Escrimeurs obtint du Chapitre l'autorisation de se fixer dans l'ancienne chapelle de sainte Marie-Madeleine, derrière le chevet du chœur (1), les Maîtres d'école qui depuis 1585 occupaient cet emplacement (2), transférèrent leurs offices à l'autel méridional du jubé, qui dès lors prit le nom d'autel de sainte Catherine. La corporation procura en même temps une clôture et un calice, et intervint, ensemble avec la chapellenie, dans l'acquisition des autres ornements. Les Maîtres d'école placèrent également sur l'autel un nouveau tableau représentant la Descente du Saint-Esprit (3). Deux fois par an, à la fête de saint Grégoire le Grand et à celle de sainte Catherine, une messe solennelle était célébrée par l'écolâtre du Chapitre, à l'intention des membres de la corporation; les maîtres et maîtresses d'école étaient obligés d'assister à cet office, avec leurs élèves, et d'offrir une aumône calculée d'après l'importance de chaque école (4). Comme les membres des autres métiers, les Maîtres d'école étaient tenus d'acquitter un droit au profit de l'autel, à leur entrée en fonction ou leur admission dans la corporation (5).

D'autres corporations encore eurent leurs offices à l'autel de sainte Catherine, notamment les Chapeliers, dont le tableau représentant saint Jérôme fut nettoyé en 1593, par Ludolf Van den Bosch (6), en même temps qu'une statue de sainte Marie-Madeleine, placée sur l'autel (7), les Gantiers, qui depuis 1585 avaient aban-

---

(1) AC, *Acta*, reg. V, f° 19, 7 mai 1599; — f° 21, 31 mai 1599.
(2) IBIDEM, f° 54, supplique du recteur de la Grootschole, Schenkelius, et apostille du 8 nov. 1585.
(3) AA, *Fonds de St-Rombaut*, liasse III, n° 7, autel Ste-Catherine, déclaration signée de l'oratorien Everaerts, 12 mars 1661, orig.
(4) IBIDEM, n° 7, lettre de l'écolâtre Huleu à ***, minute, s. d. D'après le Règlement de 1535, les écoliers de la Grande École étaient tenus à l'assistance aux offices, le dimanche après la nouvelle année, « als d'evangelie is van het Kindt Jesus onder de doctoren ».
(5) IBIDEM, n° 26, règlements de 1585 et du 17 juillet 1618.
(6) AM, *St-Rombaut*, n° 74, compte de la Fabrique, 1593, f° 41 v° : « Betaelt aen Ludolf Van den Bosch voor St-Hyeronymus, die voor St-Magdalena autaer staet schoon te maeken, de lesten te schilderen en te vernieuwen... ». La messe de saint Jérôme est déjà signalée dans le livre censier de 1325. L'autel se trouvait alors dans la partie méridionale du pourtour du chœur. — V. ci-après § 3, n° 2.
(7) AM, *St-Rombaut*, n° 74, *Comptes de la Fabrique*, 1593, f° 46 v°.

donné leur autel dans le collatéral Nord et célébraient leur fête patronale le jour de saint Gommaire (1), les Menuisiers, les Fripiers, les Teinturiers, qui respectivement avaient choisi comme patron de leur corporation saint Hubert (2), saint Quirin (3) et saint Séverin (4).

En 1630, les Religieux de l'Oratoire, que l'archevêque Jacques Boonen avait appelés à Malines et dont il se montra constamment e généreux protecteur, obtinrent l'usage de l'autel de sainte Catherine, dont ils renouvelèrent en partie les ornements. Il est vrai, lorsqu'en 1639 la châsse aux reliques des Pestheiligen, des saints proctecteurs contre les maladies contagieuses, fut apportée à l'église métropolitaine et placée sur cet autel, les Oratoriens enlevèrent le tableau qui s'y trouvait, pour en orner leur réfectoire (5).

La châsse des Pestheiligen, coffret en bois orné de plaques ciselées, est encore aujourd'hui en grand honneur à l'église métropolitaine. Elle y fut introduite processionnellement au mois de novembre 1639, par l'archevêque Jacques Boonen, accompagné du clergé, du magistrat, des serments et d'une foule nombreuse.

La châsse renfermait primitivement les reliques de saint Rombaut, de saint Sébastien, de saint Christophe, de saint Macaire, évêque d'Antioche, — qui serait venu à Malines, y aurait, par ses prières, arrêté un incendie et guéri un [pestiféré, et serait allé mourir à l'abbaye du Mont-Blandin à Gand (6), — de saint Adrien, de saint Roch et de saint Charles Borromée.

---

(1) AC, *Livre censier*, 1525, f° 41. Les Gantiers semblent avoir occupé pendant quelque temps l'ancien autel du Saint Sacrement, dans le déambulatoire dont l'autel, en 1596, était dédié à sajnt Gommaire. V. ci-après § 3, n° 1.

(2) Le 4 avril 1496, les Menuisiers obtinrent du Chapitre l'usage de l'autel de saint Hubert, situé en l'église Saint-Rombaut. — AC, *Littere et privilegia*, f° 1 v°. Cette mention est la seule trace qui nous reste d'un autel de saint Hubert.

(3) L'autel de saint Quirin était situé, avant 1580, à la troisième colonne de la grande nef, du côté méridional. — V. ci-après § 5.

(4) Nous ne trouvons aucune trace d'une messe en l'honneur de saint Séverin, ni d'un autel qui lui aurait été consacré, avant la visite d'église de 1626. — Cf. J.-B. JOFFRY, *Memorie van het verwers ambacht binnen Mechelen*, ms. aux Archives de la ville.

(5) AA, *Fonds de St-Rombaut*, liasse III, n° 7. Inventaire des objets appartenant à l'autel de sainte Catherine, dressé par l'oratorien Everaerts. Serait-ce le tableau représentant le même sujet qui appartient actuellement à l'église Saint-Jean?

(6) Cf. MOLANUS, *Natales SS. Belgii*, pp. 88 et ss.; — *Kort Begrijp van het wonderbaar leven en mirakelen van de H. Macharius, ards-bisschop en Patriarch van Antiochen, die besonderlijk tot Gend en andere plaetsen van Vlaenderen en Nederland geviert word*. Gand, De Goesin, s. d.

Pour assurer et propager la dévotion aux saints dont il venait d'exalter les reliques, l'Archevêque institua la Confrérie de Notre-Dame et de tous les Saints (1). Toutefois, la dévotion aux saints Patrons contre les maladies contagieuses, aux Pest-heiligen ou aux Maarschalken (2), est beaucoup plus ancienne à l'église Saint-Rombaut; de même que l'institution des pest-missen, que de temps immémorial la Fabrique faisait célébrer pendant la semaine longue, la lange week, c'est-à-dire la semaine aux longs jours, commençant le vendredi après l'Ascension (3).

Au début, les Maarschalken, les saints Patrons, étaient au nombre de trois seulement, les saints Sébastien, Christophe et Adrien. En 1585, ils étaient au nombre de cinq; au xvij^e siècle, ils montèrent à sept (4).

En 1648, on enferma également dans la châsse des Pest-heiligen, la plus grosse des deux épines de la Sainte Couronne (5) et une relique de la Sainte Croix, provenant de la cathédrale de Bois-le-

---

(1) AC, Arm. I, cas. 15, décret du 4 nov. 1639, *orig.* — V. aussi *Copye by oversettinghe uyt het Latyn van de Bulle by de welcke opgerecht is het Broederschap van alle Godts lieve Heylighen mede oock van de giefte der Reliquien van verscheyde Heylighen ende van eenige aflaeten voor het voorschreven Broederschap. Tot Mechelen ghedruckt by Hendrick Jaye.* In-16° de 16 pp. La Confrérie ne se maintint pas, déjà la *Visitatio ecclesiarum* de 1705 note sa disparition.

(2) Le terme « Maerschalk » est synonyme de Patron. Déjà sur l'un des tableaux de la Légende de saint Rombaut on lit :

Maerschalck van der neringhen es sinte Rombout
Syn dienaers behuet by te water te lande.

(3) Les comptes de la Fabrique rapportent dans un paragraphe spécial les dépenses faites à cette occasion et la recette en offrandes dont le produit couvrait les frais.

(4) Ailleurs, les saints Patrons, les « heiligen Nothilfer », comme on disait en Allemagne, étaient plus nombreux encore. Dans plusieurs bréviaires anciens, on rencontre une messe en leur honneur. Le nombre des « Nothilfer » varie d'ailleurs et va souvent jusque quatorze ou quinze, nommés à la fois dans la collecte. La même diversité règne pour les noms cités; nous relevons parmi ceux qui reviennent le plus souvent, les saints Georges, Blaise, Érasme, Pantaléon, Vite, Christophe, Sébastien, Denys, Curiace, Acharius, Magnus, Eustache, Égide, ainsi que les saintes Marguerite, Barbe, Catherine et Dorothée. — Cf. J. WEBER, *Die Vererhrung der heiligen XIV Nothilfer*. Kempten, 1886.

(5) L'épine la plus petite fut cédée, du consentement des autorités diocésaines de Bois-le-Duc et de l'Archevêque de Malines, à l'église de Moll, dans la partie Catholique du diocèse brabançon, où elle est toujours en grande vénération. — Cf. AF², Coll. D. C., Farde R 1, décret de l'archevêque Hovius, 1652, *orig.*

Duc, que le chapitre de cette ville confia aux chanoines de Malines, lors de l'occupation de leur cité par les troupes des États-Généraux. La relique de la Sainte Croix (1) et l'une des deux Épines, sur l'authenticité desquelles nous n'avons pas à dire ici notre sentiment, furent restituées à l'évêque de Bois-le-Duc en 1842 (1). Quant à la châsse, elle est conservée aujourd'hui à la chapelle paroissiale. Pendant l'occupation allemande, alors que le triste état de l'église métropolitaine fit retarder le retour du corps de saint Rombaut, la petite châsse de 1639 et la relique du saint Patron de la cité qu'elle renferme furent exposées aux solennités de saint Rombaut, à la vénération des fidèles, et portées à la Procession de la paix.

Le second autel, celui du côté Nord de l'entrée du chœur, dédié à saint Rombaut, fut doté de deux chapellenies, l'une en l'honneur de saint Rombaut et de sainte Amelberge, fondée en 1434, par Jacques de Grauwe, et grevée de deux messes (2); l'autre, sous le titre de l'Annonciation. Cette dernière chapellenie était chargée primitivement de deux messes, réduites plus tard à trois par quinzaine (3). Avant 1580, les messes matinales (4), et après 1585, les quatre messes de la chapellenie de saint Gommaire furent également célébrées à cet autel (5). Il en fut de même, après la Réduction de la ville et la suppression des autels aux colonnes de la grande nef, de la *missa panis capellanorum Sancti Rumoldi* et de la *missa campanae* (6). Depuis 1623, la Confrérie des Ames faisait célébrer ses offices au même autel, notamment une messe solennelle tous les jours durant l'octave des Trépassés et chaque lundi de l'année (7). Enfin, l'autel de saint Rombaut avait succédé à l'autel de la Sainte Croix, comme autel paroissial; de tout temps, le pléban y célébrait les funérailles des deux classes intermédiaires,

---

(1) AF², Coll. D. C., Farde R 1, quittance signée par l'Administrateur du diocèse, 8 nov. 1842, *orig.*
(2) AC, Arm. I, casier 7, farde : Chap. de S. Rombaut et de Ste Amelberge. La visite des chapellenies de 1550, f° 52, donne trois messes.
(3) La *Visitatio* de 1587 donne trois messes par quinzaine, — f° 94 v°.
(4) AC, *Visit. capell.*, 1550, f° 45.
(5) AC, *Visit. eccles.*, rég. I, visite de 1617.
(6) AC, *Visit. eccles.*, reg. I, visite de 1625. — Cf. T. I, pp. 243-244.
(7) La Confrérie des Ames fut instituée par l'archevêque Jacques Boonen, en 1623, et rétablie par le Prince de Méan, en 1820.

des « kerklijken » et des « tinnen-kandelaarslijken » (1); on y distribuait la Sainte Communion les dimanches et jours d'indulgences, et depuis le milieu du xvij⁰ siècle, on y chantait les saluts du soir.

Il faut croire que lorsqu'en 1597 les Maîtres d'école s'établirent à l'autel de sainte Marie-Madeleine, ils en enlevèrent le tableau des Chapeliers pour le remplacer par leur propre retable, car nous retrouvons, en 1617, la toile représentant saint Jérôme sur l'autel de saint Rombaut (2).

La construction du nouveau maître-autel, destiné à être vu de loin et à dominer toute l'église, devait entraîner, comme conséquence nécessaire, la disparition de l'ancien jubé, peu en rapport avec l'œuvre projetée du Jésuite Guillaume Hesius. La démolition du jubé était chose d'autant plus décidée que les chanoines espérèrent obtenir par là le consentement du Magistrat pour exposer au-dessus de l'autel lui-même la châsse de leur saint Patron, conservée, depuis 1632, dans un grand coffre placé sur le jubé (3).

Ces différentes circonstances expliquent comment, dès le 15 janvier 1664, avant même qu'on fut définitivement fixé sur le projet de l'autel à élever, le Chapitre se prononça pour la disparition de la clôture (4). Peu de jours après, le 28 mars, le Magistrat, de son côté, se rendit au vœu des marguilliers et accorda également satisfaction au désir des chanoines en ce qui concerne le futur emplacement de la châsse (5).

---

(1) Les choorlijken, ou services de première classe, furent célébrés au chœur, ceux des classes inférieures, les klein-, et à certaines époques également, les middeluitvaarten, à l'autel du Saint Sacrement. — Cf. ci-dessus Livre II, chap. IV, § 3, p. 28. Depuis la démolition du jubé, au commencement du xix⁰ siècle, l'autel de Notre-Dame dans la partie septentrionale du transept, remplace l'autel de saint Rombaut pour les services de la confrérie et pour les services funèbres.
(2) AC, Visit. eccl., 1617.
(3) Cf. Livre Iᵉʳ, chap. II; t. I, p. 40.
(4) AC, Acta, reg. X, f⁰ 70, 25 janv. 1664. « Ad propositionem antehac a R. adm. D. Decano tamquam aedituo huius ecclesiae pro parte sua et coaedituorum facta pro obtinendo consensu tollendi odei ante chorum et comparente in capitulo statuario Federp, exhibente prototypon sepis marmorei magnifice delineate in locum odei substituendi, RR. adm. DD. unanimi suffragio, diligentes decorem domus Dei, consenserunt ut aeditui, suis sumptibus, hoc opus perficiant ».
(5) AM, Policye-boeck, 1653-1664, f⁰ 220.

L'accord, on le voit, se fit sans peine entre les partis intéressés sur la question assez peu compliquée de la démolition du jubé existant, mais comme il arrive souvent dans des occurrences du même genre, on ne parvint plus à s'entendre avec la même facilité sur le problème plus ardu du remplacement de la clôture disparue.

Le Magistrat désirait conserver le chœur largement ouvert, tandis que le Chapitre faisait valoir les traditions liturgiques et, d'accord avec les marguilliers, insistait sur l'utilité pratique des autels devant le chœur pour le service religieux (1).

Les chanoines, semble-t-il, s'empressèrent de démolir le jubé, car le 23 septembre 1664 déjà, ils vendent les matériaux provenant de la démolition, au pléban et à la Confrérie du Saint Sacrement (2). Pendant un certain temps cependant, les autels furent maintenus, puisque l'année suivante, le 30 octobre 1665, le Chapitre transféra la messe de la Sainte Croix à l'autel de sainte Marie-Madeleine (3).

Successivement, plusieurs projets de nouvelle clôture furent présentés, examinés et écartés, parmi lesquels des projets de Fayd'herbe et du P. Hesius (4), jusqu'à ce que, le 21 février 1670, les chanoines se déclarèrent d'accord avec les marguilliers sur un dessin fourni par les sculpteurs anversois Pierre Verbrugghen et Norbert Van den Eynde (5). La veille, d'ailleurs, les marguilliers

---

(1) AC, *Acta*, reg. X, f° 94, 27 sept. 1664; « absolute esse retinenda duo altaria ante dictam sepem tum pro commoditate populi in navi ecclesiae ad audiendam missam comparentis tum ob varias alias commoditates... »

(2) AC, *Acta*, reg. X, f° 72, 23 sept. 1664.

(3) Déjà avant le transfert de la messe, le Chapitre avait confié, en 1631, l'intendance de l'autel sous le jubé aux proviseurs de celui de Notre-Dame. — AF, *Manuel der revenus*, 1735, f° 100. — V. aussi AC, *Acta*, reg. X, f° 167, 17 avril 1665. Relation de la réception faite au gouverneur-général, marquis de Castillo Rodrigues.

(4) AC, Arm. I, casier 4, *Acta in causa controversa septi quo chorus S. Rumoldi dividendus esset a navi ecclesiae*. V. aussi AC, *Acta*, reg. X, f° 92 v°, 26 sept.; f° 94, 27 sept.; f° 96, 1 nov.; f° 97, 11 nov. 1664; — AM, Corresp. du P. Hesius. — Fayd'herbe, mécontent d'être évincé, réclama à la Fabrique la forte somme pour les projets qu'il avait fournis. — AF, *Comptes de la Fabrique*, 1667-1676, f° 104. V. également de nombreux mémoires aux Archives de la Fabrique.

(5) AC, *Acta*, reg. X, f° 283 v°, 21 février 1670. Il semble toutefois que les sculpteurs anversois ne fournirent qu'un croquis, qui fut mis à point par Jacques Peeters, schrynwerker à Malines. Le Compte de 1667-1675 porte, en effet, f° 121 : « Item betaelt 9 Februari 1670 aen Pieter Verbruggen ende Norbertus Van den Eynden van Antwerpen, expresselyck ontboden om hunlieder advis tot he formeren van den thuyn midtsgaders aen Jacques Peeters voor het maecken van diversche modellen... » Le même Jacques Peeters se rendit à Amsterdam, pour y traiter avec les marbriers et acheter les colonnes. — IBIDEM, f° 123.

avaient déjà conclu l'accord avec le sculpteur Jean Van den Steen, pour l'exécution de la nouvelle clôture (1). Celle-ci devait être achevée dans un délai de neuf mois, au prix de 8000 florins (2). Le Magistrat, il est vrai, protesta contre cette adjudication faite à son insu, mais l'orage s'apaisa bientôt et, le 28 août 1674, l'Archevêque consacra les deux autels, adossés comme par le passé à la clôture, et les dédia l'un en l'honneur de l'Annonciation, de saint Rombaut et de saint Libert, l'autre en l'honneur de la Sainte Croix (3) et des saints Georges, Cassien (4), Catherine et Marie-Madeleine (5).

La nouvelle clôture, qui formait jubé (6), était divisée en trois portiques, en marbre noir et blanc, composés de pilastres et de colonnes supportant un entablement avec frise, sur laquelle étaient sculptés, en bas-relief, des instruments de musique. La clôture était surmontée de quatre chandeliers de laiton, fournis par Jean Van den Gheyn (7).

Afin de ménager la vue sur le chœur, on se contenta de garnir les vides des colonnettes, en fermant l'arcade du milieu par une porte basse et en suspendant derrière les autels des courtines que l'on pouvait écarter. Parfois aussi, dans certaines circonstances, on plaçait un tableau sur les autels, comme par exemple, durant l'octave de la Commémoraison des Fidèles défunts, lorsqu'on ornait l'autel des Ames d'une toile de Jacques de Hornes, représentant le Purgatoire (8).

---

(1) AC, Arm. I, casier 4, contrat du 20 février 1670, *orig*.

(2) En fait, le jubé revint à 10,300 fl. environ. Cf. AF, *Comptes de la Fabrique*, 1667-1676, f°s 118 et ss. « Anderen vytgeeff aenden grooten marmeren thuyn in forme van een ocxsale voor de choor », et f°s 121 et ss. « Anderen uytgeeff voor den voors. thuyn tot laste vander kercke alleen ».

(3) En souvenir de l'ancien autel de la Sainte Croix *sub ambone* et à raison de la messe dite à cet autel depuis 1665. Cf. ci-dessus p. 88, note 3.

(4) En l'honneur du saint maître d'école mis à mort par ses propres élèves.

(5) AA, *Mechliniensia*, reg. XXIII, p. 419.

(6) En 1675, Pierre Laddersons et Jérôme Beaucourt y installèrent de nouveaux bancs et de nouveaux pupitres. IBIDEM, 1667-1676, f° 103.

(7) EMM. NEEFFS, t. I, p. 424.

(8) AF, *Comptes*, 1670. Jean Van den Gheyn reçut de ce chef 200 fl. — En 1674, on paya encore au menuisier Jacques Peeters, une somme de 15 fl. « voor het maeken van eenen houten neuse op den marmeren thuyn, alsoo het werck niet en was volmaect ». IBIDEM, 1667-1676, f° 102 v°. Le même artisan plaça également, la même année, un banc de communion devant le chœur.

En 1688, on plaça sur l'autel, du côté de l'Épitre, le beau Christ souffrant, « den Christus op den blauwen steen », chef-d'œuvre de sculpture autant que de polychromie de statue, que l'on voit encore dans une des chapelles du collatéral Nord. Le Christ, dû au ciseau de Nicolas Van der Veken, est peut-être la meilleure des œuvres de cet artiste. A raison de cette statue, l'autel changea encore une fois de dénomination usuelle, si bien que les dénominations de sainte Marie-Madeleine, de sainte Catherine ou du Christ souffrant s'appliquent à des époques différentes, au même autel.

Au commencement du xixe siècle, la clôture de Van den Steen fut sacrifiée aux fantaisies des novateurs, et remplacée par une balustrade basse. Seuls, deux portiques trouvèrent grâce (1); mais ils furent reconstruits au fond des collatéraux, où ils encadrent encore aujourd'hui l'entrée du baptistère, au Sud, et celle d'un débarras, au Nord, près de la chapelle du Saint Sacrement. En 1824, afin de diminuer l'ouverture de la baie de ces portiques, on y ajouta des rideaux, retenus par des figures d'anges et des enroulements de feuillage, le tout sculpté en bois par Van Geel et d'une exécution médiocre.

Quant aux autels, on les fit disparaître. Le Christ souffrant fut placé sur l'autel de l'ancienne chapelle des Zellariens et le service paroissial tristement relégué au fond de l'église, dans la chapelle de l'ancienne Confrérie du Saint Sacrement.

Cependant, comme on ne rompt guère impunément avec une tradition plus de six fois séculaire, les chanoines ne tardèrent pas à regretter la clôture disparue, et une seconde fois, comme en 1670, le Chapitre en demanda le rétablissement. Malheureusement, on ne vivait plus en 1850, une époque d'art comme au xvij^e siècle, aussi le grillage de bois, peint et doré, qui après de multiples tâtonnements remplaça en 1856 la clôture de marbre (2), ne donna satisfaction à personne. Partie par partie, on l'enleva à différentes époques. Aujourd'hui, il n'en reste plus que le soubassement.

---

(1) D'après Schellens, la démolition commença le 2 juin 1812. — AM, SCHELLENS, *Parochiekerken*, reg. I, p. 36.

(2) La nouvelle clôture fut établie aux frais du cardinal Sterckx.

Jusque dans la seconde moitié du xvije siècle, le chœur était séparé du pourtour par un mur bas, contre lequel étaient appuyés à l'intérieur (1) les stalles et auquel étaient attachés, à l'extérieur, de grands tableaux, dont le dos dépassait la hauteur de la cloison (2).

Le mur dans les trois travées du chevet, fut démoli lors de la construction du maître-autel. C'est alors qu'on établit, en 1666, aux frais de l'Archevêque et d'après le projet du P. Hesius, les colonnettes de marbre blanc, avec soubassement et architrave de marbre noir, qui aujourd'hui encore ferment le chœur de ce côté (3). En 1679, on continua la clôture et on établit les deux portes latérales, dont les vantaux furent décorés d'arabesques en bois. A la même époque aussi, en prévision du jubilé de saint Rombaut de 1680, la Fabrique fit placer une balustrade au-dessus des stalles (4). Les portes, construites en 1679 furent modifiées par ordre du cardinal de Franckenberg, en 1774, et les sculptures des vantaux remplacées par du fer ouvragé (5).

En même temps que le portique qui séparait le chœur du transept, la Fabrique fit enlever, au cours du xixe siècle, les colonnettes surmontant les stalles; seules, la clôture derrière le maître-autel et les portes de 1774 furent respectées.

---

(1) Pour autant qu'on peut avoir confiance dans une vue représentant, dit-on, l'intérieur du chœur de Saint-Rombaut en 1570, les murs étaient surmontés de chandeliers de laiton. — V. ci-après, p. 188.

(2) AC, *Visit. eccl.*, reg. I, visite de 1604. « Tabulae ita pendentes ad murum chori ut posterior pars seu dorsum illarum tabularum ab is qui in choro sunt videri possit ita deprimantur ut ultra murum non emineant vel alibi collocentur ».

(3) AC, *Acta*, reg. X, fo 155, 15 sept. 1666.

(4) De Munck, *Beschrijving der Negen-hondertjarige Jubelfeesten*... Malines, 1774.

(5) AC, *Acta*, reg. XIX, fo 160; « Excell. acf Reverendissimus Dnus Archiepiscopus pro iubilaeo futuro intendens suis sumptibus... simulque imitare portam lateralem chori ex adverso troni... » Cf. De Munck, *Gedenk Schriften*, p. 263, note.

N° 2

L'intérieur du Chœur

SOMMAIRE. — L'intérieur du chœur d'après une gravure de 1572. — Y eut-il un autel de la Sainte Vierge derrière le maître-autel? — Les blasons des chevaliers de la Toison d'or. — Les stalles du xvj^e au xxe siècle. — Le maître-autel, depuis 1585. — L'autel de l'archevêque Cruesen. — Les sépultures des Archevêques. — Le mausolée d'André Cruesen. — Le mausolée de Mathias Hovius. — Le mausolée d'Alphonse de Berghes. — Le mausolée d'Humbert de Precipiano. — Projet de cénotaphe à la mémoire du cardinal d'Alsace. — La pierre tombale de Jean Hauchin. — Le caveau des Archevêques. — Le pavement du chœur. — Le grand lutrin de laiton. — Les grands chandeliers et autres objets de dinanderie. — La statue du Roi David. — Vitraux anciens et modernes du chœur.

On pense généralement retrouver une vue de l'ancien chœur de Saint-Rombaut avant le sac de l'église, en 1580, dans un intérieur dessiné par Pierre Van der Borcht de Malines, et gravé par Antoine Van Leest, pour servir de frontispice à un *Antiphonale Romanum* imprimé chez Christophe Plantin, en 1572. L'*Antiphonale*, véritable chef-d'œuvre de l'art typographique, fut publié par le maître de cérémonies du cardinal de Granvelle, Réginald Rogerius, qui le dédia à l'Archevêque.

Le dessin de Van Leest représente un arc de triomphe servant de cadre à un intérieur de chœur d'église. Les colonnes canelées qui supportent le fronton sont ornées des armoiries des évêques suffragants du siège métropolitain. Celle de droite porte les écussons de Rythovius d'Ypres, de Jansenius de Gand, de Drusius de Bruges; celle de gauche les écussons de Sonnius d'Anvers, de Metsius de Bois-le-Duc, de Lindanus de Rurmonde. Le fronton lui-même est décoré de l'écu du cardinal de Granvelle.

A l'avant-plan du chœur, on voit deux prêtres, assis sur un large banc, devant un livre de chant déposé sur le lutrin. Ils sont revêtus de la chape et portent le bonnet sur la tête; de la main droite ils tiennent le bâton de cérémonie, les *imperiales*, comme on disait à Malines. Pour autant que l'identification de la gravure avec le chœur de Saint-Rombaut soit admise, on peut voir dans ces deux prêtres le chanoine-chantre et son collègue, le maître du chant ou *succentor*. A côté d'eux se tient, debout, la toque à la main, en costume laïque et manteau court, le bedeau du Chapitre.

A quelque pas des deux prêtres, à leur gauche, plusieurs chantres et choraux se trouvent groupés devant un lutrin; ils chantent sous la direction de l'un d'eux. Tous portent le surplis sans manches.

De part et d'autre du chœur s'allongent, en double rangée, inférieure et supérieure, les stalles des chanoines et des chapelains. Chaque banc comporte sept places. Les chanoines sont drapés dans le manteau de chœur et ont le bonnet sur la tête, sauf l'un d'eux qui s'est couvert du capuchon.

Le haut dossier de ces stalles est orné, au-dessus de chaque place, d'un panneau armorié. Ce sont les écussons des chevaliers de la Toison d'or, qui assistèrent au chapitre tenu en l'église Saint-Rombaut en 1491. Au-dessus de ces panneaux, on voit une large moulure qui porte des chandeliers, garnis de cierges (1).

Plus loin, du côté de l'Épitre, qui est aussi celui de la sacristie, on aperçoit des colonnes, portant un fronton, c'est probablement l'encadrement d'une porte latérale. En face, une construction très peu distincte représente peut-être l'édicule dans lequel, suivant l'usage de la plupart des églises, était conservé le Saint Sacrement.

Nous savons, en effet, par un *Manuale* de la Confrérie, que le tabernacle pour la Sainte Réserve était placé hors de la chapelle des saints Pierre-et-Paul, spécialement affectée aux services de la

---

(1) Par son testament du 7 janvier 1568, Sébastien Van den Borre, — Cf. t. I, p. 217, — fit un legs au Chapitre, pour les cierges « op de croone ende rontomme de choor berrende », le jour de la fête de saint Sébastien. —Cf. Van Helmont, t. II, p. 230.

Confrérie (1), entre deux colonnes (2), et qu'il était entouré d'un grillage (3).

Plus en arrière, vers l'autel, se trouve le siège de l'évêque.

Au fond du chœur, dans le sanctuaire, séparé du *presbyterium* par une marche, s'élève l'autel, placé sur trois degrés.

L'autel lui-même est d'une grande simplicité et se compose d'une tombe ornée d'un *antependium* en étoffe, et d'un retable bas. Le retable est décoré de deux figures debout, au centre, et de part et d'autre, d'une figure couchée. Il serait difficile d'identifier ces figures, qui sont traitées de manière très confuse. Peut-être même faut-il voir entre les deux figures debout, une autre figure de proportions réduites. Le retable est surmonté d'une croix assez importante. Derrière l'autel, il y a un balcon à balustrade, auquel un escalier à double rampe donne accès (4). Le dessinateur a moins soigné la partie architecturale que les personnages et que le mobilier. La forme des fenêtres, notamment, et le nombre des colonnes ne répondent ni à la réalité du chœur de Saint-Rombaut, ni même à une disposition possible.

A-t-il jamais existé derrière le maître-autel un second autel placé entre les deux colonnes du chevet, tel qu'il s'en trouvait un au chœur de Sainte-Gudule? La chose est possible, elle est assez probable même, pour autant qu'on ne s'en rapporte qu'au testament de maître Nicolas de Sclusa, qui donna, en 1495, le capital nécessaire pour l'érection de cet autel en l'honneur de la Sainte Vierge,

---

(1) AF, *Manuaelboeck toecomende de Capelle van theilich Sacrament in Sinte Rombouts kercke; 'tselve es geschreven Anno 1506*, f⁰ 12 v⁰-13, « Item als de priesters comen bigten horen ende hem aen ghedaen seellen hebben, soe sullen twee Jongers comen met twee toortssen hen teghen ende soe ghelijc gaen alsoe eerweerdelic als men can ende magh toten heileghen sacramente ende bringhen dat opten autaer ende aan soe moet men singhen met discante *Tantum ergo* ende *Genitori* ».

(2) IBIDEM, f⁰ 5. « Item noch hebben wy doen maken drie tapijten, de twee te hanghen op goede daghen op elcke zyde van den Heylighen Sacramente aen elken pilaer, ende derde salmen legghen beneden binnen den tralien op te stane ende te gaen ».

(3) IBIDEM, f⁰ 3 v⁰. « Item de provisoers hebben doen stofferen de doren ront omme des Heilichs Sacraments huys, ende perch boven de vorste dore ».

(4) Le chan. G. van Caster pense que sur ce balcon était conservée la châsse de saint Rombaut; mais, encore une fois, tout cela est encore aussi douteux que l'identification de la gravure elle-même est incertaine.

pour son ornementation et pour sa dotation (1); mais, en fait, il ne nous reste aucune trace positive de cet autel. En tous les cas, il n'existait déjà plus en 1550; et après la Réduction de la ville, en 1585, les messes fondées par le Prévôt étaient dites au maître-autel.

On ne sait trop à la suite de quel heureux hasard les blasons des Chevaliers de la Toison d'or échappèrent au vandalisme des Anglais et des Hollandais, lors des sinistres journées du mois d'avril 1580. Après la restauration du culte, les peintures conservèrent leur place au-dessus des stalles, jusqu'aux jours plus sombres encore de la conquête française, à la fin du xviij^e siècle. Remisées alors dans les combles de l'église, ces tableaux ne furent descendus qu'en 1838; mais, cette fois, ils perdirent leur emplacement au chœur, pour être distribués dans différentes chapelles du déambulatoire.

Les blasons, qui mesurent 0^{m}87 × 0^{m}55, ont été décrits maintes fois, notamment par Van Gestel, par Van den Eynde et de Cuypers, par Emm. Neeffs (2), et par les éditeurs du *Recueil des inscriptions funéraires et monumentales de la Province d'Anvers*. Il serait superflu de revenir sur cette description. Rappelons, toutefois, ce qu'on semble avoir perdu de vue, que ces panneaux, qui aujourd'hui sont au nombre de trente-deux, ne sont pas tous authentiques.

---

(1) AF, Coll. D. C., liasse: chapellenies. « Egregius vir Dnus et magister Henricus de Minori Villa, utriusque iuris doctor, ex parte venerabilis et circumspecti viri Dni et magistri Symonis de Sclusa, in medicinis doctoris, venerabilium ecclesiarum cathedralis Trajectensis et collegialis Mechliniensis, Cameracensis dyocesis praepositi et canonici ac confratris nostri merito dilecti et per eum ad hoc exhortatus exposuit et recitavit quatenus dictus Dnus praepositus intendens in choro ecclesiae nostrae quoddam altare ad honorem beatae Mariae Virginis erigere retro maius altare ad et inter duo pilaria idem altare maius circumdantia vel saltem inter duo proximiora et illis magis contigua ad instar vel quasi altaris in choro sanctae Gudulae Bruxellis retro illius altare maius existente, inibique perpetuum servitium unius missae quotidianae in perpetuum ordinare atque illi pro prima vice et semel dumtaxat de libro, calice, mappis et ornamentis aliisque ad ministerium... necessariis decenter et honeste providere... ». V. sur la fondation de Simon de Sclusa, Livre II, chap. III, § 2; t. I, p. 284.

(2) EMM. NEEFFS, *Les blasons des Chevaliers de la Toison d'or, conservés dans l'église Saint-Rombaut*, dans *Le Messager des Sciences historiques*, année 1878, pp. 172 et ss.

Lorsqu'en 1838 on les replaça à l'église, six ou plutôt huit blasons (1) signalés auparavant avaient disparu et furent remplacés, aux frais de la Fabrique, par le peintre-restaurateur Luyckx, de Bruxelles. Ce sont ceux de Maximilien d'Autriche, de Jean, roi d'Aragon, de Guillaume de la Baume, de Ferdinand, roi d'Aragon et de Castille, de Jean de Lannoy et d'Engelbert de Nassau. Quant aux autres panneaux, ils furent retouchés par le même Luyckx, sous la direction et aux frais du comte de Beaufort (2).

Déjà, cependant, au xvij^e siècle, les blasons avaient subi des restaurations. Lors de la mise en état du chœur, en vue du jubilé de saint Rombaut, en 1680, la Fabrique paya à Matthys de Reyger une somme de 26 fl. 10 s. « voor het schilderen en vernieuwen van de waepens in de gestoelten » (3).

L'envoi de ces panneaux à l'exposition de la Toison d'Or à Bruges, leur retour dans des conditions plutôt regrettables, et plus tard, l'entassement de ces peintures dans les caves voûtées de l'Archevêché, lors des sinistres journées de l'invasion allemande, furent désastreux pour ces œuvres d'art. Dans leur ensemble, elles réclament aujourd'hui une complète et soigneuse restauration.

Au xvj^e siècle, les stalles étaient d'une extrême simplicité. Elles furent renouvelées en 1680, par Jacques Peeters, qui reçut de ce chef 800 fl., dont 400 dûs à la générosité du chanoine Michel Van Attevoort (4), le même qui plus tard renouvela le pavement de la chapelle de la Sainte Trinité. Au xviij^e siècle également les chanoines modifièrent leur stalles et les surmontèrent d'une galerie.

En 1810, le 8 juillet, on procéda à l'enlèvement de ces stalles, pour les remplacer par d'autres, provenant du couvent supprimé de

---

(1) Il existait, en effet, jadis deux blasons identiques de l'empereur Maximilien et deux de Philippe d'Autriche, comte de Charolais.
(2) AF^2, *Registre de la correspondance du Conseil de Fabrique*, 1835-1843, lettre au comte de Beaufort, 25 juin 1838.
(3) AC, Arm. I, casier 4, *Rekeninghe, bewijs ende reliqua..... voor den jubileen van Sinte Rombouts geviert den 7 Juli 1680*, orig.
(4) Ibidem, même compte.

Leliëndael (1). En même temps on transporta à l'église, pour les attacher au-dessus des stalles, qui n'avaient pas de haut dossier, trois fort beaux bas-reliefs en bois, provenant de la même chapelle, un Christ en croix, ainsi que la Naissance et la Mort de saint Norbert. Le sculpteur Van Geel y ajouta un quatrième bas-relief, en bois également, représentant la prédication de saint Rombaut (2).

A leur tour, les stalles provenant des Norbertines de Leliëndael, ainsi que les bas-reliefs, furent enlevés en 1859-1860. Une partie des stalles fut cédée à l'église de Waterloo et les bas-reliefs retournèrent à la chapelle de la rue du Bruel (3), rendue au service religieux depuis la création de l'Université Catholique et l'organisation, peu de temps après, d'un pensionnat dirigé par le clergé diocésain.

Les stalles actuelles de la Métropole furent sculptées par les frères Goyers de Louvain, d'après le dessin de Fr. Pluys. Elles sont composées d'un double rang étagé de quatorze sièges, séparés par des parcloses; les sièges supérieurs sont destinés aux chanoines, ceux du rang inférieur aux chapelains et aux séminaristes. Les stalles occupent, de part et d'autre du chœur, les deux premières travées; elle ont un haut dossier, dont les panneaux, décorés d'arcatures, sont surmontés d'un couronnement sous forme de dais. Le dais lui-même présente une succession de pignons, en nombre égal à celui

---

(1) L'église de Leliëndael fut construite en 1662, et la façade achevée en 1775. Elle faisait partie du couvent du Val des Lys, des chanoinesses Norbertines. Après la suppression du couvent sous Joseph II, les bâtiments furent occupés par les Ursulines de la rue des Bateaux, jusqu'en 1798. En 1808, les Hospices Civils acquirent le couvent et l'église, avec le mobilier qu'ils renfermaient encore. Bientôt, cependant, les Hospices cédèrent à la Fabrique la majeure partie des objets du culte : le tabernacle du maître-autel, les bas-reliefs qui décoraient la balustrade du chœur des religieuses, un banc de communion, la chaire de vérité, plusieurs statues, et jusqu'au pavement même de la chapelle, le tout pour une somme de 600 florins.

(2) AM, SCHELLENS, *Parochiekerken*, reg. I, p. 39.

(3) Les bas-reliefs furent placés contre le mur, dans l'encadrement dans lequel on les avait enchâssés en 1810. Après l'acquisition de la chapelle de Leliëndael par les Jésuites, l'architecte Ph. Van Boxmeer, chargé de la restauration de la chapelle, fit reprendre aux bas-reliefs leur place dans le parapet de l'ancien chœur des religieuses, déplacé et converti en jubé. L'une de ces sculptures avait été mutilée par l'enlèvement d'une petite figure nue, l'âme de saint Norbert s'envolant aux cieux. La quatrième sculpture, la prédication de saint Rombaut, débarrassée de la couleur blanche qui la couvrait primitivement, est placée sous le jubé.

des sièges, ornés de fenestrages variés et surmontés d'un fleuron. Le dossier est entrecoupé de colonnettes portant chacune une statuette placée sous un dais, ainsi qu'une double console ajourée, se projetant au droit de la saillie des sièges et soutenant les petites voûtes des dais. Les stalles sont interrompues dans leur milieu par un escalier et un palier formant entrée, et par une partie ressortante du dossier enveloppant la colonne du chœur. Une statue, de proportions plus grandes que celles des colonnettes, un Christ à droite, et une Vierge à gauche, orne cette partie du dossier, qui est surmontée d'une tour ajourée. L'ensemble de ces stalles, à part les statuettes qui sont dépourvues de tout caractère, n'est pas sans faire honneur aux sculpteurs qui les exécutèrent et surtout à l'artiste qui les conçut.

Au xviij^e siècle encore, lors des grandes fêtes, on ornait les murs de tapisseries représentant les principales scènes des Actes des Apôtres. Les tapisseries, qui étaient tendues au chevet, tout autour de l'autel, furent un legs de l'archevêque Alphonse de Berghes (1).

L'ancien maître-autel avait disparu en 1580-1585. Le 5 août de cette dernière année, trois jours après son entrée à Malines, et le lendemain de la réconciliation de l'église, l'archevêque Jean Hauchin consacra la nouvelle tombe d'autel (2).

Le retable qu'on y plaça, conçu probablement dans le goût de la plupart des autels de cette époque, était orné d'un tableau et de courtines ; il servait de reposoir au Saint Sacrement, qui était renfermé dans un tabernacle recouvert d'un conopée. Nous savons également que, dès la première moitié du xvij^e siècle, l'autel était paré, aux grands jours, d'une nombreuse argenterie : crucifix, chandeliers, reliquaires et statues (3).

C'était le doyen du Chapitre qui seul conservait la clé du tabernacle. Il faut croire que celui qui fut placé immédiatement après la Réduction de la ville ne convenait guère à l'importance du chœur, car au cours de l'année 1622, nous constatons qu'un nouveau

---

(1) AC, *Visit. eccl.*, visite de 1705.
(2) AC, *Acta*, reg. III, f° 33 r° et v°. — DE MUNCK, p. 120 et p. X.
(3) AC, *Visit. eccl.*, reg. I. Visite de 1618 ; reg. II, visites de 1622 et 1623 ; Arm. I, casier 4 : « Rationes pro et contra altaris magnitudinem ».

tabernacle prend place sur l'autel, grâce à la libéralité de l'archevêque Hovius et à celle de son successeur Jacques Boonen (1).

Un demi-siècle plus tard, ce ne fut pas seulement le tabernacle qui ne répondait plus aux nouvelles tendances et aux nouveaux goûts artistiques, mais tout l'autel avait cessé de plaire.

L'archevêque Cruesen s'en rendit compte et, d'un geste de princière générosité, il s'offrit à remplacer l'autel démodé par un monument plus conforme aux aspirations de son époque. Ce fut le Jésuite Guillaume Hesius qui fut chargé de dresser le projet et Luc Fayd'herbe qui en assuma l'exécution. Toutefois, avant d'en arriver là, le projet donna lieu à d'âpres discussions, les uns voulurent donner à l'autel les proportions les plus vastes et orner le portique du retable d'une grande toile, les autres préconisaient un monument plus réduit et se prêtant mieux à recevoir la châsse de saint Rombaut; les chanoines insistèrent surtout pour que tout l'autel fut construit en marbre (2). Le bon jésuite eut fort à faire pour contenter à la fois son commettant l'Archevêque, et les chanoines, à tel point qu'à certain moment, harcelé de divers côtés, il écrivit au Chapitre que le seul autel de Saint-Rombaut lui avait causé plus de tracas et coûté plus de mal que toute l'église de la Compagnie à Louvain (3).

L'autel, de marbre blanc et noir, est construit en forme d'arc de triomphe; il a deux faces semblables et se caractérise par son imposante simplicité. Six colonnes de marbre blanc (4), couronnées d'un chapiteau d'ordre composite, supportent l'entablement, dont deux vases ornent les extrémités; aux piédestaux des colonnes sont attachées les armoiries du donateur, simples sur le côté antérieur, et écartelées avec celles du Chapitre, du côté du pourtour. L'entrecolonnement est évidé pour servir de reposoir à la châsse de saint

---

(1) AC, Arm. II, casier 3, testament du 8 janv. 1619, *orig.*
(2) AC, Arm. I, casier 4, « Rationes pro et contra... ».
(3) AC, Arm. I, casier 4, Lettre du P. Hesius au Chapitre, 29 oct. 1662, *orig.* — V. aussi, *ibidem*, « Rationes pro et contra... ».
(4) Le coût de ces colonnes monta à 5380 fl. AC, *Acta*, reg. XI, pp. 526 et ss., 20 oct. 1679.

Rombaut. Des vantaux, richement sculptés et dorés, peuvent se refermer sur la châsse (1). Les sculptures de ces vantaux, ainsi que celles du panneau décoratif derrière le banc des chandeliers, furent exécutées, dit-on, par Matthieu Van Beveren, d'Anvers, d'après un dessin de Fayd'herbe (2).

Une statue de pierre, représentant saint Rombaut, masse pleine de force et de vérité, domine le sommet de l'arc de triomphe. Elle mesure 3m75 de haut. Le Saint est représenté en habits pontificaux, la tête coiffée de la mitre, tenant la crosse de la main gauche et de la droite, levant dans un geste de prédicateur la croix de missionnaire (3).

Sur le socle de la statue, on lit, de face :

saNCtUs
rUMoLDUs

et du côté du pourtour :

rUMoLDo
CrUesenUs

A la partie inférieure du monument, du côté du pourtour, se trouve une dédicace plus étendue :

Sancto Rvmoldo
Episcopo Mechliniensivm Apostolo Martyri
Hvivs vrbis et Ecclesiae patrono
et eivs sacro corpori hic recondito
Andreas Crvesen
V Archiepiscopvs Mechliniensis
votivam hanc aram M. D. C. LXV.
posvit dedicavit.

---

(1) Pendant longtemps, lorsque la châsse était exposée devant le chœur, on plaçait sur l'autel une statue d'argent, provenant de l'église de Bois-le-Duc.
(2) Emm. Neeffs, *Inventaire*, p. 63.
(3) La statue subit quelques légères restaurations en 1792, par le sculpteur Van Geel. — AA, *Acta*, reg. XX, p. 470, 6 juillet 1792.

Les travaux de construction furent commencés au mois d'août 1665, après que, le 7 de ce mois, le Chapitre eut commissionné le cantor, Disme Corten, pour veiller à la démolition de l'ancien autel et à la vente des matériaux qui en provenaient (1). En une année, l'autel du P. Hesius était monté et le jour de la Translation des Reliques, le 19 octobre 1666, on put y placer solennellement la châsse. Ce ne fut, cependant, que plusieurs années après, le 1 mars 1671, que le successeur de Cruesen, Alphonse de Berghes, consacra l'autel en l'honneur des saints Rombaut, Libert et Marie-Madeleine (2).

Pendant la durée des travaux, le Chapitre décida d'abord de célébrer les offices du chœur à l'autel du Saint Sacrement (3), puis sous la tour (4); mais bientôt les chanoines donnèrent la préférence à l'église Saint-Jean (5).

Dans la partie postérieure de l'autel, sous l'armoire de la châsse, est aménagé un ancien tabernacle dans lequel on conservait jadis les Saintes Espèces et les huiles servant à l'administration de l'Extrême Onction aux chanoines et aux prêtres de la ville. La porte est ornée d'un grand ostensoir. A l'intérieur de cet ancien reposoir, on plaça, au commencement du xixe siècle, un second tabernacle, de proportions réduites, mais remarquable par le fini de son exécution. Avant la Révolution, il ornait le maître-autel de l'église de Leliëndael. Il est en bois, en partie peint en blanc (6) et en partie doré. Fixé sur pivot, le tabernacle offre une double face sculptée; sur l'une l'artiste a représenté la Dernière Cène, sur l'autre la Récolte de la Manne. Le sculpteur, — on a toujours cru que c'était Nicolas Van der Vekene, — a mis une rare finesse dans l'achèvement de ces sujets, qui paraissent

---

(1) AC, *Acta*, reg. X, f° 114, 7 août 1665. — La démolition, toutefois, ne mit pas obstacle aux obsèques du roi Philippe IV mort le 17 septembre 1665, puisqu'en prévision des travaux à exécuter pour la décoration de l'église, le Chapitre célébra ses offices pendant quinze jours à Saint-Jean. — AC *Acta*, reg X, f° 327 v°, 14 août 1671.
(2) AA, Mechliniensia, reg. XXI, p. 418.
(3) AC, *Acta*, reg. X, f° 114, 7 août 1665.
(4) Ibidem, f° 115, 14 août 1665.
(5) Ibidem, f° 120, 20 nov. 1665.
(6) Jadis le tabernacle était couvert de plaques d'argent pesant 479 onces. — F. Verhavert, p. 89.

plutôt tracés par le pinceau d'un maître habile que taillés au ciseau du sculpteur (1).

Derrière l'autel était suspendue une lampe d'argent, dont l'huile devait être fournie par le Séminaire, en vertu d'un legs fait par l'archevêque Boonen, et dont l'entretien se trouvait à charge de la confrérie de saint Rombaut.

Une tradition, en honneur depuis les premiers siècles, veut que les évêques choisissent leur sépulture au chœur de l'église cathédrale. Tant que la loi civile n'y mit pas d'obstacles (2), cet usage fut suivi par les archevêques de Malines qui, tous ceux du moins qui moururent dans la possession de leur dignité (3), furent enterrés à l'église Saint-Rombaut. Les premiers, les cardinaux Dechamps et Goossens, par déférence pour les prescriptions légales, choisirent leur sépulture, le premier à Ramillies près de Tournai, au cimetière commun des Pères de la Congrégation du T. S. Rédempteur, dont il était membre, le second au cimetière du village de Perck, non loin de Vilvorde, son lieu natal.

L'usage d'enterrer les évêques dans leur cathédrale amena de très bonne heure celui de leur élever des monuments funéraires, des cénotaphes ou des mausolées. A l'église Saint-Rombaut, quatre cénotaphes se trouvent placés près du maître-autel : ce sont ceux des archevêques André Cruesen, Jacques Boonen, Alphonse de Berghes et Humbert-Guillaume de Praecipiano.

---

(1) Cf. Emm. Neeffs, *Inventaire*, p. 64. — Cf. *Bulletin du Cercle Archéologique*, t. XXIII (1913), p. 213, où M. C. Poupeye défend, mais sans preuve positive, l'attribution de cette œuvre raffinée à Théodore Verhaegen.

(2) L'inhumation du corps du cardinal Sterckx, décédé le 4 décembre 1867, eut encore lieu dans le caveau des Archevêques, sous le pavement du chœur; mais elle donna lieu à des poursuites judiciaires qui valurent à Mgr Genneré, doyen du Chapitre, une condamnation à 26 francs d'amende.

(3) Le premier archevêque de Malines, le cardinal de Granvelle, résigna son siège entre les mains du pape Grégoire XIII, le 24 janvier 1583. Il mourut archevêque de Besançon et fut enterré dans l'église des Carmélites de cette ville.

Le dernier titulaire de l'ancien archevêché, le cardinal de Franckenberg, mourut à Breda, après la démission de son siège; et fut enterré dans la petite église de Rysbergen, démolie aujourd'hui, et où la tombe du généreux confesseur de la Foi, en 1919, gît abandonnée, au milieu des décombres.

Le premier monument du côté de l'Évangile est celui que le généreux donateur du maître-autel se fit élever en 1660. Exécuté en marbre blanc et noir, le monument est composé d'un sarcophage et de deux piédestaux. Sur le sarcophage, l'Archevêque est représenté, revêtu de la chape, mais la tête découverte. Le prélat est agenouillé et lève le regard vers une figure du Christ ressuscité, qui se dresse sur l'un des piédestaux. Sur l'autre piédestal se trouve une figure allégorique : le Temps, grand vieillard armé d'une faux, vers lequel s'élance un petit enfant, comme s'il voulait implorer la pitié de l'impassible faucheur. Le fond du monument est formé de quatre pilastres, qui supportent un entablement dont les retours reposent sur des colonnes torses. L'entablement lui-même est surmonté de quatre torchères et d'un médaillon retenu par deux anges, accroupis sur des volutes brisées. Les entre-colonnements sont remplis par des arabesques de cuivre.

Le sarcophage porte l'inscription :

ANDREAS CRVESEN

V ARCHIEPISCOPVS MECHLINIENSIS

NON TIMVIT MORTEM A TEMPORE

QVIA EXSPECTAVIT IMMORTALITATEM

A RESVRRECTIONE

VT BEATAM HABEAT PRECARE DEFVNCTO

A° XPI MDCLXVI ÆT LXXV DIGNITATIS IX.

Sur les piédestaux on lit :

TEMPVS	EGO SVM
MISERENDI EIVS	RESVRRECTIO
QVIA	ET
VENIT TEMPVS	VITA
PS. CI.	IO. XI.

Le médaillon, dans la partie supérieure du monument, porte le texte :

> ET NVNC
> QVAE EST
> EXPECTATIO MEA
> NONNE DOMINVS
> PS. XXXVIII.

Le mausolée de l'archevêque Cruesen constitue l'une des œuvres d'art les plus remarquables de l'église. Le beau corps du Christ surtout, légèrement drapé, excite à bon droit l'admiration (1).

Au XIXe siècle, la fantaisie des restaurateurs fit peindre sur le revers du monument, du côté du déambulatoire, les armoiries de Jean Van Wachtendonck et y inscrivit une épitaphe en souvenir de cet Archevêque qui ne fut titulaire du siège archiépiscopal que pendant quelques semaines et mourut avant son arrivée à Malines.

ΔΟΞΑ ΚΑΘ' ΑΡΕΘΗΝ (2)

D. O. M.

ET PIAE MEMORIAE
JOANNIS WACHTENDONCK ARCH. MECH. VI
A NAMURCO SEDE AD HUNC METROP TRANSLATUS ANNO MDCLXV.
DECESSIT BRUXELLIS XXV JUNII EJUSDEM ANNI.
R. I. P.

A côté du mausolée d'André Cruesen se trouve celui de Mathias Hovius.

Sur une tombe de marbre noir est couchée la statue de l'Archevêque, en habits pontificaux ; la tête, coiffée de la mitre, est appuyée sur la main droite ; aux pieds du prélat repose un lionceau. La statue est en terre cuite et si largement traitée, qu'on la prendrait aisément pour une ébauche. L'ensemble de l'œuvre dénote une main habile et exercée, mais nous ignorons le nom de l'artiste

---

(1) V. une reproduction de ce monument, par D. Coster, dans LE ROY, *Théâtre sacré*, t. I, p. 22, et VAN GESTEL, t. I, p. 60.

(2) C'est-à-dire : *J'ai mis ma gloire dans l'exercice de la vertu.*

auquel nous la devons. Peut-être est-ce Rombaut Van Avont qui, après la mort de l'Archevêque, fut chargé de dessiner l'épitaphe et de faire quelques retouches à la partie sculpturale (1).

Une galerie composée de balustres sert de fond et porte une plaque de cuivre avec l'inscription commémorative :

>   EN PRIMVS ILLE BELGII HIC SPLENDOR IACET,
> QVEM, SACRA, MARTIS, INTER, ET MORTIS METVS,
> VARIIS PROBATVM MVNIIS, PIETAS, HVIC
> (AVSPICE PHILIPPO) TERTIVM ARCHIEPISCOPVM
> DEDIT ESSE, CATHEDRÆ, DEPVTANTE BELGICAS,
> PONTIFICE, TVRMAS REGERE, CONSILIO INTIMO,
> ALBERTO, ADESSE PRINCIPI, MATHIAS HOVIVS
> SVO HIC, RELICTO HÆREDI SEMINARIO
> VIrtVte FVLGens DesIt affLIGeMII
>
> III KAL. IVN A⁰ SAL.   MIƆCXX. ÆT. LXXVII. SAC LIII. ARCHIEP. XXV

L'inscription fut gravée par Libert Van Eghem (2).

L'encadrement de la plaque, la partie supérieure du portique, ainsi que les ornements qui le surmontent sont en bois et d'un travail assez grossier. Cette particularité, de même que le texte de la quittance de Rombaut Van Avont, du 8 avril 1621, confirment le dire d'Emm. Neeffs, qui affirme que le portique a été ajouté postérieurement à l'achèvement de l'autel (3), soit vers 1666, ou peut-être plus tard encore, vers 1680. On aurait, à cette époque, fait subir une modification profonde au monument (4).

Comme sur le cénotaphe précédent, une inscription commémorative, placée au cours du siècle dernier, en 1875, par le chanoine

---

(1) AC, Arm. II, casier 3, liasse : maison mortuaire de Mathias Hovius, quittance autographe de R. Van Avont, du 8 avril 1621 : « Ick Rombaut van Avont hebbe ghevrocht aen de sepulture van men eerweerdichste heer den Bisschop, ten eersten den brief gesuert, den brief gescreven met coel op het pompier, het cruys vergult, den bisschop gewasschen met die dry beelden, die handen gerypereert ende aengeset... »

(2) IBIDEM, quittance de L. Van Eghem, du 26 mars 1621.

(3) EMM. NEEFFS, *Inventaire*, p. 68.

(4) V. la reproduction de ce monument par C. Coster, dans LE ROY. t. I, p. 23, et VAN GESTEL, t. I, p. 64.

De Coster, rappelle le souvenir de l'archevêque Boonen, dont l'austérité s'accommodait mal du faste d'un monument et qui dans son testament avait recommandé la plus grande simplicité pour ses funérailles.

Voici cette inscription :

D. O. M.
PIAE MEMORIAE
JACOBI BOONEN ARCH. MECH. IV
DIŒCESIM REXIT ANNIS FERE XXXIV
PIE HINC MIGRAVIT XXX IUN MDCLV
PLENUS MERITIS ET ANNIS.
R. I. P.

Le monument proche de l'autel, du côté de l'Épitre, est celui de l'archevêque Alphonse de Berghes. Le sarcophage, placé sous une arcade différant peu de celle qui encadre la tombe de Mathias Hovius, supporte la statue couchée du prélat (1). Cette statue, dont la pose manque de dignité et qui pourrait de ce chef donner lieu à la critique, est due à un artiste bruxellois, Marc De Vos. La partie architectonique a été achevée d'après les plans d'un autre artiste bruxellois, Van Brée. Derrière la figure du défunt, on voit une balustrade de marbre blanc, surmontée de l'écu épiscopal (2).

Le sarcophage porte l'inscription :

HIC IN PULVERE DORMIT
ILLUSTRISSIMUS, ET REVERENDISSIMUS DOMINUS
ALPHONSUS DE BERGHIS
EX COMITIBUS DE GRIMBERGHE
VII[us] MECHLINIENSIUM ARCHIEPISCOPUS PRIMAS BELGII
AD EXERCITUS REGIOS DELEGATUS APOSTOLICUS SUÆ MA[ti] A CONSILIIS
STATUS ETC
QUI PASTORALI ZELO PIETATE AC PRUDENTIA
HANC DIŒCESIM TOTIUS BELGII EXEMPLAR REDDIDIT
OBIIT 7 JUNII A' 1689 :   ÆTATIS 64 DIGNITATIS 19

---

(1) Par testament du 16 août 1672, l'Archevêque légua une somme de 400 fl. pour ce mausolée, sur lequel il désirait être représenté agenouillé ou couché « comme ses exécuteurs testamentaires jugeraient le mieux convenir ». — AC, Arm. II, casier 3, testament du 15 août 1672, *cop. auth.*

(2) V. une reproduction de ce monument par De Coster, dans LEROY, t. I, p. 25 et dans VAN GESTEL, t. I, p. 62.

Le quatrième mausolée est celui de Guillaume-Humbert de Praecipiano. C'est une des belles œuvres de Michel Vervoort, d'Anvers. La composition a des affinités avec celle du monument de Cruesen : l'Archevêque, revêtu de la *cappa magna,* est agenouillé sur un coussin, les mains jointes, devant une Vierge tenant dans les bras le Divin Enfant. Derrière l'évêque se trouve la Religion, debout et accompagnée d'un petit ange tenant le *pallium*. Derrière ces figures, exécutées en marbre blanc, il y a un fonds à trois compartiments, dont seuls ceux de côté sont ajourés. Au sommet du monument apparaissent, sur le fronton, les armoiries du défunt avec, au-dessous, la devise : *non in gladio sed in nomine Domini*. Deux cœurs, timbrés de la couronne comtale, dont celui du côté du déambulatoire appartient au cénotaphe de Prosper-Ambroise de Praecipiano, frère du prélat, terminent le fronton. Sur une banderole on lit : *in morte quoque non sunt divisi*.

L'inscription du monument, inscrite sur le sarcophage, porte :

HUMBERTUS GUILIELMUS
COMES DE PRECIPIANO ET SOYE,
ARCHI-EPISCOPUS MECHLINIENSIS,
PRIMAS BELGII,
AD EXERCITUS REGIOS
DELEGATUS APOSTOLICUS
MAI^{TI} SUÆ A CONCILIIS STATUS, ETC
IN HUIUS ECCLESIÆ ORNATUM
VIVENS POSUIT MDCCIX

Le monument de Guillaume-Humbert de Praecipiano fut le dernier des anciens archevêques placé à l'église. Il est vrai, en 1774, le cardinal de Frankenberg proposa aux chanoines de construire à ses frais un cénotaphe à son prédécesseur Thomas-Philippe d'Alsace, et les chanoines approuvèrent le projet (1) ; mais il ne reste plus aucune trace de ce mausolée dont, au témoignage de De Munck, on aurait commencé l'exécution en 1775 (2).

---

(1) AC, *Acta*, reg. XIX, f° 160, 9 sept. 1774.
(2) DE MUNCK, p. 263 note.

Jusqu'au commencement du xix⁰ siècle, on voyait au chœur la dalle tumulaire du second archevêque Jean Hauchin. Pour couvrir la tombe dans laquelle furent déposés, devant le maître-autel, les restes du prélat, ses exécuteurs testamentaires acquirent de la Fabrique une ancienne pierre tombale, qu'ils firent retailler par le sculpteur Libert Van Eghem (1).

Sous les armoiries du défunt, le sculpteur grava cette inscription, qu'on eût désirée plus simple et plus religieuse :

                        D. O. M.

IOANNI HAVCHINO ARCHIEPISCOPO MECHLIN
SECUNDO VIRO INCOMPARABILI QVI NON
SVBNIXVS IAM OBSOLETIS MAIORVM SVORVM
IMAGINIB SED PROPRIA VIRTVTE PER OMNES
SACRÆ MILITIAE GRADVS AD ARCHIEPISCO-
PATVS APICEM FAVENTE NVMINE EVECTVS
ITA SE VBIQ GESSIT VT CANDORE COMITATE
PRVDENTIA PIETATE VIVVS EXACTVM OMNIB
EXEMPLVM MORTVVS INGENS SVI DESIDERIVM
RELIQVERIT VIXIT ANNOS LXII IN ARCHIEP VI
OBIIT AN RESTAVRATÆ SALVTIS MD XCIX
IPSIS NONIS IANVARII NEMO SACRVM TVRBET
                        CINEREM

L'ultime prière de Jean Hauchin fut à peine entendue. Au mois d'août 1665, l'architecte Luc Fayd'herbe creusa le sol du sanctuaire pour établir les fondations du maître-autel. Il enleva également le cercueil de Mathias Hovius (2) et transféra celui de Jean Hauchin, pour réunir les corps des trois archevêques dans le nouveau caveau funéraire construit aux frais des exécuteurs testamentaires de

---

(1) AC, Arm. II, casier 3, comptes de la maison mortuaire de Jean Hauchin.
(2) AC, *Acta*, reg. X, f⁰ 119 v⁰, 26 août 1665. En attendant l'achèvement du caveau, les cercueils de Boonen et d'Hovius, qu'on renferma dans des enveloppes nouvelles, furent placés dans la chapelle épiscopale, dans le déambulatoire.

Jacques Boonen (1), et qui reçut successivement les dépouilles mortelles de leurs successeurs.

Une rampe de sept marches donne, ou plutôt donna jadis, accès au caveau. La crypte elle-même, située sous les degrés du maître-autel, a la forme d'un quadrilatère allongé, qui se prolonge de part et d'autre des fondations de l'autel. Sur le mur qui fait face à l'escalier d'entrée est peint un grand crucifix, les bras étendus. Le Christ semble prendre sous son égide ses fidèles serviteurs qui, tout autour, dans le sommeil de la mort, attendent l'heure de la résurrection. Dans le couloir de gauche se trouvent les restes de Jean Hauchin († 5 janv. 1589), d'Humbert-Guillaume a Praecipiano († 9 juin 1711), d'André Cruesen († 8 nov. 1666) et de Mathias Hovius († 28 mai 1620). Au-dessus de la bière de chaque prélat, on voit, peintes à la détrempe sur la paroi, les armoiries du défunt. La crypte de droite sert de sépulture à Alphonse de Berghes († 7 juin 1689) et à François-Antoine de Méan († 15 janvier 1831). Le cercueil se trouve placé sous les armoiries de Jean van Wachtendonck, († 26 juin 1668), dont les restes gisent confondus avec ceux de Jacques Boonen († juin 1655). Seul, dans ce compartiment, le cercueil du prince de Méan était encore intact en 1907. Il est en bois de chêne et porte sur le couvercle une plaque de cuivre aux armoiries du défunt. Derrière le cercueil, on déposa le coffret de chêne renfermant le cœur et les entrailles du prélat.

Faisant face à l'entrée, sous le crucifix, se trouvent placées les dépouilles du cardinal Thomas-Philippe d'Alsace († 5 juin 1759), le premier archevêque après de Granvelle qui reçut le chapeau cardinalice. Selon l'usage, le chapeau fut suspendu au-dessus de la bière : il n'en reste plus aujourd'hui qu'un peu de poussière. Il en est de même du drap de velours violet qui recouvrait les ais du cercueil.

A droite de l'entrée, contre le mur qui fait face au prolongement de la crypte, on déposa, le 9 décembre 1867, le corps du vénéré cardinal Sterckx.

En dehors des vues photographiques prises en 1907, lors de l'ouverture du caveau funéraire, à l'occasion des travaux de réfection

---

(1) AC, Arm. I, casier 4, contrat non daté, *min*. — A cette occasion, on dut déplacer également les restes du prévôt de Sclusa.

du pavement, il existe une gravure de la crypte par J. Van Campenhout, du xviij^e siècle, et la phototypie d'un dessin par Théod. Gevels, en possession de M. Victor Van Breedam, fait d'après les photos de 1907, et publiée par F. Verhavert dans son *Histoire de l'église métropolitaine* (1).

L'orifice de l'entrée du caveau fut fermé depuis le xvij^e siècle, par la dalle funéraire de Jean Hauchin. Lorsqu'au commencement du xixe siècle, les marguilliers firent placer un nouveau pavement au chœur, on recouvrit également de dalles bleues et blanches l'ancienne pierre tombale. Lors des travaux de réfection exécutés en 1907, on crut bon d'enlever la pierre et de voûter l'entrée du caveau. Depuis 1913, la dalle est encastrée dans le pavement de déambulatoire.

Plus regrettable encore que le déplacement arbitraire de la dalle funéraire de Jean Hauchin, fut l'enlèvement, fait en 1811, des autres pierres tombales du chœur, dont les unes furent vendues, les autres placées ailleurs dans l'église. Ces vénérables souvenirs d'hommes qui, aux siècles passés illustrèrent le Chapitre et le diocèse par leur science, leur zèle religieux et leur piété, firent place au pavement banal et tristement uniforme provenant de l'église de Leliëndael. Et comme s'il ne suffisait pas d'étouffer les voix des défunts réclamant des vivants un souvenir et une prière, les marguilliers, forts de l'appui du triste « abbé » de Pradt, l'évêque nommé d'alors, se procurèrent les ressources nécessaires à leur œuvre inconsidérée en mettant en vente un ostensoir d'or massif, l'un des derniers joyaux dont la munificence du cardinal d'Alsace avait enrichi son église métropolitaine (2).

---

(1) F. VERHAVERT, p. 91. — V. une description du caveau en 1867, lors des funérailles du cardinal Sterckx, dans le *Nieuws- en Aankondigingsblad van Mechelen*, n° 54, 8 déc. 1867, — en 1907, dans *Le Patriote*, 30 mai 1907. — Il semble que pendant un certain temps la tombe fut couverte d'une dalle de pierre de touche, « sercksteen van toutse liggende op de mont vanden kelder », que les exécuteurs testamentaires de Jacques Boonen payèrent à Luc Fayd'herbe le 29 février 1668, 100, et le 8 mars 1673 encore une fois 163 fl. — Cf. Dr ROBERT FONCKX, *Het graf van Aartsbisschop Boonen*, 1917.

(2) J. LAENEN, *Deux documents concernant Dominique de Pradt*, dans les *Analectes*, t. XXXI, p. 324. — V. ci-dessus chap. III, p. 134. — Parmi les rares pierres tombales replacées en 1813 dans le déambulatoire, citons celle de Dismas de Briamont, chanoine et prévôt de l'église métropolitaine, fondateur et premier prévôt du Chapitre de N.-D. († 25 février 1696). — Cf. J. B[AETEN], *Naemrollen*, t. II, pp. 17 et ss.

Nous avons vu, en traitant des dignités capitulaires, qu'au milieu du chœur de Saint-Rombaut s'est trouvé de tout temps un lutrin devant lequel, aux offices solennels, le chanoine-chantre et le maître du chant prenaient place (1).

Grâce au reliquat de la succession de l'archevêque Hauchin, les exécuteurs testamentaires purent, en 1591, commander au sculpteur Libert Van Eghem le modèle, et au fondeur Jean Cauthals, l'exécution du beau lutrin de laiton qui, éloigné du chœur en 1864, y reprit, il y a peu d'années, sa place traditionnelle. Cette œuvre remarquable porte à son sommet une belle statuette de saint Rombaut (2) et, sur les plats du pupitre, les armoiries de l'Archevêque. Une inscription sur le socle rappelle les circonstances dans lesquelles l'œuvre fut placée :

D . O . M . B . RUMOL
ET . MEMORIÆ . IL . AC . R . D . LO
HAUCHINI . ARCHIEP . MECHL
EX . AERE . RESIDUO . TESTAMENT
EXECUTORES . P . C . ANNO . 1591 . NON . SEPT

Peu d'années après, en 1595, grâce à la libéralité du chanoine Melchior Huys (3), dont ils portent l'écusson et la devise « *dispone domui tuae* (4), » Libert Van Eghem et Jean Cauthals placèrent également près du maître-autel les deux beaux chandeliers de laiton qui échappèrent aux lubies des restaurateurs et constituent l'un des rares souvenirs du mobilier du xvij^e siècle.

D'autres objets de laiton encore ornèrent jadis le chœur de Saint-Rombaut, notamment quatre chandeliers coulés et ciselés par Jean [IV] Van den Gheyn, en 1670 (5), une couronne de lumières et une statue du roi David.

---

(1) Cf. Livre II, chap. I, § 2; t. I, p. 186.
(2) La statuette peut être remplacée par un candélabre destiné au cierge pascal.
(3) AC, Arm. II, casier 5, testament de M. Huys, du 20 sept. 1591.
(4) « *Bereydt in huys* » allusion au nom du donateur. Melchior Huys fut enterré au chœur de Saint-Rombaut, sous la dalle qui, en 1492 recouvrit les restes du chanoine Egide de Musenis. Cf. *Mechelen opgeheldert*, t. I, p. 15; — *Graf- en Gedenkschriften*, t. VIII, p. 22.
(5) AF, *Comptes de la Fabrique*, 1670. On lui paya de ce chef, 200 florins.

La couronne de lumières fut due à la libéralité de Jean Jaecx, bénéficier de Zellaer (1), qui légua également le capital nécessaire à l'entretien du luminaire (2). La couronne donnée par Jaecx était destinée à remplacer une couronne plus ancienne, sur laquelle nous n'avons guère d'autres renseignements qu'un décret de l'archevêque Hovius, qui décida, en 1616, que tant qu'une nouvelle couronne ne serait pas placée, le revenu destiné au luminaire serait affecté à la cire du maître-autel. En 1626, le 6 novembre, le Chapitre approuva le projet de la couronne (3) léguée par Jaecx, dont l'exécution fut confiée à l'orfèvre Jean Thuellier, pour la somme de 1200 florins.

En vertu d'un accord entre le Chapitre et les marguilliers, la nouvelle couronne fut cédée peu après, le 23 octobre 1643, à la Fabrique, et en 1644, suspendue dans le transept (4). Elle y demeura jusqu'au xviije siècle, lorsqu'à la suite d'un accident on en détacha les branches, pour servir de bras de lumière devant les statues des Apôtres dans la grande nef. Les bras de lumière, à leur tour, furent vendus comme vieux cuivre, en 1805, par les marguilliers de l'époque.

Au chœur, la couronne fut remplacée par une grande lampe d'argent à plusieurs branches. Cette lampe, de belle allure pour autant qu'on peut en juger par un croquis conservé aux archives du Chapitre, fut dessinée par Luc Fayd'herbe et exécutée par Dierick Van Eyck (5). Elle était d'un poids total de 563 onces et 15 escalins.

La matière première, mise en œuvre pour ce travail d'orfèvrerie, provint en grande partie de l'argenterie brisée, notamment d'un

---

(1) V. sur Jean Jaecx, ci-après § 3, n° 2.
(2) AC, *Acta*, reg. VII, f° 54, 16 mars 1623.
(3) AC, *Acta*, reg. VII, f° 94, 6 nov. 1626.
(4) Le Chapitre s'engagea à cette occasion à payer 42 fl. par an. Le compte de 1689-1693 nous apprend que la nouvelle corde achetée en cette année pesait 72 livres. Elle fut dorée en 1691, par Nicolas Toussyn. AF, *Comptes de la Fabrique*, 1689-1693, f° 57 et 1693-1696, f° 46.
(5) AF², Coll. D. C., farde R 1, quittance de D. Van Eyck, du 18 déc. 1652, *orig.*, et de Luc Fayd'herbe, du 7 sept. 1650, *orig.* V. une reproduction du lutrin et des chandeliers, dans Dr G. Van Doorslaer, *L'enseignement de l'Exposition d'art ancien à Malines, 1911*. Anvers, 1912, p. 58.

ostensoir ne pesant pas moins de 462 onces, appartenant à la cathédrale de Bois-le-Duc (1).

Lors de la première invasion des Français, la lampe fut transportée à la Monnaie de Bruxelles et brisée pour la fonte. La prompte fin de l'occupation remit cependant les chanoines en possession des débris, qui furent confiés à l'orfèvre Hendrickx de Malines, pour la confection d'une nouvelle lampe, que le Chapitre parvint à sauver lors de la seconde invasion, mais qui fut vendue en 1803 à un orfèvre de Breda (2).

En même temps qu'ils avaient remis en dépôt au Chapitre de Saint-Rombaut leur grand ostensoir et de nombreuses autres pièces d'argenterie, les chanoines de Bois-le-Duc lui confièrent une statue de Moïse et une autre du roi David, toutes deux de laiton (3). La statue du roi David fut placée au chœur, en avant du lutrin, et y demeura jusqu'en 1804, lorsqu'elle fut enlevée, vendue et le produit employé à couvrir les frais des modifications assez peu heureuses exécutées aux escaliers sous le porche extérieur de l'entrée principale de l'église (4). Le 8 novembre 1842, la Fabrique restitua, du chef de cette vente, à l'église Saint-Jean, une somme de 500 florins (5).

Jadis le chœur de Saint-Rombaut était orné de toute une série de vitraux. Déjà en 1415-1416, Jacques Van Helmont fut appelé à restaurer une verrière que la Ville avait fait placer au-dessus du maître-autel (6). Ce vitrail fut remplacé dans la suite par un autre, dans lequel figuraient Philippe le Bon et son fils Charles le Téméraire. A côté, dans la fenêtre vers le Nord, était représenté le même duc Philippe avec sa femme Isabelle de Portugal. Les personnages étaient agenouillés, de part et d'autre, sous les bras d'un crucifix qui

---

(1) AC, *Acta*, reg. VIII, f° 160, 31 oct. 1652; — AA, reg. XVII, p. 133.
(2) Cf. ci-dessus Livre II, chap. V, p. 48.
(3) AC, *Grand Cart.*, reg. II, p. 342.
(4) V. ci-après chap. V, § 1.
(5) AF², coll. D. C., farde R 1, Reçu donné au nom de l'Administrateur du diocèse de Bois-le-Duc, 8 nov. 1842, *orig.*
(6) Emm. Neeffs, *Hist. de la peinture*, t. I, p. 107.

occupait le milieu de la composition. Près des princes brillait, entouré de flammèches, le briquet de Bourgogne, accompagné de la devise : *Mon joie, aultre naray.* L'emblème de la princesse, le parc clos d'or, avec l'inscription : *Tant que vivré,* était également disposé près de la figure d'Isabelle.

La troisième verrière rappelait les traits de l'évêque de Cambrai, Jean, frère bâtard de Philippe le Bon (1).

La quatrième fenêtre offrait le portrait d'Antoine d'Adeghem, chevalier, seigneur d'Indevelde, écoutête de Malines, conseiller et chambellan du duc Philippe de Bourgogne. Le personnage était représenté en pied avec ses armoiries : *d'argent à cinq croisettes recroisettées de sable au pied fiché* (2).

Enfin, un cinquième vitrail représentait Guillaume IV d'Egmond, seigneur de Malines jusqu'en 1459, et sa femme Walburge de Meurs (3).

Les verrières latérales du chœur furent exécutées aux frais des diverses corporations de la ville. Nous ignorons les sujets de la plupart de ces peintures et leur place respective. Toutefois, les comptes de la Fabrique de 1588-1589 mentionnent les restaurations exécutées par Michel Mares aux vitraux des Bouchers et des Pêcheurs, qui ornaient le chœur. Au chœur également on voyait le vitrail des Graissiers, lesquels, par requête datée du 28 février 1598, s'adressèrent au Magistrat, pour obtenir son intervention dans les frais de restauration du vitrail, car, disaient-ils, le gentilhomme qui a supporté les dépenses du placement refuse de contribuer aux charges de l'entretien. La fenêtre des Graissiers occupait le côté septentrional du chœur; elle était voisine de celle des Cordonniers. Cette dernière verrière, qui se trouvait entre le vitrail précédent et celui des Tailleurs, subit quelques restaurations par Jean Malliaerts, en 1674. Nous savons, par un acte dressé à cette occasion, que dans le tympan de la fenêtre étaient représentés les outils de la profession

---

(1) Jean de Bourgogne, fils de Jean sans Peur et d'Agnès de Croy. Il mourut à Malines le 14 avril 1479, à l'âge de soixante-douze ans, après trente-neuf années d'épiscopat, et fut enterré à l'église Sainte-Gudule à Bruxelles.

(2) Antoine d'Adeghem fut écoutête de Malines depuis 1448 jusqu'à la date de sa mort, le 8 mars 1456. Cf. *Graf- en Gedenkschriften*, t. VIII, p. 15.

(3) IBIDEM, p. 16.

des Bottiers; dans les lumières étaient dépeintes quatre scènes relatives au travail du cuir. On y voyait d'abord un homme coupant le cuir; puis un autre battant le cuir sur un billot, ensuite un personnage piquant le cuir à l'aiguille, enfin, une quatrième opération se rapportant au même métier.

Les comptes nous disent également que les Maréchaux, les Tanneurs, les Menuisiers et les Tisserands avaient contribué à l'ornementation du chœur (1).

Les vitraux peints du chœur disparurent en 1769. Seuls, quelques écussons furent conservés, mais furent enlevés à leur tour à l'entrée des Français.

En 1841, les marguilliers décidèrent d'inaugurer une nouvelle série de verrières. Le premier vitrail fut placé dans l'abside du chœur; il représentait la figure symbolique de l'Église terrassant le démon, et était dû à François Pluys, d'après les cartons d'Éd. Dujardin et De Mury, dessinés sous la direction de G. Wappers. La figure de l'Église, représentée sous les traits d'une femme, la tête couverte de la tiare pontificale, appuyant la croix sur le démon couché à ses pieds, avait des proportions exagérées et remplissait toute la baie (2).

Malgré les qualités du dessin, tous les intéressés, aussi bien les marguilliers que le peintre-verrier lui-même, s'aperçurent qu'on s'était trompé. Fr. Pluys s'offrit, moyennant certaines conditions, de remplacer à ses frais cette première œuvre par un vitrail mieux en rapport avec l'édifice. Le vitrail fut placé en 1850 et représentait saint Rombaut et le pape Étienne II (3). Quatre autres vitraux trouvèrent également place dans les fenêtres de l'abside : on y voyait les figures des saints Lambert, Hubert, Servais, Libert, Willibrord, Gommaire, Liévin et Amand (1850-1854) (4). Plus tard,

---

(1) V. *Mechelen opgeheldert*, t. I, p. 141; — EMM. NEEFFS, *Notes sur les anciennes verrières de l'église Métropolitaine de Malines*, extrait du *Messager des Sciences historiques de Belgique*, 1877, pp. 15-18.

(2) AF^2, Coll. D. C., carton : chœur, photographie. — Le bas de la fenêtre était orné de l'écusson du Chapitre et de celui du cardinal Sterckx.

(3) J. SCHŒFFER, *Restauration et embellissement de l'église métropolitaine de Saint-Rombaut à Malines*, p. 13. — Saint Rombaut était représenté en costume de pèlerin, recevant du Pape un rouleau de parchemin avec deux sceaux.

(4) Les Archives de la Ville, etc., voir p. 181.

sous l'administration du chanoine De Coster, les fenêtres des premières travées furent munies à leur tour de vitraux peints, représentant chacune, sous un dais géminé, deux figures de Saints du pays. Ces dernières œuvres furent dues à Léopold Pluys. Leur disparition, lors des événements de 1914, laisse cependant moins de regrets que celle des vitraux de l'abside.

§ 2

Le transept

N° 1

La partie méridionale

SOMMAIRE. — L'autel des Rois Mages. — L'autel de sainte Marguerite. — L'autel de saint Jacques le Majeur. — Le premier autel de sainte Anne. — L'autel actuel de sainte Anne. — Le Christ en croix de Van Dyck. — Peintures anciennes derrière l'autel de sainte Anne. — Les portails du transept. — Les statues du transept. — Les verrières de la fenêtre du pignon méridional. — La verrière en face de l'autel de sainte Anne.

Trois autels se dressèrent autrefois dans la partie méridionale du transept ; ce furent ceux de saint Jacques et de sainte Marguerite, adossées au mur oriental, et en face, appuyé par son petit côté contre le mur méridional, l'autel des Rois Mages.

Ce dernier autel, qui disparut pour ne plus être rétabli après la Furie anglaise, en 1580, avait été doté d'une chapellenie de deux messes par semaine (1). La chapellenie était une de celles qui, au xvj^e siècle, furent affectées au chant, par la bulle du pape Paul III (2); son titulaire avait part aux distributions du chœur.

Le 20 janvier 1528, Pierre Van den Dorpe et François Dierycks, en leur nom et au nom de leurs amis, appelés de Heeren van Franckevoert (3), obtinrent du Chapitre l'autorisation d'orner cet

---

(1) AC, *visit. capell.*, 1550, 1588, 1733. La chapellenie était dotée d'un revenu de 12 fl. du Rhin, à charge des Brasseurs.

(2) V. Livre II, chap. II, § 2; t. I, page 244.

(3) Malgré nos recherches, nous n'avons pas trouvé des détails ultérieurs sur ces Heeren van Frankevoert, qui, à voir les noms de Van den Dorpe et de Dierycks, n'étaient certainement pas originaires de la ville de Francfort. Les panneaux XX et XXI de la Légende de saint Rombaut, qui sont ornés de multiples portraits, seraient-ils un don des mêmes ? Les armoiries qui décorent la cheminée de l'ancienne maison de Francfort, au Marché-aux-Grains, actuellement placée au Musée de la porte de Hal, ne concordent pas, en tous les cas, avec celles des tableaux.

autel, de l'entourer d'une clôture et d'y faire célébrer chaque semaine une messe solennelle. Les chanoines abandonnèrent également aux Heeren van Franckevoert, les oblations faites à cette occasion, moyennant un cens annuel de trois châpons (1).

L'autel de sainte Marguerite occupait la partie du mur oriental la plus rapprochée de déambulatoire, presque sous les orgues, placées à l'entrée même, de là son nom : *altare B. Margarethae sub organis* (2). Il avait été doté, nous ne savons quand ni par qui, d'une chapellenie de quatre messes par semaine (3). Le lecteur sait, du reste, que le culte de sainte Marguerite, vierge et martyre à Antioche (4), passa en Occident au xj^e siècle et ne tarda pas à devenir très populaire dans nos pays. A Malines, en particulier, la Sainte était fort en honneur (5).

---

(1) AC, *Acta*, reg. I, f° 275, 20 janvier 1528.
(2) AC, *Acta*, reg. I, f° 104 v°, 2 juin 1504.
(3) AC, *Visit. capell.*, 1550, 1588, 1783.
(4) Cf. AA SS, t. V, Julii, p. 28.
(5) Voici, d'après le *Diurnale*, dont nous avons parlé au Livre I, — Cf. t. I, p. 67, — l'hymne de Vêpres de la Sainte, morceau qui ne manque pas de valeur :

1. Ave gloriosa
   Virgo Margaretha,
   Pulchra coeli rosa,
   Summo bono freta.

2. Stella mirae lucis
   Et iubar virtutum,
   Hostem signo crucis
   Deiicis versutum.

3. Ferrum, faces, ignes,
   Carcerem, flagella,
   Suffers digna dignis
   Laudibus puella.

4. Ave, flos honoris,
   Virgo pulchra tota,
   Rivulis amoris
   Et cruoris lota.

5. Vasis versis sursum
   Oleum includens,
   Pergis in occursum
   Sponsi, Virgo prudens.

6. Nobis coeli bona,
   Fulgens margarita,
   Poscas in corona
   Regis regum sita.

7. Sponso Margarethae,
   Laus immensa Deo,
   Pro talis athletae
   Nobili trophaeo.

Ni l'autel des Rois Mages, ni celui de sainte Marguerite ne furent rétablis après 1585.

L'autel de saint Jacques le Majeur, à côté de celui de sainte Marguerite, était doté de cinq messes par semaine. Cette chapellenie paraît avoir été de fondation ancienne, puisque son titulaire participait aux anciens anniversaires (1). C'est probablement à cet autel que la Confrérie de saint Jacques (2) faisait célébrer annuellement une messe en l'honneur de son saint Patron (3).

Après le retour du clergé, les Maçons, qui jadis avaient leur autel, dédié aux Quatre Couronnés (4), situé auprès de la dernière colonne de la grande nef, obtinrent, le 5 septembre 1585, l'autorisation de relever l'autel de saint Jacques et d'y transférer les offices du Métier (5).

L'autel, construit « op de plaetse waer Sint-Jacops altaer gestaen heeft », fut orné d'un triptyque flanqué de deux colonnes portant un entablement. Au-dessus du retable, les Maçons placèrent un groupe sculpté, représentant la Circoncision, qui avant les troubles avait décoré leur autel (6). Quant au thuyn qui entourait l'autel des Quatre Couronnés, il fut cédé à la confrérie de Notre-Dame (7) et

---

(1) AC, *Visit. capell.*, 1733.
(2) V. sur la Confrérie de saint Jacques et ses anciens statuts, SCHŒFFER, t. II, pp. 617 et ss.
(3) AC, *Livre censier*, 1525, f° 10.
(4) C'est-à-dire les saints Sévère, Sévérien, Carpophore et Victorius, martyrs à Rome, sous Dioclétien, et enterrés sur la voie Lavicane. Le patronage du métier des Maçons leur fut attribué, à raison des saints Claude, Nicostrate, Symphorien, Castorius et Simplicius, sculpteurs de profession, qui subirent le martyre pour avoir refusé de tailler une statue de Jupiter, et furent enterrés, eux aussi, sur la voie Lavicane. Les corps de ces cinq martyrs furent réunis plus tard à ceux des Quatre Couronnés, dans l'ancien titre cardinalice consacré à ces derniers, et ce furent les quatre premiers qui bénéficièrent d'un patronage qui semble revenir plutôt à leurs compagnons posthumes.
(5) AC, *Acta*, reg. III, f° 36, 5 sept. 1585.
(6) F. STEURS, *Geschiedkundige aanteekeningen rakende de Stad Mechelen. Den autaer der IV Gekroonden van het Metsersambacht in S. Romboutskerk*, pp. 86 et ss.
(7) AM, reg. 74, f° 24.

remplacé, dans le transept méridional, par une « magnifique » clôture de marbre (1), comme nous l'apprend la visite d'église de 1617.

Le triptyque, peint sur panneau, fut commandé au peintre Michel Coxie, en 1587. Il mesure $2^m55 \times 2^m10$ et représente la Circoncision de Notre-Seigneur. La scène, animée par dix-sept figures, se passe dans un temple grec; la partie architectonique est due à Hans de Vries. « Cette production, dit Emmanuel Neeffs (2), est l'une des principales et des meilleures de Michel van Cocxyen ou Coxie. A voir cette œuvre, il semble que le talent du peintre malinois soit resté exempt des ravages de l'âge. Le coloris de ce tableau est pur et vivant et se ressent de l'influence de l'école italienne, les figures sont pleines de naturel et de candeur. Le peintre nous a conservé l'image de ses traits sur ce tableau; son visage apparaît entre les colonnades de l'édifice ». Depuis 1919, le tableau décore l'autel paroissial.

L'autel des Maçons fut consacré le 1 juin 1596, par l'archevêque ean Hauchin, et dédié aux saints Jacques, Quatre Couronnés, Anne et Marguerite (3). Chose assez curieuse, alors que l'ancien autel des Maçons fut dédié aux Quatre Couronnés, qui demeurèrent, du reste, les patrons du métier, ce fut le titre de sainte Anne qui prévalut, à la satisfaction, sans doute, des confrères de la Chambre de Rhétorique *de Pioene*. Ceux-ci firent célébrer, depuis l'année 1496, leurs offices à l'autel Sainte-Anne (4), situé alors contre le mur méridional, en face de la troisième colonne, près de la porte du cimetière; après 1585, ils reportèrent, eux aussi, leurs services à l'autel du transept (5).

Quoi qu'il en soit, la corporation des Maçons s'occupa activement de propager la dévotion, en honneur à Saint-Rombaut dès la première moitié du xvj^e siècle (6), envers la bienheureuse mère de la Vierge Marie. Nous voyons, en effet, le 7 août 1591, le métier demander l'érection d'une confrérie religieuse en l'honneur de sainte Anne et

---

(1) AC, *Visit. eccles.*, reg. I, visite de 1617.
(2) Emm. Neeffs, *Inventaire*, p. 15.
(3) BR, ms. 16527, f° 6 v°.
(4) AC, *Littere et privilegia*, f° 2 v°.
(5) AC, *Visit. eccles.*, reg. I, visite de 1617.
(6) AC, Arm. I, casier 16, annotata ex reg. Actorum cap., 1538-1552. Un office du rite triple existait en l'honneur de la Sainte.

l'autorisation d'y recevoir des membres étrangers à leur corporation.

D'autre part, la diminution des ressources au xvij^e siècle fit négliger en partie les anciennes fondations, qui, en 1617 étaient réduites de quatre messes par semaine à trois par quinzaine (1). Il en fut de même des offices à charge de la Chambre de Rhétorique, qui négligea complètement la messe dominicale qu'elle s'était engagée à faire célébrer à ses frais. Par contre, les chapellenies existant aux autels disparus de saint Anne, des saints Anne et Joseph et de saint Jacques, furent rattachées au nouvel autel (2).

L'autel, construit et orné par les Maçons, demeura en usage jusque vers la fin du xvij^e siècle. Le 5 septembre 1698, les marguilliers présentèrent au Chapitre le projet de deux nouveaux autels de marbre, à ériger à la place de ceux qui existaient tant dans le bras méridional que dans la partie Nord du transept (3). Les deux autels furent adjugés la même année encore, celui de sainte Anne au sculpteur Van den Steen, et celui de Notre-Dame à Langhmans, l'un et l'autre pour une somme de 4400 florins (4). Pour faire face à la dépense, les marguilliers contractèrent un emprunt de 3000 florins argent de change; le reste des frais fut couvert à l'aide de dons, notamment par une contribution du chapelain et secrétaire du Chapitre, Jacques Van Attevoort, qui y fonda une messe hebdomadaire en l'honneur de la Sainte (5). La Fabrique mit également en vente, à son profit, les anciens autels et les clôtures existantes (6).

---

(1) V. ci-dessus chap. III, p. 121.
(2) AC, *Visit. eccl.*, reg. I, visite de 1617.
(3) AC, *Acta*, reg. XIII, f° 109, 5 sept. 1698. Les chanoines, à cette occasion, émirent l'idée de construire une vaste chapelle du Saint Sacrement, le long du collatéral Sud.
(4) AF, *Comptes de la Fabrique*, 1698-1700, f° 57. Les grandes colonnes de marbre n'étaient pas comprises dans l'adjudication.
(5) AC, Arm. I, casier 21, farde : J. Attevoort. Jacques Attevoort mourut le 20 avril 1692. — Cf. *Mechelen opgeheldert*, t. I, p. 124; — FR. VERHAVERT, *Gesch. der metrop. kerk van den H. Rumoldus*, p. 82. — V. aussi AF, *Comptes de la Fabrique*, 1697-1700, f°s 55 et 62 v°.
(6) AC, Arm. I, casier 4, farde A, n° 13, acte du 1 déc. 1698. « Bekennen de heeren van den Zype, canonick, Douglas dit Schot, communemeester, J. B. Coop ende Romb. Huens, kerckmeesters der metropolitane kerck, ontvangen te hebben uyt 'dhanden van Jouff. van Herdeghem de somme van 3000 g. wisselgelt waer over sy beloven intrest den penninck xvj tot het maken van 2 marmeren autaeren.... ». La somme fut restituée en deux versements : le 18 octobre 1700 et le 2 juin 1702.

Le nouvel autel, en l'honneur de sainte Anne, qui fut consacré le 26 septembre 1700, se compose d'une tombe toute simple, en maçonnerie, destinée à être garnie d'un *antependium* et d'un retable de marbre blanc et noir sous forme de portique (1). Le tableau qui occupe le centre de la composition est encadré, de part et d'autre, par un pilastre engagé et une colonne simple à chapiteau ionique.

A la suite d'un accord conclu entre les marguilliers et les doyens du métier des Maçons, la frise de l'entablement fut ornée des médaillons des Quatre Couronnés et des emblèmes de la corporation (2).

La corniche porte un socle avec une fort belle statue de sainte Anne. La Sainte est assise et tient sur les genoux le Divin Enfant, tandis qu'à sa droite la Sainte Vierge, debout, considère le groupe formé par la Grand'mère et l'Enfant Jésus. De part et d'autre, sur des volutes tronquées, des anges portent des branches de verdure.

Une double inscription sur le socle de la statue rappelle la date de l'érection de l'autel :

sanCta anna
genItrIX DeIparae
aUXILIatrIX
noBIs oMnIbUs

et dans la frise :

DIVae annae
VIrgInIs genItrICI VIgesIMa
seXta IULII ara posIta fUIt

---

(1) Cf. AF², Coll. D. C., farde C, « Voorwaerden ende conditien op dewelcke de heeren kerckmeesters der metropolitaine van Ste Rombout deser stadt Mechelen sullen aenbesteden twee marbere altaren in het cruys van deselve kercke te stellen ». *cop. auth.;* — Ibidem. « Liquidatie tusschen de heeren kerckmeesters Divi Rumoldi ende Sʳ Ioannes van den Steen over 't maecken van Sinte Anna autaer ende betaelinge dier gedaen ». Le compte total pour cet autel monta à 4737 fl. 10 s. « sonder naerwerck »; et celui des deux autels, ensemble à 11365 fl. 8 s. 7 d. AF, *Comptes de la Fabrique*, 1697-1700, f⁰ 59 v⁰.

(2) AF², Coll. D. C., farde C, transaction du 14 mai 1699, *orig.*

On plaça dans le nouvel autel le panneau central du triptyque de Michel Coxie. Le tableau y demeura jusqu'en 1837, lorsqu'on s'avisa de le remplacer par une toile de Palinck (1), qui fit place à son tour au tableau d'Antoine Van Dyck, qui s'y trouvait encore en 1914. Quant aux volets de l'ancien triptyque, ils furent placés contre le mur en face de l'autel, mais disparurent en 1775.

Le tableau de Van Dyck fut offert primitivement au couvent des Récollets, par Jean Van der Laen, seigneur de Schrieck et de Grootloo (2), qui le paya à son auteur 2000 fl., argent de change. Les Frères Mineurs le possédèrent jusqu'à leur suppression, lorsque le 30 août 1797, le tableau prit le chemin de Paris, avec les autres œuvres d'art enlevées par les pillards français. En 1815, après la chute de l'Empire, la toile de Van Dyck revint en Belgique et fut déposée provisoirement au musée d'Anvers. Le roi Guillaume Ier, ayant décidé la restitution de l'œuvre d'art à la ville de Malines, elle fut placée, en 1816, sur l'autel des Ames, dans le transept Nord, puis en 1843 sur celui de sainte Anne.

La toile subit à diverses reprises des lavages et des restaurations, notamment à Paris, à son retour à Anvers, en 1823, en 1831, en 1846, par P.-C. Morissens (3), et une dernière fois en 1900. L'emballage précipité de la toile et son transport à Anvers, au mois d'août 1914, détériorèrent en plusieurs endroits la peinture qui déjà avait été rentoilée antérieurement, et rendent nécessaire une nouvelle et minutieuse restauration (4).

J.-B. Decamps, lors de son voyage aux Pays-Bas, vit le tableau et en fit une description enthousiaste : « Au maître-autel [du couvent

---

(1) C'était un don du Baron van de Venne d'Ophem. AF², *Reg. de la Correspondance du Conseil de Fabrique*, 1835-1843, lettre du 2 mars 1838; le tableau ornait l'autel paroissial en 1914. — Cf. ci-après § 4.

(2) Jean Van der Laen fut communemaître de Malines; il mourut le 10 juillet 1633 et fut enterré à l'église métropolitaine. — *Mechelen opgeheldert*, t. I, p. 48; *Graf- en Gedenkschriften*, t. VIII, p. 74; F. Verhavert, p. 83.

(3) Emm. Neeffs, *Inventaire*, pp. 59 et ss. — Les restaurations exécutées par Morissens donnèrent lieu à une vive polémique dans l'*Indépendance Belge*, 13 déc. 1847 et n[os] suivants.

(4) La toile mesure 3^{m}79 × 2^{m}89. Elle fut reproduite en gravure par Scheltus à Bolswert.

des Récollets], dit-il, est un excellent tableau peint par Van Dyck. On y voit Notre-Seigneur crucifié entre les larrons ; c'est l'instant où Jésus-Christ expire. On voit les larrons se tourmenter comme s'ils faisaient des efforts pour se débarrasser de la croix. A la droite est placée la Vierge dans la plus vive douleur ; derrière elle est saint Jean et à sa gauche se trouve un soldat à cheval et armé, appuyé sur ses mains ; il semble étonné et dans l'admiration de tout ce qui se passe ; devant lui est un bourreau à demi-nu (1) ; plus loin est le peuple en foule. C'est une des plus grandes compositions que je connaisse de ce peintre ; tout y est composé avec feu et variété, le dessin est plein de finesse ; le Christ est d'une beauté surprenante, la tête de la Vierge est d'une expression admirable. La draperie est d'un pinceau lourd, la couleur, quoique belle en général, m'a paru un peu froide » (2).

L'impression favorable produite sur Descamps par la toile de Van Dyck fut partagée, au xviiie siècle, par Reynolds, qui y voyait « le plus précieux de tous les ouvrages du maître, relativement à la vérité du dessin, ainsi qu'à la bonne entente du tout ; un morceau qui peut être considéré comme un des premiers tableaux du monde », et par Mensaert, auquel les pages religieuses de Van Dyck « inspirèrent une dévotion profonde » (3).

Lorsqu'en 1899 on enleva le tableau de Van Dyck pour l'envoyer à Anvers, à l'occasion de l'exposition des œuvres du maître, le chanoine G. van Caster mit à jour les anciennes arcatures dont nous avons parlé à plusieurs reprises déjà et les intéressants restes de

---

(1) Le bourreau tient en main un bâton. Au pied de la croix, sainte Marie-Madeleine appuie la tête contre les pieds du Christ, une des saintes Femmes laisse reposer la sienne sur l'épaule de saint Jean.

(2) J.-B. DESCAMPS, *Voyage pittoresque de la Flandre et au Brabant*. Paris, 1769.

(3) Il est assez curieux de rapprocher de ces appréciations l'impression d'un critique d'art moderne : « Tenue dans une belle gamme bistrée, dit Fierens-Gevaert, rappelant comme groupement le coup de lance de Rubens, c'est une page sobre, simple, d'une sobriété et d'une simplicité que l'on voudrait, cependant, plus naturelles. La Vierge est expressive, mais sous l'étoffe noire, son beau corps palpite d'une émotion toute physique. Il y a plus de volupté en elle que de douleur. L'intimité de ces pages nous échappe..., elles étaient issues d'une conception spirituelle que condamnent de nouveaux dogmes esthétiques ». — FIERENS-GEVAERT, *Van Dyck*. Paris, pp. 67-69. Collection *Les Grands Artistes*.

peintures décoratives dont nous avons touché un mot ci-dessus (1).

A l'intérieur des arcatures, qui furent probablement mutilées lors du placement du premier autel de sainte Anne, à la fin du xvj^e siècle, on observe deux sujets distincts (2).

Dans une première arcature se trouvent deux personnages nimbés d'or : saint Alexis et sainte Dorothée. Le premier est représenté en pèlerin : chapeau à larges bords, relevé par devant, tunique gris foncé et manteau de même couleur, avec capuce et collerette. Il tient de la main droite un bâton et de la gauche un livre fermé. Sainte Dorothée porte une robe violette et un large manteau agrafé sur la poitrine. De la main gauche elle tient une corbeille remplie de fruits et de fleurs. Dans le haut, un ange descend vers elle et lui tend une corbeille semblable et des branches fleuries. Au-dessus de ces deux figures, hautes de 80 cm., on lit : *S. Alexius* et *S. Dorothea*. Dans le bas, un écu armorié, de sable à deux écussons de gueule, cantonné d'argent à quatre feuilles de sable.

Dans l'arcature voisine, on ne voit qu'une banderole avec cette légende : *Ego vox clamantis in deserto : parate viam Domini*. Un peu plus bas, de part et d'autre, un écu d'azur à neuf étoiles à cinq rayons, placées en quinconce (3). Entre ces deux écus, une tache pâle indique la place occupée autrefois par la tête d'un personnage, probablement saint Jean-Baptiste.

La figure, qui a disparu ici, fut reprise dans une troisième arcature, vers le mur extérieur. Le Saint est représenté jambes et pieds nus; le reste du corps est couvert d'un manteau jaune-brun, à revers rouges; sur le fond sombre se détache un semis de fleurs dorées. Le Saint tient la main droite levée et porte sur le bras gauche un agneau couché, à nimbe cruciforme, armé d'une bannière flottante ornée d'une croix rouge. L'Agneau est entouré d'une banderole avec la légende : *Ecce agnus dei... qui tollit peccata...* Au bas, on

---

(1) V. ci-dessus pp. 79 et 120.

(2) Cf. Chan. G. VAN CASTER, *Rapport sur l'état des peintures murales découvertes en Belgique*, extrait du *Bull. des Comm. Royale d'Art et d'Arch.*, 1905, pp. 18 et ss.

(3) Les Raduwaert ou Raduardi, famille échevinale durant tout le xive siècle, portaient de six à dix étoiles à cinq rayons placés en quinconce. Cf. AUG. VAN DEN EYNDE, *Tableau chronologique*, planches XI (1306, 1307), XV (1318), XXI (1339) et XXXVIII (1398).

voit des herbes fleuries ; plus bas encore, s'étend un phylactère qui commence dans l'arcature précédente, pour passer derrière la colonnette qui sépare les deux arcatures. Elle porte le texte scripturistique : *Inter natos mulierum non surrexit maior Iohanne Baptista*. La figure du Saint est de taille humaine.

Au-dessus de ces peintures relativement bien conservées et au-dessus des arcatures qui les encadrent, on aperçoit sur le mur plat quelques traces, fort frustes, d'une composition presque complètement effacée. On n'y distingue plus que deux têtes de femme nimbées d'or et la figure encore bien silhouettée — en 1919 — d'un soldat, en surcôt, coiffé d'un casque à visière mobile, avec large ceinture sur la hanche et le glaive suspendu au côté gauche. A la droite de ce premier guerrier s'en trouvait un autre, dont on ne voit plus que quelques traits de la face et le contour de la visière du casque. Encore cette identification n'est guère certaine.

En même temps que l'autel, on enleva la clôture de marbre, dont parle la visite d'église de 1617, pour la remplacer par une clôture basse, en bois sculpté, due à Antoine Van Lier (1), la même probablement que celle qui existe encore aujourd'hui.

Devant l'autel se trouvait autrefois le caveau du secrétaire du Chapitre, Jacques Van Attevoort, et des membres de sa famille. La dalle funéraire qui en fermait l'entrée fut enlevée en 1913 et les ossements qui se trouvaient dans le caveau furent réunis à ceux des autres morts qui dormaient dans cette partie de l'église, et replacés dans une fosse commune.

Le portail intérieur qui protège l'entrée méridionale du transept fut construit par François Langhmans. Celui-ci en accepta l'exécution par contrat conclu avec les marguilliers, en date du 14 juin 1713, moyennant une somme de 2250 fl. (2), non compris les colonnes de

---

(1) AF, *Comptes de la Fabrique,* 1697-1700, f° 59 v°. On lui paya pour les deux clôtures, celle de l'autel des Maçons et celle de l'autel de Notre-Dame, 424 fl.

(2) AF², Coll. D. C., farde C, « Conditien op de welcke de heeren kerckmeesters van de metropolitane kercke... sullen aenbesteeden twee marmere portaelen in het cruys van deselve kercke te stellen », 14 juin 1713, orig. — V. aussi AC, *Acta,* reg. XIV, f° 296, 23 juin 1713. — Il n'est pas impossible que Langhmans ait travaillé d'après un projet, un « model van 't portael in hout gemaekt » envoyé par Corneille Van Nerven, architecte et sculpteur à Bruxelles. — AC, Arm. I, casier 4, lettres du 14 avril et du 31 mai 1713, *orig.*

marbre blanc, qui furent un don du chanoine Van Susteren. Le portail, qui a son pendant dans la partie septentrionale du transept, se compose de deux colonnes et de deux pilastres engagés, à chapiteau ionique, portant une frise ornée de sculptures en bas-relief et un entablement. Celui-ci est décoré, sur le côté, de deux vases, et au centre, d'un médaillon avec buste de saint Rombaut au portail du côté Sud, de sainte Marie-Madeleine à celui du côté Nord. Le portail de Langhmans remplaça un portail plus ancien, ou probablement une simple poutre à laquelle on suspendait une tapisserie (1) pour intercepter les courants d'air, et que l'on surmonta, en 1602, de trois statues (2).

Les nouveaux portails, conçus dans le même goût que les clôtures du chœur et du déambulatoire, et que les autels de la Vierge et de sainte Anne pouvaient ne pas répondre aux lignes architecturales de l'édifice, ils constituaient sans conteste, avec les autres parties du mobilier, un tout homogène et un ensemble des plus riches, dont on ne peut que regretter la disparition; d'autant plus que cet ensemble fut complété, à la fin du xviij^e siècle, par le buffet d'orgues construit en 1781 et enlevé en 1860 (3), et par les statues votives qui jusqu'ici ont été respectées.

Ces statues sont au nombre de quatre dans chaque partie du transept. Deux sont placées de part et d'autre des portails, une autre près de l'autel, du côté du déambulatoire, et la quatrième est attachée au grand pilier, à l'entrée même du chœur. Les statues près du portail sont celles de saint Jérôme et de saint Ambroise, dans le transept septentrional, et celles de saint Augustin et de saint Grégoire du côté méridional. Les statues des quatre docteurs furent placées en 1743 (4); elles sont dues au ciseau de Théodore Verhaegen (5) et furent placées grâce à la générosité de J.-F. Foppens (6),

---

(1) AF, *Comptes de la Fabrique*, 1686-1689, f°s 63 et 64; 1667-1676, f° 92.

(2) IBIDEM, 1602, f° 62. — Les statues du portail septentrional furent réparées par le sculpteur Jean Laureys, en 1686. — IBIDEM, 1686-1689, f° 60 v°.

(3) V. ci-après § 5.

(4) Cf. DE MUNCK, p. 133; *Mechelen opgeheldert*, t. I, pp. 61 et ss.

(5) Cf. C. POUPEYE, *Théodore Verhaegen, sculpteur malinois du xvij^e s.*, dans le *Bull. du Cercle Archéologique*, t. XXII (1913), p. 213.

(6) V. l'inscription du socle dans *Mechelen opgeheldert*, t. I, p. 61; et *Graf- en Gedenkschriften*, t. VIII, p. 94.

d'Ambroise De Smet (1), de Benoît De Ruddere (2) et de René-Cassina de Boulers (3).

A côté des autels, on voit aujourd'hui, au Nord, la statue de saint Luc, au Sud, celle de saint Marc. Ces statues furent exécutées par Pierre Valckx, aux frais de l'archiprêtre Van Meldert (4) et de l'archidiacre Louis Deudon (5).

Quant aux statues, l'une de saint Charles Borromée, administrant le saint Viatique à un pestiféré (6), l'autre de saint Joseph, qui ornent le grand pilier à l'entrée du chœur, elles sont dues l'une et l'autre à Luc Fayd'herbe, et furent données par J.-Fr. Van Driesche (7) ou Van den Driesche, dit du Trieu, et par Disme de Briamont (8).

Jusque vers le milieu du xixe siècle, deux autres statues ornaient le transept, placées l'une près de l'autel de la Vierge, l'autre près de celui de sainte Anne; c'étaient celles de saint Libert et de sainte Marie-Madeleine, œuvres toutes deux de F. Langhmans et don, la première, de l'archidiacre Aimé Coriache (9), l'autre des neveux du chanoine Jean-Baptiste Van den Zype, qui la placèrent en souvenir de leur oncle et de leur père Bernard-Alexandre (10).

---

(1) V. l'inscription, t. I, p. 61; et *Graf- en Gedenkschriften*, t. VIII, p. 94. — Ambroise De Smet, chanoine gradué, mourut le 18 juin 1746.

(2) V. l'inscription *Mechelen opgeheldert*, t. I, p. 60; et *Graf- en Gedenkschriften*, t. VIII, p. 109. — Benoît De Ruddere, né à Alost, chanoine le 21 mars 1721, devint chantre le 18 nov. 1729, prévôt le 4 juillet 1749. Il fut secrétaire, puis vicaire-général du cardinal d'Alsace, et en 1759 vicaire capitulaire. De Ruddere mourut le 24 août 1764. — Cf. J. B[aeten], t. I, p. 198.

(3) V. l'inscription *Mechelen opgeheldert*, t. I, p. 61; et *Graf- en Gedenkschriften*, t. VIII, p. 109. — René-François-Norbert Cassina de Boulers, chanoine noble gradué, mourut le 12 avril 1752.

(4) V. l'inscription, *Graf- en Gedenkschriften*, t. VIII, p. 93. Guillaume-Joseph Van Meldert, chanoine gradué en droit et mourut le 12 juillet 1779.

(5) V. l'inscription *ibidem*, p. 93.

(6) Le corps de la statue est en pierre, mais la tête en terre cuite.

(7) V. l'inscription *Mechelen opgeheldert*, t. I, p. 63; et *Graf- en Gedenkschriften*, t. VIII, p. 93. — Jean-François Van Driesche, né à Malines le 6 mai 1626, successivement chanoine gradué, archiprêtre et archidiacre, mourut le 9 janvier 1684.

(8) V. l'inscription *Mechelen opgeheldert*, t. I, pp. 62, et *Graf- en Gedenkschriften*, t. VIII, p. 106. — Disme de Briamont fut le fondateur du chapitre de Notre-Dame. — Cf. J.-B. B[aeten], *Naemrollen*, t. II, pp. 9 et ss.

(9) Ces statues furent placées en 1862, sous le jubé. — Cf. ci-dessous § 5. V. l'inscription : *Mechelen opgeheldert*, t. I, p. 64; et *Graf- en Gedenkschriften*, t. VIII, p. 95.

(10) V. l'inscription : *Mechelen opgeheldert*, t. I, p. 64; et *Graf- en Gedenkschriften*, t. VIII, p. 108.

Avant l'année 1744, le mur du côté de l'épitre, à côté de l'autel de sainte Anne, était occupé par le monument du major de la légion wallonne, Joachim Gilis, et de sa femme Anne le Boiteulx. Ce monument, qui fut déplacé une première fois pour faire place à la statue de saint Augustin (1), fut orné d'une statuette de sainte Anne; il se trouve actuellement dans une des chapelles du déambulatoire. Nous y reviendrons en parlant de ces chapelles.

Lors des événements de 1914, la statue de saint Marc fut privée d'un bras et celle de saint Joseph subit également des détériorations.

La grande fenêtre au-dessus de l'entrée méridionale du transept, l'une des plus importantes du pays, puisqu'elle mesure environ 19 mètres de haut sur 9 m. de large, fut ornée, dans la seconde moitié du xve siècle, d'un vitrail, aux frais de la corporation des Drapiers (2).

Le 5 mars 1473, les peintres Van Battel père et fils s'engagèrent vis à-vis du Métier, à placer le vitrail demandé. D'après les renseignements fournis par le contrat, on peut se faire une idée assez exacte de la disposition générale de l'œuvre. La fenêtre entière comprenait deux cents panneaux, de ce nombre, les verriers devaient en colorier cinquante-quatre, dix-huit pour les six figures de la Sainte Vierge et des saints Rombaut, Lambert, Marie-Madeleine, Sévère et Plyevyer (3); dix-huit pour les niches encadrant les figures précédentes et douze pour représenter les emblèmes de la jurande et les outils de la corporation (4). Le vitrail, toutefois, ne donna pas satisfaction aux Drapiers, car bientôt des contestations surgirent et les peintres-verriers durent réduire leur compte de huit livres de gros de Brabant, pour avoir fourni du verre hessois au lieu de verre oriental.

---

(1) AC, *Acta*, reg. XV, 13 déc. 1743.

(2) V. sur ce vitrail et le suivant, EMM. NEEFFS, *Notes sur les anciennes verrières de l'église métropolitaine de Malines*, extrait du *Messager des Sciences historiques de Belgique*, 1877; — F. STEURS, *De glasraam verbeeldende de geslachten der doorl. Huizen van Oostenrijk en Burgondië in St-Romboutskerk. — De glasraam der lakenmakers*, dans *Geschiedkundige verhandelingen rakende de stad Mechelen*, pp. 106 et ss.

(3) Hippolyte (?). Le saint est souvent désigné sous le nom de Pley ou Plé. Son culte était fort en honneur aux Pays-Bas.

(4) V. EMM. NEEFFS, *Hist. de la peinture*, t. I, pp. 130 et 142.

Déjà au commencement du xvj^e siècle, on enleva l'œuvre des Van Battel pour la reléguer, scindée en deux parties, dans les deux fenêtres qui s'ouvraient sous la tour, au fond de la grande nef.

La verrière qui remplaça celle des Drapiers fut offerte par l'empereur Maximilien, par Charles-Quint, par Marguerite d'Autriche et par la Ville (1). Exécutée à une époque où le style gothique flamboyant était encore en pleine splendeur, la verrière fut enchâssée dans une ossature modifiée dans le même goût. Le projet original de Van Brussel existe encore, le musée des arts décoratifs à Bruxelles en possède une reproduction moderne, et un dessin au trait en a été publié par Emmanuel Neeffs, dans son étude sur les verrières de la Métropole.

La verrière, connue jadis sous le nom « 't glas van Keizer Karel », se prête difficilement à une description détaillée, tant sont nombreuses les figures que l'artiste y a groupées. La fenêtre était partagée dans le sens de la largeur par un épais meneau, qui, en se bifurquant, donnait naissance au tympan. La décoration de celui-ci n'avait aucun rapport avec les sujets représentés dans le bas, puisqu'on y voyait le jugement dernier. Le sujet principal, la généalogie des maisons d'Autriche et d'Espagne se déroulait en deux étages superposés. Le compartiment inférieur renfermait, entre deux panneaux blasonnés aux armoiries des nombreuses possessions de Charles-Quint, les figures assises de l'Empereur et du roi Ferdinand Ier, ainsi que celles des sœurs de Charles-Quint : Éléonore, reine de France, Marie, reine de Hongrie, Élisabeth, reine de Danemark, Catherine, reine de Portugal.

Dans le compartiment correspondant de l'étage supérieur, étaient figurés Philippe le Beau et Jeanne la Folle. A droite de Philippe, se voyaient Maximilien et sa femme Marie de Bourgogne, à gauche de Jeanne, Ferdinand le Catholique, roi d'Espagne, et sa femme Isabelle. Autour de ces figures principales, l'artiste avait échelonné les portraits des ascendants et des descendants de ces princes. En tout, le vitrail ne comprenait pas moins de quarante portraits et quatre-vingt écussons.

---

(1) V. les termes de la donation de Charles-Quint, dans PINCHART. *Archives des Arts, Sciences et Lettres*, t. I, p. 225.

Le vitrail, restauré à diverses reprises, notamment en 1591, 1627, 1633, 1669, 1683, 1704 et 1715, fut enlevé en grande partie à la fin du xviij^e siècle. Les derniers débris, une tête de Christ, disparurent au cours du xixe siècle, lorsque les travaux de restauration amenèrent le rétablissement des meneaux primitifs.

Malgré les instances de la Commission royale des Monuments (1) qui demanda qu'on refit, d'après les cartons originaux, le vitrail de Charles-Quint, la Fabrique se décida, vers le milieu du xixe siècle, pour un sujet d'un caractère plus religieux, rappelant l'hommage rendu à Marie Immaculée, le 4 mars 1855, par le clergé et les fidèles du diocèse de Malines, à l'occasion de la proclamation du dogme de l'Immaculée Conception.

Le vitrail, qui surtout dans la partie inférieure a été fortement endommagé en 1914, est occupé par une composition très compliquée et de multiples personnages qui remplissent tous les panneaux.

Le tympan est consacré à des figures de l'Ancien Testament. Dans la grande rosace se voient Adam et Ève, qui reçurent la première promesse de la Rédemption, Abraham et Sara et le roi David. Sur les ramifications de l'arbre généalogique, qui s'étendent dans la rosace, l'artiste figura David, Salomon et la Mère de Dieu portant son Enfant.

La fenêtre, proprement dite, se compose de deux grandes scènes superposées dans un encadrement à figures multiples.

La scène supérieure figure la glorification de la Sainte Vierge au ciel. A côté de la Reine conçue sans péché, on voit saint Joseph, les Apôtres, les saints tutélaires de la ville, saint Rombaut et sainte Marie-Madeleine, saint Libert, saint Gommaire et un grand nombre de saints vénérés dans le diocèse. Au-dessus de la figure de la Vierge, dans une large gloire, paraît la Sainte Trinité.

La partie inférieure représente l'Archevêque, le cardinal Sterckx, offrant une couronne. Le Cardinal est entouré de Mgr Dechamps et

---

(1) *Bull. des Comm. Royales d'Art et d'Arch.*, t. II, p. 23; t. V, p. 15.

d'un grand nombre de personnages ecclésiastiques et laïques (1).

L'encadrement porte dans son soubassement les symboles des Évangélistes, ainsi que l'inscription dédicatoire :

CLERUS POPULUSQUE DIOECESIS MECHLINIENSIS
MARIAE SINE LABE CONCEPTAE GRATULANTUR
IV MARTII MDCCCLV

Dans les montants, à la hauteur de la scène inférieure du panneau central, se trouvent, de part et d'autre, sous un dais gothique, deux figures d'Évangélistes. Au-dessus est figuré, à droite du spectateur, le pape Pie IX debout, tenant en main la bulle *Ineffabilis Deus,* et ayant à côté de lui, en grand manteau cardinalice, l'Archevêque de Malines. En face se tient un groupe formé de quatre Docteurs, interprètes et témoins de la tradition catholique, les saints Grégoire, Augustin, Éphrem et Anselme.

Les auteurs de ce vitrail, qu'il convient de juger avec toute la bienveillance que peuvent réclamer les premières œuvres d'une période de tâtonnements et d'essais, se sont rappelés au souvenir de la postérité dans un cartouche, placé dans le panneau central, audessus des autorités civiles assistant à la solennité :

UIT . GEVOERD . DOOR . LEOPOLDUS . PLUYS
GLASSCHILDER . HIER . TER . STEDE . NAER . DE
SAMENSTELLING . EN . DE . TEEKENING
Vª EDWARD . DUJARDIN . Vª ANTWERPEN
MDCCCLXXIII

---

(1) Plusieurs de ces figures sont des portraits. En dehors du Cardinal († 1867 et de son successeur, on y reconnaît, à droite, dans le groupe supérieur, le marguillier Lion, le bourgmestre Broers, le représentant baron van den Branden de Reeth, le sénateur François de Cannart d'Hamale, et le marguillier van Duerme de Dumas ; dans le groupe inférieur, Mgr Scheppers, le chanoine Schœffer, le pléban Van Campenhoudt et le pléban, alors décédé, Van der Linden.

A gauche du Cardinal, dans un groupe compact, on distingue les chanoines De Coster, De Decker, Genneré, Mgr Anthonis, évêque auxiliaire, le vicaire-général Mgr Lauwers, ainsi que les chanoines Baguet et Mortelmans. — Cf. *Mechelsche Courant*, 1874, n° 19.

Le vitrail qui se trouvait depuis quelques années dans la fenêtre en face de l'autel de sainte Anne était un don de la famille Franck-Gilis de Bruxelles, et représentait les patrons des donateurs, saint Charles Borromée, saint François d'Assise et sainte Catherine.

Le vitrail subit le sort des autres verrières de la Métropole : il fut détruit en 1914.

n° 2

La partie septentrionale du Transept.

SOMMAIRE. — L'autel de saint Antoine. — L'autel primitif de la Vierge. — La Confrérie de Notre-Dame. — L'autel de la Confrérie avant 1580. — L'autel actuel. — Le vitrail de Louis de Male. — Le vitrail actuel. — Le tableau de C. Leclercq.

Deux autels ornèrent autrefois, c'est-à-dire avant l'année 1580, le transept Nord : celui de la T. S. Vierge et, en face, appuyé par son petit côté contre le mur septentrional, l'autel de saint Antoine. Cet autel, qui ne nous est guère connu que par le plan terrier de 1550 et par la chapellenie qui y était rattachée, fut primitivement doté, d'après la visite de 1550, d'une messe par semaine, réduite après les troubles à une messe par quinzaine.

L'autel consacré à Notre-Dame est un des plus anciens de l'église. En 1250, Arnold de Zellaer fonda à cet autel une chapellenie, ainsi qu'une lampe perpétuelle. Le généreux fondateur des douze bénéfices, sur lesquels nous nous sommes longuement étendu au Livre II de cette étude (1), voulut également que chacun des bénéficiers célébrât à cet autel une messe par quinzaine.

Lorsque vers l'année 1400, les Zellariens transférèrent leurs offices propres dans la chapelle absidale, ils emportèrent également une antique statue de la Vierge, appelée Notre-Dame de Zellaer, ainsi que le retable sculpté et polychromé qui décorait l'autel (2).

Au cours du XVe siècle, peut-être plus tôt déjà, par des donateurs et dans des circonstances sur lesquels nous n'avons guère de renseignements, diverses chapellenies furent rattachées à l'ancien

---

(1) Cf. Livre II, chap. II, § 1, t. I, pp. 215 et ss.; et chap. III, § 2; t. I, p. 272.
(2) Cf. ci-après § 3, n° 2.

autel des Zellariens, notamment celle des saints Jean l'Évangéliste et Nicolas, grevée de deux messes (1), celle des saints Rombaut, Gommaire et Gudule, chargée de trois messes(2), et la cantuarie d'une messe quotidienne à célébrer pendant que le chœur récitait *None, tempore nonarum* (3). De bonne heure aussi, l'autel devint le siège de la Confrérie de Notre-Dame, de la messe de Notre-Dame, de l'*Onser Vrouwe Misse,* et de la messe de la Sainte-Croix.

Il serait fort difficile de se prononcer sur les origines de la confrérie de Notre-Dame, qui porte le nom tantôt de Notre-Dame de Concorde, tantôt de Notre-Dame de Cambrai.

Les chroniqueurs malinois font honneur de l'institution de la Confrérie à l'archiduc Philippe d'Autriche, père de Charles-Quint. L'archiduc, bien qu'en bas âge encore, aurait fait installer la Confrérie en 1482, sous le titre de Notre-Dame de Concorde, afin d'obtenir par la miséricordieuse intercession de la Mère de Dieu le rétablissement de la paix et de la concorde dans ses états.

Il est assez probable que les prières pour le rétablissement de la paix que nos pères durent adresser dans les dernières années du xve siècle, avec un redoublement de ferveur à Notre Bonne Mère Marie ont eu une influence marquante sur le développement du culte marial à Saint-Rombaut; il n'est pas impossible non plus que le désir unanime de paix et de concorde ait inspiré aux dirigeants de la Confrérie l'idée d'en modifier le titre; mais il n'en reste pas moins vrai que la Confrérie elle-même est antérieure à l'année 1482.

En 1481, dans le testament de Jean Villani, la Confrérie porte le titre de Notre-Dame de Cambrai. Mais encore une fois, tel ne semble pas avoir été son titre primitif, pour autant tout au moins qu'on désire rapporter cette dénomination à la statue miraculeuse de la Vierge, dite de saint Luc, vénérée dans la cathédrale cambrésienne. En effet, à Cambrai même, cette dévotion ne date, au plus tôt, que

---

(1) AC, *Visit. capell.*, 1550, f° 49.
(2) AC, *Visit. capell.*, 1550, f° 50.
(3) Ibidem. Déjà, en 1573, le Chapitre avait réduit les sept messes à cinq. A l'époque moderne, il n'est plus question de cette fondation, qui fut réunie, vers la fin du xvj[e] siècle, à la « missa panis capellanorum ». — AC, *Visit. capell.*, 1588, f° 93.

de l'année 1452 ou 1455 (1), et quelque rapide qu'on puisse supposer la diffusion de ce culte dans le diocèse, on s'expliquerait difficilement l'érection d'une confrérie à Malines, sous le même vocable, dès l'année 1460. Or, en cette année déjà, Tilman de Namur lègue à la confrérie de Notre-Dame à Saint-Rombaut, six sous de gros en rédemption de son meilleur vêtement (2). L'article des statuts, perdus malheureusement, auquel le testament de Tilman fait allusion, en rappelant l'obligation pour les membres d'abandonner leur meilleur vêtement à la Confrérie, prouve la haute ancienneté de l'institution, dont il fait probablement remonter les origines au xive siècle, si ce n'est au xiij^e (3).

Du reste, au commencement du xve siècle, la fondation de l' « onser Vrouwen Misse » se trouvait en possession de nombreux cens, tant à Malines que dans les environs (4).

Quoiqu'il en soit de son origine, la Confrérie, de même que l'autel auquel elle avait son siège, étaient indifféremment connue au xvj^e siècle, sous le double vocable de Notre-Dame de Cambrai et de Notre-Dame de Concorde.

En 1507-1508, les comptes de la ville signalent un subside pour l'achèvement d'une clôture de métal devant l'autel (5). En 1580, celui-ci était orné d'un panneau central — le tableau peut-être qui y figurait en 1604; — et de deux volets peints. Une statue habillée de la

---

(1) On sait que la piété populaire à Cambrai considérait l'image connue sous le nom de Notre-Dame de Cambrai comme le portrait original de la T. S. Vierge peint par saint Luc. L'image fut apportée de Rome par Fursy de Breille, archidiacre et chanoine de Cambrai, vers le milieu du xve siècle. De Breille mourut en 1452, et le tableau qu'il légua à la cathédrale fut solennellement introduit dans l'église le 14 du mois d'août. Il fut porté pour la première fois en procession en 1455. — Cf. ABBÉ BERTEAUX, *Étude historique... sur l'ancienne cathédrale de Cambrai*. Cambrai, 1908, t. I, pp. 84 et 404.

(2) ACZ, *Cart.* M, f° 40.

(3) Une clause de ce genre se retrouve, notamment dans les statuts de la Confrérie de Saint-Rombaut, de 1302-1305; — Livre I, chap. III, § 3; t. I, p. 114, — et dans ceux de la Confrérie, tout aussi ancienne, de Saint-Jacques. — SCHŒFFER, t. II, pp. 617 et ss.

(4) « Dit is den erf chys toebehoerende onser Vrouwen misse in Sinte-Rommouts kercke te Mechelen bewijst int iaer O. H. 1428 ». AC, Arm. I, cas. 14, farde *Messe de Notre-Dame*.

(5) AM, *Comptes de la ville*, 1507-1508.

Vierge était également placée sur l'autel. Lors de la Furie anglaise, une béguine, Anneken Van Roye, essaya de sauver le grand manteau de drap d'or dont la statue était couverte, mais l'objet lui fut repris par un soldat (1). Les volets furent également enlevés par des pillards, mais rachetés par Antoine Van Notenschalen, qui les rendit en 1586 à l'église (2), où ils furent replacés sur l'autel reconstruit.

En effet, immédiatement après le retour du clergé, les proviseurs de la Confrérie, de concert avec les marguilliers, se mirent en devoir de réparer le désastre.

Dès le 12 septembre, ils firent enlever les décombres et renouveler le dallage (3), tandis que la générosité d'une béguine, nommée Heylken, les mit à même de reconstruire la tombe d'autel (4), et que Jean Verberckt fit cadeau d'une nouvelle statue, qui fut placée sur un appui sculpté (5). L'image donnée par Verberckt était une Vierge habillée (6) suivant l'ancienne tradition du pays. Les proviseurs entourèrent également l'autel d'une clôture en bois et en métal, provenant de celui des Maçons (7).

L'autel sur lequel déjà on avait chanté un premier salut le jour de la Toussaint (8), fut consacré le 3 janvier 1586 (9). Dans les premières

---

(1) G. VAN CASTER, *Les festivités de Saint-Rombaut*, pp. 121 et 122.
(2) AM, reg. 74, *Compte de la Fabrique de Saint-Rombaut*, 1586-1587, f° 13. La Fabrique paya 8 fl. de ce chef.
(3) AM, reg. 74, AF, *Comptes de la Confrérie*, 1585-1590 et *Rekeninghe ende bewijs wylen Jan Moons in zynen leven proviseur ende rentmeester van O. L. Vrouwen bruerscap van Cameryck inde metropolitaensche kercke van Ste-Rombauts binnen den jare 1585 inclues als wanneer dese stadt met syne majesteit reconcilieerde tot Kersmisse inden jare 1590 incluys* f° 23.
(4) AM, reg. 74, *Compte de la Fabrique de Saint-Rombaut*, 1586-1587, f° 13.
(5) IBIDEM, f° 24. — Il est probable que la statue fut remplacée peu de temps après par un retable sculpté, que « Federve » fut chargé de dorer en 1622. *Ibidem*, 1622, f° 13.
(6) AF, *Comptes de la Fabrique*, 1631-1634; François Steemans recevait 4 fl. par an pour ses services à l'autel, notamment pour habiller la statue.
(7) AF et AM, reg. 74. — *Comptes de la Confrérie*, 1585-1590, f° 23 v°.
(8) IBIDEM, f° 28.
(9) AC, *Visit. eccles.*, reg. I, visite de 1617. — Le retable fut doré en 1622. — AF, *compte de la Fabrique*, 1622, f° 13. — En 1604, la Confrérie avait déjà acheté « eenen ghestoffeerden Ihesus om opden altaer te setten ». — AF, *Comptes de la Confrérie*, 1604-1605, f° 19.

années du xvije siècle, on y voyait un retable dont le panneau représentait une Assomption de la Vierge, et qui était surmonté de trois statues : une Vierge encore, saint Joseph et saint Jean l'Évangéliste (1).

La piété des fidèles, qui de tout temps s'était plû à enrichir la Confrérie de nombreux dons et legs (2), ne se démentit pas après la restauration du culte. Grâce à ce concours généreux, nous voyons, à chaque visite d'église, les visiteurs faire mention de quelques ornements nouveaux. Parmi les bienfaiteurs de l'autel, il y a lieu de signaler en première ligne une modeste et pieuse femme, Catherine Van Roye, qui s'était constituée la fidèle gardienne de l'autel et qui pendant quatorze années prit soin de son entretien. Vers 1630, le pléban Silvortius affirma à l'auteur du *Brabantia Mariana*, que Catherine Van Roye, à elle seule, avait procuré aux proviseurs au moins cinq mille florins du Rhin (3). Ce fut elle, notamment, qui fournit les statues de saint Joseph et de saint Jean (4), qui fit enchâsser, dans un nouveau cadre sculpté et doré, l'image de Notre-Dame des Miracles placée à côté de l'autel (5), et qui contribua largement à l'acquisition d'une clôture de marbre, pour remplacer, en 1624-1626, l'ancien thuyn provenant des Maçons (6). Elle acquit également, trois tapisseries (7), une lampe d'argent (8), des ornements, des courtines, des devant d'autel, deux manteaux pour la Vierge (9).

---

(1) AF, *Comptes de la Confrérie*, 1605-1606, f⁰ 24.
(2) Le compte de la Confrérie de 1585-1590 accuse une recette en cens et rentes de 194 fl. Le dernier compte de 1791 porte une recette de 30 fl. en cens et de 388 fl. 19 s. en rentes. AC, Arm. I, casier 54, note du chan. Van Helmont.
(3) A. Wichmans, *Brabantia mariana*, p. 552.
(4) AC, *Visit. eccles.*, reg. I, visite de 1626.
(5) Ibidem, visite de 1625. — Une lampe brûlait devant cette image.
(6) Ibidem, visites de 1624 et 1626.
(7) AF, *Comptes de la Fabrique*, 1622, f⁰ 13. — Deux de ces tapisseries représentaient l'une la Naissance, l'autre la Présentation au temple de la Sainte Vierge. Elles coûtèrent ensemble 648 fl.
(8) Ibidem, f⁰ 14. — Cette lampe remplaça une lampe de cuivre. Une autre ampe d'argent était suspendue devant l'autel de sainte Catherine.
(9) AC, Arm. I, cas. 17, farde : *Virgines*, Requête de Catherine Van Roye, orig. du mois de décembre 1633. — A la suite de démêlés avec les proviseurs, Catherina Van Roye abandonna son poste ou fut remerciée au mois de mai 1631, et remplacée par Barbe De Bruyn. — AF, *Comptes de la Confrérie* 1631-1634.

Le nouvel emplacement donné en 1585 à l'image de Notre-Dame des Miracles, — sur laquelle nous aurons à revenir au § 4, — et la ressemblance de cette image avec celle vénérée depuis 1452 à la cathédrale de Cambrai (1), créèrent entre les deux dévotions une confusion qui subsiste encore de nos jours : on s'habitua à regarder le tableau de l'église métropolitaine comme une réplique de celui de saint Luc, honoré à Cambrai, et à le vénérer comme tel.

Durant la première moitié du xvij^e siècle, la dévotion à Notre-Dame de Cambrai et la Confrérie en son honneur connurent une période de grande prospérité. En 1625, nous voyons les proviseurs s'adresser à un religieux du prieuré d'Hanswyck, heer Pauwels, et lui commander deux cents « belekens » polychromées pour la Confrérie (2); en 1631, celle-ci fit encore imprimer quatre cents images (3).

Peu à peu, cependant, un fléchissement se fit sentir. En 1659, les chanoines se virent obligés de députer l'un des leurs pour examiner la situation financière et pour prendre les mesures nécessaires au relèvement de la Confrérie (4). Grâce à ce concours et à la protection du Chapitre, qui lui fut acquise désormais, les difficultés purent être aplanies, d'autant plus que, depuis le transfert d'un certain nombre d'offices célébrés jusque là aux autels devant le jubé, la Fabrique avait repris à sa charge une partie des frais d'entretien de l'autel. Plus tard, après le rétablissement du jubé à l'entrée du chœur, le Chapitre confia, en 1721, aux administrateurs de la Confrérie, la surintendance de l'autel du Christ souffrant (5), avec le droit d'y établir un tronc à leur profit (6).

---

(1) Les deux images sont du type byzantin mais celle de Cambrai représente la Sainte Vierge avec son Divin Enfant, tandis que cette dernière figure fait défaut dans le tableau de Malines.

(2) AF, *Comptes de la Confrérie*, 1 janv.-31 déc. 1625 : « Item heer Pauwels tot Hanswyck voor het maecken oft schilderen van twee hondert belekens dienende voorn. broederschap ... 3 fg. 4 st. ».

(3) IBIDEM, 1631-34.

(4) AF, *Manuel des Revenuen*, p. 77.

(5) IBIDEM, p. 87.

(6) IBIDEM, p. 101.

Nous avons vu, en parlant de l'autel de sainte Anne (1), dans quelles conditions les deux autels du transept furent remplacés en 1698, par les monuments qui aujourd'hui encore décorent cette partie de l'église.

L'autel de la Vierge est une réplique, à de menus détails près, de celui de sainte Anne, que nous avons décrit. Le groupe qui couronne l'autel du transept Nord se compose d'une fort belle statue de la Mère de Dieu, assise, ayant à ses côtés son Divin Fils, couvert d'une simple draperie et tenant sa croix. Sur le socle de la statue on lit cette inscription :

> IN GENITO VITA EST
> GLORIA VERA SALVS
> FRENDET VIPRA FVRENS
> GENITRIX SINE LABE TRIVMPHAT.

Quant à l'ancien autel, il fut vendu à l'église Saint-Jean, moyennant 300 fl. (2).

Lors de la construction de l'autel, les marguilliers se proposèrent d'orner le retable d'un tableau, représentant saint Luc peignant le portrait de la Mère de Dieu et appartenant à la corporation des Peintres. Ceux-ci, cependant, n'entendaient pas se laisser dépouiller de leur bien, et portèrent leurs plaintes devant les tribunaux. Après bien des tiraillements, le Grand Conseil, donna le 5 septembre 1699, une sentence accordant gain de cause avant tout aux marguilliers. Ceux-ci furent autorisés à disposer du tableau pour le placer dans leur nouvel autel, mais cette concession fut soumise à plusieurs conditions. Toutes les précautions devaient être prises, notamment, pour garantir le tableau des effets de l'humidité, les volets devaient être placés près de l'autel; de plus, il demeura bien établi que, seule,

---

(1) Cf. ci-dessus pp. 186 et ss.
(2) AF, *Comptes de la Fabrique*, 1697-1700 f° 44 v° : « Op den eersten werckendagh naer Paeschen van den Jaere 1699 is vercocht den autaer van Onse L. Vrouwe aen die van Sint Jans kercke alhier voor de somme van 300 guls. ende den marberen thuyn voor 140 guls., t' samen voor 440 guls. waer van by accordt dese kercke geproffiteert de helft, dus hier ontfangen 220 g. »

la corporation conservait la propriété de sa toile et qu'elle pouvait y apposer son écusson; enfin, les Peintres auraient dorénavant le droit de faire célébrer leurs offices à l'autel du transept et de faire usage des ornements de la Confrérie (1).

Bien que le Grand Conseil eût accordé satisfaction aux marguilliers, nous ne pensons pas que ces derniers donnèrent suite à leur projet. Celui-ci d'ailleurs déplut au Chapitre, qui décida de faire exécuter à ses frais un nouvel encadrement pour le tableau de Notre-Dame des Miracles. Cet encadrement, sculpté par Nicolas Van der Veken, et composé de deux figures d'anges tenant une couronne, donna au tableau une ampleur suffisante pour qu'il put remplir décemment le vide de l'arc de triomphe dans lequel il fut placé.

L'année après le renouvellement de l'autel, la Fabrique remplaça également par une balustrade basse (2) la clôture de marbre placée en 1624-1626, vendue en même temps que l'autel.

L'image de Notre-Dame des Miracles demeura dans le retable de l'autel jusqu'après le Concordat. En 1804, elle fut remplacée dans l'arc de triomphe par un tableau de De Crayer, représentant saint Dominique recevant le chapelet de la sainte Vierge (3). L'image miraculeuse fut d'abord rattachée au socle de la statue, puis, peu de temps après, reléguée dans la chapelle absidale.

Quant à la toile de De Crayer, elle fit place à son tour au Van Dyck des Récollets, qui occupa l'autel de 1816 à 1846. Depuis cette dernière année, c'est l'Adoration des Bergers, signée Jean-Erasme Quellin et datée de 1669, qui décore l'autel du transept.

Le tableau, qui mesure $2^m 90 \times 2^m 80$, fut offert à l'église métropolitaine, au commencement du xixe siècle, par Pierre-André Pierets de Croonenburg. Le donateur l'avait acheté à un amateur, qui lui-même en avait fait l'acquisition à Anvers, où il ornait, au xviij^e siècle, l'église d'un couvent. La composition, qui comprend

---

(1) AF², Coll. D. C., farde C, sentence du Grand Conseil, du 5 sept. 1699, *orig*.
(2) V. ci-dessus, p. 205, note 2; v. également ci-dessus p. 191.
(3) AF², *Procès-verbaux des séances*, reg. I, 20 août 1804.

dix personnages, est simple et aisée, le dessin correct et sans prétention, mais la peinture a un ton brunâtre (1).

La toile de Quellin est une de celles qui ont le plus souffert des événements de 1914. Au mois de mai 1917, la Fabrique en confia les morceaux lacérés au peintre-restaurateur A. Van Poeck, d'Anvers, qui par un travail patient et habile sut rendre à la toile toute sa valeur primitive. Depuis le mois d'août 1919, l'Adoration des Bergers a repris sa place sur l'autel.

Il serait superflu de revenir sur le portail intérieur et sur les statues qui décorent cette partie du transept, et dont il a été question au paragraphe précédent. Contentons-nous de quelques mots sur le grand vitrail de la fenêtre du pignon.

Au xive siècle, la baie de cette fenêtre était décorée d'intéressantes peintures rappelant les traits de Louis de Male, comte de Flandre, et depuis 1356 seigneur de Malines, de sa femme Marguerite de Brabant et de leur fille Marguerite, qui épousa dans la suite Philippe le Hardi, duc de Bourgogne. L'effigie du prince français ne figura pas dans le vitrail, ce qui est de nature à faire supposer que la verrière fut exécutée avant 1369, soit avant le mariage de la princesse. Peut-être le vitrail date-t-il des premiers jours de l'occupation de la ville par le comte, alors que, par des faveurs de toute espèce, il s'ingéniait à s'attacher ses nouveaux sujets (2).

En dehors des armoiries du comte, on voyait dans le vitrail celles de la ville de Malines. Au mois de septembre 1767, les derniers fragments de ce curieux monument firent place à un vitrage incolore (3).

Le vitrail, dont les panneaux mutilés occupent aujourd'hui la fenêtre, fut exécuté en 1860, par Fr. Pluys (4), il était destiné à rappeler le souvenir de la proclamation du dogme de l'Immaculée Conception, et fut placé aux frais du cardinal Sterckx et du Chapitre (5).

---

(1) EMM. NEEFFS, *Inventaire*, p. 13.
(2) V. J. DAVID, *Geschiedenis van Mechelen*, pp. 213 et 535; — SOLLERIUS, p. 186.
(3) EMM. NEEFFS, *Notes sur les anciennes verrières*, p. 15.
(4) Les cartons furent dessinés par Schram, d'après le croquis de Pluys.
(5) Celui-ci contribua pour une somme de 600 francs.

Bien que ce vitrail ait été moins gravement atteint que celui du transept méridional, directement exposé au feu de l'artillerie allemande, l'œuvre a fortement souffert lors des événements de 1914, et sa restauration est devenue bien problématique.

En face de l'autel est suspendu, depuis 1775, un tableau de C. Leclercq, don du cardinal de Franckenbergh, à l'occasion du millénaire de saint Rombaut. Cette toile, d'un grand intérêt archéologique, nous représente l'intérieur de l'église métropolitaine après les travaux d'ornementation exécutés par P. Valckx. Les groupes bien distribués et d'une couleur franche, sont de P.-J. Verhaeghen. La toile a heureusement échappé aux effets du bombardement (1).

---

(1) Cf. Livre I, chap. III, § 4; t. I, p. 136.

§ 3

Le Pourtour du Chœur et les Chapelles du Déambulatoire

N° 1

La partie Nord du Pourtour

SOMMAIRE. — Les clôtures du déambulatoire. — Le monument du cardinal de Franckenberg. — Le buste de la *Mater dolorosa*. — La salle capitulaire. — Le tombeau des Berthout. — Le local du vestiaire actuel des chanoines titulaires. — La chapelle des Brasseurs. — La chapelle des Reliques de saint Rombaut. — Deux pierres tombales à signaler. — La chapelle de saint Jacques le Mineur. — La chapelle des saints Pierre et Paul et Martin; la confrérie du Saint Sacrement avant 1580; la chapelle de 1585 à 1804; la chapelle depuis le xixe siècle. — La chapelle de sainte Marie-Madeleine jusqu'en 1580; depuis 1580 jusqu'au xixe siècle; la chapelle depuis 1804.

Le portique placé à l'entrée du chœur, par Jean Van den Steen, donna satisfaction aux marguilliers et au Chapitre, au point que peu d'années après, par contrat du 11 décembre 1679, la Fabrique chargea le même sculpteur de la construction d'une clôture, dans le même genre, à l'entrée du déambulatoire (1).

L'œuvre de Van den Steen fut appelée à remplacer une clôture plus ancienne, commandée par la Fabrique en 1603, à un sculpteur anversois (2), et qui elle-même remplaça une porte dont Matthieu le peintre avait remis à neuf les vantaux peu de temps avant le sac de l'église (3). Nous ignorons quelle fut la forme de la clôture de

---

(1) AC, Arm. I, casier 4, contrat du 11 déc. 1679. — Luc Faÿd'herbe, qui d'abord avait été chargé de ce travail, y avait renoncé le 9 du même mois. — IBIDEM, contrat du 9 déc. 1679, *orig.*

(2) AF, *Comptes de la Fabrique*, 1603; 1604-1605, f° 17 v°; 1605-1606, f° 18 v°.

(3) IBIDEM, 1579-1585, f° 1; — EMM. NEEFFS, *Histoire des peintres*, t. I, p. 308.

1603, nous savons seulement que l'encadrement fut garni de deux chandeliers de laiton, qui furent nettoyés par Jean Cauthals, en 1622 (1).

Quant à la clôture de Van den Steen, elle fut conçue sur le même plan que le portique du chœur; elle était composée de colonnes avec chapiteau de l'ordre ionique, supportant un entablement et encadrant des portes sculptées ornées d'arabesques et d'anges soutenant divers attributs. Des chandeliers de laiton surmontaient également la nouvelle clôture.

Pendant plusieurs années encore après la démolition du portique du chœur, les marguilliers maintinrent les portes du déambulatoire; elles disparurent, cependant, pour ne plus être remplacées, au mois d'octobre 1852 (2).

A l'entrée de la partie Nord du déambulatoire, contre le mur du chœur, s'élève depuis l'année 1818 le monument commémoratif du cardinal de Franckenberg. En esquissant la situation du clergé métropolitain pendant les dernières années du xviije siècle, nous avons dit la courageuse résistance que le noble Archevêque opposa aux injonctions impies de l'envahisseur et l'exil dont la République frappa le vieillard. Le Cardinal ne rentra plus dans son diocèse. Même après sa renonciation au siège archiépiscopal, à l'époque du Concordat, il ne put obtenir de Napoléon l'autorisation de passer le peu de jours qui lui restèrent à vivre, dans sa patrie d'adoption. Jean-Henri de Franckenberg mourut à Breda, le 11 juin 1804 et fut enterré dans la petite église de Rysbergen (3).

Un service solennel eut lieu le 18 juin, à l'église métropolitaine, pour le repos de l'âme de l'Archevêque défunt, qui pendant près d'un demi-siècle et au milieu des circonstances les plus difficiles avait gouverné le diocèse de Malines. Le 5 novembre suivant, les marguilliers décidèrent de rappeler le souvenir de l'Archevêque défunt par un cénotaphe à placer dans l'ancienne chapelle des Escrimeurs.

---

(1) AF, *Comptes de la Fabrique*, 1622, f° 16.
(2) V. ci-dessus Livre II, chap. V, p. 54.
(3) Cf. P. CLAESSENS, *Hist. des archevêques de Malines*, t. II. Louvain, 1881, pp. 230 et ss. — Sur le tombeau du Cardinal, *La vie diocésaine*, t. I, 1907, p. 196 et ci-dessus p. 167, note 3.

Le 15 décembre 1817, le conseil de Fabrique résolut de remplacer le cénotaphe de 1804, assez sommaire, il est vrai, par le monument actuel. Celui-ci est composé d'un soubassement en bois et d'une fort belle statue d'albâtre de Notre-Dame des Douleurs, par Artus Quellin, dit-on (1), que la Fabrique venait d'acquérir, et que le sculpteur Van Geel modifia pour en faire une femme en pleurs. Aujourd'hui le bras gauche est appuyé sur un médaillon avec portrait du défunt.

La base du monument porte cette inscription :

D. O. M. AC JOHANNI HENRICO COMITI A FRANCKENBERG
PER ANNOS XLII DECIMO ARCHIEPISCOPO MECHLINIENSI
BELGII PRIMATI S. R. E. PRESB. CARD.
QUI CURSU CONSUMMATO, FIDE SERVATA, HIC AD JUSTUM JUDICEM
CORONANDUS MIGRAVIT BREDÆ III ID. JUN. M. D. CCCIIII,
QUOS CONSILIO DUXIT, VERBO DOCUIT, EXEMPLO PRÆCESSIT
GRATI ÆDITUI DEDICAVERE
A° R. S. M. D. CC. XVIII.

La porte en face du monument commémoratif du cardinal de Franckenberg est décorée d'un buste de *Mater dolorosa,* par Luc Fayd'herbe. Cette figure de pierre blanche est un fragment d'une statue en pied qui, après avoir servi jusqu'en 1802 de monument funéraire à la famille de Caestre, dans la chapelle du Saint Sacrement, fut placée sur un socle dans une des chapelles du pourtour, comme cénotaphe du cardinal d'Alsace. En 1813, la statue parut détériorée, et les marguilliers crurent pouvoir la réduire au buste.

La porte que ce buste surmonte donne accès à un escalier en bois qui mène aux étages ; au bas de l'escalier, à droite, se trouve l'entrée de la salle capitulaire. Comme nous l'avons dit dans le

---

(1) La statue se trouvait jadis dans les jardins de l'Archevêché. Lorsqu'on la plaça dans l'église, en 1818, elle était couverte d'une épaisse couche de couleur qui en fit déprécier la valeur. — Cf. EMM. NEEFFS, *Inventaire,* p. 14. — En 1875, le chanoine De Coster la débarrassa de sa couleur et mit à jour la belle œuvre d'art, malheureusement mutilée, que nous admirons aujourd'hui.

chapitre consacré à la chronologie du monument, la construction de ce local date de la fin de la première période des constructions.

Primitivement, la salle était décorée de peintures imitant les arcatures de l'extérieur et dont de nombreuses traces existent encore aujourd'hui. Quant à l'aménagement actuel, il est relativement récent et ne remonte guère au delà des premières années du xviij^e siècle.

La salle capitulaire était ornée jadis de la série complète des portraits, généralement dépourvus de valeur artistique, des anciens archevêques, dont Van den Eynde et de Cuypers ont donné les inscriptions et qui sont conservés actuellement dans les salons de l'Archevêché. Aujourd'hui, la salle ne possède plus que trois portraits : un tableau ancien représentant le cardinal d'Enckevoirt, mentionné par les auteurs de *Mechelen opgeheldert,* le portrait du cardinal Sterckx et un portrait, en photographie, du doyen du Chapitre, Pierre Aerts. L'inscription sur le cadre de ce portrait rappelle la longue carrière du défunt et sa générosité à l'égard de ses confrères (1).

Le salle du premier étage est garnie aujourd'hui d'armoires, dans lesquelles sont rangées, sur des rayons et dans des casiers, les archives historiques ou anciennes du Chapitre (2); celle du second étage est réservée aux archives de la Fabrique d'église. On conserve également dans cette dernière salle l'ancien coffret aux reliques de saint Rombaut, et la forme en bois de la châsse du xvij^e siècle, recouverte encore de velours rouge, telle qu'elle fut en usage de 1797 à 1825 (3).

A quelques pas du monument du cardinal de Franckenbergh, entre la seconde et la troisième colonne du chœur, se trouve le tombeau des Berthout. Trois membres de la famille des seigneurs de

---

(1) Le texte, dû au chan. G. van Caster, porte :
REVERENDISSIMUS DOMINUS PETRUS JOSEPHUS AERTS
METROPOLITANÆ MECHLINIENSIS ECCLESIÆ
PER SEMISÆCULUM ET ULTRA CANONICUS
CAPITULI DECANUS EMERITUS ET BENEFACTOR INSIGNIS
LOVANII NATUS 26 MARTII 1809
DECESSIT MECHLINIÆ 28 JULII 1905.

(2) V. Introduction, t. I, pp. XI et ss.
(3) V. Livre I, chap. II, t. I, p. 44.

Malines ont là, selon l'expression de l'épitaphe moderne, leur dernière demeure. Ce sont probablement Gauthier Berthout III, dit le Grand, qui mourut en 1286; Jean Berthout, fils de Gauthier IV et petit-fils de Gauthier le Grand († 1304) et son frère Égide († 1310). Au dire des auteurs de *Mechelen opgebeldert*, le mausolée aurait été orné primitivement d'une plaque de cuivre ciselée.

D'après un ms. de Dievecht, à l'abbaye d'Averbode (1), la tombe fut ouverte une première fois en 1635, le 12 janvier, en présence du doyen et de l'échevin Henri Vanderborch (2). On y trouva trois corps, qui furent réunis dans un même cercueil, on modifia également la dalle mortuaire « den steen daer boven liggende »(3), et on rétrécit le monument.

Lorsque, dans la seconde moitié du xviij^e siècle, on ouvrit une seconde fois la tombe, on y retrouva trois crânes et plusieurs ossements. Sur le mur étaient peintes trois croix, dont l'une, vers l'entrée du déambulatoire, n'était plus visible qu'à moitié, ce qui confirme le dire de Dievecht au sujet du rétrécissement de la tombe en 1635 (4).

Au commencement du xixe siècle, les marguilliers firent recouvrir l'ancienne tombe d'un soubassement en bois sur lequel ils placèrent, en 1806, un beau groupe provenant de la chapelle supprimée de la Sodalité (5). Cette composition, qui se distingue par sa facilité et son ampleur, représente saint Ignace de Loyola, agenouillé devant la Vierge assise, qui lui présente son divin Enfant. Au-dessus du groupe, contre une pyramide de bois, sont fixées trois petits anges tenant un livre ouvert. En 1914, la moitié du visage de la Vierge fut enlevé par un éclat d'obus allemand.

---

(1) Ms. IV, 14, f° 336.

(2) On doit à cette occasion : H. VAN HULDENBERGH GHESEYT VANDERBORCH, *Gheboorte-Linie oft gheslachts afcompste der Heeren Voogden van Mechelen*, in-plano. H. Jaye, 1638, et J. Van der Elst, 1768, in-4°.

(3) On y plaça notamment une dalle de remploi portant l'inscription (en 1778) : HIER LIGHT BEGRAVE FRANSOYS FLORET DIE STERFT IN 't....

(4) *Konstminnende Wandeling*, p. 65. — En 1806, on ouvrit de nouveau la tombe et on y retrouva les trois crânes. Cfr. *Mechelsch Bericht*, 1807, n° 23, 7 juin; — v. aussi C. SEFFEN, [C.-V.-G. NEEFFS], *Onderzoek en aanteekeningen nopens de grafstede der Berthouten, Heeren van Mechelen, in St-Rombouts kerk aldaer*, dans *De Vlaemsche School*, t. III, 1857, pp. 125-134.

(5) La chapelle de la Sodalité ou Congrégation de la Ste-Vierge, sous la direction des Jésuites, fut englobée dans le théâtre communal. Depuis les travaux de réfection exécutés en 1916, il ne reste plus à l'intérieur d'autre trace de l'ancienne chapelle qu'un portique de pierre blanche et une partie de plafond.

Sur le socle, on lit cette inscription, due au jurisconsulte J.-P. Broers :

> TRIUM BERTHOLDORUM
> QUI SAECULO DECIMO TERTIO
> MECHLINIAE DOMINABANTUR
> HIC ULTIMA DOMUS

Ce fut près de cette tombe qu'en 1287, Sophie Berthout, fille de Gauthier III et veuve de Henri de Breda, fonda une chapellenie, dont elle réserva, la vie durant, la collation à elle-même et à son neveu Berthold, fils aîné de son frère Gauthier IV (1). Vingt années plus tard, le 7 août 1307, Alice, veuve de Gauthier, y fonda également une chapellenie pour le repos de l'âme de son mari et de son fils Jean (2). Cette chapellenie fut augmentée, en 1326, d'un cens de quatre escalins de gros de France, par Guillaume, « die men heet die clerc van Berlaer (3) ».

Il faut croire que les chapellenies fondées en souvenir des Berthout disparurent d'assez bonne heure, du moins, nous n'en relevons plus de traces dans la Visite des chapellenies de 1550 (4). D'autre part, le plan terrier de cette époque nous renseigne, près de l'emplacement du tombeau des seigneurs de Malines, un autel que les sources nous disent être celui de saint Corneille, et qui fut doté, en 1319, par Égide de Schelle et sa femme Marguerite de Leest, d'une chapellenie de deux messes, réduites plus tard à trois par quinzaine.

Après la Furie Anglaise, l'autel près du tombeau des Berthout ne fut pas relevé, mais la chapellenie fut transférée à l'autel des Boulangers.

Le mur qui sépare aujourd'hui le vestiaire des chanoines titulaires du déambulatoire est de construction récente ; il fut élevé vers 1850. Jusqu'au xviij^e siècle, la chapelle était ouverte et renfermait un autel dédié primitivement sous l'invocation de Notre-Dame

---

(1) AC, *Liber caerulaeus*, f° 27 v° ; — MIRAEUS, t. IV, p. 771 ; — DE MUNCK, p. xj.
(2) AC, *Chartrier*, 1307, 7 août, *orig.*
(3) IBIDEM, 1326, 7 mai, *orig.*
(4) Toutefois, actuellement encore, le Chapitre célèbre un anniversaire pour Gauthier III ou Gauthier le Grand. Anciennement les chanoines célébrèrent également ceux de Gauthier II († 1243), Jacques, archidiacre de Tournai († 1275), Jean, seigneur de Malines († 1304), et Egide († 1310).

des Douleurs, *B. M. V. lamentationis sive lamentabilis*. L'autel était doté de deux chapellenies de deux (1505), puis, en 1588, d'une messe et demie par semaine (1).

Déjà au commencement du xvj^e siècle, les Boulangers eurent l'usage de cet autel (2), dont ils entretenaient les ornements et auquel ils faisaient célébrer leurs offices (3). Après le retour du clergé, en 1585, Gaspar Van Lovene, Pierre Van den Eynde et Henri Ghooris, au nom de Pierre De Costere, doyen du Métier, se présentèrent le 8 août, devant le Chapitre, et demandèrent l'autorisation de relever l'autel et de reprendre possession de la chapelle aux conditions auxquelles ils l'avaient occupée avant les troubles (4).

Le nouvel autel, qui fut consacré le 3 janvier 1586 (5), par l'archevêque Hauchin, en l'honneur de N.-D. des Douleurs, de saint Étienne, de saint Laurent et de saint Aubert, le patron du Métier, était orné, en 1604 (6), d'un retable dû à Michel Coxie (7). Au panneau central, disparu probablement lors de la tourmente républicaine, on voyait Abigaïl présentant au roi David des pains et d'autres dons pour fléchir sa colère contre Nabal (8).

L'un des volets du même autel fut vendu en vente publique le 11 décembre 1811 (9). Il faut croire que l'artiste avait fait certaines concessions aux goûts de son époque, au point d'offusquer le Visiteur de 1604, car nous voyons celui-ci se plaindre des licences que le peintre s'était permises dans ce tableau, ainsi que dans celui des Graissiers ou Vettewariers (10).

---

(1) AC, *Visit. Capell.*, 1550, f° 54 ; — 1588, f°s 98 v° et ss.; — 1617, f° 35 v° et 36. — En 1734, les chapellenies sont renseignées « sine onere et sine fructibus ».
(2) AC, *Livre censier*, 1525, f° 39 v°.
(3) *Visit. capell.*, 1550, f° 54.
(4) AC, *Acta*, reg. III, f° 35. Les Boulangers, aux termes de la concession, furent tenus de faire célébrer à leur autel deux messes par semaine et de payer, le jour de saint Nicolas, un cens annuel de 8 sous.
(5) BR, ms. 16527, f° 4.
(6) AC, *Visit. eccl.*, reg. I, visite de 1604.
(7) De Munck, p. 115.
(8) I Rois, XXV, 18 et ss.
(9) Schellens, *Parochiekerken*, reg. I, f° 38.
(10) AC, *Visit. eccl.*, reg. I, visite de 1604 : « Curent magistrae fabricae ut deinceps illae picturae quae sunt in altaribus pistorum et Salvatoris, vulgo vettewariers et quaecumque aliae similia expurgantur et deinceps nullam statuam, imaginemo aut quamcumque picturam in templum inferri patiantur nisi ex praevia visitatione iis constiterit in illa statua, imagine vel pictura esse nihil indecens ». La même plainte revient encore en 1703.

Après le Concordat, la chapelle, fermée par une clôture en planches, servit pendant quelque temps de magasin; puis, en 1848, elle fut convertie en vestiaire (1).

Le dégagement actuel, en face de la porte latérale du chœur, était occupé avant les troubles du xvj^e siècle, par la chapelle des saints Arnold et Arnulphe (2), les patrons du métier des Brasseurs; ceux-ci y avaient leur autel et y faisaient célébrer quatre messes par semaine (3). L'autel était encore doté, en 1550, d'une chapellenie d'une messe, réduite après 1585 à une demi-messe, qui se maintint jusqu'à la fin de l'ancien régime (4).

Dès le mois d'octobre 1585, les Brasseurs reprirent l'usage de leur chapelle, mais ils négligèrent les quatre messes par semaine, pour se contenter d'un office solennel le jour de leur fête patronale, et d'une seconde messe le lendemain (5).

En 1617, la chapelle était fermée par une clôture et l'autel orné d'un retable (6). Nous ignorons l'auteur et le sujet de ce dernier; nous savons seulement qu'un des volets, celui du côté de l'Évangile, représentait les limbes des patriarches, et que les visiteurs de 1705 le jugèrent peu convenable (7); il est probable que le retable disparut de l'église lorsqu'au xviij^e siècle la chapelle fut fermée et aménagée en petite sacristie (8).

---

(1) AC, *Archives administratives*. Reg. aux délibérations capitulaires, lettre du Conseil de Fabrique annonçant l'aménagement du vestiaire, 1848, 31 mars. Les frais furent supportés par l'Archevêque.

(2) C'est-à-dire saint Arnold, né à Thieghem près d'Audenaerde, et mort évêque de Soissons en 1087, et saint Arnulphe, évêque de Metz, mort en 641. On se perd en conjectures sur les circonstances qui ont amené les brasseurs de Malines, et leurs confrères de multiples autres localités en Belgique, à choisir saint Arnold d'Audenaerde comme patron de leur corporation. Quant à l'homonyme de Metz, la seule ressemblance du nom et la difficulté pour nos bons brasseurs de savoir lequel des deux Arnold était leur véritable patron, a pu les engager à se les revendiquer tous deux.

(3) AC, *Visit. eccl.*, reg. I, visite de 1617.

(4) Grégoire Van Borick, chapelain, mort en 1563, y fonda également une messe par semaine.

(5) L'autel fut consacré le 25 octobre. BR, ms. 16527, f° 3 v°.

(6) AC, *Visit. eccl.*, reg. I, visite de 1617.

(7) AC, *Visit. eccl.*, reg. III, visite de 1705.

(8) Cet aménagement eut lieu probablement en 1750, lorsque le cardinal d'Alsace proposa d'y établir à ses frais des armoires pour la conservation des ornements du chœur et de l'église. — AC, *Acta*, reg. XVI, 15 juillet 1750. — En 1705, cependant, la clôture devant l'autel avait déjà disparu. — AC, *Visit. eccl.*, reg. III, visite de 1705.

Les anciennes pierres tombales de cette chapelle furent enlevées en 1852, pour faire place à un nouveau pavement. En 1890, on garnit la fenêtre d'une verrière, exécutée par L. Pluys, et représentant Notre Seigneur et la Sainte Vierge avec les patrons du donateur.

La partie inférieure du cadre porte cette inscription :

CHRISTO JESU DEI FILIO EIUSQUE MATRI IMMACULATAE
REV^{us} DNUS H. C. J. MOONS, SAC. DD.
ANNO DNI MDCCCXC (1).

Ce vitrail est l'un des rares de toute l'église qui ne furent pas détruit ou grièvement endommagés par les événements de 1914.

C'est derrière cette chapelle, à l'emplacement du vestiaire actuel des chanoines honoraires, que se trouve le local qui fut aménagé au xvij^e siècle en chapelle des Reliques de saint Rombaut (2) et converti, plus tard, ensemble avec la chapelle des Brasseurs, en petite sacristie.

Les reliques de saint Rombaut, après leur Rassemblement au mois de novembre 1585, furent déposées dans cette chapelle, si tant est que le nom de chapelle puisse convenir à une dépendance qui n'avait guère plus de profondeur que la saillie des contreforts. Devant la châsse on avait dressé un autel, auquel seuls les prêtres autorisés par le doyen du Chapitre étaient admis à dire la sainte Messe (3). Jour et nuit, la Confrérie de saint Rombaut y faisait brûler une lampe en l'honneur du Saint (4); le chapitre y allumait des cierges pendant les offices et, de leur côté, les fidèles ne manquèrent pas de venir vénérer les reliques et d'entretenir devant la châsse un nombreux luminaire (5).

Lors de la confection de la nouvelle châsse, on transféra, en 1631, les reliques au jubé (6), et le 8 avril de l'année suivante, le Chapitre

---

(1) Adolphe-Constant-Jean Moons, né à Malines le 28 nov. 1810, ordonné prêtre en 1837, successivement professeur au pensionnat du Bruel (1 oct. 1836- 7 juillet 1845) et vicaire à Saint-Pierre (7 juillet 1845-4 août 1885), mourut le 19 juin 1897.
(2) Cf. p. 39.
(3) AC, *Visit. eccl.*, reg. I, visite de 1619.
(4) AF, *Comptes de la Confrérie*, passim.
(5) AC, *Visit. eccl.*, reg. I, visite de 1621.
(6) IBIDEM, visite de 1631.

céda le local aux religieux de l'Oratoire, pour leur servir de sacristie particulière (1).

En 1664, à la suite d'un accord entre les chanoines et les marguilliers, l'annexe fut agrandie et convertie en sacristie à l'usage des prêtres étrangers et aussi des prêtres habitués qui ne possédaient pas d'autel ou d'ornements à leur usage particulier (2).

Non loin de l'entrée de la chapelle des Brasseurs se trouve encore de nos jours la pierre tombale de Rombaut, Van den Zype, qui, lors de la Furie anglaise (3), alors qu'il était encore adolescent, avait ramassé des ossements de saint Rombaut et quelques pas plus loin, près du chœur, on a enchâssé, en 1913, dans le pavement la dalle funéraire qui autrefois recouvrait l'orifice du tombeau des archevêques (4).

La chapelle à côté de celle des Brasseurs, la première à chevet polygonal, appartient à la seconde période des constructions. Primitivement, elle fut dédiée à saint Jacques le Mineur, en l'honneur duquel elle était dotée d'une chapellenie grevée de trois messes par semaine (5), affectée d'abord aux choraux, puis, en 1643, à la mense commune des Zellariens.

Après la Réduction de la ville, le Serment des Archers qui en 1525 déjà célébrait ses services religieux à l'église métropolitaine, et qui avant 1550 avait l'usage de cette chapelle, la pourvut d'un nouvel autel et d'une clôture (6). L'autel lui-même fut orné d'un retable dû à Michel Coxie et conservé encore aujourd'hui à l'église. Le panneau central, large de 1^{m}95 et haut de 2^{m}30, figure le martyre

---

(1) AC, *Acta*, reg. VII, f° 133, 7 avril 1632.
(2) IBIDEM, reg. X, f° 71, 8 février 1664; — AC, Arm. II, casier 12, décision capitulaire du 28 juin 1663, approuvée par l'Archevêque le 6 octobre. — V. aussi AA, *Mechliniensia*, reg. XXI, p. 157, 23 juin, 6 oct. 1664. — Le dernier sacriste, N. Otto, mourut avant le 8 mai 1801.
(3) V. ci-dessus Livre Ier, chap. II, t. I, p. 38.
(4) V. ci-dessus § 1, n° 2, p. 175.
(5) AC, *Visit. capell.*, 1550, f° 8.
(6) La clôture, ornée de statuettes d'anges et de figures d'archers, fut placée en 1606 et coûta 573 fl. 6 s. — AC, *Acta*, suppl. reg. 3, litt. O. — L'autel fut consacré le 25 octobre 1585. — BR, ms. 16527, f° 3.

de saint Sébastien, le patron du Serment. Le Saint, dépouillé de ses vêtements est lié à un arbre, dont le feuillage s'étend dans toute la partie supérieure du tableau ; des deux côtés du martyr, des archers lui décochent leurs flèches. Cinq grandes figures qui se détachent sur l'horizon sont traitées avec tout l'éclat du coloris qui distingue le maître. Le volet de droite montre saint Sébastien rapportant les flèches au juge; celui de gauche figure le martyr terrassé, la tête penchée vers l'extérieur du cadre, tandis qu'un soldat s'apprête à à lui porter le coup fatal. A côté du Saint gît le corps décapité d'une première victime. « Les battants de cette peinture, ainsi s'exprime Emm. Neeffs (1), sont d'un beau faire, traités avec force, malgré les 88 ans de leur auteur (2). Les nus et les torses surtout, assez abondants ici, sont supérieurement rendus et d'une chair vivante ».

Lors des travaux de dérochement des chapelles du pourtour, au milieu du xixe siècle, on retrouva sur les murs de celle qui nous occupe, les restes d'une ancienne décoration, sobre et de bon goût. Chaque panneau des arcatures, divisé en deux compartiments superposés, était orné dans sa partie supérieure de faisceaux composés de trois écussons et de deux arcs accolés et deux flèches en sautoir et portait dans sa partie inférieure le briquet de Bourgogne avec deux flèches, les emblèmes accordés aux Archers lors de l'expédition de Neuss, en 1475.

La dernière de toutes les fenêtres de l'église, celle de la chapelle des Archers, conserva son ancien vitrail; celui-ci ne fut enlevé que vers 1875. La verrière, d'un dessin soigné et d'une belle coloration (3), représentait les ducs Jean IV et Philippe de Saint-Pol. Les princes, debout, revêtus de leur armure, étaient placés chacun sous un dais. Lors de l'enlèvement de cette intéressante œuvre d'art, celle-ci fut soigneusement emballée et remisée au local des archives de la Fabrique. Les personnages sont dans un état satisfaisant de conservation, la partie supérieure est presqu'intacte, mais le bas de la composition et une partie des jambes d'un des princes fait défaut.

---

(1) EMM. NEEFFS, *Inventaire*, p. 22.

(2) V. le contrat relatif à cette toile dans : G.-J.-J. VAN MELCKEBEKE, *De S. Sébastiaen of handbooggilde te Mechelen*. Malines, 1879, p. 16. Le contrat est daté du 3 janvier 1585. Le tableau fut placé l'année suivante. AC, *Acta*, suppl. reg. 3, litt. P.

(3) *Bull. des Comm. royales d'Art et d'Arch.*, t. X, p. 25.

Dans cette chapelle fut placé le premier confessionnal en style néo-gothique introduit dans l'église. Il fut dessiné par J.-F. Pluys et exécuté par Égide Tambuyser de Malines. Ce confessionnal est occupé par le chanoine-pénitencier (1).

En 1905 on plaça également dans cette chapelle le monument commémoratif du cardinal Victor-Auguste Dechamps, mort le 29 sept. 1883. Le monument de pierre blanche, haut de 2^m50, se compose d'un soubassement assez élevé et d'un sujet sculpté. La composition, traitée avec délicatesse, est placée sous un arc surbaissé et encadrée de deux montants à pinacle et d'une ogive en accolade. Le groupe lui-même, exécuté d'après le désir et le sindications du défunt, représente le Cardinal en *cappa magna*, agenouillé devant une figure bénissante de saint Alphonse (2). Entre les arcatures du fond, on voit le tableau en bas-relief, de Notre-Dame du Perpétuel Secours (3).

Le monument est l'œuvre de J.-B. Van Wint, d'Anvers, et le seul souvenir que cet artiste de talent ait laissé dans l'église métropolitaine.

L'inscription en caractères gothiques, est sculptée sous le groupe; on y lit :

> O Doctor optime ecclesiae sanctae
> lumen beate Alphonse dic mecum
> Maria pervia coeli porta manes.
> Victor Augustus Isidorus Card.
> Dechamps Cong. SS. Redempt. XIV
> archiep. Mechlinien primas Belgii.

La chapelle suivante était primitivement dédiée aux saints Apôtres Pierre et Paul, dont elle possédait les statues, et dotée de deux chapellenies, chacune de quatre messes par semaine. Parfois

---

(1) V. une polémique à propos de ce confessionnal entre l'avocat Kempeneer et l'abbé G. van Caster, dans le *Mechelsch nieuws- en aankondigingsblad*, 1865, n° du 15 octobre et ss.

(2) Le Cardinal appartenait à la Congrégation du T. S. Rédempteur, fondée par saint Alphonse.

(3) On sait que le tableau miraculeux de Notre-Dame du Perpétuel Secours est vénéré dans l'église des Rédemptoristes à Rome.

la chapelle est désignée sous le titre des saints Pierre et Paul et Martin.

Avant les troubles du xvj⁰ siècle, la confrérie du Saint Sacrement avait son siège dans cette chapelle et le pléban y célébrait les services et les anniversaires d'une classe inférieure.

Nous ignorons la date exacte de l'établissement de la confrérie du Saint Sacrement. Elle existait certainemet déjà, mais peut-être assez récemment, en 1499, puisqu'en cette année le Chapitre décida que les ornements appartenant à la Confrérie de Notre-Dame, et notamment l'ornement blanc, seraient communs aux deux confréries et que l'un des deux calices de celle de la Vierge serait cédé aux confrères du Saint Sacrement.

Aux premières années du xvj⁰ siècle, la Confrérie, d'après ses statuts, ne pouvait compter au delà de deux cents membres; elle était administrée par quatre proviseurs laïques, sous la haute surveillance du pléban et d'un membre du Magistrat. La Confrérie, à cette époque, faisait célébrer une messe quotidienne à son autel, ainsi que, le jeudi, une messe solennelle et un salut. Les mêmes offices solennels étaient célébrés chaque jour pendant l'octave du *Corpus Christi*.

La Confrérie comptait parmi ses membres les personnes les plus distinguées de la ville, et bien qu'une institution similaire existât à l'église Notre-Dame au delà de la Dyle (1), les cadres n'étaient pas assez larges pour recevoir tous ceux qui désiraient contribuer au culte du Saint Sacrement et participer aux faveurs spirituelles de la Confrérie.

C'est ce qui amena les proviseurs à s'adresser au Saint-Siège. Par bulle du 4 des kalendes de mai (28 avril) 1504, le pape Jules II confirma l'institution et lui permit de recevoir dorénavant trois cents confrères, en comptant mari et femme pour un seul membre. La bulle confia la direction de la Confrérie au pléban du Saint-Rombaut, assisté de trois proviseurs laïques, et accorda aux membres la faculté d'organiser chaque année une procession, à laquelle tous les

---

(1) Cf. J. B[AETEN], *Naemrollen*, t. II, p. 127; — une bulle semblable à celle qui fut accordée en faveur de la Confrérie à Saint-Rombaut fut également octroyée à celle de Notre-Dame, par le pape Jules II, le 27 oct. 1505. — AA, *Reg. de l'archidiacre A. Coriache*, reg. I, f⁰ 8.

confrères seraient tenus d'assister; le Pape leur permit également de modifier les règles et statuts de l'association. Enfin, le Souverain Pontife accorda aux confrères de nombreuses faveurs spirituelles, parmi lesquelles le privilège de l'autel *portatile* (1).

La bulle fut obtenue grâce aux instances du pléban Jean Aden et des proviseurs Adrien Van den Broecke, alias Musch, Antoine De Pottere, Jean Boeyemans et Florent Van Dagne, qui dépensèrent de ce chef 708 fl. du Rhin (2).

Quelques années plus tard, en 1510, la Confrérie obtint une seconde bulle, portant le nombre des membres à trois cent cinquante (3).

La prospérité de la Confrérie, dans les premières années du xvj^e siècle, nous est attestée notamment par de multiples fondations (4), par l'abondance et la valeur du mobilier de la chapelle en 1506, et aussi par les travaux que les proviseurs exécutèrent l'année suivante.

Un *Manuaelboek*, en effet, écrit en 1506, nous apprend que la chapelle possédait à cette époque, en dehors d'un ornement vert, d'un ornement de velours rouge, d'un ornement noir, d'une chape blanche et de courtines de couleur violette, un trône d'exposition d'argent, un ciboire de même métal, pesant plus de quatre marcs, quinze chandeliers, une couronne de lumière de cuivre et une autre de fer, trois statues, trois tapisseries destinées à orner les abords de l'édicule servant de tabernacle au Saint Sacrement, et une quatrième, réservée à l'autel, une croix d'argent, une bannière, un missel im-

---

(1) IBIDEM, f°s 12 et ss. « [Concedimus]... eorum quilibet habere altare portatile, cum debita reverentia et honore, super quo in domibus suis vel locis ad hoc congruentibus et honestis et cum qualitas negociorum pro tempore ingruentium id exegerint, etiam ante diem, circa tamen diurnam lucem... per se si presbyter vel presbyteri fuerit seu fuerint, vel proprium aut alium ydoneum presbyterum saecularem aut cuiusvis ordinis regularem in eorum et cuiuslibet ipsorum et eorum familiarum domesticorum praesentia missas... celebrare seu celebrari facere... ». La Confrérie fut approuvée itérativement par bulle du pape Urbain VIII, en 1631; l'archevêque Humbert a Praecipiano en révisa les statuts en 1706.

(2) AF, *Manuaelboeck toecomende de capelle van theylich Sacrament*, tenu par le proviseur Jean Boeyemans, chapelier, nommé proviseur le 24 décembre 1504, f° 6.

(3) IBIDEM, f° 6 v°.

(4) AC, Arm. I, cas. 16, *Annotata ex registro actorum capituli*, 1538-1552, f° 134; — AF, *Manuaelboek*, f°s 12 et ss.

primé, un encensoir d'argent, deux burettes de même métal et diverses nappes et tapis pour recouvrir l'autel (1).

En 1507, les proviseurs démolirent l'ancien autel, pour en construire un nouveau (2), qu'ils ornèrent dix années après, d'un retable construit en pierre ou en marbre de choix (3). Le 21 février 1521, ils obtinrent également l'autorisation de pratiquer une ouverture dans le mur, afin d'établir un petit orgue (4). Nous savons de plus, par un compte de l'année 1540-41, que la chapelle était clôturée par un thuyn de marbre orné de balustres de cuivre et surmonté de chandeliers (5). Dans une petite dépendance, à côté de leur chapelle, qui servait de sacristie, les proviseurs conservaient un riche ostensoir.

Quant au Saint Sacrement, il fut conservé d'après le mode reçu dans toutes les églises de cette époque, dans un tabernacle en forme d'édicule, probablement, placé entre deux colonnes du chœur (6).

Après le sac de l'église par les troupes des États, en 1580, les proviseurs de la Confrérie ne relevèrent pas l'autel détruit (7), mais ils sollicitèrent du Chapitre l'autorisation de transférer leurs services dans l'une des chapelles du collatéral Nord.

Le chanoine Claude Longin demanda alors à ses confrères l'usage de la chapelle abandonnée, à charge pour lui de pourvoir aux restaurations nécessaires, de construire un nouvel autel et de le doter des ornements requis pour la célébration de la Messe (8). Quant à l'an-

---

(1) AF, *Manuaelboek,* f°s 3 et 6. Les f°s 1 et 2 font défaut.
(2) AC, *Acta,* reg. I, f° 170, 23 nov. 1508.
(3) IBIDEM, f° 255, 16 oct. 1517. Les proviseurs demandèrent «... pro ornatu altaris eorum, novum opus quod ex preciosis lapidibus construi fecerunt, ibidem imponere possint et imponi facere et muris infingi ».
(4) IBIDEM, f° 282, 21 février 1521. — Le compte de l'année 1540-41 porte : « Betaelt aen meester Reinerus Vermeulen, organiste, voer de orghelen van de heiligen Sacramenten te accorderen ende te onderhoudene... »
(5) AF, *Comptes de la Confrérie,* 1540-1541. — En vertu d'un legs d'Aubert Trabukiers, la Fabrique payait annuellement à la Confrérie, 5 fl. pour l'entretien des cierges. — AF, *Comptes de la Fabrique,* 1622, f° 14.
(6) V. ci-dessus, p. 158.
(7) Avant les troubles, il existait près de cette chapelle, un cénotaphe avec une plaque de métal, rappelant le souvenir de Jean Bauw, chevalier, de sa femme, Catherine Van Dyenbrugghe et de leurs enfants : Henri, Jean, ..., prêtre et.., religieuse. — BR, *Fonds Goethals,* ms. 1512, p. 230. — Cf. ci-dessus, p. 113.
(8) AC, *Acta,* reg. III, f° 35 v°, 6 sept. 1585. L'autel fut consacré le 23 octobre 1585. — BR, ms. 16527, f° 3.

cienne petite sacristie, le 16 août 1587, le Chapitre en céda l'usage aux proviseurs des LX Frères (1).

Dix années plus tard, les Merciers, à leur tour, abandonnèrent la chapelle qu'ils occupaient dans la partie méridionale du pourtour, pour venir s'établir dans celle de Claude Longin qui, à cette époque, renfermait un autel dédié à saint Gommaire (2).

La corporation, dès l'année suivante, construisit une clôture, un thuyn, devant sa chapelle (3); bientôt aussi elle orna l'autel d'un tableau dû à Jean Snellinck et daté de 1601. Le tableau, qui est parvenu jusqu'à nous, représente, dans le panneau central, le Christ ressuscité, et sur les volets, à l'intérieur, l'Annonciation et la Naissance du Sauveur; à l'extérieur, saint Rombaut et le patron de la corporation, saint Nicolas, avec les trois petits enfants dans la cuvelle.

Il faut croire que Snellinck, aussi bien que Coxie, n'avait pas su éviter le défaut assez commun aux artistes de cette époque, même dans leurs compositions d'un caractère religieux, et qu'il sacrifia, comme ses confrères, à l'engouement pour les nus, car nous voyons ici encore, en 1604, le Visiteur demander des corrections (4).

Jusque vers le milieu du xixe siècle, on pouvait voir, au-dessus de l'autel, une fresque représentant saint Martin, coupant son manteau pour en donner une moitié au mendiant. Cette fresque, au dire de Schellens, était encore en bon état au moment où les restaurateurs firent gratter les murs. Jadis, du reste, la majeure partie des murs de cette chapelle avait reçu des peintures décoratives. En 1849, on retrouva, sur le panneau à côté de l'autel, sur un fond rouge, plusieurs têtes nimbées, et sur le pilier, à l'entrée, l'Agneau divin. Les panneaux entre les arcatures étaient décorés de blasons et de rouleaux de parchemin; on retrouva également, répétés à plusieurs reprises, des phylactères avec les mots : *ave maria,* en caractères gothiques. Enfin, la voûte même du

---

(1) AC, *Acta*, reg. III, f° 33 v°, 16 août 1587.

(2) AC, *Acta*, supp., reg. 3, lit. K. décret de l'archevêque Mathias Hovius, du 15 juin 1596, *cop.*

(3) AF², coll. D. C., farde C, extrait de compte, *authentiqué* le 2 octobre 1761 — Le thuyn était de bois peint en imitation de marbre. AC, *Visit. eccles*, visite de 1668.

(4) AC, *Visit. eccles.*, visite de 1604 ; v. aussi la visite de 1705.

déambulatoire avait été décorée, au témoignage de Schellens (1), de rinceaux de feuillage d'une grande finesse.

Les Merciers ne placèrent plus de vitrail dans les fenêtres de leur chapelle; seul, le panneau central de chaque lumière fut garni d'un motif très simple : deux cygnes sur fond de verre blanc, qu'on y voyait encore au xixe siècle. Au xviij^e siècle, la chapelle des Merciers fut connue sous le nom de chapelle des Oratoriens, parce que ces religieux y occupaient un confessional. L'usage de ce confessionnal donna lieu, vers le milieu du siècle, à des difficultés entre la Corporation et le Chapitre, et finalement à un procès, qui fut porté devant le Grand Conseil, et qui nous montre encore une fois aux prises les traditions démocratiques et particularistes anciennes, représentées par les Merciers, et les conceptions autocratiques et centralisatrices nouvelles, défendues par les chanoines. Les membres de la Corporation, en effet, désireux d'affirmer leur droit de propriété exclusive, avait fait modifier la serrure de la clôture de leur chapelle et prétendirent ne plus en accorder l'accès aux religieux et aux pénitents; le Chapitre, de son côté, argua de fait que s'il avait cédé l'usage de la chapelle aux Merciers pour y célébrer les offices de la corporation, il n'avait pas entendu renoncer à la faculté de disposer du même local pour d'autres usages (2). Ce fut le Chapitre qui obtint gain de cause.

Après l'enlèvement de l'autel, au commencement du xixe siècle, la chapelle demeura dans le plus triste abandon, jusqu'à ce qu'en 1865, la Béatification du Vénérable Jean Berchmans fournit l'occasion d'y replacer un autel que le cardinal Sterckx dédia au nouveau Bienheureux, et qu'il dota d'une belle relique : un fragment de l'omoplate. Le 23 juillet de la même année, la relique fut processionnellement introduite à l'église par l'Archevêque, entouré de Mgr de Montpellier, évêque de Liège, et du Père Boreo, S. J., le postulateur de la cause (3).

---

(1) AM, SCHELLENS, *Parochiekerken*, reg. I, p. 70; — AF^2, dessins de Vervloet. — Nous ne savons si la fresque contribua à donner à la chapelle le nom de chapelle des saints Pierre et Paul et Martin, ou si elle rappela quelqu'ancienne chapellenie, dont nous n'avons relevé aucune trace.

(2) AC, Arm. I, casier 7, farde *Merciers*, n° 1.

(3) *Plechtige translatie der Reliquien van den Gelukzaligen Joannes Berchmans binnen Mechelen gevolgd van de jaerschriften en gedichten*... Malines, s. d., in-8°.

L'autel est construit en bois de chêne, avec statue couchée du Saint; il fut exécuté par Fr. De Vriendt, d'Anvers, d'après le dessin de J.-Fr. Pluys et doit être rangé parmi ceux dont on regrette la présence dans l'église.

Des esquisses sur toile représentant la guérison instantanée de Sœur Marie-Crucifix Ancaiani et celle de Marie Galivet, deux miracles retenus par le tribunal pour la cause de béatification, garnissent les murs de cette chapelle. Elles ont été peintes par Éd. Dujardin, mais elles n'ajoutent rien au bon renom de l'artiste.

En 1874, l'ornementation de la chapelle fut complétée par trois vitraux, représentant chacun, en deux tableaux superposés, des scènes de la vie du Bienheureux ou de sa gloire posthume. Dans les tableaux supérieurs, on voit le Cardinal qui reçoit les reliques du Saint, la glorification du Bienheureux au ciel, et une guérison miraculeuse obtenue par son intercession; dans la partie inférieure le peintre a représenté le Bienheureux se rendant en pèlerinage à Montaigu, servant la messe, et couché sur son lit de mort.

L'inscription porte, dans le vitrail à gauche du spectateur † BEATO IUVENI QUI MECHLINIAM / INCOLUIT / URBIS HUIUS INCOLAE PIO ANIMO P. C.; dans celui du milieu : B. IOHANNI BERCHMANS VIRTUTIS EXEMPLARI VEN. DNUS / AEMILIUS GAUTHIER CONSECRAVIT M D CCC LXXI; dans le troisième : PATRONO SUO COELESTI / IUVENTUS MECHLINIENSIS AERE COLLATO DICAVIT.

Les vitraux, celui du côté de l'Évangile surtout, ont eu un nombre assez grand de leurs verres brisés au cours de l'année 1914, mais dans l'ensemble, ils pourront, semble-t-il, être restaurés.

Contre le mur, à côté de l'autel, le Baron Philippe van de Venne, le donateur du tableau de Joseph Palinck, qui pendant quelques années fut placé sur l'autel de saint Anne (1), fit construire un monument funèbre en souvenir de ses parents. Le stèle est surmonté

Parmi les chronogrammes conservés dans cet opuscule, relevons celui placé à la façade de la maison de Melle Rydams, rue Notre-Dame :

HIer vIeren sChoLIeren Den geLVkzaLIgen
IohannEs BerChMans

L'un de ces écoliers était le futur cardinal Mercier, alors élève de quatrième au Collège Saint-Rombaut.

(1) Cf. ci-dessus § 2, n° 1, p. 188.

d'un génie en marbre blanc, appuyé sur un médaillon avec le portrait en buste de Jean-Baptiste van de Venne († 1804), veuf de Marie Du Jardin († 1799) (1).

Le banc de communion qui clôture actuellement cette chapelle fut exécuté par Égide Tambuyser, d'après un dessin de F. Pluys.

Avant les troubles du xvj^e siècle, la sixième chapelle du pourtour, la troisième sur plan polygonal, était dédiée à sainte Marie-Madeleine. Elle avait été dotée, par testament d'Arnold Bau, en date du 26 décembre 1424 (2). En 1550, la chapelle de sainte Marie-Madeleine était une de celles qui étaient le mieux fournies en ornements et objets nécessaires au culte.

En 1553, la chapelle reçut la sépulture du communemaître Aerdt van Merode, mort le 1 juin, dont la belle pierre tombale, restaurée au xixe siècle, aux frais du Vicaire-Général Lauwers, a été conservée dans le pavement de la chapelle.

Peu de semaines après le rétablissement du culte catholique à Malines, le recteur de l'école latine, Lambert Schenckelius Dusilvius, au nom de ses collègues les maîtres d'école de la ville, demanda au Chapitre et obtint de lui l'usage de la chapelle pour y élever un autel à l'usage de la corporation et en l'honneur de ses saints patrons : le Saint Enfant Jésus, saint Grégoire et sainte Catherine (3).

Bientôt, cependant, les Maîtres d'école abandonnèrent la chapelle, pour transférer leurs services religieux à l'un des autels sous le jubé du chœur (4) et faire place au serment des Escrimeurs.

Ces derniers avaient, avant 1580, leur autel dans la chapelle des Lombards, dans la partie septentrionale du pourtour, près de la grande sacristie. Le 8 novembre 1598, ils obtinrent du Chapitre l'autorisation de transporter, à leurs frais, l'autel et la statue des Maîtres d'école dans une autre chapelle et de s'établir eux-mêmes

---

(1) Des anciennes pierres tombales, seule celle de Igramus van Achelen a été conservée. — V. l'inscription et la reproduction des armoiries du monument de van de Venne, dans les *Graf- en Gedenkschriften*, t. VIII, p. 77.

(2) AC, *Visit. capell.*, 1550, p. 39.

(3) AC, *Acta*, reg. V, f° 54, 8 nov. 1585. La consécration de l'autel eut lieu le 23 août 1586, BR, ms. 16527, f° 5.

(4) V. ci-dessus § 1, n° 1, p. 148.

dans celle de sainte Marie-Madeleine, devenue récemment la chapelle de l'Enfant Jésus (1), et qui prit, dès ce moment, le nom de chapelle de saint Lambert ou des Escrimeurs (2).

Mis en possession de leur nouveau local, les membres du Serment s'empressèrent de l'orner et de le décorer. La *Visitatio* de 1617 nous apprend qu'en cette année l'autel était déjà surmonté d'un retable (3) et la chapelle munie d'une clôture.

Le retable, œuvre de Jean Le Sayve le vieux, existe encore à l'église métropolitaine. Il représente, dans le panneau central, David revenant avec la tête de Goliath, et, sur les volets, Abraham et son fils Isaac, et Judith avec la tête d'Holopherne ; à l'extérieur des volets on voit la figure de saint Lambert et celle de saint Libert. Dans la predella de l'autel, sous le retable, on voyait jadis deux tableautins représentant la Transfiguration et le Calvaire (4).

Lors des travaux de dérochement des murs de cette chapelle, au cours du xixe siècle, on mit à jour d'intéressantes traces de peintures décoratives. On y voyait, notamment, le briquet de Bourgogne et une bannière suspendue à une pique, posée entre deux glaives croisés, et en-dessous, dans un écu de forme ronde, la croix pattée, de gueules, emblème du Serment.

Après la tourmente révolutionnaire, les marguilliers de 1804 décidèrent d'enlever la balustrade qui fermait la chapelle et d'y placer deux statues, l'une du Sauveur, l'autre de la Vierge (5), comme monuments commémoratifs des deux derniers archevêques, le cardinal de Franckenberg et le cardinal d'Alsace ; seuls, les bustes de ces statues existent encore (6).

---

(1) AC, *Acta*, reg. V, f° 252 v°, 5 mai 1597.

(2) Le 3 avril 1517, les Escrimeurs avaient demandé deux messes par an, en faveur de leur Serment, mais sans indiquer un autel. — IBIDEM, reg. I, f° 252.

(3) « In 1607 isser een nieuw schildery int tafereel van onser capelle geset, geschildert van Jan de Namur ende coste 450 guldens, hier en boven was noch geschonken 50 guldens ». — Cf. G.-J.-J. VAN MELCKEBEKE, *De Sint-Lambertus of Schermersgilde*. Malines, 1873, p. 51, note 1.

(4) *Kunstminnende wandeling*, p. 66 ; — EMM. NEEFFS, *Inventaire*, p. 4. En 1914, le tableau était placé dans la petite chapelle, servant de débarras, au fond du collatéral Nord. Aujourd'hui, il orne le passage des chanoines.

(5) La statue, dit-on, orna pendant quelque temps la salle du Chapitre, et avait été rapportée d'Italie par le cardinal d'Alsace. — AM, *Chronique Beelaerts*, p. 11.

(6) V. ci-dessus p. 210.

Grâce au zèle pieux du chanoine De Coster, il fut décidé, en 1871, de restaurer l'intérieur de la chapelle et d'y élever un autel en l'honneur de saint Joseph, patron de la Belgique et de l'Église universelle.

Le nouvel autel de cuivre poli, dessiné par Mingai, fut exécuté par Lambert Van Ryswyck d'Anvers. C'est un autel sans retable. La tombe, surchargée de pinacles, qui rappelle trop le travail de la pierre ou du bois, est décorée, dans le panneau central, d'un groupe en haut-relief, la Mort de saint Joseph, et dans deux compartiments latéraux, de statuettes représentant saint Louis, roi de France, et saint Louis de Gonzague, les patrons du donateur.

Sur la tombe on lit du côté de l'épitre :

>Deo omnipotenti
>sub invocatione
>Beatissimi Joseph viri Mariae
>de qua natus est Jesus
>altare hoc
>H. A. F. De Coster can. cap. S. Liturgiae prof.
>posuit
>anno Domini M D CCC LXXV.

et du côté de l'évangile,

>Magno Joseph fili David
>custos date virgini
>quem et Virgo nuncupavit
>patrem Christi Domini
>qui fidelis servus Dei
>datus es familiae
>precor velis curam mei
>tamquam pater gerrere

Les vitraux, par L. Pluys, ont été complètement détruits par les bombardements du mois d'août 1914. L'un des trois fut dû, du même que l'autel, à la générosité du chan. De Coster, qui inspira également la composition de ces œuvres.

Chaque vitrail comportait deux scènes superposées; dans celui du milieu, on voyait dans le haut, la Sainte Famille, et dans le bas, la fuite en Égypte; dans celui de droite, l'avertissement porté à Joseph durant son sommeil, et ses fiançailles avec la Sainte Vierge; dans celui de gauche, le Sauveur au milieu des docteurs et la mort de saint Joseph.

Les vitraux portaient respectivement cette inscription rappelant les donateurs : SANCTO JOSEPH / PATRI NUTRICIO JESU / ARCHIEPISCOPUS ET CANONICI ECCLESIAE METROPOLITANAE; — SANCTO JOSEPH / SPONSO BEATAE MARIAE VIRGINIS / CLERUS ET INCOLAE CIVITATIS MECHLINIENSIS; — SANCTO JOSEPH / IN MORTE PATRONO / H. A. L. DE COSTER CANONICUS CAP. S. LITURG. PROF.

Dans le tympan, d'autres inscriptions historiques complétèrent celles du panneau inférieur. Dans celui de droite, on lisait : H. A. L. DE COSTER CAN. DIRIGENTE / DELINEAVIT ED. DUJARDIN / ET DISTRICTIS COLORIBUS PINXIT L. PLUYS; — dans celui du milieu : AERE COLLECTO ZELO ET INDUSTRIA / MARIAE VAN MEERBEEK UXORIS G. WAUTERS / ET M. M. C. VAN DE POEL; — dans celui de gauche : HENRICUS ALOYSIUS FRANCISCUS DE COSTER EX BORGERHOUT, CANONICUS CAP. SACRAE LITURG. PROF. DD.

N° 2

La chapelle de Zellaer et la partie méridionale du pourtour

Sommaire. — La chapelle absidale jusqu'en 1762; — la chapelle de 1762 à 1876; — la chapelle depuis 1876. — La chapelle des saints Gilles, Georges et Catherine ou de l'Ancienne Arbalète, avant le xixe siècle; — la chapelle au xixe siècle et sa consécration à saint Engelbert. — La chapelle du Saint Sauveur ou des *Vettewariers*, avant le xixe siècle; — sa consécration aux saints Martyrs de Gorcum. — La chapelle des saints Macaire et Antoine, avant 1580; — la chapelle depuis 1585 et son affectation au serment des Arquebusiers. — L'autel du déambulatoire. — Le monument du comte de Praecipiano. — La chapelle Schoonjans avant 1580; — la cession de la chapelle à la corporation des Peintres. — La chapelle des Lombards avant et après les troubles du xvie siècle. — Le monument de Vrancx van Halen. — Le monument du cardinal de Granvelle. — Le monument du cardinal d'Alsace. — La grande sacristie.

La chapelle absidale qui depuis 1864 sert de reposoir au Très Saint Sacrement était consacrée jadis à la Bienheureuse Mère de Dieu, dont on voit l'image, entourée de rayons, sculptée sur la clé de voûte; depuis les origines jusqu'à la fin de l'ancien régime, elle appartint aux Zellariens, qui seuls étaient admis à y célébrer la messe.

Construite probablement sur l'emplacement de la maison qu'Arnold de Zellaer habitait au xiij^e siècle (1), la chapelle était achevée, dès l'année 1393. En effet, les 24 et 31 octobre de cette année, les Zellariens se réunirent dans le pourtour du chœur, devant l'autel réservé aux bénéficiers de Zellaer, *retro in ambitu chori ante altare beneficiatorum de Zellaer,* pour y juger un différend entre l'un des leurs et le prévôt (2).

Nous constatons également par le compte des Zellariens de 1408, qu'en cette année, Rombaut de Thenis célébrait la messe, *in*

---

(1) Cf. Livre II, chap. II, § 1; t. I, p. 216, et ci-dessus Livre III, chap. II, p. 96.
(2) AC, *Chartrier*, 1393, 24-31 oct.; — Cfr. Livre II, chap. I, § 2; t. I, p. 228.

ambitu chori, dans le pourtour du chœur, devant l'image de la Vierge (1). Néanmoins, ce ne fut que quelque années plus tard, que les Zellariens renouvelèrent les peintures et les dorures du retable de leur autel du transept et que probablement ils le placèrent dans leur nouvelle chapelle (2). Celle-ci possédait également à cette époque une lampe, entretenue aux frais de la Fondation (3).

Un accident advint-il à l'ancien retable, ou celui-ci cessa-t-il tout simplement de plaire, nous l'ignorons, toujours est-il que le Zellarien Louis Gauthier légua, au commencement du xvj^e siècle, cinquante florins du Rhin à l'effet d'acheter un nouveau retable. Quatre des confrères se rendirent à Anvers, au mois de juillet 1509, à l'effet d'y acheter l'œuvre d'art. Celle-ci avait le panneau central sculpté et doré et représentant des scènes de la vie de la Vierge. Des sujets de même genre ornaient les volets peints (4). L'ensemble du retable coûta la somme de quatre-vingt quatre florins.

En dehors de l'autel, il semble bien que l'antique image de la Vierge avec son Divin Enfant (5), continua à être vénérée dans la chapelle. En effet, en 1525, le proviseur de la chapelle, Jean Dorpius, grâce à la libéralité d'Élisabeth van Papenbroeck, acheta un manteau

---

(1) « Item Rumoldo de Thenis xij die februarii solvi Johanni Hughonis de servicio misse in ambitu chori ante ymaginem Beatae Mariae... » ACZ, *Comptes*, reg. B (anc. côte), compte de l'exercice de la Saint-Jean à Noël 1400.

(2) « Item anno Dni xiiij^c xj, xxiij die maii solvi iiij s. viij d. gr. fland. van der tafele Onser Vrouwen van Zellaer te verlichtene ende van vergúldene iij s. iiij d. gr. fland, ex gracia hac vice, item van intesettene opten altaer xiiij d. gr. fland ». — IBIDEM, compte de l'exercice de la Saint-Jean à Noël à la Saint-Jean 1411. — En 1393, les confrères avaient proposé, parmi les peines à infliger au zellarien Pierre Ruisere, une amende pour l'ornementation et la réparation du retable et de la statue de l'autel in « novo opere ». — AC, *Chartrier*, 1393, 24-31 oct.

(3) Cf. Livre II, chap. II, § 1; t. I, p. 220.

(4) ACZ, *Comptes*, reg. A (anc. côte), f° 3 v°. « Nota, Anno Dni m^o quingentesimo nono die mensis iulii missi fuerunt in Antverpiam dni Zellarienses Wilhelmus Custodis, Egidius Wilhelmi, Johannes Nicasii et Henricus Maes ad emendam unam tabulam pro qua emenda reliquit dnus Ludovicus Walteri, piae memoriae, per suum testamentum quinquaginta flor. ren. communes, scilicet ad ponendam eamdem in altari capellae dominorum de Zellaer, quam emerunt scissam ex ligno de historia et ortu Beatissimae Virginis et Matris Mariae, bene et laudabiliter deauratam et ornatam et ianuis artificialiter de festis eiusdem depictis, pro quo solverunt xiiij lb, fland., scilicet valentes xxj lb. brab. id est lxxxiiij flor... ».

(5) Un relevé des joyaux appartenant à la chapelle, relevé dressé en 1509, signale à côté de plusieurs « pater noster », et de deux burettes, « een kroene metter cleynder kroenen wegende tsamen een merck 11 1/2 onzen. — IBIDEM, f° 4.

de brocart d'or pour cette statue (1). La visite des chapellenies de 1550 nous renseigne, d'ailleurs, toute une série d'objets appartenant à l'autel, entre autres un calice, cinq chasubles, deux paires de burettes : dont une en argent, et, chose presque unique, deux paires de chandeliers (2).

De bonne heure aussi, la chapelle était ornée d'un vitrail historié (3). Au milieu du xvj^e siècle, on ferma la chapelle par une clôture de bois, munie de balustres (4).

Par son testament daté du 7 janvier 1568, Sébastien Van den Borre ordonna de renouveler l'autel. Malgré la perte presque totale de la fortune du testateur, mort le 2 novembre 1579, son ami et exécuteur testamentaire, Jean Jaecx, tint à honneur de remplir le désir exprimé par le défunt, à une époque où celui-ci ne pouvait encore prévoir les désastres qui assombriraient ses dernières années (5).

---

(1) ACZ, *Manuel de J. Dorpius*, f° 7. — Au xvij^e siècle, il n'est plus question de cette image ; elle ne reparaît qu'en 1760, lorsque, à l'occasion du cinquième centenaire du collège, on exposa sur l'autel l'antique « Notre-Dame de Zellaer ». Cf. AC, Arm. I, casier 50, liasse : Jubilé de 1760, « Descriptio solemnis Iubilaei ».

(2) AC, *Visit. capell.*, 1550, f° 62. — Il est à observer, en effet, que l'usage de cierges sur l'autel, durant le saint Sacrifice, était loin d'être généralement reçu dans nos régions. Tout au plus y brûlait-on un cierge unique. Cf. J. LAENEN, *Introduction à l'histoire paroissiale du diocèse de Malines*, Chap. III, § 2 (en préparation).

(3) Les comptes signalent de nombreuses réparations à cette verrière, notamment en 1603, par Jacques Van den Bossche, en 1615, par « Adriaen die gelaesmaecker », qui reçut un escalin « om te maken dansicht van den ingel in die gelasen dwelck ghebroken was met eenen hagel », et en 1623-1625, lorsqu'on paya 5 fl. à Josse Stevaers, « schilder, voor syne const ende arbeyt geemployeert in het herschilderen van acht en twintich stucken gelaesen ».

(4) AC, Arm. I, cas. 33, conditions de l'entreprise ; — *Acta*, suppl. 3, litt. H.

(5) Sébastien Van den Borre, bachelier en théologie de Louvain et bénéficier de Zellaer, naquit à Grammont en 1490. Devenu curé de Notre-Dame au delà de la Dyle, ou plutôt vice-curé en remplacement de Jean Vorstius, en 1532, — AC, *Chartrier*, 1532, 17 oct., — il s'y distingua par son zèle sacerdotal, notamment au cours d'une épidémie de peste, lorsqu'il desservit en même temps la cure de Sainte-Catherine. Lors de l'entrée des troupes du Duc d'Albe, « syn... de spaensche soldaten tot synen huyse gecomen en hebben hem aen syn lyff met drygementen, de bloote rapieren ende poignaerden, tot meer stonden op syn priesterlycke borste ende kele settende, alsoe getormenteert dat Turcken ende Saracynen hem vermyden soude gelyke dreygementen ende handelingen eenen christen mensche aen te doene, en hebben hem uytterlycke van alle tzyne naeckt ende bloot gespolieert ende daertoe noch syn lichaam gerantsoeneert ». — ACZ, *Descriptio anniversariorum Zellariensium*, f° 3, supplique de Frédéric Perrenot au magistat d'Anvers, 1574. — Van den Borre mourut dans l'indigence, presque nonagénaire, le 2 novembre 1579. — Cf. J. B[AETEN], *Naemrollen*, t. II, p. 137.

L'autel, renversé par les Iconoclastes, fut rétabli aussitôt après le retour du clergé, et consacré, le 23 août 1586, par l'archevêque Hauchin, en l'honneur de la Sainte Mère de Dieu et des saints Jean-Baptiste et Jean l'Évangéliste. Jean Jaecx orna l'autel d'un retable peint par Michel Coxie, représentant, dans le panneau central, l'adoration des mages et, sur le côté intérieur des volets, les patrons secondaires. Sur la face extérieure, le peintre reproduisit les figures agenouillées de Van den Borre et de Jaecx, avec leurs armoiries (1).

Quant aux boiseries de l'autel, elles furent remplacées déjà en 1616, par un autel que le proviseur de la chapelle acheta à la mortuaire de Michel Schamelaert, et qu'il paya 4 fl. du Rhin et 4 sous (2). Le prix modique payé pour l'autel semble dire qu'il ne s'agissait que d'un encadrement provisoire, peut-être d'un revêtement de la tombe, d'autant plus que ce n'est qu'en 1621 que Lucas Franchoys nettoya le tableau et prêta son concours pour le placer dans le retable (3). De plus, le retable lui-même ne fut décoré qu'en 1623-1625, par Henri Fayd'herbe, stoffeerder, auquel le proviseur paya cent-vingt-cinq florins (4).

Sous le tableau, une inscription en lettres dorées rappelait le souvenir du fondateur des XII Bénéfices et celui des deux donateurs de l'autel, ainsi que la mémoire d'Hermes Van den Borre, frère de Sébastien et, comme lui, bénéficier de Zellaer (5).

Encore une fois, l'œuvre de Coxie donna lieu à des critiques de la part des commissaires chargés de la visite de l'église. En 1633, cependant, les visiteurs Disme de Brialmont et Henri de Humyn, notent avec satisfaction que le retable est décemment retouché et que l'on a fait disparaître les nudités (6).

Devant l'autel se trouvait jadis la pierre tombale sous laquelle reposait les restes des deux amis. On y lisait cette inscription :

---

(1) Par son testament, Van den Borre avait demandé qu'on y plaçât son portrait et celui de son frère. — AC, Arm. I, cas. 51, liasse : Procès entre le Chapitre et les Zellariens, à l'occasion du renouvellement du mobilier de la chapelle, cop.

(2) ACZ, *Comptes de la chapelle*, compte de 1616.

(3) IBIDEM, compte de 1621.

(4) IBIDEM, compte de 1623-1625.

(5) Cf. *Mechelen opgeheldert*, t. I, p. 51 ; — *Graf- en Gedenkschriften*, t. VIII, p. 57.

(6) AC, *Visit. eccl.*, visites de 1624 et 1632.

Sub hoc saxi sepulti sunt venerabiles et circumspecti viri Dni et Magistri Ioannes Jaecx et Sebastianus va. Borre presbyteri et beneficiati de Zellaer. Qui sicut in vita dilexerunt se, ita et in morte non sunt separati : obierunt ille decima septima maii a° XV^{c}XC. hic vero secunda novembris XV^c LXXIX ambo de collegio Dominorum de Zellaer optime meriti (1).

Au xvij^e siècle, les peintures décoratives anciennes assez sobres et consistant principalement en phylactères, qu'on retrouva en 1849, avaient probablement disparu sous une couche de badigeon, lorsque pour compléter la décoration de la chapelle et faire un ensemble avec le coloris brillant du tableau de Michel Coxie, les Zellariens acquirent, en 1660, quatre pièces de cuir doré destinées à orner les murs (2).

Lorsque dans la seconde moitié du xviij^e siècle, les Zellariens s'apprêtèrent à célébrer en grande solennité le cinquième centenaire de leur fondation, les Confrères s'adressèrent à l'Archevêque et aux marguilliers (3), et demandèrent l'autorisation de renouveler les meubles de la chapelle. Le panneau central du retable fut enlevé le 17 août 1762, et probablement vendu avec le reste de l'ancien mobilier (4). Quant aux volets, à raison des portraits dont ils

---

(1) *Mechelen opgeheldert*, T. I, p. 50 ; — *Graf- en Gedenkschriften*, t. VIII, p. 59. — La dalle était ornée des armoiries des défunts et de leur devise : *Sola phenix* et *Christus fons vivus*.

(2) AC, *Acta*, suppl. 3, litt. E. — Les cuirs furent restaurés en 1737. — ACZ, *Comptes de la chapelle*, compte de 1737. — En 1623-1625, on avait également acheté un petit tableau à Jan Van Rechten, pour orner la crédence.

(3) Le fait que les Zellariens, qui depuis des siècles vivaient en mésintelligence avec le Chapitre, se passèrent cette fois encore de l'assentiment des chanoines, provoqua un procès qui durait encore en 1797. S'il faut en croire les Zellariens, l'Archevêque aurait déclaré : « L'église est à moi, il suffit d'avoir demandé leur avis ».

(4) AC, Arm. I, casier 50, liasse : Jubilé de 1760, « Descriptio solemnis Iubilaei ». La vente des « oude capelle meubelen », faite le 30 décembre 1762, produisit 321 fl.

étaient ornés, on les conserva et on les suspendit de part et d'autre du nouvel autel (1).

Celui-ci était composé d'une tombe de marbre blanc, surmontée de l'épitaphe du fondateur (2), et d'un tableau, plutôt médiocre, d'Égide Smeyers, représentant l'Assomption de la Vierge (3), enchâssé dans un retable également de marbre blanc. Le retable qui ne se ressentait que trop du goût de l'époque, était décoré de deux pilastres et couronné de deux volutes soutenant un Saint-Esprit se détachant au centre d'un faisceau de rayons dorés. L'autel fut l'œuvre du sculpteur anversois P.-Jean Danco (4).

En même temps, les Zellariens remplacèrent l'ancienne clôture de bois par un clôture nouvelle de marbre, munie de balustres de laiton.

Malheureusement, pour refaire le pavement, les Zellariens firent enlever également les pierres tombales; même le souvenir des malheurs et de la munificence de Van den Borre et de Jaecx, de celui que la *Descriptio anniversariorum* appelle le second fondateur du Collège, ne put garantir le respect de leur tombe : la dalle funéraire fut écartée avec les autres (5).

Après le Concordat, en 1804, les marguilliers enlevèrent la clôture, pour la remplacer, en 1813, par le beau banc de communion provenant du couvent supprimé de Leliëndael, qui se trouve placé, depuis quelques années, devant l'autel du Saint Sacrement, à la chapelle paroissiale (6).

D'autre part, les chanoines Zellariens survivants vendirent, en 1807, ce qui leur restait en fait de mobilier, et se partagèrent le

---

(1) On y plaça également les inscriptions qui avaient figuré sous le retable. — Cf. ACZ, *Descriptio anniversariorum*, f° 15.

(2) Seule, l'inscription nous est conservée; le 23 mars 1903, elle fut enchâssée par les soins du chanoine van Caster, dans le mur en face de la sortie de la grande sacristie.

(3) Le tableau existe encore à l'église. Il fut payé à l'artiste 231 fl.

(4) L'autel, avec les faux frais, coûta environ 6000 fl., exactement 5492 fl. 2 s. et 478 fl. 19 s. 1 d.

(5) Une seule pierre tombale, celle de Jacques Liebaert, président du Grand Conseil, fut conservée et placée dans le déambulatoire.

(6) Cf. ci-après § 5.

produit de la vente. Il est assez probable que les volets du retable de Michel Coxie disparurent à cette occasion (1).

Quant à l'autel lui-même, il demeura en place. En 1810, on y déposa l'image du Christ souffrant de Nicolas Van der Veken, qui venait d'être enlevé de l'autel démoli devant le jubé, ainsi que les reliques de la Sainte Croix et de la Sainte Épine, qui avaient été conservées sur le même autel (2).

En 1817, le tableau de Notre-Dame des Miracles fut également transporté dans cette chapelle.

En 1875, les travaux de restauration extérieure de la chapelle amenèrent la disparition de l'autel. A l'occasion du jubilé de saint Rombaut, le chanoine De Coster y fit placer un dais de bois doré et sculpté, orné de lambrequins de soie rouge, avec broderies d'or fin, œuvre d'une grande richesse, qui avait figuré avec honneur aux expositions de Paris et de Londres, mais qui ne convenait nullement dans le cadre grave de l'église ogivale (3). Aussi dès l'année suivante, lorsqu'on se décida à procéder aux opérations de gothicisation jugées indispensables pour la beauté uniforme de l'édifice, on enleva le dais et on remplaça l'ancien autel par une tombe de cuivre doré, œuvre du ciseleur anversois Lambert Van Ryswyck.

On plaça également de nouveaux vitraux, don de Mgr Victor Scheppers, le fondateur des Frères et des Sœurs de Notre-Dame de Miséricorde; ils furent peints d'après les cartons d'Éd. Dujardin, et rappellent dans leur partie historiée le Mystère de la Sainte Eucharistie (4).

Le vitrail central représentait, — les événements de 1914, en effet, détruisirent complètement l'œuvre de Pluys, — dans la partie inférieure, le Christ en croix entre les figures de la Sainte Vierge et de saint Jean, et celle de Marie-Madeleine. Un ange reçoit dans une coupe le sang qui jaillit du cœur transpercé du Sauveur. Dans la partie supérieure du même vitrail, on voyait l'Agneau divin, debout

---

(1) Cf. ci-dessus Livre II, chap. V, p. 57.

(2) V. ci-dessus § 1, n° 2, pp. 149 et ss.

(3) Le dais, après avoir orné la chapelle domestique du chanoine De Coster, se trouve placé aujourd'hui dans celle du séminaire des vocations tardives ou maison Saint-Rombaut.

(4) V. sur Mgr Victor Scheppers : H. NIMAL, *Mgr Scheppers, fondateur des Frères et des Sœurs de Notre-Dame de Miséricorde*. Malines, 1906.

sur le livre aux sept sceaux, entouré d'anges et des figures emblématiques des Évangélistes, et au-dessus, le Père éternel et l'Esprit Saint, sous la forme d'une colombe. Dans les fenêtres latérales étaient figurés, d'un côté, dans le panneau supérieur, le Christ assis sur son trône, ayant à ses pieds Marie la pécheresse, un boîteux, l'aveugle né et Lazare; et dans la partie inférieure, le Sacrifice d'Isaac et le Serpent d'airain. L'autre vitrail était occupé par une figure assez insolite : le Christ armé de sa croix, montrant sur sa poitrine une Hostie. Devant cette figure étaient groupés, debout ou agenouillés, les saints tutélaires du donateur : saint Raymond Nonnatus, les saints Victor de Marseille, Marc, Bonaventure et Julienne de Falconieri. Dans la partie inférieure, on voyait le sacrifice de Melchisédech et la récolte de la manne.

Dans la fenêtre du milieu, on lisait l'inscription : CHRISTI JESU SACRIFICIUM IN CRUCE ET ALTARI OFFERENTI UT IN EIUS PACE QUIESCANT PARENTES OPTIMI CORN. I. SCHEPPERS OLIM SCABINUS AC I. ESTRIX TABULAM HANC DICAVIT RMUS DNUS V. SCHEPPERS CANONICUS CAPITULARIS HUIUS ECCLESIAE PRAELATUS DOM. SS. D. N. PII IX FRATRUM AC SORORUM A MISERICORDIA FUNDATOR AC GENERALIS PRAEFECTUS ORDINIS LEOPOLDINI EQUES 1876.

Dans les fenêtres latérales étaient reproduites, à droite, les armoiries du pape Pie IX et l'écu du donateur, c'est-à-dire les armoiries de famille timbrées du chapeau violet à trois rangées de glands, à gauche, l'écu des Scheppers et celui des Estrix.

Les abords de la chapelle absidale étaient ornés jadis de plusieurs épitaphes, celles notamment des zellariens Arnold et Philippe Borquelmans, de Pierre Dupont et de sa femme, et de Jean de Busleyden († 1556) (1). Ce dernier représentait, dans le panneau central, le Christ déposé sur les genoux de sa Mère, et sur les volets les huit quartiers du défunt (2).

La chapelle à côté de celle des Zellariens fut dédiée primitivement aux saints Gilles, Georges et Catherine. L'autel avait été doté, le 23 mars 1433, d'une chapellenie de quatre messes, par Jean de

---

(1) *Mechelen opgeheldert*, t. I, p. 55.
(2) BR, Fonds Goethals, ms. 1512, p. 232.

Stumpha, Augustin t' Serghysels et l'échevin Gérard de Hofstade, comme exécuteurs testamentaires et fideicommissaires d'Égide Ploechvoets (1). Une seconde chapellenie, fondée en 1635, par Marguerite de Lichtert, veuve de Pierre Luyten, à la collation du Serment de l'Arbalète, était également rattachée à cet autel.

De bonne heure, en effet, ce fut dans cette chapelle que le Serment faisait célébrer ses offices (2).

L'autel, reconstruit après les troubles, fut consacré le 7 juillet 1587, le même jour que celui du Saint-Sauveur et celui des saints Antoine, Christophe et Macaire (3).

Le tableau qui, au xvij^e et au xviij^e siècles, ornait l'autel de la chapelle des Arbalétriers est encore une œuvre de Michel Coxie, et porte sa signature : *Michael de Coxien pictor regis me fecit an^o 1588 a^o aetatis suae 88*. Le panneau central (2^{m}54 × 2^{m}08) représente le martyre de saint Georges, le patron de la corporation. Malgré le grand âge de l'auteur, on retrouve dans cette œuvre le vigoureux pinceau et le dessin scrupuleux qui caractérisent la plupart des œuvres de Michel Coxie. Saint Georges, dépouillé de ses vêtements, est attaché à la roue. Dans un instant le supplice va commencer et de tous les côtés, les bourreaux entourent l'instrument fatal. Dans le lointain s'élève une ville, sous les murs de laquelle chevauchent plusieurs cavaliers. Un ange, — c'est la partie la moins réussie du tableau, — tend à la victime la couronne du martyre.

Sur l'un des volets, nous voyons saint Georges qui se présente devant le proconsul Dacien, assis sous un dais, six grandes figures composent cette scène, dont le fond est occupé par une construction avec colonnade et portique. Le côté extérieur du panneau représente la Sainte Vierge avec l'Enfant. Le second volet offre la décapitation du Saint. Le martyr est à genoux devant ses bourreaux. Les figures des exécuteurs sont nues jusqu'à la ceinture. A l'arrière-plan, dans un fond de verdure, on voit une foule nombreuse qui assiste à l'exécution de sainte Alexandrine, la femme de Dacien, que

---

(1) AC, Arm. I, casier 8, acte de fondation du 23 mars 1433 (a. s,), *cop.* — Van Helmont, t. I, p. 234.
(2) AC, Livre censier de 1525, f° 40 v°.
(3) BR, ms. 16527, f° 5.

la constance de saint Georges avait convertie à la foi chrétienne. Sur la face extérieure de ce panneau, Coxie a peint une figure en pied du Saint.

Les murs de la chapelle étaient décorés anciennement d'un fond rouge sur lequel se détachaient, entre les arcatures, des écussons portant les insignes du Serment, une croix de gueules sur champ de sinople. Les montants des arcatures avaient reçu un ton verdâtre. Il en était de même des colonnes à l'entrée de la chapelle ; celles-ci étaient décorées, de plus, d'une arbalète alternant avec l'écusson et avec des branches de feuillage (1).

Ici encore, le tableau, l'autel et la clôture furent enlevés au commencement du xixe siècle, et aujourd'hui toutes les pierres tombales ont également disparu (2).

Ce fut en 1875 que la chapelle, restaurée à l'extérieur, reçut un nouveau mobilier et fut dédiée à saint Engelbert, archevêque de Cologne, patron du cardinal Sterckx. A l'exemple de son prédécesseur Jacques Boonen, l'Archevêque défunt avait, par une des clauses de son testament, refusé un monument funéraire. La gratitude de la Fabrique d'église dont, en toute occasion, le Cardinal s'était montré le généreux bienfaiteur, et la reconnaissante admiration du clergé et des fidèles, décidèrent de commémorer en un monument tout religieux la féconde carrière du chef vénéré que la mort ravit au diocèse le 4 décembre 1867.

Le nouvel autel, comme les deux autres placés vers la même époque dans cette partie de l'église, fut exécuté en cuivre.

Le retable représente, en gravure au trait, l'épisode de l'archevêque Henri de Cologne, entrant dans la salle du Concile, à Mayence, précédé de son clergé et escortant le corps mutilé de son prédécesseur, posé sur un lit de parade. Il vient demander la punition des assassins. Le peuple accourt pour vénérer les restes du martyr et le Seigneur manifeste par des miracles la sainteté de son serviteur. Tout autour du sujet, on lit : *In hon. S. Engelberti, coloniensis*

---

(1) Cf. G.-J.-J. VAN MELCKEBEKE, *Geschiedkundige aanteekeningen rakende de kruis- of voetbooggilde*. Malines, 1869.
(2) Cf. *Mechelen opgeheldert*, t. I, pp. 52-53 ; — BR, *fonds Goethals*, ms. 1512, pp. 236 et 277.

episcopi, qui pro defensione ecclesiasticae libertatis et Romanae ecclesiae obedientia martyrium subire non dubitavit (1).

La tombe d'autel est ornée de divers sujets, également gravés au trait, et porte l'inscription dédicatoire : ✠ *Cum extremae voluntatis tabulis | Emus Dominus Engelbertus Cardinalis Sterckx Archiep. Mechliniensis | mausoleum sibi fieri renuissent | in bon. Sancti eius Patroni clerus populusque altare hoc posuerunt.*

Comme l'autel du Saint Sacrement, celui de saint Engelbert est une œuvre collective de Van Ryswyck, de l'architecte Mingai ; ce fut également Léopold Pluys qui plaça les trois verrières, aujourd'hui détruites, qui vinrent orner les baies des fenêtres. Ces verrières rappelaient des épisodes saillants et les principaux actes du fécond épiscopat du Cardinal.

Comme les autres vitraux, et en général toutes les œuvres d'art dont le chanoine De Coster dirigea l'exécution, les verrières de la chapelle de saint Engelbert présentèrent une surabondance de phylactères et d'inscriptions. Nous ne rappellerons que celle du vitrail central, qui seule présente un intérêt historique : « IESU CHRISTO PASTORI AETERNO IN PERENNI MEMORIA ERIT EMS PRINCEPS ENGELBERTUS S. R. E. PRESB. CARD. STERCKX, ARCHIEP. MECHL. XIII BELGII PRIMAS, NATUS IN OPHEM 2 NOVEMBRIS 1792, MECHLINIAE VITA PIE DEFUNCTUS 4 DEC. 1867.... ».

Les murs sont décorés des armoiries du Cardinal, alternées avec celles de son saint Patron.

La chapelle suivante, la seconde des chapelles sur plan polygonal du côté méridional du pourtour, était connue, avant le Concordat, comme chapelle du Saint Sauveur ou des Vettewariers.

L'autel fut doté, en 1421, d'une chapellenie d'une messe par semaine, par Marguerite Thonys, veuve de Louis Vleminck, avec le

---

(1) Saint Engelbert était fils d'Engelbert, comte de Berg et d'Altena. Il s'occupa, durant les années de son épiscopat, de protéger les faibles et de défendre les ordres religieux contre la rapacité des seigneurs et se montra surtout ardent défenseur des droits de l'Église. Cela lui attira des haines implacables. Le comte d'Ysembourg, son parent, jura sa mort. Le 7 novembre 1225, alors qu'il se rendait à Schwelm, où il devait consacrer une église, Engelbert fut surpris par les assassins et tomba percé de coups.

concours de Gabriel Tryapan, son mari et de ses deux enfants Louis et Marguerite Vleminck (1).

Le 7 avril 1498, le métier des Vettewariers obtint du Chapitre la faculté de disposer de la chapelle et d'y célébrer ses offices (2). En 1525, la Corporation y faisait dire trois; en 1550, quatre messes par semaine. Elle entretenait également l'autel qui était largement pourvu de tout le nécessaire.

Après les troubles, le Métier fut maintenu dans ses anciens droits, mais il dut s'engager à rétablir l'autel à ses frais et à célébrer deux offices solennels par an : le jour de la Transfiguration et le lendemain. Le Métier fut tenu également de payer un cens de huit sous au Chapitre (3).

Le tableau qui depuis la restauration du culte, en 1585, orna le retable, fut dû au pinceau de Jean Le Sayve, dit de Namur, et représentait, dans le panneau central, la Transfiguration du Christ, et sur les volets, le Sauveur au puits de Jacob et le Christ dans la maison du pharisien (4). Comme Michel Coxie et Snellinck, Jean Le Sayve eut à faire quelques retouches à son œuvre, pour donner satisfaction au désir du Chapitre, qui était d'avis que les nudités que l'artiste s'était permises étaient peu de saison dans une église (5).

Comme ceux de la chapelle des Arbalétriers, les murs avaient reçu une décoration sobre, consistant en une teinte rouge, sur laquelle se détachaient un semis de globes terrestres avec la croix, et des banderoles avec le mot *Salvator* (6).

Dans cette chapelle était conservée, avant 1775, l'épitaphe du marguillier Jacques Heyns, qui mourut en 1607, et de sa femme Catherine Cosemans, morte en 1604 (7). La famille Colibrant avait également sa sépulture dans cette chapelle, et au xviije siècle, on y

---

(1) La fondatrice réservait la nomination du titulaire à ses héritiers et la présentation au Magistrat. — AC, Arm. I, casier 7, acte de fondation du 8 octobre 1421, *cop.*; v. aussi *Littere, privilegia...*, f° 1.
(2) AC, *Livre censier*, 1525, f° 40. — On y disait également une messe fondée par Marc Bartholomaei.
(3) AC, *Acta*, reg. III, f°s 33 v° et 34, 16 août 1585.
(4) De Munck, p. 126.
(5) AC, *Visit. eccl.*, visite de 1604.
(6) AF², dessin de Vervloet.
(7) *Mechelen opgeheldert*, t. I, p. 54; — *Graf- en Gedenkschriften*, t. VIII, p. 46.

voyait encore, dans le vitrail, les quartiers de Marie Colibrant et de son mari Jean Vleminck.

Aujourd'hui il ne reste de tout l'ancien mobilier et de la décoration primitive que la pierre sépulcrale de Joos Snoy et de sa femme Walburge Van der Aa (1).

En 1867, après la canonisation des saints Martyrs de Gorcum, mis à mort le 9 juillet 1579, l'ancienne chapelle du Saint Sauveur fut dédiée à ces Saints, dont plusieurs par leur naissance appartenaient au diocèse de Malines (2).

L'autel de bois polychromé, exécuté par les frères Goyers de Louvain, les mêmes qui sculptèrent les stalles du chœur, était primitivement orné de huit statues, cinq sur le devant de la tombe, deux dans les parties latérales du retable et une dans une espèce de tour ajourée. Cet autel, très mauvais d'ailleurs, fut modifié et simplifié en 1875, et placé dans l'abside de la chapelle.

Au mois d'août 1914, l'autel fut détruit par l'obus qui démolit en grande partie l'un des contreforts de cette chapelle et déchira les deux tableaux de la vie de saint Rombaut, suspendus aux murs. Au point de vue artistique, ni l'une ni l'autre de ces pertes n'est de nature à causer de grands regrets.

Au mois de mai 1919, grâce à l'initiative de Son Éminence le Cardinal-Archevêque, un Comité, sous la présidence effective de Mgr Mierts, doyen du Chapitre métropolitain, décida de restaurer la chapelle et d'y construire un nouvel autel, qui sera dédié à Notre-Dame des Douleurs, en souvenir des membres du Clergé diocésain, victimes des hordes envahissantes en 1914, ou des tribunaux de guerre, ou tombés dans l'accomplissement de leur devoir charitable au champ de bataille ou dans les hôpitaux (3).

---

(1) *Ibidem*, t. I, p. 54, et *ibidem*, t. VIII, p. 47, — BR, fonds Goethals, ms. 1510, p. 87. — La pierre fut retaillée aux frais de la famille, en 1867. — Cf. *Mechelsche Courant*, 16 juin 1867 ; — AF², coll. De Coster, farde C².

(2) Les reliques des saints Martyrs furent processionnellement introduites à l'église le 27 novembre 1867. Ce fut la dernière cérémonie à laquelle le cardinal Sterckx présida dans son église métropolitaine.

(3) Ce furent : MM. J.-J.-R. CARETTE, professeur au collège St-Pierre à Louvain, tué à Aerschot le 20 août ; L.-A.-G. DE CLERCK, curé à Bueken, tué à Thildonck le 27 août ; P.-J. DERGENT, curé à Gelrode, tué à Aerschot le 4 septembre ; J.-F. GORIS, curé à Autgaerden, tué dans sa paroisse le 18 août ; E. LOMBAERTS, curé à Bovenloo,

La chapelle suivante, la première des chapelles absidales à compter de l'entrée méridionale du déambulatoire, renfermait l'autel consacré aux saints Macaire et Antoine.

L'autel des saints Macaire et Antoine, placé contre le mur oriental, avait été doté, en 1440, par Gérard de Hofstade, fils de Rombaut, d'une chapellenie de trois messes (1). Plus tard, le 18 septembre 1523, Jean Oem, dit de Wingaerden, chevalier de Jérusalem, y fonda également un bénéfice de cinq messes (2); enfin, Adrien de Roubaix, conseiller au Grand Conseil, dota à son tour la chapelle d'un troisième bénéfice d'une messe.

Aussi cet autel était-il, de tous les autels secondaires de l'église, le mieux fourni d'ornements liturgiques. En 1550, il ne possédait pas moins de quatre ornements complets (3).

Dans la même chapelle se trouvait, au milieu du xvj[e] siècle, le monument du conseiller Adrien de Roubaix, décédé le 4 avril 1543. Le monument était composé d'une tombe surélevée, placée sous une arcade ogivale, pratiquée dans l'épaisseur du mur. Sur la tombe, le défunt était figuré en costume de magistrat, les mains jointes, dans l'attitude de la prière. Au fond de la niche, une plaque de cuivre

---

tué à Louvain le 26 août; J.-H.-A. VAN BLADEL, curé de Hérent, tué à Louvain le 28 août; J. WOUTERS, chanoine prémontré, curé de Heyenbeek, tué dans sa paroisse le 26 août; — M. F. MOONS curé à Delle, exécuté le 16 mars 1918 au fortin d'Edeghem; — MM. A. CANNAERTS, tué au front le 30 juillet 1915; A.-J.-D. CORVILAIN, curé-doyen de Nivelles, mort le 26 décembre 1914; M.-C.-A. SPILOES, professeur à l'institut Ste-Marie à Hal, tué le 12 mars 1916; P.-L.-H. THEUS, professeur au petit Séminaire d'Hoogstraeten, tué le 4 octobre 1918; — J.-F.-M. COVELIERS, sous-diacre, tué le 6 mai 1917; L.-C. DE BELIE, sous-diacre, mort au mois d'août 1917; J.-B. VAN CAMP, sous-diacre, tué la nuit du 10-11 septembre 1918; J. M.-A.-F. PROOST, acolythe, tué le 28 septembre 1918; F.-F.-W. VAN DER AUWERAA, acolythe, mort le 3 août 1915; M. BOLLEN, clerc, mort le 22 janvier 1915.

(1) *Mechelen opgeheldert*, t. I, p. 54.

(2) Les messes devaient être dites, sous l'office de Matines ; le dimanche, le prêtre était tenu de dire la Messe conforme à l'office du jour, le lundi, celle des défunts, le vendredi, celle de la Sainte Croix; de plus, le jour de la semaine auquel tombait durant l'année en cours la fête de l'Annonciation, il devait célébrer celle de la Sainte Vierge, enfin la cinquième messe était laissée au gré du célébrant. Le revenu de la fondation fut constitué par Wilhelmina de Waltsomerloe, veuve de Jean Oem, qui lui assigna une rente de trente florins, à charge de la Table du Saint-Esprit de la paroisse de Saint-Rombaut. — Cf. AC, *Visit. capell.*, 1617, f⁰ 10 v⁰; — V. l'épitaphe de Jean Oem et de sa femme, BR, fonds Goethals, ms. 1512, p. 277; *Mechelen opgeheldert*, t. I, p. 29; *Graf- en Gedenkschriften*, t. VIII, p. 48. — Les messes furent réduites à quatre par semaine, en 1573, et à 75 par an en 1692.

(3) AC, *Visit. capell.*, 1550, f⁰ 3 v⁰.

contenait l'épitaphe; cette plaque disparut en 1580. Sur le devant de la tombe étaient taillées les armoiries du défunt, *d'hermine au chef de gueules* (1). Le tombeau a été reproduit en gravure par Le Roy (2).

Déjà avant 1580, les Arquebusiers avaient obtenu du Chapitre l'autorisation de célébrer leurs offices à l'église Saint-Rombaut. Le 8 juillet 1513, les chanoines leur avaient accordé à cet effet l'autel Saint-Antoine (3), qu'il faut probablement identifier avec celui des saints Macaire et Antoine (4).

Quoi qu'il en soit, aussitôt après les troubles, les jurés des Arquebusiers, de la gilde van der bussen, comme on disait, se mirent en devoir de relever l'autel; ils s'entendirent aussi avec le menuisier Thomas Haesaerts, pour une clôture (5), et s'adressèrent à Jean de Mompere, pour un retable peint (6). Ce tableau, qui représentait la mort de saint Christophe, le patron du Serment, disparut vers 1804, lors de la démolition de l'autel.

Les confrères firent également décorer de leurs insignes, deux arquebuses croisées et retenues par le briquet de Bourgogne, les panneaux entre les arcatures des murs, et orner la voûte d'une décoration de blasons (7).

En dehors du tableau de Jean de Mompere, la chapelle possédait une Vierge avec l'Enfant Jésus, de l'École de Rubens, placée au-dessus de l'autel, et deux panneaux peints, les monuments funéraires du chanoine Rombaut Reimaers (8) et de Jean Van Paepenbroeck et Marie Mompeliers, sa femme. Ce dernier monument était orné d'un panneau central, la Résurrection du Christ, et de deux volets

---

(1) V. sur Adrien de Roubaix, AM, J.-F. FOPPENS, *Naemrollen der Voorzitters en Raedsheeren van den Grooten Raed, met hunne lofreden, wapens en grafschriften*, ms. n° DD, VIII; — sur sa succession, Dr ROBERT FONCKE, *Boeken in sterfhuizen van Oud-Mechelen*, dans *Het Boek*, 1915, d'après AC, *Inventaria mobilium*, t. VII.

(2) LE ROY, *Théâtre sacré du Brabant*, t. I, p. 48.

(3) AC, *Acta*, reg. I, f° 223 v°, 8 juillet 1513.

(4) Rappelons, cependant, qu'avant 1580, il existait également un autel de saint Antoine dans le transept.

(5) AM, Contrat du 24 oct. 1597, *orig.*

(6) AM, Contrat du 24 avril 1598, *orig.* V. Dr G.-J.-J. VAN MELCKEBEKE, *Geschiedkundige aanteekeningen rakende de S. Christoffel of Kolveniersgilde*. Malines, 1871.

(7) AF^2, dessin de J.-B. Vervloet.

(8) *Mechelen opgeheldert*, t. I, p. 55.

avec les portraits des deux conjoints et leurs armoiries (1). Ces peintures furent sacrifiées, nous avons déjà eu l'occasion de le constater, en vue de la décoration de l'église, à l'occasion du grand jubilé de saint Rombaut. Le vandalisme pieux et le dédain du passé peuvent se réclamer de tristes précédents à toutes les époques.

Ce fut dans cette chapelle également que le pénitencier Dismas de Briamont fonda, en 1634, le salut en l'honneur du Bon Larron (2).

Aujourd'hui, la chapelle, dépourvue d'autel, ne renferme plus qu'une pierre tombale, celle de François Godin et de sa femme, et un confessionnal de goût douteux, adossé à l'arcade, vide, elle aussi, qui abritait jadis la tombe du conseiller de Roubaix.

En face de la première chapelle sur plan polygonal, s'élevait, en 1580, avant le sac de l'église par les troupes des États, un autel dédié, pensons-nous, aux saints Jérôme et Dorothée. Cet autel, qui ne fut pas rétabli après 1585, était doté de quatre messes (3). Dès l'année 1525, il était à la disposition des Chapeliers, qui y faisaient célébrer leurs offices (4).

Au xviije siècle, on érigea, à l'emplacement de l'autel, le monument funéraire de Prosper-Ambroise, comte de Praecipiano, général dans les armées de Charles II, mort en 1707.

Le monument de griotte d'Italie, avec motifs décoratifs de marbre blanc, fut exécuté en 1709, par Michel Vervoort, d'Anvers. Sur le piédestal qui porte l'inscription, se dresse une figure de marbre blanc, la Force, représentée sous les traits d'une femme calquée sur la Minerve antique. La main gauche repose sur une massue, tandis que la droite soutient un médaillon orné du portrait

---

(1) IBIDEM, p. 55; — *Graf- en Gedenkschriften*, t. VIII, p. 38. — Jean Van Paepenbroeck mourut en 1580, sa femme en 1585, le premier, le jour même de la Furie anglaise, la seconde, le 4 juin, avant la Réduction de la ville. Tous deux furent probablement privés de la sépulture ecclésiastique : le geste des restaurateurs de 1775 n'en fut que plus triste. V. une esquisse de ce tableau, BR, *Fonds Goethals*, ms. 1510, p. 66.

(2) AC, *Grand Cartulaire*, t. II, f° 209 v°. La fête du Saint devait être célébrée sous le rite triple avec matines solennelles.

(3) AC, *Visit. cappel.*, 1550, f° 4.

(4) Les Chapeliers faisaient dire deux messes par semaine, mais déjà en 1578, la Corporation avait perdu beaucoup de son importance, et les messes furent négligées. Après 1585, les offices annuels furent transférés successivement à l'autel de sainte Marie-Madeleine et à celui de saint Rombaut, devant le chœur. Cf. ci-dessus pp. 148 et ss.

du général. Derrière la statue s'élève une pyramide de marbre rouge, au pied de laquelle deux génies sont assis. De part et d'autre, deux pilastres placés contre les colonnes du chœur portent chacun quatre écussons formant les huit quartiers des Praecipiano. L'ensemble de ce monument est d'une belle simplicité, les figures dénotent l'artiste de talent (1); mais on y chercherait en vain le caractère religieux que réclame le lieu sacré qui l'abrite et qui seul aussi pourrait excuser l'importance donnée à la tombe d'un homme qui semble ne pouvoir se réclamer d'un autre titre, pour passer à la postérité, que celui d'avoir été le frère d'un archevêque.

La chapelle suivante, la première des constructions sur plan carré, à compter de l'abside, appartient à la première période des constructions. Les murs présentent de curieux culs-de-lampe historiés, dont nous avons fait mention en parlant de la chronologie du monument.

Cette chapelle, utilisée aujourd'hui comme simple passage, formait jadis l'une des parties les plus intéressantes de l'édifice, par la richesse de sa décoration et de son mobilier. Elle était connue, d'abord, sous le nom de chapelle de Scoonjans, puis plus tard, après 1585, désignée comme chapelle des Peintres.

En 1380, en vertu d'une bulle du pape Grégoire XI, Jean Scoonjans, fils de Henri, y fonda une opulente chapellenie (2), dont son fils, Simon van Borgesteyn, augmenta encore l'importance, en 1444 (3). Le bénéfice était grevé primitivement de sept, et plus tard de neuf messes par semaine, y compris un service solennel de Requiem, avec assistance de diacre et de sous-diacre, qui devait être célébré le lundi de chaque semaine. Le chapelain était tenu, de plus, à la célébration d'un anniversaire pour les fondateurs, auquel il devait convoquer douze pauvres qui, encore au xvij^e siècle, recevaient chacun un gros ancien ou un sou de Louvain. Enfin, le bénéficier devait offrir, le Jeudi-Saint, à douze

---

(1) Cf. LE ROY, *Théâtre sacré du Brabant*, t. I, p. 47; — *Graf- en Gedenkschriften*, t. VIII, p. 19; — L. GODENNE, *Malines jadis et aujourd'hui*, p. 91.

(2) AC, *Chartrier*, consentement du Chapitre, 3 août 1380.

(3) Acte notarié passé par Obert Trabukier, Nicolas Waryns et Gauthier Storm, comme exécuteurs testamentaires de Simon Scoonjans, 1448, 26 juillet. — AC, Arm. I, casier 6, liasse Chapellenie Scoonjans, *cop. auth.* — Simon Scoonjans institua premier bénéficier son fils naturel Guillaume.

pauvres, « un copieux et excellent repas, tant en nourriture qu'en boisson », à l'issue duquel il lavait la main droite de chacun des convives (1).

La fondation de Jean Scoonjans fut faite en l'honneur de Notre-Dame et de saint Georges.

De très bonne heure, la chapelle Scoonjans reçut une décoration très complète et fort soignée; peut-être l'une des plus intéressantes qu'on ait relevées en Belgique, tant par l'importance de la partie historiée que par le grand nombre des blasons qui y avaient été reproduits.

La voûte était ornée de multiples écussons, timbrés pour la plupart d'un casque, mais dont on ne parvint plus, en 1849, à déterminer la lecture. Les écussons se reproduisaient même sur la voûte du déambulatoire (2).

Les murs de la chapelle étaient décorés de peintures historiées, disposées en cinq étages superposés, séparés les uns des autres par des inscriptions en caractères gothiques, devenus indéchiffrables à l'époque à laquelle on sacrifia définitivement ces peintures. Les scènes avaient également beaucoup souffert. Pour autant qu'on peut se fier au chroniqueur Schellens, qui les vit en 1849, et à l'esquisse à très petite échelle qu'en fit le peintre Vervloet, ils reproduisaient l'histoire de la Sainte Vierge. Les peintures sur le mur du côté du transept étaient les mieux conservées. Dans la zone supérieure et le compartiment à droite, on voyait la Vierge, accompagnée d'une autre figure et d'une figure mitrée, ainsi que de divers autres personnages. Dans le compartiment au-dessous de cette première scène, l'artiste avait représenté saint Joseph, sommeillant à côté du lit sur lequel repose la Vierge avec, au-dessus, un ange tenant une banderole portant les mots *Noli time' accipe' Maria* (3). A côté, dans le panneau central de cette zone, il y avait, au témoignage de Schellens, une figure de la Vierge, agenouillée devant la porte ouverte d'un bâtiment; devant elle se tenaient deux évêques, mitre en tête, tandis qu'un troisième

---

(1) AA, *Mechliniensia*, reg. XXIII f° 52, décret du 21 mars 1674.

(2) Ce qui prouve, une fois de plus, que les anciens avaient le sens artistique trop développé pour construire des voûtes en briques apparentes.

(3) « Noli timere accipere Mariam », Matth., I, 20.

pouvait être aperçu à l'intérieur de la construction. L'un de ces évêques tenait une coupe d'or, qu'il portait aux lèvres de la Vierge. D'autres personnages étaient groupés autour de Marie et semblaient la soutenir. La même scène se retrouve dans le croquis de Vervloet. Nous avouons que l'identification de cette scène, pour autant que la figure agenouillée représenterait la Vierge, nous échappe, à moins qu'il ne s'agisse d'une Présentation de l'Enfant Jésus au temple et que l'artiste ait coiffé de mitres épiscopales Siméon et les assistants.

Dans la troisième zone, on voyait la naissance de la Sainte Vierge : sainte Anne est couchée sur un lit, les mains jointes et entourée de plusieurs personnages, dont l'un, debout, semble tenir un petit enfant. A côté était figurée, encore une fois, la Vierge agenouillée avec une autre figure, et plus loin, la Présentation au temple ou la Circoncision.

La quatrième zone n'offrait plus, en 1849, que quelques têtes et fragments de composition que ni le chroniqueur, ni le peintre ne parvinrent à identifier.

La zone inférieure, enfin, jusqu'au sol, était garnie d'écussons.

Le mur du côté de la Grand'place n'avait plus conservé qu'une seule scène plus ou moins reconnaissable : on y voyait la Vierge, debout, avec, devant elle, un ange tenant une banderole, dont l'inscription n'était plus lisible.

Le troisième mur n'offrait plus, lui aussi, que des fragments indéchiffrables, sauf les armoiries des De Gorter et des Van den Steen, et une figure de Dieu le Père, mais celle-ci était plus récente et recouvrait elle-même des peintures plus anciennes.

Après 1585, la chapellenie de Notre-Dame et de saint Georges conserva son siège dans la chapelle Scoonjans ; mais le chapelain partagea l'usage de l'autel avec la corporation des Peintres.

Les Peintres et Sculpteurs avaient eu tout d'abord leurs offices dans la chapelle de sainte Marie-Madeleine, à l'église des Franciscains de l'ancienne observance. Le 16 octobre 1443, en effet, Matthys Roegiers, guardiaen, Coenraet van Arenbergh, leesmeester, et Jacop van Bergen, vice-gardyaen, s'engagèrent à chanter annuellement une messe avec accompagnement d'orgue, à l'intention des membres de la corporation, le jour de saint Luc (1).

Il faut croire que lors de la suppression de la communauté des Conventuels et de son remplacement par des religieux de la stricte observance, les Peintres ne se trouvèrent plus chez eux, comme auparavant, dans l'église des Franciscains. Dès l'année 1479, le 21 janvier, Jean Crabbe et ses confrères fondèrent un anniversaire, en souvenir de Jean de Zelre, à l'autel de saint Jean l'Évangéliste, à Saint-Rombaut; ce ne fut pourtant que le 4 avril 1496 que les Peintres, en même temps que les Menuisiers et les Tailleurs, obtinrent du Chapitre l'usage d'un autel dans la grande église. Cet autel fut encore celui de saint Jean l'Évangéliste (2).

Lorsque, peu après l'année 1500, on démolit l'autel qui était appuyé contre le mur du collatéral Nord, pour la construction des chapelles, qui actuellement longent le bas-côté, les Peintres obtinrent, le 17 février 1502, l'autorisation de construire un autel propre, en l'honneur de saint Luc, leur patron, et d'y célébrer leurs offices (3). Le nouvel autel fut adossé à l'avant-dernière colonne, du côté de l'Épitre, dans la grande nef de l'église. Le nouvel autel ne fut pas, comme la plupart des autres autels, doté d'une chapellenie ou de revenus fixes; mais la Corporation prit sur elle d'y faire célébrer deux messes par semaine.

L'autel fut orné d'un tableau composé, d'après la description qu'en fit le magistrat de Malines en 1614, d'un panneau central, saint Luc peignant le portrait de la Vierge, par Jean de Maubeuge (4), et de deux volets par Michel Coxie l'ancien, représentant l'un saint Jean dans l'huile bouillante, et l'autre l'Évangéliste à Pathmos.

Le tableau de Jean de Maubeuge avec les volets fait aujourd'hui l'ornement du maître-autel de la cathédrale de Prague. Lors de son éphémère séjour aux Pays-Bas, l'archiduc Mathias, dont les États aux abois espéraient le salut de nos provinces déchirées par les factions, trouva le retable de l'autel des Peintres à son goût et se l'adjugea comme sa part dans le pillage de la ville et de l'église. Le

---

(1) EMM. NEEFFS, *Histoire des Peintres*, t. I, pp. 7-8.
(2) AC, *Littere. privilegia....*, f° 1 v°.
(3) AC, *Acta. reg.* I, f° 64, 17 février 1502.
(4) V. une phototypie de ce tableau dans L. GODENNE, *Malines jadis et aujourd'hui*, p. 28.

prince fit transporter son butin à Vienne, où il se trouvait encore au palais impérial en 1614. Le Magistrat malinois, à cette époque, fit d'instantes mais infructueuses démarches auprès de l'empereur pour rentrer en possession du bien volé (1).

Après la tourmente protestante, les Peintres ne reprirent pas immédiatement possession d'un autel à l'église Saint-Rombaut, mais pendant une quinzaine d'années, ils célébrèrent leurs offices à l'église Sainte-Catherine (2). En 1600, ils s'adressèrent de rechef au Chapitre pour obtenir un nouvel emplacement dans la métropole, et le 13 octobre, les chanoines permirent à Rombaut Michiels, agissant au nom de la corporation, de construire un autel près du gros pilier du côté méridional de la grande nef, où jadis s'élevait un autel en l'honneur de saint Lambert. La concession fut soumise à certaines conditions : les peintres ne pouvaient pas transporter leurs ornements à l'église avant que la tombe d'autel fût prête, et ils ne pouvaient pas commencer la construction de cette tombe avant que le retable qu'ils avaient commandé fût achevé, « behalvelyck oock dat sy den autaer niet en sullen beginnen te metsen, ten sy de tafel veerdich sy van daer op te stellen (3) ».

---

(1) V. Ch. Berthels [Chan. De Ridder]. *Le tableau du maître-autel de la cathédrale de Prague, peint par Jean de Maubeuge*, dans la *Revue d'Histoire et d'Archéologie*, t. I, pp. 285 et ss.

(2) L'autel à Sainte-Catherine n'avait pas de retable peint. Il était orné d'une statue polychromée de saint Jean. Un inventaire des objets appartenant à la Corporation, joint à une requête du mois de janvier 1601, adressée aux chanoines et relative aux difficultés suscitées par le curé de Sainte-Catherine pour l'enlèvement de l'autel, confirme ce que nous avons déjà dit concernant l'emballement qu'on avait conservé, encore à cette époque, pour la décoration multicolore, fût-elle en papier et en clinquant. Nous y relevons, en effet :
vier witte ansoyen
vier gestoffeerde ansoy hoeikens van roy sey
vier slechte hoeykens van wit gestrept
6 engelkens van uytgesneden dick pampier
8 cleyn schilders wapenkens die versylvert syn
8 kelcxkens gesneden uyt claetergout
eenen grooten witten gestoffeerden cayserhoet
een bancxken van witten houte om op den autaer te setten als feeste is
een groote ronde op beyde seyd geschildert
4 witte hoeyen gestoffeert deurschynen met clatergout
2 cleyn gestreepte hoeykens
noch 6 rondekens een ander wit uytgesneden.
Cf. AC. Arm. I, cas. 7, *métiers*, farde Peintres.

(3) AC, *Acta*, reg. V, f° 50, 13 oct. 1600.

Il faut croire que l'achèvement du tableau demanda un certain temps, car ce n'est que le 8 août 1606 que la Corporation vendit son mobilier à l'église Sainte-Catherine (1).

L'autel des Peintres conserva son emplacement à Saint-Rombaut jusqu'à la fin du xvij^e siècle, lorsque, sur l'ordre de l'archevêque, Alphonse de Berghes, on décida la démolition tant de l'autel Saint-Luc que de celui des Forgerons, qui était adossé au pilier du côté de l'Évangile. Le 30 avril 1682, le chanoine-chantre Corten procéda à l'ouverture des sépulcres, et peu de jours après, les membres de la corporation transférèrent leur tableau dans la chapelle Scoonjans.

On serait tenté de croire qu'un mauvais sort s'acharnait sur les Peintres et leur autel, car à peine celui-ci avait-il été mis en usage, que la Corporation eut à faire face aux difficultés que lui suscitèrent les marguilliers et que nous avons rapportées en parlant de l'autel du transept septentrional. Heureusement, grâce à l'intervention du Chapitre, la Fabrique finit par se désister de ses prétentions, et le retable demeura en place dans la chapelle Scoonjans, où il resta jusqu'aux premières années du xixe siècle.

Le tableau en litige en 1692 est dû au peintre Abraham Janssens. Il existe encore à l'église et représente, dans le panneau central, saint Luc peignant le portrait de la Vierge, et sur les volets les figures des deux saints Jean. Quant à la face extérieure des vantaux, déjà à la fin du xviij^e siècle, le mauvais état de la peinture les avait fait recouvrir d'une couche de couleur grise.

Le triptyque, le panneau central tout au moins, peut passer pour une des meilleures œuvres de l'artiste, par la vigueur du pinceau et par l'ingénieuse simplicité de la composition. Malheureusement, le tableau a beaucoup souffert de retouches inhabiles, la tête de la Vierge surtout a été repeinte.

La predella, qui sur l'autel supportait le retable, était ornée de trois tableautins : un Christ en croix et, de part et d'autre, le blason de la corporation, soutenu par des anges.

Dans la seconde moitié du xviij^e siècle, le baron Vincent van der Heyden, dit Belderbussche, fit placer dans la chapelle un tableau gravé sur cuivre, contenant sa généalogie et établissant sa descen-

---

(1) Emm. Neeffs, *Hist. des peintres*, t. I, p. 22.

dance des fondateurs de la chapellenie. Selon toute apparence, le tableau, qui actuellement fait partie des collections du Musée communal, fut placé à la suite d'un accord, conclu le 11 décembre 1750, entre le baron et d'autres descendants de Jean Scoonjans, au sujet du droit de patronage ou de présentation du titulaire de la chapellenie (1).

Au xviij^e siècle, on voyait également dans la fenêtre un blason aux couleurs des Scoonjans, dit van den Steene, *d'or à trois tours crénelées de sable*.

Au commencement du xixe siècle, la chapelle des Peintres subit un sort identique à celui des autres chapelles du déambulatoire : elle fut dépouillée de son autel, et vers l'année 1830, lors de la construction de la nouvelle sacristie, convertie en passage.

Par contre, on plaça contre le mur, vis-à-vis de la sortie de la sacristie, le monument de Joachim Gilis, major d'un régiment wallon, et d'Anne Le Boiteulx, sa femme. Ce petit monument, qui fut primitivement attaché près de l'autel de sainte Anne, fut enlevé de cette place en 1744, malgré les protestations des membres de la famille, pour faire place à la statue de saint Augustin, et relégué d'abord dans le pourtour même, pour échouer, enfin, dans la chapelle désaffectée de Scoonjans.

Le monument lui-même se compose d'une plaque commémorative enchâssée dans un encadrement de marbre noir et blanc, décoré de bustes ailés de séraphins et de divers ornements. Cette partie est richement conçue et rendue avec grande habileté. Dans la partie supérieure est ménagée une niche qui abritait, jusqu'en 1914, une statuette, représentant sainte Anne portant sur le bras la Sainte Vierge et l'Enfant Jésus (2). En-dessous, on lit le chronogramme dédicatoire :

DIVae
VIrgInI
pIae parentI
eIVsqVe
tVteLae
saCrVm

---

(1) Cf. *Mechelen opgeheldert*, t. I, p. 57.

(2) La statuette originale fut volée, il y a quelques années, et remplacée par les soins du chanoine De Coster. Celle-ci disparut à son tour en 1914.

En 1876, on plaça également dans le pavement de la chapelle, la plaque de marbre blanc qui, dans l'autel de la chapelle absidale, avait rappelé le souvenir d'Arnold de Zellaer. C'est l'unique monument qui dans l'église actuelle soit demeuré du pieux et généreux écolâtre. Le chanoine van Caster la fit redresser contre le mur, sous le monument de Joachim Gilis, en 1903.

L'avant-dernière chapelle, incorporée depuis 1850 à la grande sacristie, était connue jadis sous le nom de chapelle des Lombards. Comme nous l'avons dit plus haut, elle occupe, selon toute apparence, l'aire de l'ancien Lombaerdenhuis dont parle un acte de 1310 (1).

La chapelle des Lombards fut dotée jadis de nombreuses fondations. Le 11 novembre 1356, Martin de Brolio, fils de Richard de Montemagno, en exécution du testament de son père et au nom des héritiers de Galuaignus de Montemagno et de ses frères, y fonda une chapellenie en l'honneur de Notre-Dame et de saint Jean-Baptiste (2); vers le milieu du XVe siècle, Jacques de Loevelde, chanoine de Saint-Lambert, prévôt et chanoine d'Utrecht, y fonda à son tour deux chapellenies, à charge ensemble de sept messes, dont les titulaires devaient s'engager sous serment à la résidence personnelle (3).

Cette double chapellenie, après avoir été affectée au chant, par la bulle de Léon X, fut incorporée, dès avant 1588, au profit du bas-cantor ou vicaire (4).

Par décision du 6 septembre 1478, le Chapitre accorda l'usage de cette chapelle à la corporation des Merciers. L'année suivante, ceux-ci firent transporter dans leur nouvel oratoire un tableau, cinq statues, celles de saint Henri, de saint François, de sainte Marguerite,

---

(1) V. ci-dessus chap. II, § 1, p. 86.
(2) V. ci-dessus chap. II, § 1, p. 87.
(3) Les messes devaient être dites le lundi, en l'honneur des saints Anges, le mardi, en l'honneur du Saint-Esprit, le mercredi pour les défunts, avec oraison pour le fondateur, le jeudi en l'honneur de saint Lambert, le vendredi de la Sainte Croix, le samedi de Notre-Dame et le dimanche de la Sainte Trinité. Les titulaires de ces bénéfices, tout en prenant part aux distributions des anniversaires, n'étaient pas comptés parmi les LX Frères.
(4) AC, *Visit. capell.*, 1550, f° 6 v°. D'après une note de la Visite, les deux chapellenies, celle de Martin de Brolio et celle de Jacques de Loevelde, auraient été canoniquement unies.

de saint Paul et de sainte Barbe, ainsi que les appareils de lumière nécessaires (1).

Après les troubles, la corporation qui honorait saint Nicolas comme patron (2) s'empressa de relever l'autel détruit par les hérétiques et d'exécuter divers travaux pour l'appropriation du local; on exhaussa notamment le pavement et on démolit le banc de pierre qui s'y trouvait (3).

Bientôt, cependant, en 1596, les Merciers abandonnent la chapelle et vont s'établir dans celle de sainte Marie-Madeleine, dans la partie Nord du déambulatoire (4). L'archevêque Hovius réserva alors la chapelle à son usage personnel, et y consacra, le 1 juin 1596, un autel en l'honneur de son patron, saint Mathias (5). C'est sur cet autel que furent conservées les reliques de saint Rombaut, depuis la démolition du jubé gothique jusqu'à leur transfert dans le portique du maître-autel de l'archevêque Cruesen (6). Ce fut dans la même chapelle encore que l'on transporta le corps de l'Archevêque pendant la construction du caveau funéraire, en 1665 (7).

Lorsque, à la suite de l'accroissement du nombre des ornements sacerdotaux et pontificaux la nécessité se fit sentir d'agrandir la sacristie, on adapta à cet usage la chapelle des archevêques, et on remplaça l'autel par une armoire. Actuellement, la chapelle, séparée du déambulatoire par un mur, sert d'avant-corps à la sacristie et renferme les armoires destinées aux chandeliers.

En face de la chapelle archiépiscopale se trouvait autrefois, contre le mur du chœur, le tombeau de Vrancx van Halen, seigneur de Lillo, mort le 9 août 1375, et de sa femme Marie, fille du seigneur de Ghistelles, morte le 10 mars 1405.

Le monument, œuvre de Jean Keldermans, *alias* van Mansdale, était placé dans une niche, à l'intérieur de laquelle on avait adapté une série de consoles, surmontées de petits dais, et ornée probable-

---

(1) AM, *Reken-boecken vanden ontfanck en uytgeef der dekens vander halle, geseyt de Cramers ambacht*, reg. II, 1456-1510, f° 48 v°. — Cf. *Inventaire*, t. VII, p. 40.
(2) AC, *Livre censier*, 1550, f° 40.
(3) AF², Coll. D. C., liasse C, extrait de compte, authentiqué le 29 oct. 1761.
(4) V. ci-dessus, p. 224.
(5) BR., ms. 16527, f° 6.
(6) AC, *Acta*, reg. X, f° 158 v°, 24 sept. 1666.
(7) IBIDEM, reg. X, f° 119 v°, 26 août 1665.

ment, avant 1580, de statuettes dorées ou polychromées. Sur la tombe proprement dite étaient couchées les deux figures de Vrancx et de sa femme (1); le devant était décoré de quatre écussons (2). En 1384-1385, Rombaut Goedeweerd dora et polychroma, aux frais de la commune, diverses parties du cabinet d'armes placé auprès du tombeau (3) et en 1415-1416, Jean van Battele fut chargé, également aux frais de la ville, d'exécuter diverses peintures à la tombe (4).

Les derniers restes de cette œuvre intéressante, démolie le 27 septembre 1810 (5), et qui rappelait un capitaine dont la ville de Malines avait voulu reconnaître les services par un hommage permanent (6), furent cédés en 1838 au comte de Beaufort, en échange de la restauration des blasons des chevaliers de la Toison d'or (7).

L'emplacement du tombeau de Vrancx van Halen est occupé aujourd'hui par le mausolée que la Fabrique éleva en 1875 à la mémoire du cardinal Perrenot de Granvelle, le premier archevêque de Malines. Le socle, de bois marbré, est surmonté d'un groupe de pierre représentant le Sauveur bénissant un enfant qui lui est présenté par un ange. Le groupe, qui ne manque pas d'élégance et d'inspiration religieuse, figurait jadis dans les jardins de l'archevêché. Il est l'œuvre de Jacques Smeyers, qui le conçut, et de Jean Van Turnhout, qui le tailla. L'inscription porte :

D. O. M.
AC PIAE MEMORIAE
ANTONII CARDINALIS A GRANVELLA
PRIMI HUIUS ECCLESIAE METROP. ARCHIEPISCOPI
BELGII PRIMATIS
ANNO MDLXI INAUGURATI RENUNCIAVIT ANNO MDLXXXIII
OBIIT MADRITI SEPT. MDLXXXVI
R. I. P.

---

(1) V. l'acte de fondation d'un anniversaire en mémoire de Vrancx van Halen et de sa femme. AC, *Registrum diversarum litterarum scabinalium parochiae Rumoldi*, f° 5 v°.

(2) LE ROY, *Théâtre sacré et profane du Brabant*, t. I, p. 48.

(3) EMM. NEEFFS, *Histoire des peintres*, t. I, p. 125; t. II, pp. 17 et ss.

(4) *Ibidem*, t. I, p. 94.

(5) V. ci-dessus, § 1, n° 2, p. 161.

(6) Vrancx Van Halen, gouverneur de la ville au nom du comte de Flandre, commanda les milices malinoises qui s'opposèrent aux incursions et aux déprédations commises par les Brabançons pendant les luttes entre Wenceslas et Louis de Maie.

(7) V. une correspondance à ce sujet AF[2], *Registre de la correspondance du Conseil de Fabrique*, 1835-1843.

A quelques pas du monument du Cardinal de Granvelle, vers l'entrée du pourtour, se trouve celui du Cardinal d'Alsace.

Nous avons dit plus haut comment, lors du grand jubilé de saint Rombaut, le successeur de celui que le peuple appelait volontiers le saint Cardinal, avait proposé au Chapitre de prendre personnellement à sa charge l'érection d'un cénotaphe au chœur, et comment déjà certains travaux avaient été exécutés à cet effet, en face du trône épiscopal. Il est probable que les événements politiques qui bientôt après assombrirent l'horizon, arrêtèrent les travaux, du moins nous n'en relevons plus de traces. D'autre part, le souvenir des grandes vertus et de l'inépuisable charité du Cardinal était resté assez vivace pour qu'en 1804 le conseil de Fabrique songeât à remémorer le Prélat au même titre que l'Archevêque récemment défunt (1). Mais encore une fois, ce fut un hommage bien éphémère. Ce n'est qu'en 1818 qu'un monument, sinon digne du grand évêque, du moins d'un caractère plus durable, prit place dans le déambulatoire.

Il est adossé au mur du chœur et comporte un socle circulaire surmonté d'une statue de la Sainte Vierge portant son Enfant et écrasant du pied la tête du serpent. La statue, exécutée en marbre blanc par Michel Vervoort, ornait jadis la façade de palais archiépiscopal, où le Cardinal lui-même l'avait placée avec cette inscription :

Virgini deiparae
sine labe conceptae
Thomas archiepisc.
M. D. CC. XIX.

Le sculpteur Van Geel y ajouta un ange tenant un médaillon avec le portrait du défunt. Sur le socle, on inscrivit cette pieuse invocation, que le Cardinal avait demandée lui-même, pour le cas où on voudrait lui élever un monument, qu'il désirait cependant exempt de tout luxe :

Thomas S. R. E.-Cardinalis
archiepiscopus mechliniensis
miseremini mei.

---

(1) Cf. ci-dessus pp. 210 et 230, et ci-après p. 258.

La première chapelle près de l'entrée du déambulatoire fut destinée dès l'origine au service de la sacristie ; la voûte, toutefois, qui aujourd'hui la sépare en deux étages, est de construction postérieure.

La porte d'entrée est surmontée d'un buste de marbre provenant de la statue du Christ qui avait servi en 1804 de monument au Cardinal d'Alsace.

Nous n'avons pas à revenir sur l'historique même de la bâtisse ; il serait tout aussi fastidieux de faire un relevé de tous les objets dont, à une époque déterminée, nous constatons la présence dans le trésor de l'église. Contentons-nous de rappeler en peu de mots les renseignements épars que nous avons déjà donnés concernant la direction de la sacristie et de signaler les principaux objets qui, à la fin du xviij^e siècle, par leur nombre et leur richesse, faisaient à bon droit la fierté du Chapitre. Comme nous l'avons vu en parlant des dignitaires de l'ancien Chapitre, la garde du trésor de l'église était confiée dès l'origine au coûtre et, en partie aussi à l'écolâtre. L'absence habituelle de ces deux dignitaires et les abus qui devaient nécessairement en résulter pour la bonne direction de la sacristie, engagèrent les chanoines à confier celle-ci à deux sacristains, dont les attributions, assez importantes au début, furent insensiblement réduites, jusqu'à ce que les sacristains deviennent, à l'époque moderne de simples employés subalternes placés sous la surveillance directe du Chantre. Néanmoins, le Chapitre continue à nommer à ce du xvij^e siècle tout au moins, un prêtre poste, à partir secondé par un aide laïque, qui remplissait également la charge de fossoyeur.

A plusieurs reprises, nous avons été amené à parler de l'assistance que prêtèrent aux sacristains les filles, les *virgines*, chargées de l'entretien et de l'ornementation des autels, même de l'autel majeur, et à rendre hommage au dévoûment avec lequel certaines d'entre elles s'acquittèrent de leurs humbles fonctions.

La grande sacristie fut réservée de tout temps au service du chœur et des chanoines, qui en conservèrent la haute direction, à l'exclusion des marguilliers.

Anciennement, les dépenses courantes du culte étaient à la charge personnelle du chanoine-coûtre, qui de ce chef jouissait de revenus importants ; d'autre part, tout chanoine, lors de son installation, était tenu de contribuer à l'augmentation des objets du culte. Plus tard, la sacristie donna lieu à une administration spéciale. Nous avons dit comment, au xve siècle, lors de la suppression de la coûtrerie d'abord, de la trésorerie ensuite, les revenus de ces offices furent incorporés à la sacristie. Au xviij^e siècle, les revenus de la sacristie étaient administrés, sous la surintendance d'un chanoine, par le sacriste, qui remplissait en même temps les fonctions de receveur et qui, tous les trois ans, rendait ses comptes au Chapitre. En dehors d'un certain nombre de rentes et d'un bénéfice sur les funérailles, la sacristie avait droit à une redevance de tout bénéficier de l'église, le jour de son installation. Vers la fin de l'ancien régime, le total des revenus de la sacristie montait à 450 fl. environ, qui étaient équilibrés par les dépenses (1).

Nous possédons un relevé fort complet de l'état de la sacristie, à la veille de la tourmente révolutionnaire, dressé par le fossoyeur et aide-sacristain Gooris, dont à diverses reprises nous avons eu l'occasion de citer le dévoûment et l'intelligente initiative au cours des premières années de la domination française.

Parmi les principaux objets, nous relevons un calice avec patène et un ostensoir d'or massif. Le premier disparut lors de l'invasion; le second, sauvé de la rapacité des Français, fut vendu par les marguilliers, pour couvrir les frais d'aménagement du chœur, au commencement du xixe siècle. Le maître-autel possédait deux *antipendia*, six chandeliers et un crucifix, pesant chacun 52 livres, et un socle pour l'ostensoir, tous objets d'argent, et don, comme l'ostensoir et le calice, du cardinal d'Alsace.

Six chandeliers pour l'autel et un crucifix, également d'argent, mais d'un poids moindre que les précédents, servaient aux fêtes secondaires. La sacristie conservait encore quatre chandeliers d'argent, appartenant à la Ville et servant à l'occasion des expositions de la châsse de saint Rombaut, ainsi que bon nombre d'autres objets de métal précieux, qui furent saisis en grande partie lors de la première entrée des Français, puis restitués par Dumouriez, pour servir enfin à parfaire l'énorme contribution de guerre imposée

---

(1) L'État envoyé au gouvernement en 1781 renseigne une recette de 443 fl. 18 s. o. d. 2 m. et une dépense de 531, f°s 2, 3, 1, soit un mali de près de 90 florins. — AC, Arm. II, casier 11.

au Chapitre et à la Ville par le vainqueur en 1797. Les argenteries provenant de la cathédrale de Bois-le-Duc (1) subirent le même sort (2).

Grâce à la vigilance du sacristain, qui les conserva dans une cachette au-dessus de la voûte de l'église, avec l'ostensoir d'or, la châsse des Pestheiligen et d'autres objets précieux, les grands ornements pontificaux purent être sauvés (3). Ces ornements, dûs encore une fois à la générosité du cardinal d'Alsace, qui les fit broder à Rome (4), constituent, encore aujourd'hui, le principal trésor de la sacristie, bien déchue, hélas! de son antique splendeur.

Ces ornements sont au nombre de deux : un ornement blanc, le plus précieux, et un ornement rouge. L'ornement blanc était primitivement composé de cinq chapes, d'une chasuble, de deux dalmatiques et des pièces accessoires. Lors d'une restauration, assez malencontreuse, du reste, faite en 1861, on ajouta deux autres dalmatiques pour les diacres d'honneur. L'ornement dut encore être restauré en 1875. Il fut remis à neuf en 1913-1916, grâce à la générosité de feu le vicaire-général J. Ketelbant, par la maison Van Severen de Saint-Nicolas. La sacristie possède encore trois autres ornements pontificaux, notamment un ornement blanc offert jadis à Mgr van den Branden de Reeth, lors de son jubilé épiscopal, un troisième ornement blanc, offert en 1919 à Son Éminence le Cardinal Mercier, par l'œuvre Sainte-Élisabeth à Londres, et un ornement vert, don d'un généreux bienfaiteur en 1919.

---

(1) Cf. ci-dessus chap. III, p. 178.
(2) Cf. ci-dessus chap. V, p. 49.
(3) AF², coll. D. C., farde O³, « Staet ende inventaris van de ornamenten toebehoorende aen de metropolitane kercke van S^{to} Rumoldus binnen Mechelen, dewelcke onder de zorg en bewaernisse van P.-J. Gooris, grafmaeker der voornoemde kercke ten tyde van de gepasseerde troebelen zyn berustende geweest, en de welke door den voornoemden op heden sesden 7^{ber} van den jare 1800 en twee zyn getranspoort en overgelevert in handen van den Eerweerdigen Heer Canonik Smets ». Sur le chanoine zellarien Smets, v. t. I, p. 42.
(4) AF², coll. D. C., farde O³, « Staet van de goude en silvere vaeten, benevens van de cieraden en ornamenten van silver gelykse in gebruyck waeren voor de diensten in de koor, voor het inkomen der Fransche onder de comando van den Generael Dumouriez benevens nog eenige stukken die buyten gebruyck waren, en bewaert wirden in 't groot sacristyn en capittelhuys ».

§ 4

Les chapelles du bas-côté septentrional

SOMMAIRE. — La première chapelle avant 1580; — la Confrérie du Saint Sacrement obtient l'usage de la chapelle; — le nouveau mobilier; — l'autel de 1631; — le mobilier du xviie siècle; — la chapelle au xviiie siècle : le tabernacle, la relique de saint François Xavier; — la chapelle à la fin du xviiie et au commencement du xixe siècle; — le mobilier du xixe siècle. — La petite sacristie. — La chapelle de Van Diest ou des Sept Dormants. — La chapelle du Saint Nom. — La chapelle de l'ancienne *thesauraria*; — les Chevaliers de Jérusalem; — les Cordonniers et la Confrérie de la Sainte Trinité; — la chapelle après le Concordat.

La première des quatre chapelles qui s'ouvrent sur le bas-côté septentrional de l'église, celle qui est la plus rapprochée de la tour, fut donnée en usage, vers la fin du xvie siècle, aux confrères du Saint Sacrement. Ce fut dans la même chapelle, qu'après la démolition des autels à l'entrée du chœur, le service de la paroisse fut transféré. De là la double dénomination que porte cette partie de l'église : chapelle du Saint Sacrement et chapelle paroissiale.

La chapelle occupe trois travées et se compose de trois parties d'inégale superficie.

Primitivement, ces trois parties étaient indépendantes et formaient trois chapelles distinctes. Cependant, ni l'examen de la construction, ni les sources graphiques ou écrites ne permettent de penser qu'elles aient jamais été séparées par un mur.

C'étaient, comme nous l'avons déjà dit, les chapelles d'Hoogstraeten, des Gantiers et la chapelle Michaux (1). Dans la chapelle des Gantiers, on conserva pendant un certain temps l'image de Notre-Dame des Miracles.

En dehors de quelques détails bien incomplets sur les vitraux qui, placés avant 1580, furent malheureusement détruits ou

---

(1) Voir ci-dessus chapitre II, § 2, pp. 102 et ss.

enlevés au xviij® siècle, nous ne possédons que des données très fragmentaires sur l'ancien mobilier de ces chapelles. Nous savons seulement qu'un autel, dédié à saint Gommaire, le patron des Gantiers, occupait, en 1550, le pan oriental de l'abside de la chapelle du milieu (1) et que, le 9 juillet 1563, le suffragant de Cambrai, Martin de Cuyper (2), consacra, en l'honneur de la Présentation, un autel sur lequel était conservée l'Image miraculeuse de la Vierge (3).

Quant aux vitraux, Emm. Neeffs (4) nous apprend qu'un de ceux-ci renfermait bon nombre de portraits de famille délicatement peints, dont plusieurs accompagnés d'un écusson *de gueules à deux épées croisées d'argent* (5). Les comptes de la chapelle nous parlent également, et à plusieurs reprises, d'une verrière représentant le Jugement de Salomon, dont l'un des panneaux fut renouvelé en 1607-1611, par Jacques Van den Bosch (6), et dont Corneille Verpoorten renouvela plusieurs figures en 1629-1630 (7). Enfin, le ms. 1512 de la Bibliothèque Royale a conservé la reproduction d'un écu, entouré de quatre quartiers, *de gueules à trois lions d'or,* des Meysene, avec franc quartier *d'azur à neuf étoiles à sept raies d'argent* (8). En dehors de ces trois vitraux, si tant est qu'il s'agit de trois œuvres différentes, et d'autres peut-être encore, il existait dans la chapelle une verrière donnée par le comte d'Hoogstraeten, sur laquelle nous n'avons du reste aucune autre indication (9).

---

(1) Plan terrier de 1550. Cet autel était doté d'un « servicium » de quatre messes.

(2) V. sur Martin de Cuyper, carme du couvent de Malines et évêque de Calcédoine, D. URSMER BERLIÈRE, *Les évêques auxiliaires de Cambrai et de Tournai.* Bruges, 1905. pp. 94 et ss.

(3) DE MUNCK, p. 132; — AF², Coll. D. C., liasse C, Fondation par François de Graeve, de treize messes par an, « op den altaer Praesentationis beatae Mariae Virginis, geheeten van Miraculen », *cop.*

(4) EMM. NEEFFS, *Notes sur les anciennes verrières*, p. 24.

(5) Emm. Neeffs pense y reconnaître les armoiries des Rommerswaele. D'après un écu sur la dalle funéraire de Jean Van Caestre, qu'on voyait dans la chapelle, les Caluwaert de Malines portaient les mêmes couleurs, — BR, *Fonds Goethals*, ms. 1512, p. 53, — et Jean de Paffenrode, mort en 1388, qui lui encore avait son épitaphe dans la même chapelle, écartelait au 1 et au 4 du même écusson, — IBIDEM, ms. 1511, p. 35; — il serait donc bien difficile, avec les éléments que nous possédons, d'identifier le donateur du vitrail.

(6) AF, *Comptes de la Confrérie du Saint Sacrement*, 1607-1611, f° 12.

(7) IBIDEM, 1629-1630, f° 22 v°.

(8) BR, *Fonds Goethals*, ms. 1512, p. 290.

(9) EMM. NEEFFS, l. c., pp. 24-25.

A peine le clergé fut-il rentré en ville, au mois de janvier 1585, que le pléban Laurent Nagelmaecker et les proviseurs de la Confrérie du Saint Sacrement s'adressèrent au Chapitre et sollicitèrent l'autorisation de reconstruire l'autel détruit de Notre-Dame des Miracles, « den afgeworpen altaer van Onser-Lieven-Vrouwen van Miraculen... staende ter zijde den beuck van der kercke... aldernaest de Diest capelle », et de transférer au nouvel autel les offices qu'elle célébrait jusque là à celui des saints Pierre et Paul et Martin dans le déambulatoire. Par lettres patentes du 5 octobre 1585, les chanoines accédèrent à la demande qui leur avait été faite (1), et aussitôt les confrères se mirent à l'œuvre (2).

Grâce à un subside accordé par le Magistrat et à un don du gouverneur espagnol de la ville, les proviseurs firent construire un nouveau tabernacle (3), qu'ils ornèrent à l'intérieur d'un voile brodé, représentant la Dernière Cène (4). C'est probablement ce tabernacle, « pavilon oft huys van den Eerw. heilgen Sacrament », aménagé en forme de niche dans l'épaisseur du mur, qui existe encore derrière l'autel actuel. Sur la face extérieure d'une des trois solides portes qui le protègent, on voit peint un ostensoir et, à l'intérieur, l'Agneau divin. En même temps, les proviseurs firent construire un nouvel autel de bois, orné de colonnes et muni de volets portant des inscriptions en lettres dorées (5). L'autel, exécuté par Thomas Haesaert, était décoré d'un tableau et de trois statues, qui furent cédées en 1631-1632 à l'archevêque Jacques Boonen, en reconnaissance pour le subside qu'il accorda en vue des travaux entrepris à cette époque (6).

---

(1) AC, *Acta*, reg. III, f°s 35 v° et 36. Le Chapitre stipula que le chapelain de l'autel reconstruit continuerait à jouir de ses anciens droits et que les ornements seraient communs à la Confrérie et à la chapellenie.

(2) AF, *Compte de la Confrérie*, 1585-1587, *passim*.

(3) IBIDEM, 1589-1597, f° 12.

(4) IBIDEM, 1600-1608, f° 11.

(5) IBIDEM, 1589-1597, f° 13. — La tombe d'autel, cependant, était plus ancienne. Elle fut consacrée, en effet, par l'archevêque Hauchin, le 19 décembre 1585, en l'honneur du Très Saint Sacrement, des saints Jean-Baptiste et Évangéliste, de saint Rombaut, de saint Gommaire et de sainte Barbe. — BR, ms. 16527, *Reconciliationes ecclesiarum...*, f° 3 v°. — Il est probable que l'autel de 1585-1597 se trouvait placé sous une fenêtre, puisque au compte de 1619-1621 il est question d'un grillage en fer, une « yzeren tralie » au-dessus de l'autel.

(6) IBIDEM, 1631-1632, Compte spécial du nouvel autel présenté par le pléban Silvortius. Ce compte a été publié par M. ROOSES, *L'œuvre de Pierre-Paul Rubens*. Anvers, t. II, 1888, pp. 50 et ss.; — V. aussi EMM. NEEFFS, *L'œuvre de Rubens à Malines*.

Bien que les proviseurs eussent demandé, en 1585, l'usage de la seule chapelle de Notre-Dame des Miracles, ils se mirent en devoir de faire placer, au commencement du siècle suivant, une clôture isolant les trois chapelles réunies de la nef. Cette clôture, construite en marbre et en albâtre et garnie de trente colonnettes de cuivre, était surmontée de quinze chandeliers. Commencée en 1603, la clôture fut achevée en 1617 (1).

Pour orner les murs de la chapelle, on acheta au doyen Van der Burch, une tenture de cuir doré, que les proviseurs payèrent 210 florins en dehors des 6 fl. 13 sous qu'ils donnèrent au menuisier pour le cadre (2).

Successivement aussi, la Confrérie fit l'acquisition d'une nouvelle bannière, peinte par Lucas Franchois (3), de vases sacrés (4), d'une couronne de lumières de laiton, fournie par Hans Claes, demeurant « in de roede Jesse » (5); à différentes reprises aussi, les proviseurs commandèrent des drapelets peints sur fer blanc, qui étaient portés dans les processions (6).

L'importance acquise par la Confrérie fit naître le projet de construire une chapelle plus vaste le long du collatéral Sud de l'église. En 1623-1624, les proviseurs firent dresser un projet dans ce sens pour lequel ils payèrent 4 fl. 16 s. à un architecte dont le nom n'est pas cité par les comptes. Toutefois, la confrérie, nous ne savons pour quels motifs, ne donna pas suite au projet. Les proviseurs préférèrent s'occuper d'autres travaux (7).

En effet, l'autel, construit en 1589, ne donna pas longtemps satisfaction au zèle des Confrères pour la splendeur de leur chapelle.

---

(1) IBIDEM, 1603-1607 à 1614-1617. *passim*. La clôture fut exécutée, la marbrerie et la maçonnerie, par Libert Van Eghem et par Michel Morissens, les portes en menuiserie par Thomas Hasaert et les cuivres par Jean de Clerck et par la veuve et les fils de Jean Cauthals. La situation de ces chapelles fut régularisée en 1628, par la cession définitive de leur usage.

(2) IBIDEM, 1592-1600, f° 17. La tenture ne servait qu'aux fêtes; en temps ordinaire elle était enfermée dans un coffre, qu'on paya 4 fl., — IBIDEM. f° 19, — ce qui semble indiquer qu'il s'agissait d'une ou de plusieurs pièces de proportions relativement réduites.

(3) IBIDEM. 1592-1600, f° 14 ; — 1600-1603, f° 12 ; — 1617-1618, f° 20.

(4) IBIDEM, 1611-1614, *passim*.

(5) IBIDEM, 1617-1618, f° 18.

(6) IBIDEM, 1589-1597, f° 10 ; — 1592-1600, f° 14.

(7) IBIDEM, 1623-1624, f° 12.

La munificence de Catherine L'Escuyer, fille de Paul, qui donna mille florins pour la toile qui devait orner l'autel nouveau, et la généreuse intervention de l'Archevêque et de plusieurs autres bienfaiteurs mirent le prévôt de la Confrérie, le pléban Jean Silvortius (1), à même de faire du bon et du durable (2).

Le nouvel autel fut placé en 1631. La tombe, toute simple, est destinée à être ornée d'un *antipendium* d'étoffe ; ce fut au cours du xixe siècle seulement qu'on la recouvrit d'un devant de marbre blanc. Quant à la superstructure, elle est en bois et composée de quatre colonnes torses très ouvragées, supportant un entablement avec niche et formant cadre au tableau.

La niche conserve encore aujourd'hui sa statue primitive, un bon Pasteur, « een Godt met een scaep op zynen hals », comme l'appelle un ancien inventaire (3). Quant aux deux vases placés actuellement sur l'entablement, ils remplacent deux anges adorateurs qu'Antoine Duflos (4), l'auteur de l'autel, y plaça primitivement (5).

Ce fut à P.-P. Rubens qu'on s'adressa pour le tableau destiné à orner l'autel.

La toile représentait la Dernière Cène. « Autour d'une table ronde, dit Max Rooses, le Christ est assis avec les douze apôtres. Il bénit le pain, les yeux levés vers le ciel. Tous les disciples ont des figures énergiques et sont des hommes âgés, à l'exception d'un seul, sur le devant, et S. Jean, à côté du Sauveur. Judas est assis au premier plan. Il ne s'est pas encore trahi et personne ne s'occupe de lui. La face tournée vers le spectateur, le menton appuyé sur la main, il roule dans son esprit ses noirs projets de trahison. Dans le fond, à droite, se trouve une espèce de crédence, sur laquelle un

---

(1) Jean Silvortius fut pléban du 17 juin 1611 au 23 juin 1644. Il mourut le 20 avril 1655. — Cf. B[AETEN], t. I, pp. 205-206.

(2) V. le compte des recettes, MAX ROOSES, l. c., p. 50.

(3) AC, Arm. I, casier 4, *Inventaris van allen dornamenten competerende de capelle vant Eerw H. Sacrament... anno* 1631. La statue est due, dit-on, à François Van Loo. — EMM. NEEFFS, *Hist. des Peintres*, t II, p. 244.

(4) Antoine Duflos, « schrynwercker », né à Anvers, demanda, le 5 décembre 1604, son admission dans la corporation des Menuisiers à Malines. — AM, reg. 874 5 déc. 1604.

(5) Le retable coûta, avec la peinture et les faux frais, la somme de 1454 fl. — Cf. MAX ROOSES, l. c., p. 52.

livre ouvert est placé entre deux candélabres. Plus à gauche, on aperçoit une porte, dont le fronton est supporté par deux colonnes corinthiennes, et un rideau suspendu dans le haut de la chambre. Sur la table, devant le Christ, se trouve un verre de vin à moitié plein ; sous la chaise de Judas, un chien ; dans le coin, à droite, un bassin contenant un large flacon.

» La scène est éclairée par une chandelle placée sur la table et par deux autres brûlant sur la crédence à droite. La première jette une lueur ardente sur les têtes et sur les draperies des convives, les secondes frappent en sens contraire le dos de Judas et celui de son voisin. La nappe blanche a des reflets énergiques avec de fortes ombres. Tout est calculé pour produire un effet de lumière artificielle.

» Le travail est de la main d'un élève (1) ; le maître l'a rehaussé, en indiquant les reflets ardents produits par les chandelles (2) ».

En dehors du tableau principal, deux compositions de proportions moindres ornaient primitivement la predella : l'Entrée du Sauveur à Jérusalem et le Lavement des pieds. Déjà du vivant de la donatrice, ces deux tableaux avaient été enlevés de leur place première et disposés, dans un cadre indépendant, contre le mur, de part et d'autre de l'autel. C'est alors, probablement, qu'ils subirent la mutilation signalée par Max Rooses, et qui leur donna une forme sensiblement carrée.

A la seconde entrée des armées françaises, en 1797, les tableaux de l'autel du Saint Sacrement subirent un sort identique à celui que, deux siècles auparavant, l'archiduc Mathias avait réservé à un autre chef-d'œuvre appartenant à l'église métropolitaine, le tableau de Jean de Maubeuge : le vainqueur les jugea de bonne prise. Le grand tableau fut offert par nos maîtres au musée de Milan, les petites toiles à celui de Dijon (3). Ils y sont toujours, tout comme le tableau volé en 1580 décore aujourd'hui encore le maître-autel de la cathédrale de Prague.

---

(1) D'après une annotation du peintre Égide Smeyers, ce fut Justus Van Egmont. — DE MUNCK, p. 136.

(2) MAX ROOSES, t. II, p. 47. — Une grisaille de la même composition, vendue jadis, d'après Smeyers, — DE MUNCK, p. 136. — à la mortuaire de Jacono De Wit, se trouve actuellement au musée de l'Ermitage. Elle servit de modèle pour la gravure exécutée par Boetius à Bolswert.

(3) Les toiles furent expédiées le 30 août.

L'autel d'Antoine Duflos a pu heureusement échapper aux entreprises « d'embellissement » qui ravagèrent d'une manière si déplorable le beau mobilier du xviie siècle. Après l'enlèvement de la première toile, il fut successivement garni d'une œuvre de Joseph Palinck, l'Ascension, don du Baron van den Venne (1), de l'Adoration des Bergers, par Jean-Érasme Quellin, qui fut placée plus tard dans l'autel des Ames, et d'une copie de la Dernière Cène de Rubens, du musée d'Anvers, par Ch. Wauters, offert par le pléban Henri Crabb (2). Après les bombardements du mois d'août 1914, il ne resta de cette toile que quelques lambeaux informes, mais la structure du retable est demeurée indemne.

A l'époque où l'on plaça dans le retable de l'autel l'œuvre de P.-P. Rubens, plusieurs autres tableaux déjà ornaient la chapelle, notamment un Christ au jardin des Oliviers, avec, sur les volets, les portraits de Jean de Paffenrode et de sa femme Marguerite van Cranendonck (3). Un Christ mort, servant de monument commémoratif au pléban Pierre Jaecx (4), un panneau représentant l'Adoration des Rois-Mages, placé en souvenir de Marie Lockx (5), une Résurrection, triptyque avec les portraits de Conrad van Halen et de sa femme Jacqmyne Huens (6), une Vierge, avec les portraits de Jacques Wasteel et d'Antoinette Sanders (7), et une autre Vierge comme *epitaphium* de Jean Carpentier (8). La chapelle contenait

---

(1) Cf. ci-dessus, § 2, n° 1, p. 188.

(2) AF², *Procès-verbaux des séances*, 3 août 1837; — SCHELLENS, *Parochiekerken*, t. I, p. 42.

(3) AC. Arm. I, casier 4, *Inventaris*... Jean de Paffenrode fut marguillier lors de la rentrée du clergé en 1585. Il mourut le 26 avril 1588 et fut enterré dans la grande nef — V. les armoiries BR, *fonds Goethals*, ms. 1511, p. 35 et l'inscription, *Graf- en Gedenkschriften*, t. VIII, p. 124. L'épitaphe fut placée plus tard contre la quatrième demi-colonne.

(4) V. sur Pierre Jaecx, J. B[AETEN], t. I, p. 294. Jaecx, Bachelier formel en théologie, naquit à Malines en 1568; il devint pléban en 1596 et mourut le 25 avril 1601. Cf. *Mechelen opgeheldert*, t. I, p. 75; — *Graf- en Gedenkschriften*, t. VIII, p. 138.

(5) AC, Arm. I, casier 4, *Inventaris*...

(6) BR, *fonds Goethals*, ms. 1511, p. 231, — *Graf- en Gedenkschriften*, t. VIII, p. 139. L'épitaphe fut placée plus tard contre la troisième demi-colonne à l'extérieur de la chapelle.

(7) IBIDEM, p. 235; — IBIDEM, p. 139. — Plus tard, l'épitaphe fut également déplacée et suspendue contre la seconde demi-colonne.

(8) IBIDEM, p. 482; — IBIDEM, p. 186.

également, en 1623-24, les épitaphes ornées de sculptures ou de peintures de Claire Vrancx, d'Élisabeth de Paffenrode, de Janne Le Pivie (1) et de Gui Hondecoten (2).

Pendant tout le cours du xvij^e siècle, d'ailleurs, le mobilier de la chapelle subit de constantes modifications. En 1642, lors de la suppression du culte catholique (3) dans le Brabant septentrional conquis par les États de la République des Provinces-Unies, le chapitre de Bois-le-Duc confia à celui de Malines, parmi d'autres œuvres d'art, un tableau d'Abraham Blommaert, représentant la T. S. Trinité couronnant la Vierge, qui fut placé dans la chapelle et y resta jusqu'à son retour à Bois-le-Duc, en 1842 (4).

En 1644, on y plaça également une statue de Notre-Dame des Douleurs, surmontant le monument commémoratif de la famille de Caestre (5). En 1677 ou 1678, l'*epitaphium* de Jean de Neve, secrétaire de Contich († 1635) et de son fils Martin, conseiller au Grand Conseil († 1677), trouva place à son tour dans la chapelle (6). En 1697, grâce au concours des marguilliers, les proviseurs de la Confrérie acquirent un nouveau banc de communion, de chêne sculpté, qui se trouve placé à la chapelle absidale depuis que le beau banc de marbre provenant de Leliëndael, qui se trouvait d'abord à cet endroit, a été placé devant la chapelle paroissiale (7).

D'après un inventaire de l'année 1631, la chapelle possédait également de nombreux vases sacrés et plusieurs pièces d'orfèvrerie,

---

(1) AF, *Comptes de la Confrérie*, 1623-1624, f° 15.

(2) IBIDEM, 1617-1618, f° 20 v°. — Hondecoten ou Hondecoutre, d'après la lecture de *Mechelen opgeheldert*, mourut le 29 août 1600. Une autre épitaphe rappelait le souvenir de Simon Gaudy († 1578) et de sa femme, Marie Muyls († 1571), de Josette Gaudy, femme de Gui († 21 août 1600), de Marguerite Boelmans († 1648), d'Augustin Suetens († 1700) et de sa femme Barbe Verlinden († 1712); cette épitaphe ornait, en 1770, le mur du bas-côté oriental près de la porte des mariages. — *Mechelen opgeheldert*, t. I, pp. 100-101.

(3) Cf. AA, BUSCODUCENSIA, liasse : Suppression des cultes. — AC, *Acta*, reg. VII, passim.

(4) AF², Coll. D. C., farde R¹, Reçu du 8 nov. 1842, v. ci-dessus, § 1, n° 2, p. 178.

(5) V. sur cette statue, ci-dessus n° 3, p. 211.

(6) BR, *fonds Goethals*, reg. 1511, p. 192.

(7) V. ci-dessus § 3, n° 2, p. 236.

notamment deux ostensoirs (1), quatre ciboires (2), deux calices, deux encensoirs avec navette, des burettes et un instrument de paix. Parmi les étoffes, nous remarquons, en dehors de quatre chapes et de plusieurs chasubles, des rideaux pour le tabernacle, des trônes d'exposition, la tapisserie de cuir doré, ainsi qu'une bannière avec sujet peint par Lucas Franchois et.... *nil novi sub sole!* un rideau de laine, destiné à cacher la toile de Rubens.

Aux premières années du xviij^e siècle (3), on s'adressa au sculpteur J.-Fr. Boeckstuyns pour la construction d'un nouveau tabernacle. Ce tabernacle, qui fut achevé en 1704, comme le porte le chronogramme inscrit sur une banderole tenue par deux anges, ECCE DEVS HOMO, était placé primitivement près de la porte actuelle de la sacristie (4). Le tabernacle a la forme d'un temple antique, il est flanqué de quatre colonnes torses, et surmonté d'un dôme. Celui-ci est relié à l'entablement par des volutes et était couronné jadis par une croix entourée d'une gloire. Au-dessus de la porte, une figure à mi-corps de Dieu le Père tient un globe de la main gauche et montre de la droite le texte de la banderole. Le tabernacle était flanqué, de part et d'autre, d'un ange adorateur de bonne facture et était appuyé sur une table soutenue par deux anges.

La menuiserie du tabernacle fut fournie par Anthoon Van Lier.

Le « sacramentshuis » de Boeckstuyns demeura en place jusque dans la seconde moitié du xixe siècle. En 1864, après la publication de la lettre du pape Pie IX au cardinal Sterckx, relative à la conservation de la Sainte Eucharistie dans des tabernacles indépendants de l'autel, l'Archevêque ordonna de transformer le

---

(1) L'un de ceux-ci fut commandé à Thybaut Herry, orfèvre malinois, peu d'années avant les troubles, et coûta, en plus d'une partie des matières de métal précieux, livrées en nature, la somme de 1246 karolus. — AF, *Compte de la Confrérie*, 1540-1541, f°s 17 et ss.

(2) L'un de ces ciboires était l'œuvre d'Abraham Lissauw d'Anvers. L'Archevêque contribua pour 1000 florins dans les frais. — AF, *Compte de la Confrérie*, 1611-1614. f° 17.

(3) AF, coll. D. C., liasse C, fardé C, quittance originale signée F. Boeckstuyns, du 17 juin 1704 : « over alle de beithouwerye ende devoiren ghedaen ten opsicht van het nieuwe tabernakel oft sanctuarium in de capelle van het alderh. Sacrament ».

(4) Cf. AM, *Resolutieboek*, n° 79, f° 7 v°, 22 avril 1704.

reposoir en autel proprement dit. D'après les indications du chanoine De Coster, la table fut élargie et le vide produit par l'écartement des deux anges de la console primitive rempli par un Agneau divin. En même temps, pour permettre l'établissement d'un banc de chandeliers, on glissa une base sous les colonnettes qui reposaient originairement sur la table même, et on pratiqua sous le grand tabernacle, une petite armoire pour renfermer les ciboires. On enleva également, mesure peu heureuse, la croix qui dominait l'ensemble de la construction et les rayons qui l'entouraient. D'autre part, Pierre-Jean Tambuyser sculpta deux anges adorateurs placés de part et d'autre du tabernacle. Le 3 décembre, fête de saint François-Xavier, 1864, le pléban Van der Linden célébra, pour la première fois, la messe à l'autel ainsi aménagé (1). Au mois d'août 1915, les anges, dont la draperie sommaire et l'attitude forcée avaient à diverses reprises donné lieu à des critiques, furent enlevés ainsi que l'Agneau.

On conserve dans la chapelle du Saint Sacrement, depuis les dernières années du xviij^e siècle, la relique de saint François Xavier, qui appartenait jadis à la maison des Jésuites, et aussi, depuis le xixe siècle, la châsse des *Pestheiligen*. Nous avons suffisamment insisté sur cette dernière. Disons un mot de la relique de saint François Xavier.

Cette relique, un fragment, du reste, assez peu considérable du bras, fut apportée, dit-on, de Calcutta par le Provincial des Indes, qui en fit don au Père Charles Scribanius († 1629), qui la remit, l'année de sa mort, au père Guillaume Cornelis du collège de Malines. L'authenticité de la relique ne fut reconnue cependant qu'en 1660, par l'archevêque Cruesen (2).

Après la suppression de la Compagnie, le pléban Van Trimpont s'adressa au ministre plénipotentiaire de Starhemberg et sollicita la cession de la relique en faveur de la chapelle du Saint Sacrement. Le gouvernement accéda à la demande par dépêche du Conseil des Finances, en date du 3 avril 1775, et le 22 mai suivant le reliquaire fut remis au pléban par l'intendant du Mont-de-Piété de Malines, où

---

(1) *Mechelsch Nieuws- en aankondigingsblad*, 4 déc. 1864. — Cf. *Bull. des Comm. royales d'Art et d'Arch.*, t. III, p. 411.

(2) Schœffer, t. II, pp. 469-470.

l'objet avait été mis en dépôt (1). La relique était enchâssée dans un bras d'argent doré, orné de perles fines, entouré lui-même de branches, également d'argent ciselé et doré, garni de quatre roses, composées de cinquante-huit diamants (2). Du chef de ce reliquaire, le pléban paya à la caisse jésuitique (3), la somme de 1002 fl. 10 s. argent de change (4). Le reliquaire existe toujours dans le trésor de la chapelle paroissiale, mais les pierres précieuses qui, plus que le travail assez peu soigné de l'objet lui-même constituaient sa valeur, ont disparu lors de l'invasion française.

La relique fut transférée en grande solennité de la chapelle de l'Archevêché à l'église métropolitaine, par le cardinal de Franckenberg, le 17 juillet 1775, et exposée contre le mur de la chapelle.

Depuis la fin du xviije siècle, la sacristie a perdu, elle aussi, en grande partie, son ancienne splendeur.

En fait de vases sacrés de valeur, elle ne possède plus guère qu'un ostensoir du xvje siècle, qui ne manque pas d'intérêt. Cet objet appartint primitivement au couvent des religieuses Thérésiennes de Malines. Après la suppression du couvent par Joseph II, les marguilliers s'adressèrent à l'administration de la Caisse de Religion et obtinrent, conformément aux décrets du Comité, l'échange de cette pièce d'orfèvrerie contre une valeur égale en métal (5).

Comme toutes les autres parties de l'église, la chapelle du Saint Sacrement subit de profondes et regrettables mutilations. Les épitaphes avec leur tableaux, les nombreux obits qui ornèrent les murs, les vitraux disparurent vers 1775. Au commencement du xixe siècle, la belle clôture fut enlevée et les pierres tombales furent placées sous la tour. La dalle funéraire même de Catherine Lescuyer,

---

(1) AC, Arm. I, casier 4, farde A², n°s 1, 2, 4.

(2) V. une gravure de ce reliquaire dans *Mirakèlen ende wel-daeden verkregen door het aen-roepen van den H. P. Franciscus Xaverius aen syne HH. Geapprobeerde reliquien rustende in de Kercke vande Societeit Jesu tot Mechelen· t' Antwerpen, by Cornelis Woons, anno 1660.*

(3) C'est le nom donné à la caisse dans laquelle étaient versées toutes les sommes provenant de la vente de meubles ou d'immeubles ayant appartenu à l'Ordre supprimé.

(4) Le florin argent de change, valait, d'après les tables de réduction des monnaies anciennes, 1,1744 fl. argent courant.

(5) Cf. J. LAENEN, *Étude sur la suppression des Couvents par l'empereur Joseph II dans les Pays-Bas autrichiens*. Anvers, 1905, p. 56.

la généreuse donatrice du tableau de Rubens, ne put trouver grâce.

Catherine Lescuyer avait voulu partager le tombeau d'une humble fille, Marie Hildernisse, qui pendant plus de quarante-cinq années avait pris soin de la propreté et de l'ornementation de l'autel. Nous avons vainement essayé de retrouver la pierre tumulaire, qui recouvrait cette double tombe et dont Fr. Verhavert signale la présence près de la chaire de vérité (1). Reproduisons du moins l'épitaphe : ce sera un ultime hommage rendu à deux chrétiennes de condition sociale bien différentes, mais unies par un même sentiment de piété envers l'Hôte Auguste du Tabernacle.

>   HIER LEYT BEGRAEVEN
>   JOUFFROU MARIA HILDERNISSE
>   JONGE DOCHTER OUDT . 83 .
>   JAREN NAER DAT SY DESE
>   CAPELLE OVER DE . 45 .
>   JAREN DEVOTELYCK GEDIENT
>   HEEFT IS IN DEN HEERE
>   ONTSLAPEN DEN . 25 . JANUARI 1646
>   BIDT VOOR DE ZIEL
>   EN JOUFFROU CATHARINA
>   LESCUYER WELDOENDERESSE
>   VAN DESE CAPELLE IS
>   GESTORVEN DEN I AUGUSTI
>   1657. R. I. P.

Un siècle après l'enlèvement des vitraux anciens, le pléban Van Campenhout et le chanoine De Coster rétablirent dans les baies des fenêtres de nouvelles verrières, qui furent détruites à leur tour en 1914.

L'abside du milieu offrait trois verrières de bonne facture, sortis des ateliers de Samuel Coucke de Bruges ; elles furent données par mademoiselle Julienne De Vette (2) et placées en 1873.

Le vitrail du milieu représentait, sous un riche dais, le Saint Sacrement exposé dans un ostensoir et adoré par saint Thomas d'Aquin, et sainte Julienne de Cornillon ; celui de gauche, la vision de sainte Julienne et, en-dessous, le pape Urbain IV agréant l'office de la Fête-Dieu qui lui est présenté ; celui de droite, la mort

---

(1) F. VERHAVERT, p. 38.
(2) F. VERHAVERT, p. 46.

de sainte Julienne et le Docteur angélique, devant un tabernacle ouvert, écrivant l'office du Saint Sacrement. Dans le bas, les vitraux portaient les armoiries du cardinal Sterckx, à droite; de Pie IX, au centre; de l'archevêque Dechamps, à gauche.

Dans le vitrail central, on lisait :

Sanctae Julianae
poni curavit
A. Van Campenhout
pleb. dec. mechl. 1873.

Dans le tympan, il y avait encore cette triple inscription : ✠ Decano R^{do} Adm. Dno T. A. Van Campenhout, huius metropolitanæ plebano. 1873. ✠ R^{do} Adm. Dno H. A. Fr. De Coster huius ecclesiæ canonico dirigente. 1873. ✠ Distinctis coloribus composuit Samuel Coucke Brugensis. 1873.

Dans les deux vitraux de la chapelle primitive de Michaux se trouvaient représentées des scènes de la vie de saint Rombaut, dont la composition était inspirée par les petits tableaux du xvj^e siècle. Don du roi Léopold II, à l'occasion du jubilé de l'année 1875, ces verrières étaient ornées des armoiries royales et figuraient : la première, saint Rombaut bénissant Adon et sa femme, le Baptême du fils d'Adon, le miracle de la résurrection de Libert; la seconde, la Construction de la chapelle, le Martyre et le Corps du Saint flottant sur les eaux. En-dessous de ces scènes, on voyait les donateurs adorant le Christ en Croix, et la châsse du Saint avec, d'un côté la famille royale, de l'autre le Cardinal et le Chapitre. La partie inférieure était ornée des armoiries du Roi et de la Reine. Ces vitraux sortaient également des ateliers de Samuel Coucke.

Un autre vitrail se trouvait dans la fenêtre du mur occidental de l'ancienne chapelle d'Hoogstraeten, au-dessus du monument du prince de Méan. Le vitrail, exécuté par L. Pluys, contenait, sous des dais gothiques, quatre figures isolées, celles des saints Sébastien, Christophe, Adrien et Macaire, quatre des sept « maerschalken » (1).

---

(1) Les donateurs furent le chan. De Coster et le pléban Van Campenhout.

Le mausolée du prince de Méan, dernier prince-évêque de Liége et archevêque de Malines, de 1815 à 1831, fut exécuté en 1837, par le sculpteur liégeois L. Jehotte, aux frais de la famille du défunt.

Le monument, de marbre blanc et albâtre, représente dans la partie supérieure, sous un portique, l'Archevêque revêtu de la chape, agenouillé devant un ange qui élève une torche et montre au prélat le chemin de l'immortalité. Sur le mur du fond se détache l'inscription : FIAT VOLUNTAS TUA. Dans la partie inférieure se trouve un sarcophage, et sur le soubassement, l'épitaphe conçue dans le style empoulé de l'époque. L'épitaphe a été reprise dans les *Grafen Gedenkschriften*, et le monument lui-même reproduit par L. Godenne, dans *Malines jadis et aujourd'hui* (1).

Depuis quelques années, la baie de la partie centrale de la chapelle paroissiale est clôturée par le banc de communion de marbre blanc, œuvre, dit-on, d'Artus Quellin, qui orna jadis l'église de Leliëndael, et fut placé, en 1813, devant la chapelle absidale du déambulatoire. Malgré son dessin tourmenté, bien caractéristique de l'époque, ce banc de communion constitue l'une des œuvres les plus remarquables de l'église.

La petite sacristie, qui existe aujourd'hui, appuyée contre le mur extérieur de l'abside du milieu, date des débuts mêmes de la construction. Après 1585, alors que les services de la Confrérie réclamaient des ornements et des objets d'ornementation plus nombreux, la fille chargée de l'entretien de l'autel obtint également la disposition d'un réduit aménagé près de la tour (2), jusqu'à ce qu'en 1674 on agrandit la sacristie, en y employant les matériaux provenant de la démolition du jubé devant le chœur. La sacristie fut de nouveau agrandie et son entrée déplacée en 1872 ; enfin, en 1915, on perça les deux fenêtres latérales.

Le seconde chapelle, où s'élève actuellement l'autel des saints Pierre et Lambert, fut construite grâce à la générosité d'Arnold ou Aert Van Diest et de sa femme Catherine van Voesdonck, qui y

---

(1) Page 73.
(2) Ce fut dans ce réduit qu'avant la Furie anglaise on enferma le prisonnier admis à implorer la charité des fidèles pour l'entretien de ses codétenus. — AM, *Comptes communaux*, 1524-1525. Rombaut Van den Bossche, en cette année, munit le réduit d'une nouvelle porte.

élurent leur sépulture. Celle-ci se trouvait au milieu de la chapelle, mais la pierre qui la recouvrait n'avait pas d'épitaphe. Par contre, on voit sur un modillon, à la retombée d'une des nervures de la voûte, les armoiries d'Arnold Van Diest, communemaître de Malines et père du fondateur, mort en 1478, écartelées de celles de sa femme Élisabeth de Wertfeldt, les premières *d'azur à deux besants d'or*, les secondes, également *d'azur au chevron d'or, accompagné de trois étoiles à cinq raies d'argent*.

Le vitrail qui décorait la fenêtre de cette chapelle avait été placé par la famille Hoots, dont deux membres, Catherine, veuve de Guillaume Van der Borcht, et le chanoine Antoine Hoots, dotèrent également un autel placé à l'une des colonnes de la grande nef, non loin de la chapelle (1). Nous ignorons si le vitrail comportait un sujet historié, mais nous savons que les armoiries des Hoots s'y détachaient en ordre principal et qu'autour de cet écusson rayonnaient les blasons de la maison Van Diest-Vyverheim, ainsi que d'autres, rappelant les principales alliances de la famille (2).

La perte de la plupart des documents relatifs aux chapellenies dans l'église Saint-Rombaut ne nous permet pas de nous orienter avec sûreté en ce qui concerne les fondations rattachées à l'ancien autel de cette chapelle. Il semble, cependant, que le fondateur de la chapelle y établit également une cantuarie de trois messes en l'honneur de la Sainte Trinité, avec *De profundis* et prières pour les défunts, dotée au moyen d'une rente sur une propriété à Hever. Cette dotation fut augmentée et modifiée par la cession de deux bonniers de terre à Duffel, en vertu du testament de Catherine Van Diest, veuve de Lancelot de Gottignies, daté du 13 septembre 1577 (3).

En dehors de ce bénéfice, l'autel hérita la chapellenie des Sept Dormants, chargée d'une messe, et fondée en 1469 à un autel appuyé contre le mur de clôture du bas-côté, à la hauteur de la future chapelle (4). Du reste, concurremment avec la dénomination

---

(1) V. ci-après § 5.
(2) EMM NEEFFS, *Notes sur les anciennes verrières*, pp. 23-24.
(3) AC, *Visit. Capell.*, 1550. f° 53 1617, f° 13 v°.
(4) IBIDEM, 1550 D'après une annotation au feuillet de garde du premier compte de la *Missa panis*, — AC, Arm. I, casier 32, — Marguerite de Lichtert. veuve de Pierre Luyten, fonda également une chapellenie de deux messes par semaine à cet autel, en 1451. — V. aussi *Visit. capell.*, 1550, f° 34 v° et f° 1 v°, où le visiteur rapporte indûment la fondation à l'année 1435.

de chapelle Van Diest, l'emplacement porta celle de chapelle des saints Dormants.

Après les troubles, les héritiers des fondateurs restaurèrent la chapelle et y établirent une clôture et un autel décoré d'une toile (1). Cette dernière fut remplacée, grâce à la libéralité du prévôt Philippe Baert (2), par un tableau de É.-J. Smeyers, représentant le martyre de saint Philippe (3). La clôture fut enlevée en 1774, en même temps que celle des deux chapelles du Saint Nom et de la Très Sainte Trinité, et remplacée par une nouvelle clôture de marbre, avec balustres de cuivre. Ce fut Pierre Dens, président du Séminaire, qui en supporta les frais et y fit apposer son épitaphe (4).

Pendant un siècle environ, les Forgerons célébrèrent à cet autel les offices de leur corporation.

Avant la Furie espagnole, le Métier possédait une chapelle particulière, la chapelle de saint Éloi, au marché au Bétail. Cette chapelle, pillée d'abord en 1572, puis incendiée par les Hérétiques en 1580, fut démolie en 1603. De l'agrément de l'Archevêque, les Forgerons vendirent le terrain et érigèrent un autel à l'église métropolitaine, au grand pilier, à l'entrée de la nef, du côté du cimetière, et y transportèrent le tableau qui jadis décorait leur antique chapelle. Lorsqu'en 1680 l'archevêque Alphonse de Berghes décida l'enlèvement de cet autel, ainsi que de celui des Peintres, les Forgerons obtinrent l'usage de la chapelle Van Diest. Ils continuèrent à y célébrer leurs offices, jusqu'en 1773, lorsque par suite d'un différend, ils quittèrent l'église Saint-Rombaut, pour se retirer chez les Frères Mineurs (5).

En 1805, l'autel existant fut démoli en remplacé par celui qui, avant l'invasion républicaine, occupa la chapelle de saint Rombaut au cimetière (6). La clôture de marbre disparut également, ainsi que l'ancien pavement.

---

(1) AC, *Visit. eccl.*, reg. I, visite de 1618.
(2) Ibidem, visite de 1728. — Philippe-François Baert de Berentrode fut prévôt de 1696 à 1728.
(3) *Konstminnende Wandeling*, p. 133.
(4) Ibidem, p. 134.
(5) Schœffer, t. III. p. 13 ; F. Verhavert, p. 47.
(6) AF² *Procès-verbaux des séances*, reg. I, 5 juin 1805. V. ci-dessus, Livre Ier, chap. III, § 3 ; t. I, p. 117.

Le 25 janvier 1909, Son Éminence le cardinal Mercier consacra, dans la même chapelle, un autel dédié à saint Pierre et à saint Lambert, élevé par les neveux de feu le cardinal Pierre-Lambert Goossens, à la mémoire de leur oncle.

Le nouvel autel comporte une tombe de pierre blanche de Larys, ornée sur le devant de deux colonnettes et de l'inscription commémorative avec les armoiries enluminées du défunt :

Jesu crucifixo qui luminis claritatem animae donet : famuli sui Petri Lamberti Goossens : nati in Perck a° MDCCCXXVII : sacerdotio aucti a° L : pontificalem dignitatem adepti a° LXXXIII : sequenti vero ad sedem Mechlinien. XV archiep. promoti : ad Cardinalatus apicem sublimati a° LXXXIX : ac tandem ad meliora in coelos evocati anno a° MCMVI. VI kal. februarii : supplices pp. nepotes.

Sur la table s'appuie le banc des chandeliers et une predella ornée de treize statuettes de très bonne facture, dues au ciseau du sculpteur Jan Gerrits d'Anvers; elles représentent les patrons des donateurs.

Le tableau, en forme de triptyque, par Jean Anthony, représente, dans le panneau central, le Christ en croix avec la Vierge et saint Jean, et la figure du Cardinal, drapé du grand manteau rouge et agenouillé aux pieds du Christ. Les volets, peints du côté intérieur seulement, offrent les figures des patrons du défunt : saint Pierre et saint Lambert.

Dans les trois vitraux, le peintre-verrier Ladon a représenté six épisodes de la vie de saint Lambert et trois faits de la vie du Cardinal défunt : son ordination sacerdotale, son sacre épiscopal et sa promotion cardinalice. Trois autres tableautins rappellent une pose de première pierre d'église, en souvenir des nombreuses paroisses créées par le Cardinal, une bénédiction d'école et le Prélat au milieu d'un groupe d'ouvriers, en mémoire des œuvres d'enseignement et des œuvres sociales auxquelles le regretté Archevêque avait voué le meilleur de son inlassable dévouement.

Dans la partie supérieure des verrières, furent représentés les saints que le défunt s'était choisi comme patrons particuliers : les saints Rombaut, Aubain (1), François de Sales, Charles Borromée, Vincent de Paul et Jean Berchmans.

Une décoration sobre des nervures de la voûte et des surfaces planes entre les arcatures des murs complètent l'ornementation de la chapelle, dans laquelle, pour les besoins du service paroissial, le sculpteur Gerrits plaça également un confessionnal en bon style gothique.

Lors des événements de 1914, les vitraux furent en grand partie détruits (2), le tableau perforé en plusieurs endroits et la predella endommagée.

La troisième chapelle du collatéral Nord était dédiée autrefois au Saint Nom de Jésus; aujourd'hui on y voit, sur l'autel placé dans l'abside, la statue du Christ souffrant de Van der Veken et, contre le mur oriental, l'image vénérée de Notre-Dame des Miracles.

Comme nous l'avons dit au Chapitre II, § 2 (3), la chapelle du Saint Nom fut construite par Jean Wyts, qui y fonda également une chapellenie. Ce double fait était rappelé jadis par une plaque de cuivre, enchâssée dans le mur, et sur laquelle les Protestants mirent la main en 1580. L'inscription de cette plaque, inconnue aux auteurs de *Mechelen opgeheldert*, nous a été conservée par la *Visitatio Capellaniarum* de 1617. Elle portait :

« JAN WYTS IN SYNDER TYT WATERGRAVE EN MOERMEESTER VAN VLAENDEREN EN JUFF. BARBARA VRANCX SYN HUYSVROUWE HEBBEN TER EEREN GODTS EN HEURE ZIELE ZALICHEYT DOEN MAECKEN EN SLUYTEN DESE CAPELLE ONDER DEN TITEL VAND. SOETEN NAEM JESUS, EN OPDEN AUTAER DER SELVER GEFUNDEERT EN GEDUTEERT EEN CAPELRIJE MET LAST VAN VIER MISSEN TE WETEN TSONDACHS, SMAENDACHS, WONSDACH ENDE HET VRYDACHS, EN NAER ELCKE MISSE TE LEZEN EEN DEPROFUNDIS MET COLLECTA FIDELIUM, EN AEN HUN ERFGENAEMEN GERESERVEERT DE NOMINATIE VANDE SELVER CAPELRYEN, EN DE HEEREN VANDE STADT MECHELEN DE

---

(1) On se rappelle que le cardinal Goossens fut évêque de Namur avant d'être promu au siège archiépiscopal de Malines.

(2) Grâce à une nouvelle générosité de la famille de feu le Cardinal, les verrières furent restaurées et, aujourd'hui, — mois de décembre 1919, — sont prêtes à reprendre leur place.

(3) V. ci-dessus p. 103.

PRESENTATIE. ITEM HEBBEN GELAETEN TOT BEHOEF VANDEN HEER CAPELLAEN NU WESENDE POSSESSEUR VANDE CAPELRYE EEN RENTE VAN ACHTIEN GŪL TJAERS DAER VOER DEN SELVEN CAPELLAEN SAL SCULDICH WESEN DAGELYCX METTEN HABYT TE CHORE TE GAEN IN S. ROMBOUTS KERCKE ĒN DE GETEYDEN AL DAER TE HELPEN SINGEN, ENDE TWEE GŪL. TE GEVEN AEN WAS ĒN LICHT VANDE SELVE CAPELLE, NAERT INHOUDEN VAN Ē BRIEF IN DATE DEN 12 SEPT. 1530 ĒN VAN EEN INSTRUMENT DE DATE 4 JULII 1531 VOLGENDE ZEKER EXTRACKT GECOTEERT *JESUS*. ITEM HEEFT EERTYTS NOCH BOVEN DE NAERBESCREVEN GOEDEN VAN LANDEN ĒN RENTEN GEHADT VYF VERTELEN CORENS ĒN EEN MEUCKEN TERWE WELCKE VERLOREN SYN OVERMITS DAER VAN GEEN BESCHEYT EN VINDE » (1).

En 1550, la *Visitatio capellaniarum* nous apprend qu'on avait transféré au même autel les chapellenies de 1re et de 2e fondation, dites de la Visitation de Notre-Dame, *apud furnum*, dans la chapelle dite « de oven » ou près de celle-ci (2).

Nous avons peu de renseignements au sujet de l'ancien mobilier de cette chapelle. On y plaça, vers la fin du xvj^e siècle, une épitaphe avec tableau, en souvenir de Caterin Wyts, commandant du régiment de Bourgogne, qui mourut, les armes à la main, le jour des nones de Mars 1592 (3). Le 14 octobre 1605, Marie Van Bergen fit don de nombreux ornements pour la célébration des messes (4). En 1617, l'autel était orné d'un retable peint, figurant le Christ entre les larrons, qui fut vendu le 26 décembre 1804 et adjugé à Jean De Raedt, moyennant 82 francs. La chapelle, à l'époque moderne, était également clôturée par une balustrade.

Après la tourmente révolutionnaire, Jean-Zachée-Louis de Langhe, descendant du fondateur, et dernier titulaire de la chapel-

---

(1) AC, *Visit. Capell.*, 1617, f° 17 v°, 18 r°. — V. aussi DE MUNCK, p. 136; — AM, *Chronique de Beelaerts*, p. 111. La fondation de la chapellenie date du 29 avril 1529. De 1586 à 1594, Mathias Hovius, le futur archevêque, fut titulaire de cette chapellenie. D'après les termes de la fondation, le chapelain était tenu à la résidence personnelle et devait payer pour chaque messe négligée une amende de six gros de Brabant, au profit du chant, mais à charge pour les proviseurs de faire exonérer les messes omises.

(2) V. ci-dessus p. 83.

(3) Cf. *Mechelen opgeheldert*, t. I, p. 69.

(4) AC, *Visit. capell.*, 1617, f° 18.

lenie fondée par Jean Wyts, devenu curé d'Aeltre, légua par disposition testamentaire, une somme pour commémorer par un monument, au choix de la famille, le souvenir de son généreux ancêtre.

On se décida pour des vitraux.

Le vitrail principal, détruit par les bombardements du mois d'août 1914, représentait le divin Sauveur, son doux Nom inscrit sur la poitrine, adoré par des anges, vénéré par les saints apôtres Pierre et Paul, et ayant à ses pieds un énergumène. Le vitrail portait également les armoiries de Jean Wyts et de sa femme Barbe Vrancx, et l'inscription :

SS. JESU NOMINI AC PIAE MEMORIAE
JOHANNIS WYTS ET BARBARÆ VRANCX
CONIUGUM PROAVUM SUORUM
CAPELLANIAE HUIUS SACELLI IPSORUM AERE AEDIFICATI
FUNDATORUM JOANNES ZACH. DE LANGHE
ULTIMUS BENEFICIATUS MONUMENTUM P. C.

Dans un second vitrail, qui ornait la fenêtre voisine, étaient représentées deux scènes superposées : Esther implorant la clémence d'Assuerus et les Noces de Cana, avec, dans le bas, les figures de saint Jean et de sainte Barbe, et la dédicace :

BEATISSIMAE MARIAE DEI GENITRICI
VIRGINI POTENTI CUIUS INTERVENTU
INITIUM SIGNORUM FECIT JESUS
IN CANA GALILEAE

En 1874, le chanoine De Coster fit décorer les murs de cette chapelle et placer à l'intérieur l'image de Notre-Dame des Miracles, — « de zwarte Lieve-Vrouw », comme l'appelle volontiers le peuple malinois (1), — qui depuis quelque temps déjà ornait la colonne engagée près de l'entrée de la chapelle. A la même occasion, le tableau fut restauré, l'ancien fond bleu, surchargé d'une couche de mastic gauffré et doré, et le cadre remplacé par une peu gracieuse construction à plusieurs compartiments en bois de chêne naturel.

S'il fallait en croire Wichmans, dont l'œuvre porte malheureusement trop la marque du défaut de critique chez son auteur et

---

(1) Parfois également, mais abusivement, Notre-Dame de Cambrai. V. ci-dessus, pp. 101 et ss.

de la hâte avec laquelle le pieux mais crédule Norbertin rédigea cette vaste compilation, l'image aurait été apportée à l'église métropolitaine vers 1580, par une dame, dont un des parents l'avait obtenue à Rome (1). L'image fut placée alors dans la chapelle des Gantiers. C'est un petit tableau peint sur bois de 85 cm. sur 60 cm.; il représente la Sainte Vierge, vue aux trois quarts, sans le divin Enfant, les bras légèrement levés, dans l'attitude d'une orante. La Vierge a la tête couverte d'un voile et porte sur le côté gauche de la poitrine une petite croix.

A défaut de documents écrits, il serait assez difficile, aujourd'hui surtout, après les restaurations qu'elle subit, d'attribuer un âge à cette Madone, qui constitue probablement une œuvre du xve ou du commencement du xvj^e siècle, inspirée par un type byzantin ou oriental et d'une conception devenue courante à cette époque.

Quoi qu'il en soit, la présence du tableautin à l'église est plus ancienne que le dit Wichmans, puisque les Comptes renseignent diverses dépenses faites à l'occasion de la consécration faite le 9 juillet 1563, par le suffragant de Cambrai, de l'autel « van Onser Vrouwen van Miraculen » (2). D'ailleurs, déjà par son testament du 13 avril 1554 (n. st.), Catherine Wellemans avait fait un legs à N.-D. des Miracles (3), et en 1531, le Chapitre avait permis de célébrer une station, c'est-à-dire de prêcher un ou plusieurs sermons près l'autel de Notre-Dame des Miracles, et d'employer le produit de la quête faite à cette occasion à la restauration de l'autel (4).

La dévotion séculaire à l'image vénérée, que Wichmans célèbre avec enthousiasme (5), et qui suivit le tableau dans ses pérégri-

---

(1) WICHMANS, *Brabantia mariana*, L. II, chap. 64.
(2) DE MUNCK, p. 132; — AM, *Compte communal*, 1564. — L'autel fut consacré sous le titre de la Présentation.
(3) DE MUNCK, p. 132.
(4) AC. *Manuel* du notaire du Chapitre Gauthier Militis, reg. E. f°s 42 et 42 v°.
(5) « Propter multimoda vero miracula, quae ad eamdem contigerunt nomen obtinuit ut vocetur et fit beata Virgo Miraculosa seu miraculorum, venacule, Onse Lieve Vrouwe van Mirakelen; praecipua horum contigerunt circa feminas in puerperio laborantes febricitantes, atque infirma animalia... et pauci anni elapsi sunt quod infans mortuus ad eius invocationem vitam recepit ». WICHMANS, p. 553.

nations à travers le temple (1), subsiste encore aujourd'hui. Le grand nombre d'ex-voto appendus autour de la Madone, les portraits d'enfants, et dans ces derniers temps de multiples portraits de soldats, attestent la reconnaissance et la confiance de ceux qui, en grand nombre, viennent implorer les secours de la Vierge devant son antique image.

La première des chapelles du bas-côté septentrional, près du transept, est dédiée à Notre-Dame du Saint Rosaire.

Comme déjà nous l'avons dit, cette chapelle s'appelait communément le « four », *furnus*, « de oven ». Elle servit primitivement de sacristie et, selon toute probabilité, conserva cette destination jusqu'après l'achèvement de la sacristie actuelle, dans la première moitié du xive siècle. Après sa désaffectation comme *thesauraria*, on éleva à cet endroit un autel dédié à Notre-Dame des Douleurs, *Lamentationis Beatae Mariae Virginis*, en l'honneur de laquelle deux chapellenies furent successivement fondées. La première était grevée d'une messe par semaine et son titulaire prenait part aux distributions du chœur; la seconde, fut due à la générosité de Nicolas Van der Steghe, *alias* Os, qui donna, le 1 février 1342, pour l'entretien des ornements et pour celui d'une lampe perpétuelle, une rente de douze florins de Florence, sur une maison sise rue de la Chaussée (2).

Ce fut dans la chapelle de Notre-Dame des Douleurs, qu'au xvj^e siècle, les chevaliers de Jérusalem firent célébrer leurs offices.

On sait qu'après la suppression de l'ordre militaire du Saint Sépulcre et sa réunion avec les chevaliers de Rhode ou comme on dira plus tard, des chevaliers de Malte, par le Pape Innocent VIII, en 1484, le Gardien du Saint Sépulcre obtint le privilège de créer, je dirais volontiers si le terme ne constituait pas un néologisme trop flagrant, des chevaliers honoraires. C'étaient, d'après la règle admise, seuls les pèlerins de distinction, tout au moins de naissance

---

(1) V. ci-dessus § 1, n° 2, pp. 205 et ss., et § 3, n° 2, p. 237.

(2) AC, *Visit. capell.*, 1550, f° 42; 1617, f° 34. — En même temps que cette chapellenie, Nicolas Os fonda celle de la chapelle Saint-Martin aux Bailles-de-Fer. L'une et l'autre devait avoir son titulaire; celui-ci était tenu de résider personnellement et ne pouvait permuter son bénéfice. Le double bénéfice était grevé d'une messe quotidienne, à célébrer alternativement à l'un ou l'autre des deux autels.

noble, qui pouvaient aspirer à ce titre et qui, en posant la tête sur le tombeau du Christ, recevaient l'attouchement du glaive sur les épaules (1). On comprend dès lors que le titre de chevalier du Saint Sépulcre fut hautement apprécié par les pèlerins, et qu'à leur retour ils allèrent souvent jusqu'à abandonner ou tout au moins à modifier leurs armoiries de famille, pour adopter les croix de Jérusalem et d'autres emblêmes destinés à rappeler leur nouvelle dignité. Nous savons également, par des extraits des comptes de la ville, cités par De Munck, que le Magistrat, aux xve et xvj^e siècles, tenait à réserver des réceptions officielles aux pèlerins à leur retour de Terre Sainte; de même la Ville offrait du vin aux Chevaliers le jour des Rameaux, à l'issue de la procession à laquelle ils prenaient part, en portant les palmes qu'ils avaient rapporté de Jérusalem. A Malines, les Chevaliers paraissent avoir joui du privilège de porter la croix à la procession des Rameaux (2) et de recevoir les offrandes que les fidèles versaient en venant adorer ou vénérer le Bois sacré (3).

---

(1) V. sur les cérémonies de la création des chevaliers et les statuts de l'ordre : BERN. SURIUS, *Den Godvruchtigen Pelgrim ofte Jerusalemsche reyse*. Anvers, 3e éd., 1669. pp. 659 et ss. — ALPH. O' KELLY DE GALWAY, *Mémoire sur l'Ordre du St Sépulcre de Jérusalem, suivi de la matricule biographique des chevaliers et des pèlerins des Pays-Bas...* Bruxelles, 1873, p. 90 La matricule donnée par Galway est très incomplète. l'auteur n'a pas connu la liste de Surius.

(2) L'usage de porter une croix, que l'on découvrait déjà après la procession des Rameaux, pour la présenter à la vénération du peuple, s'est maintenu longtemps dans certaines églises, notamment à Liège. — Cf. *Rubricae generales ecclesiae Leodiensis*. Liége. 1769, p 38.

(3) Le chevalier qui se tenait sous la croix pour recueillir les aumônes des fidèles, avait droit à une paire de gants, c'est-à-dire à une certaine somme d'argent renfermée dans un gant, comme la chose se pratiquait lorsqu'on voulait offrir une gratification à une personne d'un rang supérieur. Le compte de la Fabrique pour les années 1592-1594 nous apporte un écho de cette coutume.
« Item betaelt, y lit-on, voor een paer hantschoenen opten xj^{en} Appril XCIIJ gegeven aen mr. Nicolaes Poties presenterende de plaetse byt h. Cruys by den preeckstoel in den name van heeren Audiencier Vereycken ende hier in gesteken vremt gelt dat geoffert was ontrent de waerde van vier stuivers ende dit gegeven onder protestatie dat hy sal voldoen oft zynen commant volgens dbeschiet by hem overgeleyt, alsoe hier betaelt,.. 6 1/2 st. ». La Fabrique aurait-elle mieux pu manifester sa mauvaise humeur qu'en payant en protestant et en monnaie hors cours? En 1599. nous retrouvons une dépense similaire. mais cette fois ce sont les marguilliers eux-mêmes que s'acquittent de la tâche de recueillir les aumônes et... touchent la rémunération. AF. *Comptes de la Fabrique*, 1592-1594 ; — 1598-1599, f° 19 v° L'année 1599 est d'ailleurs la dernière à laquelle nous retrouvons ce poste aux dépenses.

Dans ces conditions, il est tout indiqué que les chevaliers qui, à raison de la présence de la Cour paraissent avoir été assez nombreux à Malines (1), se soient construit un autel pour y célébrer leurs offices et aient aménagé une chapelle dans laquelle ils aimèrent à se grouper pendant leur vie et où ils purent choisir leur sépulture après la mort. Nous savons, en effet, que Pierre Vrancx, au commencement du xvj^e siècle (2), le chanoine Louis Vrancx (3), également chevalier de Jérusalem en 1554, et probablement aussi Jean Ysewyn, furent enterrés dans la chapelle du collatéral Nord.

L'épitaphe d'Ysewyn ornait encore en 1653 la dernière colonne engagée du bas-côté près de la chapelle. Ce petit monument, en forme de triptyque, représentait, dans le panneau central, la Résurrection de Notre Seigneur, et sur les volets, tant à l'intérieur qu'à l'extérieur, à droite, Jean Ysewyn, la poitrine ornée de la croix de Jérusalem et tenant en mains les trois branches de palmier, à gauche, les armoiries, avec cette devise : *Aultres yviendront* (4).

Lors de la Furie anglaise, le mobilier de l'antique chapelle disparut; seule, la verrière fut conservée. Le sujet principal figurait l'entrée à Jérusalem du Sauveur, monté sur une ânesse. Cette œuvre, due au pinceau de Bernard van Orley, fut enlevée à son tour au mois d'octobre 1774. Elle avait été offerte par Marguerite d'Autriche, qui s'y était fait représenter en compagnie de son mari Philibert de Savoie. Dans le tympan, on voyait la marguerite, la fleur emblématique de la Princesse, avec la mystérieuse devise : *Fortune infortune fort une*. Les effigies des deux princes étaient posées de part et d'autre du sujet central (5).

---

(1) En 1517, la ville offrit aux chevaliers 29 gelten de vin du Rhin, pour leur banquet le jour des Rameaux. AZEVEDO, *Chronyk*, année 1517.

(2) *Mechelen opgeheldert*, t. I p. 68. — *Graf- en Gedenkschriften*, t. VIII, p. 166.

(3) IBIDEM, p. 68. — IBIDEM, p. 164. — O'KELLY DE GALWAY, l. c., p. 140. — L'épitaphe était inscrite sur un tableau représentant un chevalier de Jérusalem ; — DE MUNCK, p. 133, note 3.

(4) Ysewyn portait d'azur au lion d'argent, la queue fourchue, passée et repassée en sautoir, armé, lampassé et couronné d'or, chargé en cœur d'un écusson de gueules à trois annelets d'or, au chef d'argent à trois croix de Jérusalem, chaque croix cantonnée de ses quatre petites croisettes. Comme cimier, la tête et le col d'un sanglier de sable, défendue d'or, sommée de quatre branches de palmier, aussi d'or, chargé de la roue de sainte Catherine. Ce dernier emblème fut fréquemment employé par les pèlerins de Terre Sainte, en souvenir, dit-on, de leur visite au mont Sinaï.

(5) Une reproduction de cet epitaphium se trouve dans le ms. 1511 du Fonds Goethals de la Bibliothèque royale.

Après les troubles du xvj^e siècle, les Chevaliers de Jérusalem ne reprirent plus possession de leur chapelle, et celle-ci passa à d'autres occupants.

Le 15 septembre 1585 comparurent devant le Chapitre Jean Eelens et Adolphe Ghysels, proviseurs de la Confrérie de la Sainte Trinité qui avait eu, avant 1580, son siège à l'un des autels détruits de la grande nef, et sollicitèrent la faveur de pouvoir transférer leurs offices dans la chapelle des Chevaliers. L'autorisation leur fut accordée, moyennant un cens annuel de quatre sous (1).

La confrérie de la Sainte Trinité avait été fondée, d'après l'*arenga* des statuts (2), en 1502, en faveur du métier des Cordonniers, des Elseniers, mais, aux termes mêmes de la fondation, elle était également accessible, comme celle de sainte Anne (3), fondée par les Maçons, aux personnes qui n'appartenaient pas au Métier. La Confrérie vénérait, comme patrons secondaires, les saints Josse et Daniel, les saints auxquels avait été dédié l'autel occupé primitivement par les confrères. Toutefois, la reconnaissance officielle de la Confrérie n'eut lieu que deux années après, par délibération capitulaire du 23 février 1501 (4).

Les proviseurs de la Confrérie s'empressèrent de relever l'autel de la chapelle qui venait de leur être concédée ; le 15 décembre 1588, l'archevêque Jean Hauchin en fit la dédicace, en l'honneur de la Sainte Trinité, de Notre-Dame et des saints Joseph, Anne, Josse et

---

(1) AC. *Acta*, reg. III. f° 36 v°, 13 sept. 1585. — *Grand Cartulaire*, t. I. p. 201.

(2) Voici, d'après la *chronique* ms. de Beelaerts, aux Archives de la Ville, cette arenga : « Dese alderhoogste weerdichste ende alderheylichste bruederschap der drivuldicheyt wert ingestelt ende begonnen int iaer ons heeren dusent vyfhondert ende twee ; waer toe dat van dien selven tyde becoren syn om te syne voorspraeken de heylige priester ende confessoor Gods sint Joes ende de heylige prophete sinte Daniel in gheest Gods rustende was een verlosser van Suzanna bi rechte wel ondersocht om te syne procureur ende advocaten voor de consistorie der heyliger drivuldicheyt voor alle brueders ende susters ende weldoenders met woorden, met wercken en met goeden gedachte haer presenterende..... » AM, *Chronique Beelaerts*, f° 99.

(3) V. ci-dessus § 2. pp. 185-186.

(4) AC. *Acta*, reg. I, f° 96, 23 février 1504 « Dni concesserunt provisoribus magistrorum calceatorum erigere confraternitatem Stae Trinitatis nuncupatam in ecclesia Sancti Rumoldi et facultatem celebrari faciendi missas et unam cantari in festo Trinitatis, proinde decernendi sibi desuper litteras ».

Daniël (1). L'autel fut orné d'une retable de bois qu'un peintre décora d'une représentation des trois Personnes divines (2). Peu de temps après, les confrères furent autorisés à construire une clôture à leur chapelle, à la condition d'en ouvrir les portes les dimanches et jours de fête (3). Dans les premières années du xvij^e siècle, les Cordonniers renouvelèrent le retable et y placèrent un tableau garni de volets et représentant le baptême du Sauveur, par Jean Le Sayve. Sous le grand tableau, il y avait encore trois petits panneaux décorant la *predella* (4). Le tableau de Le Sayve, veuf de ses volets, orna jusqu'en 1914 la chapelle des fonts baptismaux. Quant aux volets, l'un d'eux, au témoignage de Schellens, fut vendu en 1811 et adjugé au prix de 4 francs (5).

Au xvij^e siècle, on plaça sous la fenêtre l'épitaphe de pierre, décorée d'armoiries en couleur, de Philiberte Gentil, femme de Don Diego Fernande de Velasco (6). Ce monument, comme tant d'autres, fut enlevé lors des « travaux d'embellissement » décrétés par la Fabrique en 1804.

Les marguilliers de cette triste époque ne firent, du reste, qu'achever l'œuvre de dévastation commencée au xviij^e siècle. En 1755, le chanoine Emmanuel Casselot, secrétaire du cardinal de Franckenberg, fit enlever à ses frais les anciennes pierres tombales et renouveler le pavement, au milieu duquel il plaça sa propre dalle funéraire (7). Vingt années après, les fabriciens, à leur tour, écartèrent les épitaphes suspendues tant à l'intérieur qu'à l'extérieur de la chapelle, notamment, à l'intérieur, ceux de Barbe († 1668) et d'Anne Van Oostenryck († 1669), filles dévotes, de Jean De Neve († 1635) et de son fils Martin († 1677), du pléban Pierre Jaecx († 1646)

---

(1) BR, ms. 16527, *Reconciliationes ecclesiarum*, f° 5 v°.

(2) « Item aen den schildere gegeven die den altaer geschildert heeft ende boven een heylige dryvuldicheyt... 2 Rg. vj st. — AC, Arm. I, cas. 4, farde D, n° 5, compte de Jean Selens, 1587.

(3) AM, *Chronique Beelaerts*, p. 106.

(4) *Kunstminnende Wandeling*, p. 129; — DE MUNCK, p. 135; — *Mechelen opgeheldert*, t. I, p. 67. — Ce dernier attribue la peinture à Michel Coxie.

(5) V. ci-dessus Chap. III, p. 137.

(6) Cf. BR, *Fonds Goethals*, ms. 1511, p. 354.

(7) La pierre tombale existe toujours dans la chapelle, mais elle se trouve placée aujourd'hui sur le côté.

et d'Hercule De Bruyn († 1614) (1), et à l'extérieur ceux de François Reyers († 1569), B. Hoefnagle († 1608), H. Cools, maître des cérémonies († 1623), Sébastien de la Porte († 1572) et sa femme Anne de Herde († 1582) (2). Il est vrai qu'à la même époque on remplaça l'ancien thuyn par une clôture nouvelle de marbre, ornée de balustres de cuivre, dans le goût de celle qui depuis les premières années du xvij^e siècle fermait la chapelle du Saint Sacrement (3), et portant les noms, et le cas échéant, les armoiries des donateurs.

L'érection d'une confrérie de la Sainte Trinité, pour la rédemption des captifs, à l'église Saint-Jean, par l'archevêque Jacques Boonen, le 16 décembre 1643 (4), eut pour conséquence le déclin de celle établie à Saint-Rombaut (5). Dans le but de rétablir la situation financière compromise, le Chapitre, comme il le fit également en faveur de la Confrérie de Notre-Dame, délégua, le 28 janvier 1656, l'archidiacre Amé Coriache pour examiner la comptabilité, mais il ne semble pas que la Confrérie ait pu reprendre son ancienne vitalité. Vers la fin du xviij^e siècle, la chapelle de la Sainte Trinité existe toujours sous la même invocation; les proviseurs, désignés par la corporation des Cordonniers (6), continuent, sous le contrôle du Chapitre (7), à gérer ses revenus et veillent à l'exonération des fondations à charge de l'ancienne Confrérie (8), mais la Confrérie elle-même a cessé d'exister.

Après le Concordat, la chapelle de la Sainte Trinité ne fut pas maintenue comme telle. Au mois de novembre 1809, la clôture de

---

(1) Ce monument était orné d'un bas-relief représentant la Résurrection.

(2) *Mechelen opgeheldert*, t. I, pp. 83 et ss. — D'autres épitaphes, notamment celui d'Ysewyn, avaient disparu depuis longtemps.

(3) *Konstminnende wandeling*, p. 129. — Ces inscriptions n'ont pas été reproduites dans les *Graf- en Gedenkschriften*. L'une d'elles rappelait le souvenir du chanoine Van Helmont.

(4) AA, *Mechliniensia*, reg. XIV, p. 230.

(5) DE MUMCK, p. 134, n. s., sur la foi de JEAN JENNYN, *Vera confraternitatis SS. Trinitatis idea*, p. 100, se trompe lorsqu'il affirme le transfert de la Confrérie de saint Rombaut à Saint-Jean.

(6) AC, *Acta*, reg. IX, f° 32, 28 janv. 1656.

(7) AC, *Acta*. reg. IX, f° 193, 11 juin 1660, v. aussi AC, Arm. I, casier 4, farde D^a, n° 3, accord du 27 août 1619.

(8) Le dernier compte fut rendu pour l'exercice 1794-1796, par Pierre Denies, François Berges, Charles Orseliers et Jacques De Kunst.

marbre fut démolie et vendue (1), et en 1813, on enleva le tableau de Le Sayve, pour en placer le panneau central dans la chapelle des fonts baptismaux (2). La même année, la Confrérie de Notre-Dame du Saint Rosaire, établie jadis dans l'église des Dominicains (3), fut transférée dans l'église métropolitaine; en même temps on y porta une statuette habillée de la Vierge, provenant des mêmes religieux(4). Déjà, avant cette date, on avait placé dans la chapelle les statues de saint Roch et de sainte Barbe, provenant du couvent supprimé des Carmes (5).

Vers le milieu du xixe siècle, la prospérité croissante de la Confrérie du Rosaire et des collectes faites en ville (5) permirent aux proviseurs de renouveler l'autel, de placer un nouveau vitrail, et de remettre à neuf le pavement (6). L'autel de chêne naturel, avec multiples tourelles et pinacles, est un curieux spécimen de l'idée qu'on se faisait à cette époque d'un autel en style au xve siècle. Il fut dessiné par J.-Fr. Pluys et exécuté par J. Teugels. Cet autel, qui vint remplacer en 1853 l'autel du commencement du siècle, fut placé en 1914 contre la cloison élevée dans la grande nef, et servit d'autel majeur pendant les longs mois de l'occupation étrangère, jusqu'au mois de novembre 1918, lorsqu'il fut replacé dans la chapelle. Vers 1853 aussi, sur la proposition de Teugels, on établit les fausses arcatures qui longent les murs de cette chapelle.

Quant au vitrail du Saint Rosaire, le premier que le peintre-verrier J.-Fr. Pluys plaça dans l'église, il fut achevé en 1852, et représentait dans le panneau central la figure de la Saint Vierge, et, dans une série de médaillons formant encadrement, les scènes des

---

(1) AM, *Chronique Beelaerts*, f° 110.
(2) AM, SCHELLENS, *Parochiekerken*, t. I, p. 42.
(3) D'après la visitatio de 1705, « tractu temporis elanguit ac tandem evanuit ».
(4) FR. VERHAVERT, p. 52.
(5) AM, SCHELLENS, *Parochiekerken*, t. I, p. 43. — Ces statues sont actuellement dans un des magasins de l'église.
(5) Il existe de nombreuses images pieuses portant cette souscription : « Pieux témoignage de reconnaissance offert aux souscripteurs pour le vitrail peint, placé dans la chapelle de N.-D. du Saint Rosaire en l'église métropolitaine de Saint-Rombaut à Malines ».
(6) AF², *Reg. des délibérations*, 5 avril 1854. Le pavement fut placé grâce à l'inépuisable générosité du cardinal Sterckx.

XV mystères du Rosaire, ainsi que la Vierge donnant le Rosaire à saint Dominique. Le vitrail portait cette inscription :

DEIPARAE VIRGINI ROSAE MYSTICAE
POSUIT SODALITAS SANCTI ROSARII
SUB AUSPICIIS EMIN. DNI CARD. STERCKX
ARCHIEP. MECHLIN. ANNO MDCCCLVI

avec, en-dessous, les noms du prévôt, Guill.-Ant. Loos, et des proviseurs de la Confrérie, Jacq.-Romb. Broeckaert, Jacq. Van den Eynde, Julien Verberght.

Le vitrail fut détruit lors des événements de 1914. Il constituait une des bonnes œuvres de J.-Fr. Pluys; sa disparition est regrettable comme document de la peinture sur verre au milieu du xixe siècle et aussi comme œuvre d'art.

En 1908, on plaça dans cette chapelle la belle pierre tombale de Marie de Cardenas, femme du vice-roi de Navarre, Ernest de Croy, morte en 1686. Cette pierre, dont on admire à bon droit la sculpture des armoiries, fut transportée à la métropole au commencement du xixe siècle; elle provient de l'église supprimée des Récollets.

Au-dessus de la dalle funéraire, dans un cadre moderne, est placée une toile de G. De Crayer, représentant saint Dominique recevant le Rosaire de la Vierge. Elle provient de l'église des Dominicains. Les figures de la Vierge et de son divin Enfant, qui se détachent sur une draperie rouge, ne sont pas dépourvues de mérite et donnent à ce tableau, assez terne pour le reste, une valeur que fait peu ressortir le malheureux cadre dans lequel il est enchâssé.

A l'entrée de la chapelle, contre la demi-colonne engagée du côté du transept, on remarque un tableautin sur panneau, non sans valeur, mais intéressant surtout à raison de la dévotion populaire dont il est l'objet. La peinture représente saint Léger ou Léodegaire, auquel les bourreaux crèvent les yeux et qui, à ce titre, est invoqué contre les maladies des yeux. Le tableau, dont l'auteur est inconnu, fut donné à l'église en 1699 (1), par le doyen du Chapitre Léodegaire-Charles De Decker († 12 oct. 1723) (2).

---

(1) AF, *Comptes de la Fabrique*, 1697-1700, fo 46.
(2) L.-Ch. De Decker, né à Mons, en 1645, professeur à la pédagogie du château en 1673, chanoine en 1792 et doyen en 1703, mourut le 14 oct. 1723. Il fut enterré à l'église, mais sans épitaphe.

§ 5

La grande nef et les collatéraux

SOMMAIRE. — Les verrières anciennes. — La polychromie des murs et des colonnes. — Les autels adossés aux colonnes de la grande nef. — Les autels du bas-côté méridional. — Les autels du collatéral Nord avant le xvj^e siècle. — Les autels après 1585. — Les bancs d'œuvre aux xvij^e et xviij^e siècles. — Les statues placées contre les colonnes. — La chaire de vérité. — La statue de Moïse et le bénitier de Baptiste Van den Dale. — La porte des mariages et les fonts baptismaux. — Le portail sous la tour. — Les orgues.

La grande nef et le collatéral méridional de l'église Saint-Rombaut étaient ornés jadis d'une série continue de vitraux peints, les uns historiés, les autres décorés de simples blasons.

Le premier des vitraux de la nef à partir du transept portait les armoiries des papes Nicolas V, Calixte III, Pie II et Paul IV, dont la protection avait permis aux marguilliers de continuer et de parfaire la construction du chœur (1).

En 1596, Jacques van den Bossche répara la verrière dite de la Sainte Trinité, qui se trouvait du même côté et dont Christophe Goudt avait fait don autrefois à l'église (2). D'autres vitraux avaient été offerts par Philippe De Clerck, communemaître († 1565), par « maître Mues », par les Jardiniers, par les Fripiers (3), par Jean de Platea ou de Lira, chanoine et écolâtre (4) qui, en 1489 légua 7 livres et 4 escalins pour une fenêtre à placer dans la grande nef (5). Un

---

(1) V. ci-dessus chap. II, § 2, pp. 100 et ss. — Cf. SOLLERIUS, p. 43.
(2) EMM. NEEFFS, *Notice sur les anciennes verrières*, p. 18.
(3) IBIDEM, p. 19.
(4) Jean de Platea fut le fondateur de la « Missa campanae ».
(5) « Pro una fenestra vitrea in navi ecclesiae S. Rumoldi... » — VAN HELMONT, t. I, p. 18.

autre vitrail, du côté Nord, fut donné par la duchesse douairière de Bourgogne, Marguerite d'York, décédée à Malines le 23 novembre 1508. La princesse y avait fait reproduire le portrait de son époux Charles le Téméraire, le sien propre, l'écusson de Bourgogne, avec la devise : *Je l'ai empris*, et les armoiries d'Angleterre, avec les mots : *Bien en avienne* (1). En face de la verrière de la Sainte Trinité se trouvait celle de Jean Hoots et de sa femme Claire Van Hamme (2). Ce vitrail, qui représentait les sept œuvres de miséricorde, était orné des blasons des donateurs avec leurs quartiers et la devise : *Pense y Houts* (3).

Le ms. 1512 du fonds Goethals, à la Bibliothèque royale, nous a également conservé les blasons de deux autres fenêtres de la grande nef, placées l'une et l'autre près du grand portail ; l'une était ornée de l'écu des Van der Aa, l'autre des armoiries écartelées des Van Diest, Vyverheim et Wertfeldt (4).

Le même ms. signale également à l'église métropolitaine, mais sans aucune indication d'emplacement, une verrière avec soixante-trois blasons, rappelant les états de Charles-Quint. C'est probablement le vitrail dit « 't glas van Keizer Karel », bien que le nombre des panneaux armoriés relevé par le ms. ne concorde pas avec celui que nous connaissons par le carton de cette œuvre intéressante (5).

Près des fonts baptismaux, au bas du collatéral, on voyait une grande composition dans le goût de la première Renaissance, représentant le Baptême du Christ, enchâssée dans une ossature ancienne. Aux côtés extérieurs du portique qui encadrait la scène principale, le peintre avait figuré à droite Charles-Quint et à gauche Marie de Hongrie, agenouillés sur des prie-Dieu. Ce vitrail, dû au crayon de Michel Coxie, avait été offert par Gaspar Douchy, comme le portait une inscription placée sous le panneau central (6).

---

(1) Emm. Neeffs, l. c., p. 18.
(2) Jean Hoots mourut sans enfants, le 14 mai 1522.
(3) *Mechelen opgeheldert*, t. I, p. 145 ; — Emm. Neeffs, p. 18.
(4) BR, *Fonds Goethals*, ms. 1512, pp. 295 et 296. — A la page 233, le même ms. renseigne encore une verrière, portant en ordre principal l'écu losangé des Voesdonck et l'écu écartelé des Van Diest-Vyverheim et Wertfeldt, verrière située « int middel van den beuke ». Ce vitrail est-il différent de celui signalé p. 296 ? C'est possible.
(5) Cf. ci-dessus p. 195.
(6) Emm. Neeffs, l. c., p. 19.

A côté de cette verrière, au-dessus de la porte des mariages, se déroulaient deux autres compositions rappelant la Nativité de la Vierge et la Famille de sainte Anne (1). Dans le même collatéral, d'après un *Livre des Anniversaires,* il y avait autrefois un vitrail, donné par Jean Van der Aa (2), un vitrail dit de saint Adrien et un troisième dit de saint Daniël. Dans le même document, il est également question d'un vitrail donné par les Boulangers.

Enfin, sous la tour, on voyait le vitrail remanié des Drapiers qui avait orné jadis une des fenêtres du transept (3).

Dans la grande nef et ses collatéraux, comme dans les chapelles du déambulatoire, la décoration translucide des fenêtres était équilibrée par des peintures décoratives sur les parois opaques.

Lorsqu'en 1774 on fit disparaître les couches de badigeon posées au cours du xvije siècle (4), on découvrit, au témoignage de De Munck (5), une polychromie historiée tout le long du mur du collatéral. Sous les fenêtres étaient peintes une série de figures de saints dont les derniers vestiges disparurent au cours du xixe siècle (6). Près de la porte du cimetière se trouvaient représentés le Couronnement d'épines et le Portement de la croix; à côté, on voyait des phylactères avec inscriptions en caractères gothiques, sous la tour, enfin, près des fonts baptismaux, se dressait une grande figure de saint Christophe (7).

Même les colonnes de la grande nef, si l'on s'en rapporte au témoignage du chanoine van Caster (8), furent décorées autrefois, suivant une coutume dont on trouve de nombreux exemples, de figures de Saints, des saints Apôtres, sans doute. Comme presque

---

(1) IBIDEM, pp. 20 et ss. — Ne serait-ce pas la même verrière?

(2) Serait-ce le vitrail signalé par le ms. 1512, comme se trouvant près du grand portail?

(3) V. ci-dessus p. 194.

(4) V. ci-dessus p. 131.

(5) DE MUNCK, p. 138.

(6) G. VAN CASTER, *Rapport sur l'état des peintures murales découvertes en Belgique.* Extr. du *Bulletin des Comm. royales d'art et d'archéologie,* 1903, p. 18.

(7) DE MUNCK, p. 138. — En dehors de cette figure de saint Christophe, l'église, avant le sac de 1580 et depuis 1552-1553, possédait également une statue du même Saint, œuvre de Mathieu Heyns, dit Smets, et don de la ville. — EMM. NEEFFS, *Hist. des Peintres,* t. II, p. 137.

(8) V. ci-dessus p. 120, note 1.

partout ailleurs, ces figures auraient été peintes sur fond rouge, et elles auraient été disposées non dans le sens de la nef, mais obliquées vers l'entrée principale de l'église.

En parlant du mobilier dans son ensemble, nous avons insisté déjà sur le grand nombre d'autels qui encombrèrent, plutôt qu'ils n'ornèrent l'église avant 1580. Cet encombrement se fit principalement sentir dans la grande nef et dans les collatéraux. Dans la nef du milieu, il n'y eut aucune colonne qui ne fût pourvue de son autel (1). Du côté de l'Évangile, nous relevons, à partir du transept, l'autel de Notre-Dame et de saint Rombaut (2), celui de la Sainte Croix (3), auquel jusqu'en 1580 la *Missa campanae* était célébrée (4), les autels de sainte Gudule ou plutôt des saints Jean, Gudule et André (5), de saint Michel, doté d'une des plus anciennes

---

(1) Sauf indication contraire, nos renseignements sont basés sur les données des *Visitationes capellaniarum*, surtout celles des années 1550 et 1617, et sur le plan terrier de l'église que nous avons reproduit ci-dessus p. 121; ce plan fut dressé également vers 1550, et donne l'emplacement des autels après la construction des chapelles du bas-côté Nord, avant le sac de l'église, en 1580. Il en existe deux copies anciennes qui diffèrent par l'emplacement donné à la porte de la chambre des provisuers des pauvres.

(2) Les messes matinales étaient dites à cet autel, qui était doté de trois chapellenies, celle de la première messe matinale, grevée de quatre ; celle de la seconde, grevée de trois, et celle de la troisième messe matinale, grevée probablement de quatre messes. Les trois chapellenies étaient de « gremio chori », le chapelain de la seconde messe prenait également part aux distributions des anciens anniversaires. Par testament du 22 novembre 1462, Rombaut van den Hove augmenta les revenus de cette fondation, incorporée plus tard à l'office du notaire du Chapitre.
Après 1585, les messes matinales furent dites à l'autel des Forgerons ; puis, après 1680, à l'autel de saint Rombaut, devant le chœur.

(3) Deux chapellenies furent affectées à cet autel : celle de la Sainte Croix de 1re fondation, grevée d'une messe (1550) de « gremio chori » et de l' « officium antiquorum obituum », et plus tard, après 1504, la chapellenie de N.-D. et sainte Barbe, de 2e fondation, chargée d'une messe (1550). Jean de Platea fonda également à cet autel la cantuarie de la « missa campanae », grevée primitivement de six messes. Après 1585, toutes ces messes furent transférées à l'autel de Notre-Dame, dans le transept.

(4) Cf. t. Ier, p. 243.

(5) Cet autel était doté d'une chapellenie de deux messes, fondée en 1431 par Pierre de Backer ou Pistoris. — D'après Van Helmont, t. I, p. 231, la chapellenie de Pierre de Backer fut fondée en l'honneur des saints Rombaut, Gudule et Gommaire, à un autel dédié à cette époque à saint Nicolas ; peut-être est-ce l'autel des saints Jean et Nicolas qui, dans la légende du plan terrier de 1550 est indiqué au transept septentrional, à l'emplacement de l'autel de Notre-Dame. — Cf. ci-dessus p. 121.

chapellenies de l'église (1), des saints Jean-Baptiste et Barbe (2) et des saints Anne et Joseph (3), à la dernière colonne près de la tour. L'autel de sainte Gudule remplaçait au moins deux autels antérieurs, celui de la Sainte et un autel existant en 1380, dont la chapellenie fut réunie, le 24 décembre de cette année, à celle de sainte Gudule (4).

Quant à l'autel des saints Jean-Baptiste et Barbe, qui lui aussi très probablement remplaça deux autels antérieurs (5), il était orné de l'image des saints patrons et garni de courtines et de [deux?] « blau gordynen van lynwaet boven den autaer hangende voor de beelden ». L'autel possédait également de nombreux ornements liturgiques, parmi lesquels nous relevons une chasuble de velours, ornée d'orfrois et des armoiries du donateur (6). L'autel était à l'usage des Charpentiers.

Du côté méridional de la grande nef, on voyait, à la première colonne près du transept, l'autel de saint Lambert (7), décoré d'une tapisserie avec quatre figures, puis successivement les autels de sainte Catherine (8), de la Sainte Croix ou de saint Quirin, de saint Nicaise, orné aux grands jours d'un antipendium de drap d'or et en

---

(1) Déjà, en 1260, une chapellenie de saint Michel fut unie à la chantrerie. — Cf. Livre II, chap. I, § 2; t. Ier, p. 187. — La visite de 1617, nous ne savons trop de quel droit, identifie cette chapellenie avec celle fondée par Siger van Haesendonck, en 1205, — cf. t. I, p. 187. — La chapellenie de saint Michel était grevée de trois messes, et elle était de « gremio chori ». En 1550, l'autel était doté d'une seconde chapellenie, en l'honneur de saint Michel, et de deux messes fondées par les héritiers du zellarien Van den Dorpe.

(2) Une chapellenie de trois (1550) messes, en l'honneur de saint Jean-Baptiste, et une autre de deux (1550) messes de « gremio chori », en l'honneur de sainte Barbe, étaient rattachées à cet autel. Cette dernière chapellenie fut transférée en 1573 à l'autel de Notre-Dame des Miracles.

(3) Catherine Hoots, veuve de Guillaume Van der Borcht, fonda à cet autel un bénéfice de deux messes, qui fut augmenté de trois nouvelles messes par le chanoine Antoine Hoots, en 1509, et constitué en chapellenie par le Chapitre, le 8 juin de la même année. — AC, Littere, privilegia..., fo 14; Cf. Van Helmont, t. I, p. 293. — Dès 1617, elle était grevée de six messes. Après 1585, les messes furent exonérées à l'autel de sainte Anne dans le transept. — AC, Visit. eccl., reg. I, visite de 1617.

(4) AC, Liber caerulaeus, fo 29 vo. — V. Livre II, ch. II, § 2; t. I, p. 234.

(5) V. sur l'autel primitif de sainte Barbe, ci-après p. 297.

(6) AC, Visit. eccl., 1550, fo 26.

(7) L'autel était doté de trois chapellenies, respectivement d'une demi-, de deux et d'une demi-messe. Les deux premières étaient « de gremio chori ».

(8) L'autel était doté de deux chapellenies, l'une et l'autre de deux messes et « de gremio chori ». Le chapelain de première fondation avait part, en outre, aux distributions de l' « Oud ambacht ».

carême d'une figure du Christ souffrant (1), l'autel de saint Luc et, à la dernière colonne près de la tour, celui des Quatre Couronnés.

L'autel de sainte Catherine était à l'usage des Tailleurs, qui y faisaient célébrer deux messes par semaine en dehors des offices solennels de la corporation, les 25 et 26 novembre. L'autel de la Sainte Croix, auquel était attaché la chapellenie de la Sainte Croix *sub ambone,* était à l'usage de la corporation des Fripiers, qui vénéraient comme patron saint Quirin (2). Aussi le Saint passa bientôt comme titulaire de l'autel. Avant 1580, les confrères faisaient dire quatre messes par semaine en son honneur. Quant aux autels de saint Luc et des Quatre Couronnés, ils furent à l'usage, comme nous l'avons dit (3), des Peintres et des Maçons (4).

Le long du mur méridional se trouvaient l'autel de saint Laurent (5) et celui des saints Jean-Baptiste, Gudule et André (6), auquel, déjà en 1525, les Pelletiers faisaient célébrer les services annuels de la corporation (7). Cet autel était orné, en 1550, d'une tapisserie avec trois figures (8). Plus près de la tour, on voyait les autels des saints Josse et Daniël (9) et de sainte Anne (10), puis à côté des fonts

---

(1) Don du chapelain Jean Wynants († 1 février 1563-1564).

(2) Le rôle des Fripiers portait : « Item dat eenlegelyck van den voorscreven ambachte sculdigh sal syn op den dagh van St-Quiryn, huerlieder patroon, te comen ter missen ende ter offerande met eenen silver penninck in der ambachts capelle inde kerck van Sinte Rombaut opde verbuerte van een pont wasch totter voorseden behoeff ende dat niemant vanden selven ambachte op den selven dach en sal moeghen wercken ofte doen noch laeten wercken noch coepen oft vercoepen eenighe vande werck ofte waeren der voorscreven ambachte aengaende op de verbuerte van drey guldens te bekeren in dreyen als voren ». — AF², Coll. D. C., farde F¹, n° 3, *cop.*

(3) V. ci-dessus § 2, p. 185 et § 3, n° 2, p. 276.

(4) L'autel des Maçons fut doté d'une demi-messe, par Herman Sijn, maçon, et le 6 avril 1511, de deux messes, par Rombaut van Rotselaer, également membre de la Corporation. — AC, Arm. I, casier 7, farde *Maçons*, État des revenus de l'autel, 22 janv. 1515.

(5) L'autel était doté d'une chapellenie « de gremio chori », grevée d'une demi-messe.

(6) L'autel, anciennement à l'usage des confrères de la Petite Arbalète, était doté d'une chapellenie de deux messes, dont le patronage appartenait, au xvie siècle, au seigneur d'Iteghem, et dont les biens de dotation étaient situés dans le village de ce nom.

(7) AC, Livre censier de 1525.

(8) « Een decxele met iij beelden van tapectrien ».

(9) L'autel était doté d'une chapellenie « de gremio chori », de deux messes, puis, après la Réduction de la ville, de trois messes par quinzaine.

(10) L'autel était doté d'une chapellenie d'une messe.

baptismaux, l'autel des saints frères Éwald (1). Une peinture ou statue d'un saint Éwald ou des saints Éwald, peut-être l'autel lui-même, existait déjà à l'église en 1364, lorsque le 30 septembre, près de cette image, les Zellariens affermèrent à Gosuin, curé de Heffen, une dîme située sous la paroisse de Notre-Dame (2). L'autel de sainte Anne devint, au commencement du xvj^e siècle, la propriété de la chambre de rhétorique *de Pioene,* qui obtint, en 1510, l'autorisation de placer un tronc, pour subvenir aux frais d'un retable peint, dont la Corporation présenta une esquisse à l'approbation des chanoines (3).

Avant les troubles, la Chambre faisait célébrer à cet autel une messe dominicale, fondée le 28 mars 1519 (n. d.), par Janne Metten Gelde, au nom de sa femme Cécile Verheyen (4).

Quelques années auparavant, le 30 septembre 1502, le Chapitre avait concédé à la corporation des Cordonniers, aux Elseniers, comme on disait à Malines, l'usage de l'autel des saints Josse et Daniël, que le Métier vénéra dès lors comme ses patrons. Les Cordonniers, à cette occasion, s'engagèrent à remettre l'autel en état et à payer un cens au Chapitre (5).

---

(1) Une chapellenie « de gremio chori », chargée de deux messes, était attachée à cet autel. Les saints frères Éwald, anglo-saxons de naissance, prêtres, apôtres de la Westphalie, moururent martyrs le même jour, le 30 octobre. Tantôt on les représentait ensemble, tantôt l'un d'eux seulement; ils étaient surnommés, à raison de la couleur de leurs cheveux, l'un le blanc, l'autre le noir. De là ces vers de leur office :
    Laetificent Ewaldorum nos festa duorum,
    Unicus moris sunt dissimilisque coloris;
    Una truncati pariter sunt glorificati.

Cf. AA SS, oct., t. II, p. 197.

(2) AC, *Chartrier,* 1364, 30 sept. « [Actum] in ecclesia S. Rumoldi ante ymaginem Sti Ewaldi ».

(3) AC, *Acta,* reg. I, f° 188 v°, 15 février 1510.

(4) AC, *Chartrier,* 1519, 28 mars. — La dotation était fournie par une rente sur la maison dite den Horen, en face du palais du Grand Conseil. — Cf. G.-J.-J. Van Melckebeke, *Geschiedkundige aanteekeningen rakende de Sint-Jansgilde, bijgenaamd de Peoene.* Malines, 1862.

C'est donc erronément que la *Visitatio capellaniarum* de 1588, f° 49, attribue la fondation de la messe dominicale à François Versindt, sacristain et chapelain, « thesaurarius et capellanus » qui lui aurait légué une rente sur la maison appelée den Nood Gods, dans la rue des Bogards. La fondation de Jean Metten Gelde, d'après la même source, aurait eu pour objet une messe le mardi.

(5) AC, *Acta,* reg. I, f° 74 v°, 30 sept. 1502. — Les Cordonniers firent également dire une messe à cet autel, en faveur de laquelle Jonckheer van der Bercht laissa une rente. — Cf. ci-dessus p. 28.

Dans le collatéral Nord, on voyait également, avant la construction des chapelles en hors-d'œuvre, plusieurs autels adossés au mur de clôture.

Un premier autel, près du transept, fut consacré sous l'invocation de la Visitation de Notre-Dame, *Visitationis B. Mariae apud furnum*, près du four, « bij den oven » (1). Cet autel fut doté de deux chapellenies (2), qui furent transférées plus tard dans la chapelle Wyts ou du Saint Nom.

Un second autel était dédié aux Sept Dormants (3). Il était également doté de deux chapellenies (4), qui furent rattachées à l'autel de la chapelle Van Diest d'abord, puis, après 1585, à l'autel de saint Georges dans le déambulatoire.

Un troisième autel était placé sous l'invocation de sainte Barbe. En 1498, le métier des Gantiers dota cet autel d'un bénéfice de trois messes par semaine. Le 19 juillet, avant même que toutes les formalités fussent remplies, la Corporation présenta Nicolas Scammelaert comme premier titulaire du bénéfice (5). Plus tard elle ajouta à ces trois messes une quatrième, dont, après maintes difficultés, Jean Lathouwers obtint l'investiture (6). Au reste, déjà en 1317, le jeudi après l'Assomption, l'autel avait été doté d'une chapellenie de deux messes, par Henri de Stend, frère de Marguerite Roxart, laquelle, avec son mari Gosuin, contribua à la dotation (7).

Un quatrième autel était celui de saint Jean l'Évangéliste, doté de deux messes (8), qui fut reconstruit dans la partie orientale de la chapelle paroissiale actuelle, à l'endroit où fut consacré plus tard l'autel de Notre-Dame des Miracles (9).

---

(1) V. ci-dessus pp 83-84.
(2) L'une d'une demi-, l'autre de deux messes. La première était « de gremio chori ».
(3) Les charges de la chapellenie de 1re fondation, — une messe, — semble indiquer une origine assez reculée à cette chapellenie, qui n'était cependant pas « de gremio chori ». Toute autre indication sur son origine fait défaut.
(4) La première d'une messe, la seconde de deux messes.
(5) AC, *Acta*, reg. I, fº 18, 19 juillet 1498. « Provisores artis cirotecarum praesentant Nicolaum Scammelaert ad tres missas nondum fundatas ad altare sanctae Barbarae ».
(6) IBIDEM, fº 21 vº.
(7) La chapellenie était « de gremio chori ». Après les Troubles, les charges furent réduites à une messe et demie.
(8) La chapellenie était « de gremio chori ».
(9) V. ci-dessus p. 262.

Enfin, dans cette partie de l'église existaient peut-être un autel en l'honneur de saint Hubert, qui ne nous est connu cependant que par la messe de saint Hubert célébrée annuellement aux frais des Menuisiers (1), et probablement un autel en l'honneur de saint Gommaire (2), qui fut reconstruit vers 1504, dans la chapelle paroissiale et, après 1585, dans l'ancienne chapelle des saints Pierre et Paul dans le déambulatoire (3).

Il est superflu également de rappeler l'aspect que présentèrent les autels de la nef avant 1580. Dans notre aperçu sur le mobilier dans son ensemble, nous avons montré que la décoration polychrome y régnait en souveraine (4).

Lors de l'occupation de la ville par les troupes des États, de 1580 à 1585, les autels de la grande nef et du collatéral furent saccagés et renversés en même temps que les autres autels de l'église. Après le retour de la ville sous l'autorité du Roi, on jugea la reconstruction de ces autels peu souhaitable et les corporations s'empressèrent de demander au Chapitre la concession ou l'usage d'autres autels. Seuls, au commencement du xvij^e siècle, les Peintres et les Forgerons furent autorisés à s'établir dans la nef du milieu. Nous avons suffisamment insisté sur les autels élevés à cette occasion pour qu'il soit inutile d'y revenir (5). Ajoutons seulement que l'autel des Forgerons fut décoré du tableau qui, avant les troubles déjà, ornait la chapelle de saint Éloi, au Marché-au-Bétail (6).

---

(1) AC, Livre censier de 1525, f° 10 v°.
(2) L'autel s'élevait, en 1550, dans l'abside du milieu de la chapelle paroissiale. Il est vraisemblable que les Gantiers, qui firent usage de l'autel de sainte Barbe jusqu'à sa démolition, construisirent l'autel de la chapelle en l'honneur de leur patron; il est possible aussi que le « servicium » de quatre messes que la Visite des chapellenies de 1550 renseigne à cet autel, se confond avec les quatre messes fondées par la Corporation à l'autel de sainte Barbe. D'après la « Visite » de 1617, les quatre messes furent dues à Jean Christiaens; elles furent réduites à trois, les dimanche, jeudi et vendredi, en 1557; la même année, grâce à la générosité de Jean Lathouwers, la cantuarie fut changée en chapellenie. — AC, *Visit. capell.*, 1617, f° 11 v°.
(3) V. ci-dessus p. 224.
(4) Cf. ci-dessus chap. III, pp. 119-120.
(5) Cf. Chap. III, p. 130; chap. IV, § 3, n° 2, p. 250 et § 4, p. 270. — Ces autels, qui ne furent certainement pas démolis avant 1680, ne figurent plus cependant dans le tableau d'Erhenberg.
(6) AC., *Visit. eccl.*, reg. I, visite de 1617.

Après la restauration du culte, les marguilliers évitèrent d'encombrer encore la grande nef par les autels et leurs accessoires inévitables, clôtures et coffres pour renfermer les ornements ; par contre, s'étendit l'usage des bancs-d'œuvre, dressés contre les murs et contre les colonnes. A la fin du xviij^e siècle, lors de leur enlèvement à l'occasion du jubilé de saint Rombaut, on ne comptait pas moins de cinq de ces bancs ou « rapporten », comme on disait. C'étaient le banc destiné aux proviseurs de la Confrérie de saint Rombaut et de celle de Notre-Dame, en face de l'autel des Ames ; celui des proviseurs de la Confrérie de l'Administration, à la colonne en face de la porte du cimetière ; les deux bancs des proviseurs de la Table des Pauvres honteux et de la Table Riche, contre le mur méridional ; le banc, enfin, des Marguilliers, en face de l'autel du Christ souffrant (1).

Ce dernier banc fut orné, dès 1596, des statues dorées et polychromées des saints patrons de l'église, par Jean Van Doren (2), et d'une tapisserie placée dans un cadre doré et représentant saint Rombaut « eenen gebordʼuurden Rumoldus op armazijn in vergulden lijst (3) ».

Plus tard, on y plaça, les dimanches et jours de fête, une statuette en bois doré, représentant un ange tenant une relique de saint Rombaut (4). Le « rapport » de la Table Riche servait aux distributions de pain faites le dimanche, à charge de cette fondation (5). On y voyait sept panneaux peints, représentant les œuvres de miséricorde. A côté du banc se trouvaient, d'un côté une statue du Christ, armé de sa croix, et de l'autre une image de la Vierge (6).

---

(1) DE MUNCK, supplément, p. 23.
(2) AM, reg. 74, *Compte de la Fabrique*, 1596, f° 34 ; — AF, *Comptes de la Fabrique*, 1689-1693, f° 57 v°.
(3) IBIDEM.
(4) AF, *Comptes de la Fabrique*, 1667-1676, f° 101 ; — DE MUNCK, suppl., p. 23.
(5) La fondation, dite de la Table riche, procurait une distribution de pain et de viande d'abord, de pain et d'argent ensuite, aux pauvres de la paroisse de Saint-Rombaut, les dimanches et jours de fête de la Sainte Vierge. Elle fut due à la générosité de Gilles Vrancx et de sa femme Elisabeth Van Duffel, et date de 1499. Cf. FOPPENS, *Mechlinia Christo nascens et crescens*, ad ann. 1499 ; — M.-S.-H. DHANIS, *Opkomst en bloei van het christendom in Mechelen*, t. I, p. 292.
(6) AC, Arm. I, casier 4.

Les autres bancs étaient moins somptueux, mais tous, cependant, étaient décorés de sculptures ou de peintures. Aussi leur enlèvement, en 1774, suscita non seulement de violentes protestations de la part de certains intéressés, des proviseurs, notamment de la Confrérie du Saint Sacrement (1), mais il contribua à créer le vide immense que nous déplorons aujourd'hui dans ce beau temple.

L'un des premiers soins des marguilliers de 1585-1586 fut, disions-nous plus haut, de remplacer les statues brisées par les hérétiques, et notamment celles des Apôtres, qui, avant les troubles, étaient placées contre les colonnes de la grande nef et avaient été brûlées dans une brasserie de la rue de Beffer.

Déjà en 1593, quatre statues d'apôtres étaient remplacées : celles des saints Pierre, Paul, André et Jean (2). Une dizaine d'années plus tard, on en plaça une nouvelle, de saint Mathieu, que la Fabrique paya quarante-cinq florins à Jean Van den Avont (3).

Ces statues, cependant, et cinq autres qui successivement prirent place à côté des premières, furent vendues peu d'années après, à l'église de Renaix, à raison de 130 florins. Elles furent remplacées entre les années 1629 et 1640, par les grandes statues de pierre blanche qui, aujourd'hui encore, décorent les colonnes de la nef.

Les comptes de la Fabrique et les Visites nous apprennent que la première statue du côté de l'Évangile, celle de saint Pierre, fut exécutée en 1629, mais nous ignorons qui en fut l'auteur; celle de la seconde colonne, représentant saint André, est une œuvre de A. Colyns et fut offerte par la Ville en 1621 ; la statue de saint Jean, par le même artiste, à la troisième colonne, placée en 1630, fut payée sur les revenus de la Fabrique ; les trois statues suivantes des saints Thomas, Philippe et Mathieu, furent placées toutes trois en 1635 par Colyns, celle de saint Philippe fut un don de la famille Snoy; la statue contre le pilier de la tour, celle de saint Jude ou Thaddée, date de 1640 et est due à Corneille Van Milder.

---

(1) V. ci-dessus chap. III, p. 133.
(2) AM, reg. 74, *Compte de la Fabrique*, 1593, f° 44.
(3) AF, *Comptes de la Fabrique*, 1609-1615, f° 65.

Du côté de l'Épitre, la première statue, celle de saint Paul, fut offerte, en 1629, par le Chapitre; celle de saint Jacques le Majeur, à la seconde colonne, fut placée, en 1635, par A. Colyns; la statue suivante, de saint Jacques le Mineur, et celle de saint Barthélemy à la cinquième colonne, sont encore toutes deux du même artiste et furent placées, la première en 1631, aux frais de Jacques Van Caster, la seconde, en 1635; la statue de saint Simon à la sixième colonne, est une œuvre de Jean Van Milder, et fut placée en 1636; enfin, la statue de saint Mathias, vis-à-vis de celle de saint Thaddée, est due, comme celle-ci, au talent de Corneille Van Milder.

L'une de ces statues, celle de saint Jacques le Mineur, fut arrachée de son socle lors des bombardements du mois d'août 1914, violemment projetée à terre et brisée.

Au xixe siècle, la série des statues décoratives fut prolongée sous la tour, par deux belles œuvres de F. Langhmans, une statue de saint Libert et une autre de sainte Marie-Madeleine, placées jadis au transept, à l'entrée du déambulatoire (1), et par un groupe, la Sainte Vierge près de sainte Anne, et une figure assise, saint Joachim. Ces deux dernières œuvres proviennent de la chapelle de la Sodalité. Elles sont dues à Luc Fayd'herbe, qui les exécuta en 1670 et en 1676, pour le compte des religieux de la Compagnie de Jésus (2).

La quatrième colonne méridionale, à compter de la grande entrée, n'est pas garnie de statue, mais elle sert d'appui à la chaire de vérité. Une ancienne chaire de vérité, qui fut placée en 1567 par Thomas Haesaert, mais sur laquelle nous ne possédons guère d'autres renseignements, fut détruite par les soldats des États, en 1580. Après la Réduction de la ville, la Fabrique acquit, moyennant une somme de trente-six livres, celle qui s'était trouvée dans l'église en ruines du couvent des Frères Mineurs (3).

Cette chaire, trop peu décorative pour l'église, sans doute, fut remplacée une première fois, en 1628, par une œuvre que le

---

(1) V. ci-dessus § 2, n° 1, p. 193.
(2) EMM. NEEFFS, *Inventaire*, p. 3.
(3) AM, reg. 74. *Compte de la Fabrique*, 1599. — Le 17 août 1585, l'Archevêque consacra, chez les Récollets, un autel dans la salle du réfectoire, « eo quod templum destructum est ab haereticis ». — BR, ms. 16527, *Reconciliationes ecclesiarum...*, f° 2.

rapport sur la visite d'église de cette année appelle superbe, *magnificus suggestus,* et qui coûta plus de douze cents florins (1).

Le projet de cette chaire fut dressé par un sculpteur de Louvain, Jan Verbeeck, qui toucha 7 florins et 4 fl. 16 sols pour le projet d'abat-voix (2); l'exécution en fut confiée à Matthieu Leumes, de Malines (3).

Il nous reste une vue de cette chaire sur le tableau d'Ehrenberg, que nous reproduisons en tête de ce Livre III. Les comptes nous disent que les deux figures décorant la ferronnerie sont un Christ et un ange (4). Quant à la ferronnerie elle-même, elle fut payée 101 florins en dehors des 27 florins donnés pour la dorure (5).

Malgré l'admiration que la chaire suscita à l'époque où elle fut placée, les marguilliers de la seconde moitié du xviij^e siècle la jugèrent insuffisante et décidèrent de confier au sculpteur Pierre Valckx l'exécution d'un meuble nouveau, si ce n'est d'un effet plus décoratif, du moins davantage dans le goût de l'époque.

La chaire nouvelle, qui existe encore à l'église Sainte-Catherine à Bruxelles, fut un don du prévôt du Chapitre, Hyacinthe de Partz, dont les armoiries, aujourd'hui disparues, ornaient jadis l'abat-voix. Au pied de la chaire, on voit la figure assise de l'Église, tenant d'une main une grande croix, et de l'autre une branche d'olivier. A la droite de cette figure se tient un ange avec la tiare pontificale, et à sa gauche, un autre ange présentant un livre ouvert. Sur la face antérieure de la tribune est fixée une plaque de cuivre ciselée et dorée, œuvre de C.-S. Dumont, orfèvre montois (6), représentant la Prédication de saint Jean-Baptiste.

A son tour, l'œuvre de P. Valckx dût faire place, au commencement du xixe siècle, à la chaire de vérité de l'église de Leliëndael. La sculpture qui orne cette chaire est due, dit-on, à Michel Van der

---

(1) AC, *Visit. eccl.*, t. I, 1629.
(2) AF, *Comptes de la Fabrique,* 1627, f° 21.
(3) IBIDEM, f° 25. Leumes habitait la rue des Draps. — Le prix d'adjudication fut de 1000 florins. Les premiers payements furent faits en 1628.
(4) IBIDEM, 1629, f° 41 v°.
(5) IBIDEM. 1629, f° 45 v° et f° 46.
(?) V. sur Hyacinthe-Jacques-Jean de Partz († 1781), J. B[AETEN], t. I, p. 199.
(6) AF, *Comptes de la Fabrique,* 1774-1783, f° 33 v°.

Voort le vieux; elle a pour sujet la Conversion de saint Norbert (1). Le Saint, renversé de cheval, gît à terre et lève les mains vers le ciel. Dans la partie supérieure du rocher qui forme le pied et la tribune, sont représentées la chute de l'homme, — Ève, séduite par le serpent, qui rampe sur l'escalier pierreux, et présentant une pomme à Adam, — et sa rédemption, — le Christ en Croix vers Lequel 'Humanité en larmes lève le regard suppliant. L'abat-voix représente l'arbre du paradis; une nuée flotte entre ses branches largement étendues. A Leliëndael, la chaire était adossée au mur; lorsqu'elle fut placée à l'église Saint-Rombaut, en 1810, le sculpteur malinois J.-B. Van Geel, fut chargé d'en modifier certaines parties pour l'adapter à la colonne contre laquelle elle est appuyée aujourd'hui.

En parlant du chœur, nous avons dit que le Chapitre y avait placé une statue du roi David, provenant de la cathédrale de Bois-le-Duc; une figure correspondante, également de cuivre, un Moïse, provenant du même dépôt, fut déposée au milieu de la grande nef.

Devant cette statue était placé le grand bénitier. Il ne nous est plus loisible de juger de la valeur artistique de ce meuble; mais nous savons qu'il avait des proportions assez monumentales. Exécuté d'après le projet de Baptiste Van den Dale (2), le bénitier se composait d'un bassin de pierre bleue, posé sur deux colonnes, avec base de granit. A en juger par les honoraires, 69 fl. payés au sculpteur Libert Van Eghem, en dehors des frais du placement fait par Morissons et du prix des dorures exécutées par Dassonville, des sculptures assez fouillées devaient orner le bénitier, dont le bassin était, en outre, garni de quatre têtes de cuivre, munies de crochets auxquels on suspendait les goupillons (3).

Statue et bénitier furent déplacés en 1749 et remisés sous la tour (4). Ils disparurent au commencement du XIXe siècle.

Au-dessus du bénitier était suspendu, la couronne offerte par Jaecx, qui avait primitivement orné le chœur et dont les débris

---

(1) Rappelons que l'église de Leliëndael appartenait à des religieuses Norbertines.
(2) AF, *Comptes de la Fabrique*, 1594-1597, f° 51.
(3) IBIDEM, 1497-1598, f° 10, f° 15; 1599-1600, f° 35.
(4) AC, *Acta*, reg. XVI, p. 232, 2 mai 1749.
(5) AF, *Comptes de la Fabrique*, 1689-1693, f° 60 v°.

servirent plus tard de bras de lumière devant les statues des Apôtres (1).

En parlant du plan terrier de l'église, nous avons déjà signalé l'existence dans le mur méridional du bas-côté longeant la rue Sous-la-Tour, d'une porte donnant accès au cimetière et d'un porche extérieur. A l'intérieur, le menuisier Jacques Peeters construisit, en 1686, un portail auquel, pour couper les courants d'air, on suspendit des tapisseries (2).

Au fond, de ce même côté, près de la tour, était aménagée la chapelle baptismale. Celle-ci, comme nous venons de le voir, était décorée du vitrail de Gaspar Douchy (3). Vers la fin du xvie et au commencement du xviie siècle, la chapelle eut à subir d'importants travaux de réfection (4). Il est assez probable qu'elle était séparée jadis du reste du collatéral par un grillage, rattaché à une poutre, sur laquelle étaient placées les cinq statues que la Fabrique commanda en 1621 à Van Eghem (5), et représentant le Christ et les quatre Évangélistes. Cette clôture existait encore en 1692, lorsque Nicolas Toussyn fut chargé de cirer les statues (6); elle ne disparut probablement que dans les premières années du xixe siècle, lorsqu'on plaça, de part et d'autre, au fond de l'église, les débris du portique qui depuis 1674 avait fermé le chœur (7).

Au fond de la grande nef se trouvait jadis un portail construit en 1598, par Nicolas Van Sintruyen, d'après les dessins du peintre Michel Verpoorten. Le portail et les cloisons furent élevés en bois, en grande partie à l'aide de matériaux de remploi, notamment de panneaux provenant d'anciennes portes (8). En 1600, Gilles Swinnen plaça au-dessus du portail un frontispice avec niche pour statue. Cette dernière, un Salvator Mundi, de marbre, fut donnée par

---

(1) V. ci-dessus p. 177.
(2) AF, *Comptes de la Fabrique*, 1686-1689, f° 62 et 69 v°.
(3) V. ci-dessus p. 291.
(4) V. ci-dessus chap. II, § 1, p. 90. Antoine De Marès, de Nivelles, y plaça, en 1619, de nouveaux fonts. — AF, *Comptes de la Fabrique*, 1619, f° 27 v°.
(5) AF. *Comptes de la Fabrique*, 1621, f° 26 v°.
(6) IBIDEM, 1692, f° 60.
(7) V. ci-dessus § 1, n° 1, p. 155.
(8) AM, *Compte de la Fabrique*, 1598.

l'archevêque Mathias Hovius (1). A côté du Christ, on voyait deux figures peintes, l'une de saint Rombaut, l'autre de sainte Marie-Madeleine. En 1619, la Fabrique paya à Antoine Soms, « voor een nieuw portael », 400 fl., et à sa femme, « voor een doeck », encore 8 florins. Ce qui fait croire que l'ancien portail fut renouvelé à cette date (2).

Après la démolition du jubé à l'entrée du chœur, on plaça au-dessus du portail, le Christ en croix et les statues de la Vierge et de saint Jean, qui décoraient le jubé. Lors des travaux exécutés en vue des fêtes millénaires de saint Rombaut, le Christ tout au moins disparut et les marguilliers firent peindre, dans la partie supérieure, un dôme entouré d'anges. Au-dessus de ce dôme, on plaça le cadran de l'horloge qui jusque là avait été attaché sous la croix (3).

Plusieurs monuments ornaient jadis cette partie de l'église. Avant les troubles du xvj^e siècle, on y voyait notamment, au témoignage de Pontus Heuterus, un tableau représentant les membres du Grand Conseil(4). Plus tard, on y plaça, comme monument commémoratif de Jean Henneman († 1609), un tableau représentant le Divin Sauveur, entraîné à travers le torrent de Cédron, vers la maison d'Anne (5). On y voyait également, en dehors de plusieurs dalles funéraires, une dalle de marbre, encastrée dans le mur, ornée des armoiries de Christophe Oudart († 1617) et rappelant en quelques vers latins la carrière troublée du défunt, qui fut enterré à cet endroit, à côté de son frère Nicolas, chanoine de Saint-Rombaut et official du diocèse (6).

---

(1) IBIDEM.
(2) AF, *Comptes de la Fabrique*, compte de 1619, f° 21 v°.
(3) DE MUNCK, suppl., p. 24.
(4) PONTUS HEUTERUS, *Rerum burgundicarum libri* V, c. IX.
(5) L'inscription portait : « Hier wort gerepresenteert die plaetse daer onsen Salighmaeker ghevangen is geweest, en over de beke oft riviere van Cedron voorts-geleyt ten huyse van Annas, lancx eenen wech wel twee duysent dry hondert, t' sestich treden, maeckende mechelsche voeten, ses duysent, een hondert, vyf en negentich. — Cf. *Mechelen opgeheldert*, t. I, p. 136. — Un cierge brûlait devant ce tableau, — AF, *Comptes de la Fabrique*, 1686-1689, f° 54, — qui formait la première station du chemin de croix établi à l'intérieur de la ville, en 1589. — Cf. J. B[AETEN], *Naemrollen*, t. I, pp. 186 et ss.
(6) *Mechelen opgeheldert*, t. I, p. 107 ; — BR, *Fonds Goethals*, ms. 1511, p. 243.

Au commencement du xixe siècle, l'ancien portail, dont il ne nous reste aucun document graphique, dut faire place à une œuvre nouvelle projetée par Van Geel père, et approuvée par le Conseil de Fabrique, en séance du 4 mars 1817(1). L'œuvre était une réplique en bois du retable du maître-autel. C'étaient les mêmes colonnes et le même entablement avec les volutes brisées et les vases que Luc Fayd'herbe avait taillés dans le marbre. La statue de saint Rombaut fut remplacée, cependant, par celle de sainte Marie-Madeleine, et les meurtriers accroupis par des figures allégoriques de la volupté et de la pénitence. A la place du beau chronogramme sanCtVs rV.MoLDVs, on mit le cadran de l'horloge. Quoi qu'il en soit de la valeur de ce portail, comme conception et comme exécution, les figures de pierre blanche de France ne manquèrent ni de dignité ni d'ampleur, pour autant toutefois qu'il est permis d'en juger par les quelques débris qui en sont encore conservés.

La première pierre du portail fut placée le 16 juillet 1819 par le chanoine Van Helmont, au nom de l'Archevêque, qui avait assumé les frais de l'entreprise, et par Jean-Baptiste Olivier, bourgmestre.

L'existence du portail ne fut pas de longue durée.

Dès l'année 1852, on songea à son remplacement. Le 1er juillet de cette année, en effet, le Conseil examina un projet de jubé par Dusart; l'année suivante, le plan de l'architecte Suys fut admis, et l'exécution du jubé actuel fut confiée à l'entrepreneur Van Meerbeeck, en 1854.

Le jubé de Suys, conçu en style gothique et exécuté en pierre blanche, peut n'être pas sans valeur, surtout si l'on a égard à l'époque à laquelle il fut construit, néanmoins, on regrettera toujours qu'il ait détruit l'aspect d'ensemble de l'édifice en interceptant la vue sur la voûte hardie qui, à trente mètres de hauteur, prolonge de majestueuse façon la grande nef jusqu'au mur extérieur de la tour. Par suite de la construction de ce jubé, le vaisseau de l'église a été raccourci de manière à nuire à la valeur des proportions.

Aujourd'hui les orgues sont installées au jubé, au fond de l'église.

---

(1) AF², *Registre aux délibérations*, 4 mars 1817; — Contrat avec J.-F. Van Geel, du 20 février 1818, *orig.*

Jadis il n'en fut pas ainsi. Déjà avant les troubles du xvj^e siècle, les orgues étaient établies sur un étage pratiqué près de l'entrée méridionale du déambulatoire. Une délibération capitulaire de l'année 1504, en effet, désigne l'autel de sainte Marguerite placé près de cette entrée, sous la dénomination d'*altare B. Margarethae sub organis* (1).

Les anciennes orgues furent détruites lors du sac de l'église, en 1580, car immédiatement après la rentrée du clergé, dès 1586, nous voyons les marguilliers s'adresser à un certain Franchois, de Bruxelles, pour de nouvelles orgues (2), puis, à un autre bruxellois, Guillaume Van Laere, qui plaça son instrument à Pâques 1591 (3). Toutefois, le travail de Van Laere ne donna pas satisfaction ; si bien qu'en 1596-1597, la veuve du facteur renonça à une partie des annuités qui lui étaient encore dues (4). D'année en année, du reste, la Fabrique se trouvait dans la nécessité de faire des frais de réparation de plus en plus considérables, jusqu'à ce qu'en 1608 ou 1609, elle décida la vente de ses orgues. Bientôt un amateur se présenta et, en 1609, l'abbaye de Grimbergen se rendit acquéreur de l'instrument, moyennant mille florins, à condition que les marguilliers exécuteraient à leurs frais les réparations nécessaires et livreraient les orgues sur place. Les réparations furent faites par Jules Anthoni, qui toucha de ce chef 350 fl. (5).

Grâce à un subside de 1200 fl., que la Ville accorda aux marguilliers (6), ceux-ci commandèrent un nouvel instrument à Balthazar Ruthgeerts (7), qui, au mois de décembre 1609, reçut le payement de 3250 fl. en dehors de plusieurs autres sommes, qui lui furent versées à différentes reprises pour accessoires. Le buffet fut

---

(1) AC, *Acta*, reg. I, f° 104 v°, 2 juin 1504.
(2) AF, *Comptes de la Fabrique*, 1585-1586.
(3) AM, reg. 74, *Compte de la Fabrique*, 1590-1591, f° 22 v°.
(4) AF, *Comptes de la Fabrique*, 1594-1597, f° 45 v° ; f° 52.
(5) IBIDEM, 1609-1615, f° 60.
(6) Depuis le xvij^e siècle tout au moins, c'était le Magistrat également qui nommait l'organiste, mais celui-ci recevait un supplément de traitement de la Fabrique et du Chapitre. — AC, Arm. I, cas. 17, farde *Organiste*, supplique de Hans Wilhelm Bossuel, du 20 avril 1647. *orig.*
(7) Le contrat conclu entre le facteur et les marguilliers Jacques Van Cranendonck, Jean Van den Houte et Jacques Coop, est daté du 21 nov. 1608. — AF² Coll. D. C., farde O², *minute*.

fourni par Antoine Duflos. Ce buffet paraît avoir été assez simple et orné seulement de deux anges sculptés fournis par Jean Van Avont. D'autre part, les boiseries furent peintes par Michel Coxie fils, et décorées peut-être de quelques peintures artistiques, puisque nous voyons en même temps Corneille Verpoorten chargé des travaux plus ordinaires (1).

L'orgue fut examiné, en 1612, par Pietro Philippi, qui en approuva toutes les parties (2). Néanmoins, l'instrument, cette fois encore, ne donna pas toute la satisfaction qu'on s'en était promise. En 1623, on fit procéder à un nouvel examen, qui eut pour conséquence divers travaux de réparation et d'arrangement complémentaires confiés à Étienne Coens ou Stephan Cautz, dont nous ignorons la nationalité, mais qui paraît avoir été allemand (3), et le travail fut approuvé le 24 mai de la même année, par Étienne Curtius de Cologne, prêtre, chapelain et organiste à Assche (4).

L'année suivante, le facteur d'orgues, Pierre Cornet, aidé du menuisier Antoine Duflos, plaça un petit orgue, abrité sous les boiseries du grand (5). Enfin, en 1680, la Fabrique demanda au Chapitre l'usage de la chambre au-dessus de la sacristie, pour y établir le soufflet de l'orgue (6).

Les orgues construites par Balthazar Ruthgeerts et Pierre Cornet restèrent en usage jusque dans la seconde moitié du xviije siècle.

Le 8 janvier 1777, le cardinal de Franckenberg signa, avec les facteurs P. et L. Van Petegem, de Gand, un accord pour le nouvel orgue, qui fut achevé le 24 décembre 1781 et essayé le 24 juin suivant, par deux experts de Rouen. Le coût du nouvel instrument s'éleva à 35,000 fl., couverts par la générosité de l'Archevêque (7).

(1) AF, *Comptes de la Fabrique*, 1609-1615, f° 60.
(2) AF², Coll. D. C., farde O², contrat, *original*; — quittance du 25 sept. 1623, *orig.*; — *Comptes de la Fabrique*, 1623, f°s 21 et ss.
(3) AF², Coll. D. C., farde O³, certificat de 1612, *cop. auth.*
(4) AF², Coll. D. C., farde O³, certificat du 24 mai 1623, *orig.*
(5) AF, *Comptes de la Fabrique*, 1624, f° 17.
(6) AC, *Acta*, reg. XI, p. 558, 18 février 1680.
(7) En 1789, on adapta un petit orgue au grand instrument, partie aux frais de l'Archevêque, partie aux frais de la Ville. — AC, Arm. 1, cas. 17, farde *Organiste*, extrait d'une résolution du Magistrat, du 16 juillet 1789.

L'orgue, ainsi que le buffet, une des bonnes œuvres de Pierre Valckx, demeura suspendu au-dessus de l'entrée du déambulatoire jusque vers le milieu du xixe siècle. Grâce à la générosité du cardinal Sterckx, l'orgue fut complété, en 1860, et placé au fond de la grande nef.

Si au point de vue de l'aspect général du monument la construction du jubé au fond l'église fut parmi les multiples méfaits des restaurateurs du xixe siècle, le déplacement de l'instrument permit, d'autre part, au facteur H. Vermeersch, de Duffel, de compléter les jeux et de donner à l'orgue de la métropole toute l'ampleur que semble réclamer la dignité de l'église. L'orgue, ainsi restauré, fut employé la première fois le dimanche de la solennité de saint Rombaut en 1861.

Quant aux petites orgues, qui occupent toujours la salle au-dessus de la sacristie, elles eurent beaucoup à souffrir lors des événements de 1914, et furent démontées, pour les sauver des effets de l'humidité, dans un bâtiment ouvert à tous les vents.

CHAPITRE V

La Tour

§ I

Le monument

SOMMAIRE. — Le début de la construction. — L'auteur du plan. — Le thème général de la construction. — Le porche et les étages extérieurs. — Les étages intérieurs. — Visiteurs de marque. — Les restaurations. — La tour en 1914. — Le projet d'achèvement. — L'*incendie* de 1687.

Les travaux de terrassement de la tour de Saint-Rombaut furent commencés en 1449; mais ce n'est que trois années plus tard, grâce aux ressources que procura le Grand Jubilé de 1451, que la construction put être définitivement entamée. La première pierre fut posée en présence du Magistrat, le 22 mai 1452. Pendant la seconde moitié du xve et les premières années du xvj^e siècle, les travaux furent régulièrement poursuivis, jusqu'à ce que, vers 1520, les ressources commencèrent à faire défaut. La construction alors fut abandonnée.

A cette époque, du reste, la tour était achevée dans ses parties essentielles et utiles : elle possédait un beffroi, une chambre pour l'horloge et un local pour le carillon. La construction avait atteint à ce moment la hauteur qu'elle n'a pas dépassée depuis, soit 97 mètres environ. De ces 97 mètres, sept déjà appartiennent à la flèche ajourée qui, dans l'idée de l'architecte, doit couronner le monument et s'élancer à une hauteur de 77 mètres, en donnant ainsi à la tour une élévation totale de 167 mètres.

Nous ignorons à quel artiste revient l'honneur d'avoir conçu cette œuvre grandiose dans sa noble simplicité On attribue la paternité des plans tantôt à Gauthier Coolman, tantôt à Jean Keldermans. En réalité, non seulement des arguments décisifs, mais même des indices sérieux font défaut de part et d'autre. Les titres du premier sont basés sur la qualité d'architecte de la ville, qu'on veut lui reconnaître, et sur la présence dans le revêtement extérieur de la tour de l'épitaphe de Gauthier et de sa femme (1). On aurait pu ajouter que le même Gauthier Coolman construisit, en 1452, « een tabernacule op S. Rommouts huys boven in den ommeganc » (2). Quant à Jean Keldermans, ses titres sont plus vagues encore. En dehors du renom artistique qui se rattache à la dynastie des Keldermans, on ne peut guère alléguer en sa faveur que l'inscription mise, au commencement du XIXe siècle, par J. Hunin, au bas d'une gravure de la tour : « Plan de la tour de l'église métropolitaine de Saint-Rombaut à Malines, avec l'élévation de la flèche projetée par l'architecte Jean Keldermans » (3).

Déjà dans la partie inférieure de la tour, des variantes dans l'ornementation montrent que de bonne heure la direction des

---

(1) La pierre encastrée aujourd'hui dans le mur de la tour est un fac-similé. L'inscription originale fut déposée, lors des travaux de restauration, au musée communal. L'inscription, qui ne fait aucune allusion à la part que Gauthier Coolman aurait eue dans la construction, porte : « ✠ *Hier leet Wouter Coolman | die sterf in iaer m cccc | en lxviij. xxvij daghe i ianuario |* ✠ *en Margriete Lauwris* (d'autres ont lu *Scramans*) *sy wijf | was die sterf in iaer m cccc en | lviij op de xvj*^{ste} (d'autres ont lu xiij) *daech augusto sprect pater noster.* » Cf. EMM. NEEFFS, *Hist. de la peinture*, t. II, p. 60. Du temps d'Emm. Neeffs, l'épitaphe portait à la hauteur de la troisième ligne, à droite et à gauche de la pierre, un écusson, dont les pièces avaient été martelées par les Français. Celui du mari était de deux poissons affrontés ; celui de la femme au sautoir engrelé en chef à trois étoiles. Au-dessus de l'inscription on voyait, au XIXe siècle, une baie vide, circonscrite dans un cintre surbaissé, qui encadrait autrefois un groupe de piété, une Mère des douleurs, son divin Fils sur les genoux. De part et d'autre, au sommet du cintre, étaient placés deux écussons plus petits et sans pièces héraldiques. Il semblait aussi que la baie avait eu une inscription en forme de bordure. V. une gravure de cette niche dans GYSELEERS-THYS, *La tour de la Métropole de St-Rombaut*, à Malines, I^e Partie, *L'architecte primitif*. Malines, 1836.

(2) V. Livre II, chap. II, § 1 ; t. I, p. 37.

(3) V. GYSELEERS-THYS, *Op. cit.*; — G. VAN CASTER, *Le vrai plan de la tour de Saint-Rombaut*. Malines, 1890, pp. 78 et ss.; — G. VAN DOORSLAER, *Y a-t-il des raisons pour ne pas considérer Gauthier Coolman comme l'auteur des plans de la tour de Saint-Rombaut?* dans le *Bulletin du Cercle archéologique*, t. XIV (1904), pp. 239 et ss.; — F. STEURS, *De toren van Sint-Romboutskerk te Mechelen*, pp. 15 et ss.; — P. SCHATS, *Wouter Coolman, bouwmeester van Sint-Romboutstoren te Mechelen*, dans *Vlaamsche School*, t. II ; — EMM. NEEFFS, *Hist. de la peinture*, t. II, p. 58.

travaux avait passé en de nouvelles mains, et que les architectes qui succédèrent au maître primitif de l'œuvre ne crurent pas devoir abdiquer toute initiative. C'est ainsi qu'à la façade occidentale, l'ornementation des contreforts entre le premier et le second larmier offre déjà de notables différences. Du côté Sud, notamment, le meneau de séparation des arcatures décoratives est absent, et les retombées des ogives reposent sur un cul-de-lampe, tandis que du côté Nord les faces du contrefort sont creusées en forme de niche plate, décorées à leur partie supérieure d'un arc en accolade à quatre cintres, orné de redents.

La tour, qui s'élève en masse carrée, mesure à sa base 25^m57 de côté. D'après des sondages faits le 6 octobre 1837, en présence du gouverneur de la province d'Anvers, la saillie des fondations est de 46 centimètres et leur profondeur de trois mètres.

Le monument est formé essentiellement de quatre contreforts doubles aux angles et d'autant de contreforts simples sur les faces. Cependant, toute la masse repose sur les piliers d'angle. En effet, le milieu de la tour est échancré jusqu'à la hauteur de la voûte de l'église ; comme à Saint-Gommaire de Lierre et à Saint-Pierre de Louvain, elle forme vestibule en prolongement de la grande nef. Les deux contreforts du milieu des faces orientale et occidentale s'arrêtent brusquement, le premier au faîte du toit de l'église, le second au-dessus du grand arc qui encadre la porte principale, tandis que les contreforts des deux autres faces sont évidés et renferment les escaliers d'accès aux étages.

Sur la voûte, qui ferme le vestibule et sur laquelle seul un oculus ménagé dans le plancher du jubé actuel ouvre encore une échappée, on plaça jadis le distique :

Gesloten was ick tot elcx aensien
doen men screef m. v^c xiij.

Entre le second et le troisième larmier, la face antérieure des contreforts est décorée de baies avec tympan à claire-voie. Le larmier contourne l'arcature mère et forme au-dessus de celle-ci une seconde arcature, un peu en doucine et terminée par un fleuron.

Au troisième larmier, les contreforts ont une première retraite, mais celle-ci est rendue peu sensible à cette hauteur, par un clocheton haut de trente-cinq mètres, décoré de niches et de petits clochetons sur les trois côtés libres. Par le quatrième côté, ce clocheton adhère au contrefort et fait corps avec lui. Sur toute cette élévation, depuis le sol jusqu'à la galerie du veilleur, la nudité des faces latérales est interrompue de distance en distance par des moulures ou larmiers secondaires, dont deux seulement se montrent sur la face antérieure, comme pour relier l'ensemble de la construction.

A la hauteur du huitième larmier, la face des contreforts est couronnée par une arcature trilobée à redents, dont l'extrados est chargé de crochets et d'un fleuron. Au-dessus de ce couronnement trilobé il y a une seconde retraite, si considérable cette fois, que les contreforts paraissent réduits à de simples pilastres, bien que leur saillie mesure encore 1^{m}38. A cette hauteur, les côtés latéraux du contrefort sont unis et sans aucun ornement ; leur face antérieure est creusée en panneau mouluré. Devant ce panneau se dresse un second clocheton, haut d'environ trente mètres, construit dans les mêmes conditions que celui qui prend naissance au troisième larmier. Lui aussi est orné de niches avec crêtage et de petits clochetons, et se rattache par le quatrième côté à la face du pilastre contre lequel il s'appuie.

Jusqu'au commencement du xixe siècle, le porche extérieur, sous la tour, présentait un perron ou un palier dont les marches s'avançaient en pointe, en dehors des contreforts. Cette disposition fut modifiée en 1804. Les marguilliers acquirent de l'acheteur du couvent supprimé des Carmes un certain nombre de pierres tombales, qu'ils mirent en œuvre pour construire le perron et les escaliers actuels (1).

Les voussures qui forment le porche sont ornées, de part et d'autre, de trois colonnettes, dont l'encorbellement est destiné à recevoir des statues qui, semble-t-il, ne furent jamais placées. Le tympan non plus, qui surmonte la double porte, n'a jamais été orné du bas-relief traditionnel.

---

(1) L'ensemble de ces travaux qui enlevèrent à la tour de Saint-Rombaut une particularité des plus caractéristiques, coûtèrent 1643 fl. 14 s., dont 100 fl. pour les pierres tombales. — AF^2, *Comptes de la Fabrique,* 1804-1805.

Après la Réduction de la ville, en 1585, la colonnette qui fait corps avec le trumeau séparant la double porte d'entrée fut surmontée d'une statue de saint Rombaut, par Philippe de Save, placée en 1597 (1), et probablement polychromée, puisqu'en 1599 Melchior Dassonville fut chargé de mettre la colonne également en couleur (2).

Au cours du xvij[e] siècle, on plaça dans le tympan un grand Christ de cuivre doré, provenant de l'église de Bois-le-Duc (3), ainsi que les statues polychromées de la Sainte Vierge et de saint Jean (4).

Jadis il y avait, sur la marche inférieure qui menait au porche, une colonnette ornée d'un lion accroupi, portant la date MCCCCLXV. Le chanoine zellarien Guillaume Burius y ajouta, en 1680, les vers suivants :

> Twee hondert vijfthien jaer heb ick hier nu geseten,
> En hebbe mijnen dienst intoesien wel geqweten,
> Bewaerde dese kerck ende Sinte-Romboutsthoren ;
> Maer waer hij eens volmaakt, 'k dé geen moeyte verloren,
> Verwondert niet en sijt dat mijn hooft staat soo crom :
> Als hij volmaect sal syn, dan sal ik kijken om.

Le lion fut vendu le 25 octobre 1785, en même temps que les vases, pilastres et autres matériaux provenant de la démolition du mur de clôture du cimetière.

Les deux fenêtres au-dessus du porche donnent jour dans l'église et correspondent, pour la hauteur, à celle de la claire-voie de la grande nef. Ces fenêtres sont divisées en quatre compartiments, par des meneaux d'égale épaisseur, et ornées d'un tympan au dessin flamboyant.

La tour proprement dite comporte dans son élévation deux étages, séparés par une galerie de chemin de ronde et percés de

---

(1) AF, *Comptes de la Fabrique*, 1594-1597, f° 45.
(2) IBIDEM, 1599-1600, f° 32 v°.
(3) IBIDEM, 1667-1676, f° 102 : « Betaelt 10 iunii aen De Dryver voor het vergulden van de coperen Christus hangende boven de groote trappen buyten de kercke als oock voor den zelven aff te doen met schilderen van twee belden t' samen... 32 g. ».
(4) IBIDEM, 1693-1696, f° 52 v°.

hautes fenêtres. La galerie est formée de quatre balcons placés sous les fenêtres du second étage, et reliés entre eux par des passages ménagés dans l'épaisseur des contreforts. Le second étage est couronné d'une nouvelle galerie; celle-ci est appuyée sur la corniche et contourne les contreforts, pour atteindre un développement total d'environ 98 mètres.

Les fenêtres du premier étage, très élevées, sont coupées à mi-hauteur par un ornement architectural en forme d'arcade trilobée, qui contribue à diminuer l'effet de la longueur excessive, — 23 mètres, — des meneaux. Ces fenêtres sont réelles, bien que fermées, en ce sens que leurs meneaux et tympans sont placés en claire-voie à une distance de 55 cm. du mur du fond.

Le mur au-dessus de ces fenêtres est orné d'arcatures, qui relient le dessin des tympans à celui des balustrades. Quant au mur lui-même, il est réduit à la moitié de l'épaisseur première au rez-de-chaussée.

Les fenêtres du second étage sont entièrement à jour et coupées, comme celles du premier, par un meneau horizontal.

Sur les faces latérales de la tour, les fenêtres ont la même hauteur que celles des deux autres côtés, mais elles sont plus étroites, à raison de la plus grande masse de la tourelle d'escalier qui remplace le contrefort; ces fenêtres se composent de deux baies seulement, avec une coupure assez simple à mi-hauteur.

Comme le plan signalé par l'architecte Châlon le montre, et comme plusieurs amorces relevées dans la construction l'indiquent, le plan primitif prévoyait des balustrades ou garde-corps au bas des fenêtres de tous les étages, non seulement à la façade principale, mais encore sur les côtés. Il devait également y avoir des balustrades au-dessus des remplissages entre les contreforts et les cages d'escalier, au-dessus des niches bâties au Nord-Ouest et au Sud-Ouest, entre les contreforts d'angle (1), ainsi qu'au-dessus du grand porche. Plusieurs de ces balustrades furent achevées dès l'abord et renouvelées dans ces derniers temps, mais d'autres le

---

(1) Ces niches étaient ornées, au xviiie siècle, celle du Nord-Ouest, d'une Pieta, et celle du Sud-Ouest, d'un Christ portant sa croix. Les groupes furent brisés par les Français pendant la nuit du 13 au 14 mai 1793.

furent seulement lors des travaux de restauration; d'autres encore, comme la balustrade qui doit couronner le grand porche, attendent toujours leur réalisation.

On monte à la tour par deux escaliers en colimaçon, logés, le premier, qui est interrompu à hauteur du premier étage, dans le contrefort intermédiaire du côté septentrional; le second, qui atteint la seconde galerie, dans le contrefort du côté de la rue Sous-la-Tour. Sur le noyau de cet escalier, on voit encore les entailles conventionnelles en usage dans les corporations de constructeurs du moyen âge.

A la septante-huitième marche, une porte donne accès au triforium de l'église, et à la cent-cinquante-sixième, on entre à la « kraankamer » ou salle de la grue. On s'y trouve dans une vaste place de 110 m² et de 12^{m}57 d'élévation; c'est dans cette salle qu'est logée la grue, qui sert à monter les lourdes charges. A la 233e marche, il y a une nouvelle salle, de 108 m², où se font les travaux de réparation à l'horloge, c'est la forge. Plus haut, à la 313e marche, deux couloirs mènent, le premier à la galerie extérieure, le second à la chambre des cloches. Cette dernière, qui a une superficie de 110 m² et une hauteur de 15 m., renferme, dans un fouillis de grosses poutres enchevêtrées, les six grandes cloches.

Le beffroi actuel est le troisième en date.

Le premier fut détruit par un incendie qui éclata au mois de mai 1499, à l'heure de l'office, et qui dévora toute la charpente, entraînant dans la chute des poutres calcinées, les cloches, qui vinrent se briser sur le pavement.

Grâce à un emprunt autorisé par l'évêque de Cambrai, Henri de Berghes, la Fabrique répara sans délai les dégâts (1). Le nouveau beffroi demeura en usage jusqu'en 1660. Dans une requête adressée au Grand Conseil, en 1658, le Magistrat affirma qu'on avait dû cesser la sonnerie des cloches, « door die cranckheyt ende swaricheyt vant berefroy » (2). Dans la même requête, le Magistrat, qui désirait obtenir l'autorisation de lever une taxe sur les sonneries, estimait le coût total des travaux à plus de 5000 florins. En réalité, le travail fut accepté par Gédéon Stroobant, pour la somme de 2450 florins. L'entrepreneur s'engagea à terminer sa besogne avant la Pentecôte.

---

(1) AA, *Cameracensia*, reg. XI [a. c. iiij], p. 59. — Cf. STEURS, f° 14.
(2) AC, Arm. I, casier 4, liasse *Cloches*, A, n° 17.

Au-dessus de la chambre des cloches, il y a celle de l'horloge. Celle-ci fut placée en 1560, par Pierre Engels, de Termonde. Le mécanisme repose sur une charpente de bois de 2^{m}25 de long sur 1^{m}50 de large. Il fut renouvelé en partie en 1775 et revu en 1861, par le chanoine L. Michiels, à cette époque professeur de mathématiques au collège de Pitsembourg, qui remplaça le balancier par un marteau mû à l'électricité. Le cadran extérieur de l'horloge a 13^{m}50 de diamètre et 44 m. de circonférence, l'aiguille une longueur de 3^{m}62 et les chiffres une hauteur de 1^{m}96. Le cadran fut placé, au commencement de xviij^e siècle, par un horloger anglais établi à Malines, Jacques Wilmore. Le cadran subit d'importantes restaurations en 1773 et en 1871-1874. Les dégâts causés par les projectiles allemands, au mois de septembre 1914, rendent nécessaires de nouvelles réparations. Pour éviter des accidents, on dût même descendre les chiffres et l'aiguille du côté méridional, qui se trouvèrent exposés au feu de l'ennemi.

L'objet le plus intéressant de la chambre de l'horloge est le grand tambour de laiton, coulé par Alexis Julien, le 9 septembre 1783. Jean De Hondt travailla pendant deux années à percer les 16,200 ouvertures carrées, dans lesquelles on fixe les dents qui servent à mouvoir le marteau des cloches pour la sonnerie des heures. La circonférence du tambour comporte 164 mesures, dont 108 pour le carillonnage de l'heure, 48 pour celui de la demi-heure, et huit pour celui du quart d'heure.

A la 409e marche, s'ouvre la chambre du carillon. Cette vaste salle, de 106 m^2 de superficie et de 12^{m}75 d'élévation est divisée en deux parties : la salle des cloches renfermant trente-neuf cloches, de toute grandeur, et le cabinet du carillonneur, avec le clavier.

Montons encore 77 marches, et nous arrivons au « aschkelder » le magasin où jadis, dit-on, on avait constamment sous la main une provision de cendres pour être mélangées à la chaux et fournir ainsi le ciment nécessaire aux restaurations courantes (1).

Seize marches au-dessus du « aschkelder », l'escalier aboutit sous une voûte et donne accès à la seconde galerie et à la plate-forme.

---

(1) AM. *Comptes*, reg. 1788, f° 106 : « Betaelt aen Mathias Claes, negen guls. sesthien strs voor leverantie van 28 kinnekens assche voor reparatie op Sint-Romboutstoren ». — Cf. STEURS, p. 14.

Des bancs de pierre, adossés à la naissance des piliers sur lesquels doit s'élever la flèche, invitent le touriste à se reposer des fatigues de l'ascension et à jouir du superbe panorama qui s'étale sous son regard.

Rien d'étonnant que de tout temps les chefs d'armée aient fait usage de la tour comme poste d'observation, pour surveiller les mouvements de l'ennemi.

Une plaque commémorative, placée du côté Est de l'escalier, rappelle l'ascension faite, dans l'après-dîner du 15 mai 1746, après son entrée victorieuse à Malines, par le roi Louis XV. L'inscription est due au Jésuite J.-B. Holvoet et conçue dans le style pompeux de l'époque :

PERENNI MEMORIAE
IN TURRIS HUIUS FASTIGIO
STETIT FRANCIAE AC NAVARIAE REX
SOLE SUB OCCIDUO, SUMMO HOC IN CULMINE TURRIS
SOL ALTER, MAIIS IDIBUS EXORITUR
LUDOVICUS XV.

Le factum du bon jésuite ne lui mérite pas précisément un brevet de loyalisme; mais il ne fallait pas grand courage non plus pour décocher à son auteur, après le départ des Français, ces vers qui ne manquent pas de méchanceté :

> *Sole sub occiduo cecinisti, antique dierum,*
> *Sol alter maiis idibus exoritur,*
> *Nunc aliter cantas, cernens splendescere solem,*
> *Quem tu cantasti nescius occiduum;*
> *Austriacum cernis rursum splendescere solem*
> *Occidit hic mundi machina quando cadat (1).*

---

(1) Le P. Holvoet ne laissa pas l'épigramme sans riposte, protestant que, tout vieillard qu'il fut, il ne déraisonnait pas au point

Austriacum ut caneret demens occumbere solem,
Cui tot erant illo tempora regna...

Cf. RAYMAEKERS ET DELAFAILLE, p. 79.

Le même haut fait du roi, — si haut fait il y a, — fut chanté en des vers tout aussi pompeux par Eustache Stevart, dans son $EIII\Omega IKION$ D.D.C. *ab Eustachio Stevart Bruxellensi senerissimo, invictissimoque triumphatori Ludovico XV Franciae et Navariae Regi Christianissimo magno huius aevi Alexandro cum capta urbe Mechliniensi anno 1746, idibus maii sub occasum solis mira agilitate ascendisset eximiam vastamque turrim ecclesiae metropolitanae S. Rumoldi...*

Une autre plaque rappelle l'ascension de la tour par le roi de Suède, Gustave III, qui y monta le 21 septembre 1780, en compagnie du cardinal de Franckenberg (1).

Une ascension toute récente, celle du roi Albert, dans la matinée du premier bombardement de la ville par l'artillerie allemande, au funeste mais glorieux mois d'août 1914, ne donnera-t-elle pas lieu à quelque mémorial? Nous osons l'espérer.

A la suite du défaut de tout entretien durant les années de troubles que la ville connut dans la seconde moitié du xvj^e siècle, la tour, après le rétablissement de l'autorité du roi, demandait certaines restaurations. Pour autant que les termes de l'octroi royal, accordé le 26 juin 1590 par Philippe II, reproduisent ceux de la requête que lui avait adressée les pères-conscrits malinois, ceux-ci avaient pris la chose fort au tragique. Ils firent valoir, en effet, que la tour, « par faulte de deu entretenement est devenue en tel estat que si promptement n'y soit remedie est en tres grand dangier de tomber sur la dite église et maisons circumvoisins, laquelle cheutre oultre lempeschement du service divin et la deformation de la dite ville causerait ung dommaige irreparable (2) ».

Malines, Laurent Van der Elst, s. a., 4 pp. petit in-4º; il est vrai qu'après le rétablissement de la Maison d'Autriche, Jérôme Stevartius, qui était doyen du Chapitre et censeur des livres, en approuvant une comédie, *Astrea fidelis*, composée par les Oratoriens pour fêter le retour du Grand Conseil, crut devoir faire amende honorable pour son neveu, en disant, lui aussi, tout son bonheur de cet heureux événement, « post suspiria multa et vota ardentia omnis conditionis hominum et signanter cleri metropolitani miserabiliter afflicti et oppressi, post duorum annorum et novem mensium absentiam quibus Mechlinia sub duro Gallorum iugo amare gemuit ». — BR, ms. nº 17225-27.

(1) Voici l'inscription :
GUSTAVUS III
SUCC. GOTHOR. VANDAL.
REX
CUI SAT ARDUA NULLA AD VIRTUTEM VIA
CIƆ. IƆ. CC. L. XXX. SEPT. XXI
HINC
COELUM PROSPEXIT ET TERRAM
UTRIUSQ. INCOLATU
PERPETUO
DIGNISSIMUS
POST HONORES MIHI HABITOS LUDOVICO XV ALTERAM IPSE
CORONAM ADTULIT NE MOLI TAM AUGUSTAE DEESSE VIDEATUR
CAPUT

(2) AM, *Registres aux octrois*, reg. I, fº 112 vº. — Cf. STEURS, p. 38.

La Fabrique, comme suite à la requête, obtint, pour deux années, la concession d'un droit sur l'exportation des légumes, qui fut affermé la première année, pour 395, et la seconde pour 532 florins (1). Grâce à ce supplément de revenus, les marguilliers firent établir des échaffaudages et relier par des fers les parties qui leur paraissaient menacer ruine. Le travail fut exécuté par Corneille Van Kerckhove, l'architecte de la ville, qui employa à cet effet 4841 livres de fers. La consolidation était achevée le 9 décembre 1592, lorsque les commissaires du Magistrat examinèrent les restaurations exécutées et les approuvèrent (2).

En dehors de ces restaurations exécutées au xvj^e siècle et des soins d'entretien courant, il ne paraît pas que des travaux d'une certaine importance aient été exécutés à la tour avant le xixe siècle.

Les travaux à la tour furent commencés en 1859. Depuis cette date jusqu'en 1865, le maître-tailleur de pierres malinois, Jacobs, sous la direction de l'architecte de la ville, Bauwens, restaura la partie supérieure à partir de la chambre des cloches, soit depuis la première galerie jusqu'au sommet. Ce fut alors que disparut la guérite, que les anciennes gravures nous montrent, surmontant les amorces de la flèche. De 1860 à 1868, un tailleur de pierre bruxellois, du nom de Bernard, continua et acheva les travaux commencés par Jacobs. Ces travaux consistaient dans des restaurations en recherche sur les quatre faces du monument. Pour exécuter le travail, l'architecte dirigeant avait arrêté son choix sur la pierre dite grès d'Écaussines. Cette pierre, d'une taille facile, donna lieu à un travail exceptionnellement fouillé; comme en témoignent des fragments abrités contre les intempéries du climat et par le fait mieux conservées, les surfaces étaient d'une taille fine et serrée, les arêtes vives, les moulures et ornements achevés avec grand soin. Malheureusement, — ou heureusement peut-être, car une taille trop délicate, si elle répondait au goût du moment, semble moins

---

(1) Cf. ci-dessus chap. II, § 3, p. 105.

(2) AF, *Comptes de la Fabrique*, 1592-1593, « Rekeninge ende bewys van de penningen van de twee jaeren pachts van de gruene waeren die buyten geroert wordt tot behoeff ende reparatie van toren te binden met yser waer off Jan Moons dese penningen es doende ». L'ensemble des travaux, y compris les faux frais et 287 livres de fers employés au nieuw-werck, revint à 969 fl. 13 s. 9 d.

convenir à l'aspect du monument, — la pierre employée était peu résistante; après un demi-siècle à peine, les sculptures se trouvent complètement rongées et les surfaces planes elles-mêmes se fendillent, s'écaillent et s'effritent, au point que déjà une nouvelle restauration s'impose.

En 1869, la Ville décida de continuer les travaux en régie, mais dix années plus tard elle eut recours à une nouvelle adjudication. L'architecte Louckx, qui avait succédé à Bauwens dans la direction des travaux communaux, et l'entrepreneur J.-B. Van Boxmeer, abandonnèrent le grès d'Écaussines pour adopter une pierre plus dure, la pierre de Morley, des carrières de Savonnières en Perthois, dép. de la Meuse (France). Cette pierre, qui est encore en usage pour la restauration de l'église elle-même, donna d'excellents résultats, comme on peut s'en convaincre par l'examen du contrefort Nord de l'angle Nord-Est de la tour. Elle fut remplacée néanmoins, en 1879, par la pierre dite Roche d'Euville, qui fut en usage jusqu'en 1914.

Les travaux commencés par l'architecte Louckx eurent pour objectif la remise en état de la partie inférieure de la tour; ils débutèrent au contrefort que nous venons de signaler et s'étendirent successivement à toute la façade orientale et à la façade méridionale, jusqu'au contrefort Sud de l'angle Sud-Ouest. En même temps qu'il remplaça les parties détériorées, l'architecte Louckx, en s'inspirant des amorces relevées sur la face orientale elle-même, et en reproduisant les parties correspondantes des autres faces, établit également des meneaux dans la baie aveugle ou la fausse fenêtre à la partie de la tour au-dessus de la nef de l'église, qui, semble-t-il, n'avait jamais reçu ce complément de décor. Il y établit également, en s'aidant de données similaires, la balustrade dans la partie inférieure de la fenêtre.

L'architecte Louckx mourut au commencement de l'année 1893; et au mois de mai de la même année, la Ville lui donne comme successeur, pour la direction des travaux de la tour, l'architecte actuel H. Meyns. Celui-ci reprit la restauration à l'endroit où l'avait laissée son prédécesseur, c'est-à-dire au contrefort Sud de l'angle Sud-Ouest; à la veille des événements de 1914, les travaux à la partie inférieure de la tour, sauf le porche extérieur, étaient terminés.

Au cours de ces restaurations, l'architecte établit ou rétablit les meneaux de la grande fenêtre au-dessus de l'entrée.

Quelques semaines avant le fatal mois d'août 1914, les administrations intéressées, la Ville, la Province et l'État, décidèrent de doubler leur côte-part respective, afin d'arriver à une fin plus prompte des restaurations reconnues urgentes, à la partie supérieure de la tour.

Les restaurations exécutées à la tour donnèrent lieu, — pouvait-il en être autrement? — à des critiques de détail, notamment en séance du Conseil de surveillance du 31 mars 1894; et dans un travail inutile : *Le vrai plan de la Tour de Saint-Rombaut,* feu le chanoine van Caster s'est fait l'écho de ces critiques. Nous ne nous arrêterons pas à les discuter : il est certain que le monument tel qu'il se dresse aujourd'hui dans son imposante majesté, peut être cité parmi ceux dont la restauration fait honneur à tous ceux qui y apportèrent le concours de leur intelligente collaboration.

Les conséquences des bombardements de l'automne 1914 furent désastreuses pour la tour de Saint-Rombaut. La façade méridionale, en but au feu de l'ennemi, a particulièrement souffert : la galerie supérieure fut démolie de ce côté et aussi du côté du fort de Waelhem; le couronnement à pans coupés du contrefort central méridional fut complètement démantibulé et devra être démoli pour la restauration; les arcatures avec meneaux engagés sous la grande corniche furent également projetés à terre, les grands cordons du couronnement sont en partie à renouveler et les pinacles des contreforts menacent ruine; toute la surface de ce côté de la tour, depuis la base jusqu'au sommet, a été atteinte de nombreux projectiles, qui ont brisé les fleurons, écrasé les moulures, endommagé les surfaces planes (1). Toutefois, la masse de la tour, malgré la violence de l'effort, demeura intacte.

Le bombardement de la tour a été rappelé au revers d'une fort belle plaquette, publiée en 1916, par le graveur anversois Alphonse Mauquoy, en l'honneur de S. É. le cardinal Mercier. On y voit les obus allemands frappant la tour et démolissant les ornements et les sculptures. L'inscription de l'exergue, « INCONCUSSA MOLE STAT »,

---

(1) En 1915, les dégâts furent estimés à 442,579 fr. 46.

rappelle plus encore que la solidité de la tour, l'inébranlable constance de l'Évêque « Défenseur de la Cité ».

L'état d'inachèvement dans lequel le xvj^e siècle avait laissé la tour, fit surgir à diverses reprises l'idée de parfaire la flèche.

Déjà en 1649, Wenceslas Hollar accompagna le plan de la flèche qu'il grava et qui fut reproduit dans l'ouvrage de Le Roy, *Brabantia sacra et profana* (1), de cette légende : *ETYΠON turris elegantissimae S. Rumoldi Mechliniae. Si ut exhibetur hoc in typo tandem aliquando perficiatur, den torre van St-Rombaut te Mechelen so denselven mit der tyt naer syne eerste voorghenomen modelle volmaect moet worden.*

Dès l'aurore de l'indépendance belge, peut-être sous l'inspiration de J.-B. De Noter, le dessinateur-archéologue qui dessina le type gravé par J. Hunin, l'idée de l'achèvement de la tour fut reprise. En 1837, la Députation permanente de la province d'Anvers chargea une commission de cinq architectes d'examiner jusqu'où la construction était encore assez résistante pour porter le poids d'une flèche. C'est alors qu'on fit les constatations au sujet des fondations, que nous avons rappelées au commencement de ce paragraphe.

Jugea-t-on les fondations insuffisantes ou recula-t-on devant le coût de l'entreprise, nous l'ignorons, toujours est-il que bientôt on ne parla plus du projet. Celui-ci, il faut en convenir, était assez extraordinaire. Au xve siècle, on s'était proposé, croyait-on en 1830, de surmonter la tour d'une flèche de cuivre doré, « maintenant, écrivit le correspondant local de la feuille *Le Sphynx*, si le projet que l'on a conçu se réalise, ce n'est pas en cuivre doré que serait la flèche, mais en ornements de fer, fixés sur une charpente ». À lire l'information du correspondant, on serait tenté de prendre comme une gageure un projet aussi fantastique, si on ne se souvenait qu'il

---

(1) Publié à Amsterdam en 1695. La gravure de W. Hollar a servi de modèle à tous ceux qui ont dessiné ou gravé la tour de Saint-Rombaut. Une mauvaise copie de cette œuvre se trouve dans SOLLERIUS, sous le titre de *Delineatio turris templi S. Rumoldi Mechliniae*; dans VAN GESTEL, t. I, p. 44, et dans l'édition de 1711, de l'ouvrage *Délices des Pays-Bas*. — Cf. G. VAN CASTER, *Le vrai plan de la tour de St-Rombaut à Malines*, pp. 13 et ss.

y a peu d'années encore, le beffroi de Gand était surmonté du campanile de fer dont on l'avait doté en 1850 (1).

En 1864, lors du Congrès des Catholiques tenu à Malines, le problème de l'achèvement de la tour fut remis sur le tapis par Auguste Reichensperger. L'ardent député allemand proposa de faire un appel à la Catholicité toute entière, en vue de réunir les ressources nécessaires. La proposition, — est-il besoin de le dire, lorsqu'il s'agit d'un Congrès? — fut votée d'enthousiasme par tous les assistants; mais à peine les Congressistes avaient-ils quitté la ville, qu'ils ne songèrent plus à la tour de Malines.

En 1880, quelques Malinois, amis des gloires locales, se réunirent en Comité, pour travailler à la réalisation de l'œuvre; mais encore une fois, le Comité mourut de lente mort et, sauf dans un périodique anglais, il ne fut plus question de l'achèvement de la tour. Au mois de juillet 1886, la revue *The Building* publia une gravure de la tour avec sa flèche et rompit une lance en faveur du projet d'Auguste Reichensperger (2).

Un pas plus sérieux fut fait lorsque, peu après, l'architecte communal de Malines, Phil. Van Boxmeer, et un archéologue Montois, Joseph Hubert, chacun de son côté, reconnurent, dans un dessin publié en 1844 par Renier Châlon, et que celui-ci donnait comme le plan de la tour de Sainte-Waudru, le véritable plan de celle de Malines. Les conclusions des deux archéologues furent ratifiées à diverses reprises par des hommes du métier (3) et défendues dans un travail, que nous appellerions volontiers définitif, par le chanoine G. van Caster (4).

La flèche telle que la prévoit le plan de Châlon est composée de trois étages et d'un couronnement. Le premier étage est formé par huit dièdres convexes, le second par quatre faces planes et le troisième par quatre dièdres concaves alternant avec quatre faces

---

(1) AM, Schellens, *Chronique*, ms., t. VIII, 1837, — Steurs, p. 8.

(2) *Revue de l'art chrétien*, 1887, p. 130. — Cf. *Bulletin du Cercle Archéologique*, t. VIII, 1898.

(3) Cf. *Revue de l'art chrétien*, 1887, pp. 130 et ss.; — *Compte-rendu du XIIe Congrès de la Fédération historique et archéologique de la Belgique*, tenu à Malines en 1897, pp. 320 et ss.

(4) Chan. G. van Caster, *Le vrai plan de la tour St-Rombaut à Malines*. Malines, 1890.

planes. Le couronnement enfin comprend un petit édicule surmonté d'une galerie octogone et d'une pyramide qui a ses arêtes dans la direction des angles de l'édicule.

Lors du Congrès des Œuvres catholiques, assemblé à Malines en 1909, la question de l'achèvement de la tour fut de nouveau soulevée par le chanoine Thiéry, qui présenta, en même temps qu'un mémoire très fouillé, une maquette exécutée sous sa direction, par les sculpteurs De Martelaere père et fils (1). Encore une fois, les assistants émirent un vœu en faveur de la prompte réalisation du projet.

Il faut croire, cependant, qu'à Malines même tout le monde ne partage pas l'enthousiasme des archéologues, ni l'emballement des congressistes. En effet, lorsqu'en 1914 le Gouvernement, cédant à des instances répétées de quelques partisans de l'achèvement, semblait disposé à entrer dans la voie d'une réalisation pratique, les conseillers communaux, pressentis sur une éventuelle intervention financière de la ville, se trouvèrent en désaccord sur le fond même de la question. Les avis étaient partagés sur l'opportunité du travail et, en tous les cas, déclarèrent-ils, la Ville ne peut assumer aucun engagement financier (2).

Il ne serait guère possible à l'étranger qui visite l'église Saint-Rombaut et sa superbe tour de s'éloigner du monument dont il vient d'admirer les belles lignes et l'imposante masse, sans esquisser un sourire en se rappelant l'invraisemblable mais très réelle équipée à jamais mémorable des bons Malinois, dans la nuit du 26 au 27 janvier 1687.

Rappelons en peu de mots, en le ramenant à ses véritables proportions, ce petit événement, peu important en lui-même, que l'esprit caustique de nos pères, aiguisé par les jalousies locales, se plut à enfler et à revêtir des circonstances les plus fantaisistes.

---

(1) Les passages saillants ont été reproduits par J. LAENEN, *Le projet de l'achèvement de la tour de l'église Saint-Rombaut*, dans *La vie diocésaine*, t. III, 1909, pp. 346 et ss., — et les discussions auxquelles le rapport donna lieu par A. THIERY, *La Tour de l'église Saint-Rombaut à Malines*. Louvain, 1910.

(2) Cf. *Le Patriote*, 1914, 16 février.

La dite nuit donc, le bruit se propage dans la cité endormie que la tour Saint-Rombaut est en feu. Le voisin réveille le voisin et tout Malines d'ajouter foi à la sinistre nouvelle et d'accourir pour prêter aide et secours. On amène, à grand renfort de bras, des tonneaux remplis d'eau, voire même de bière, qu'on était allé prendre chez les brasseurs. De fait, la tour paraît enveloppée d'une épaisse fumée. Cependant, quelques courageux citoyens, munis de seaux, montent l'étroit escalier qui mène aux étages, mais ne trouvant aucune trace d'incendie, heureux autant que confus, ils s'empressent de redescendre. A leur arrivée sur la place, ils y trouvent massée une foule énorme : riches et pauvres, prêtres et laïcs, tout le monde est accouru ; la garde en armes s'est portée vers l'église, les pompes à incendie sont tenues prêtes à fonctionner. L'histoire ne nous dit pas si le zèle des Malinois à sauver leur tour alla plus loin. Toujours est-il que si, dans un premier moment de désarroi quelque sceau d'eau fut dirigé contre l'imaginaire incendie, on resta bien loin du

mergimur in turri (1)

que le poète met dans la bouche du bâtelier. Néanmoins, l'incendie de la tour de Malines eût assez de retentissement pour soulever dans la Belgique entière un long éclat de rire dont, après deux siècles et demi, les échos ne sont pas encore complètement éteints (2).

---

(1) V. HERMANS, *L'Incendie de la tour Saint-Rombaut à Malines*, dans le *Messager des Sciences historiques*, 1877.
(2) .... Celsa, proh Jupiter, inquit,
    Mergimur in turri, qui tot discrimina ponti
    Sprevimus et vastum toties transnavimus aequor.
MEYER, S. J., *Incendium Mechliniense*, dans J.-F. WILLEMS, *Mengelingen van Vaderlandschen inhoud*.
(3) V. au point de vue folklore, A. MERTENS, *Iets over de spotnamen onzer Belgische Steden*, dans *Lettervruchten van het Leuvensch genootschap « Met Tijd en Vlijt »*; — J. LAENEN, *Een oud liedje over den Mechelsche torenbrand*, dans les *Verslagen en mededeelingen der K. Vl. Academie*, 1912.

§ 2

Les Cloches et le Carillon

SOMMAIRE. — Les six grandes cloches : Jhesus-Salvator, Carolus, Rumoldus, Maria, Madeleine, Libert. — Deux autres cloches anciennes. — Le carillon. — La propriété des cloches. — Les cloches en 1914-1918.

La tour de Saint-Rombaut possède actuellement six grandes cloches et trente-neuf cloches de moindre importance (1).

Nous n'avons guère de renseignements sur les cloches de la première tour, ni sur celles qui furent brisées et fondues lors de l'incendie du beffroi, en 1497. Nous savons seulement que la cloche qui servait à la sonnerie de l'heure pesait 2200 livres (2).

Aussitôt après l'incendie, on se mit à l'œuvre pour réparer les dégâts, et dès le 16 mars 1498, furent coulées la grosse cloche *Jhesus-Salvator* et cinq autres cloches.

La cloche *Jhesus-Salvator*, ou *Salvator*, comme on l'appelle aujourd'hui, fut coulée une première fois en 1498; elle portait alors comme inscription :

> *Die suete ihesus is dalderbeste*
> *Alexander screefs hem paus de seste*
> *Maximilae roomsche coninc op dat pas*
> *Aertshertoch philips heere va Mechele was*
> *dusent vier hondert xcviij men las.*

---

(1) V. sur les cloches de Saint-Rombaut : RAYMAECKERS ET DELAFAILLE, pp. 37 et ss.; — STEURS, pp. 40 et ss.; — Dr G. VAN DOORSLAER, *Le carillon et les carillonneurs de la tour de Saint-Rombaut à Malines*. Malines, 1893; LE MÊME, *L'ancienne industrie du cuivre*, III, *La fonderie des cloches*. Malines, 1913, Extr. du *Bull. du Cercle Archéologique*, t. IV et tt. XII et XIII.

(2) V. ci-dessus Chap. I, p. 69.

La cloche pesait alors environ 14,000 livres (1). Refondue en 1516, *Salvator* tint bon jusqu'en 1629 et fut remise au creuset en 1638, par les fondeurs Pierre Van den Gheyn et Pierre De Clerck le jeune. L'inscription portait, d'un côté :

<blockquote>
Ick ben gegoten van Peeter De Clerck en Peeter Van den Gheyn beyde borgers tot Mechelen in het iaer ons heeren M CCCCCC XXXVIII en Salvator kersten gedaen;
</blockquote>

et de l'autre, sous les armoiries de la Ville :

<blockquote>
Regnante Philippo Ferdinando
fratre Belgium gubernante me Salvatoris nomine
ab anno 1516 usque ad 1629 sonantem
S. P. Q. M.
in pristinum nomen et sonum restituit. A° 1638
</blockquote>

La nouvelle cloche pesait environ 15,000 livres (2) et donnait le ton *si naturel*. En 1776, on décida de la faire descendre d'un demi-ton, et au mois d'octobre on lui enleva deux cent quatre-vingt-six livres. Salvator sonna pour la première fois en *si bémol* la veille de l'octave des Défunts de la même année.

En 1828, le 27 avril, Salvator se fendit de nouveau. Après plusieurs essais de réparation, demeurés infructueux, on brisa la cloche dans la tour même, en 1844, et on transporta les débris aux ateliers Van Aerschot-Van den Gheyn à Louvain.

La coulée de la nouvelle cloche eut lieu le 5 octobre; au pesage elle accusa le poids de 8,146 kg. La cloche arriva à Malines le 22 novembre suivant et le mardi 26 eut lieu, en pleine Grand' place, le baptême par S. É. le cardinal Sterckx. Deux jours après, on monta la cloche par l'extérieur et le 14 décembre, Salvator fit de nouveau entendre sa voix.

La nouvelle cloche porte une longue inscription rappelant les noms des parrain et marraine et ceux des membres du conseil communal; l'inscription débute par ce souvenir historique :

---

(1) D'après le compte communal, 13,102 livres.
(2) D'après le compte communal, 15,228 livres.

SALVATOR
QUOD PRISTINUM MIHI NOMEN
TERTIO REFUSA BENEDICOR
AB EMIN. DNO ENGELBERTO CARD. ARCH.

La seconde cloche *Carolus* fut coulée par Médard Waghevens, pour la sonnerie de l'heure; ce ne fut que plus tard, en 1660, qu'on résolut de l'employer pour les sonneries courantes. Cette nouvelle destination ne lui convint pas, semble-t-il, car elle se brisa en 1666, pendant qu'on la sonnait à l'occasion du service funèbre du roi d'Espagne, Philippe IV.

Refondue en 1696, par Melchior de Haze, la cloche, depuis lors, porte une double inscription; sur le bord inférieur, celle qui figurait sur la cloche primitive :

> *Doen den arendt de lelie dede drooghen*
> *Bij Pavien daer haer harde saen*
> *Was ik te Mechelen voor aller ooghen*
> *Gegoten en Kaerle kersten ghedaen*
> *AqVILa ConCVLCaVIt LILIVM*

et autour de la couronne, le rappel de la nouvelle coulée : « MELCHIOR DE HAZE ME REFUDIT ANTVERPIAE ANNO DOMINI 1696 ».

Par suite de la refonte, la cloche, qui primitivement pesait 13,992 livres, fut ramenée à environ 10,000 livres.

La troisième cloche porte le nom de *Rombaut*. Une cloche de ce nom se trouvait déjà dans l'ancienne tour et fut replacée dans la nouvelle, mais détruite lors de l'incendie du 2 mai 1497. Celle qui existe aujourd'hui fut coulée en 1514, par Georges Waghevens. Lors de la refonte, en 1757, par André Van den Gheyn de Louvain, on crut pouvoir reconstituer son inscription ancienne par les quatre vers suivants, dont le troisième est de lecture incertaine :

> *Rumoldus ben ick die 't al verblydt*
> *de stadt synder ruste es gebenedydt*
> *van den paus den tweede Steven gesoden (1)*
> *int jaer M D XIII werd ick gegoten*

---

(1) C.-à-d. gesonden. Le second vers rappelle le dernier de l'inscription du Ve tableau de la Légende. Cf. t. I, p. 103.

Sur le corps, elle portait en 1514, d'un côté :

canite tuba in Syon

et de l'autre :

Georgius Waghevens me fecit

La cloche de 1757, baptisée la veille de la fête de saint Jean, portait les armoiries du cardinal d'Alsace avec l'inscription :

> Sancto Rumoldo
> Mechliniensium Apostolo
> me sacratum
> et ab anno M. D. XVI
> ad annum usque M. D. CC. XLVIII sonantem
> in nomen et sonum pristinum
> anno M. D. CC. LVII restituit
> S. P. Q. M.

et de l'autre côté :

> Sedente Eminentissimo
> ac Reverendissimo domino
> S. R. E. Cardinali Episcopo

Autour de la couronne, on lisait : Andreas Josephus Van den Gheyn Lovaniensis, Dei gratia, me fudit Mechliniae anno M. D. CC. LVII, aetatis suae XXIX.

La cloche eut un nouvel accident, en 1851, et fut refondue en 1861, par Séverin Van Aerschot. Elle fut bénite solennellement en l'église Saint-Rombaut, devant le chœur, le jour même de saint Rombaut.

La nouvelle cloche, qui pèse 4235 kg., porte autour de la couronne une frise composée des figures des apôtres. Sur le corps on voit d'un côté la figure de saint Rombaut et l'inscription :

> Regnante Leopoldo I Severinus Van Aerschot
> me fudit Lovanii

de l'autre, les armoiries de la Ville et une longue inscription, dont seules les premières lignes offrent de l'intérêt :

Sancto Rumoldo
Mechliniensium Patrono sacrata M. D. XIV.
refusa fui M. D. CC. LVII
post quinquenale ex altera fractura silentium
curantibus civitatis rectoribus.

Marie, la quatrième des six grandes cloches, est la seule qui subsiste encore dans sa coulée primitive de 1498. Fondue en même temps que *Jhesus-Salvator*, le 16 mars, elle se distingue encore aujourd'hui par la pureté du son et l'élégance de sa forme élancée.

Comme inscription elle porte :

✠ *Maria es minen soeten name* ✠ *myn gheluyt sy Gode bequame* ✠ *meester Symon Waghevens ghaf myn accoort* ✠ *M* ✠ *CCCC* ✠ *XCVIII* ✠ *screef men voort.*

Sur le corps, entre une figure de la Vierge et un lion, on lit ces mots, qui font allusion aux difficultés de l'époque :

meer drux dan ghelux

Madeleine fut le nom d'une des cloches qui disparut dans le désastre de 1497. Refondue peu de temps après, elle fut enlevée par les Protestants pendant le régime de terreur qu'ils firent peser sur la ville de 1580 à 1585 (1). Une nouvelle cloche du même nom la remplaça peut-être en 1595 (2). Ce fut cette dernière qui, fêlée une première fois en 1626 ou 1627 (3), puis encore une fois vers la fin du siècle, fut remplacée en 1696 par Melchior de Haze, d'Anvers. On y lit :

Melchior de Haze me fecit Antverpiae anno Domini 1696.

Libert, la sixième cloche actuelle, pèse 3,497 livres. Elle est due à André Van den Gheyn et date de 1766. Son inscription rappelle l'usage auquel principalement on la destina :

---

(1) AM, Arm. I, casier 4, Calendrier pour le maître sonneur, f° 1 v° : « Item de clocken die genomen syn waren Magdalena, Martha, Janneken en Peterken ».
(2) V. G. Van Doorslaer, p. 196.
(3) AC, *Visit. eccl.*, t. II, visite de 1627.

AD REDITUM CIVES AD CANTUM DIRIGO CLERUM
ANDREAS VAN DEN GHEYN ME FUDIT LOVANII
ANNO DOMINI 1766.

Libert remplaça une cloche, Marthe, coulée en 1498 par Simon Waghevens, qui fut enlevée en 1580 et renouvelée en 1626, sous le nom de Joseph(1). En même temps qu'on commanda une nouvelle cloche, on confia à Van den Gheyn le soin de creuser l'ancienne, afin de lui donner le ton voulu pour l'utiliser dans le carillon. L'opération fut exécutée, et Joseph, réduite à 2,865 livres, fut replacée dans la tour. Elle n'y resta guère. En 1781, le Magistrat l'échangea contre une cloche de 3000 livres, commandée par les religieux d'Averbode, mais qui se trouvait n'avoir pas le ton voulu pour la sonnerie de l'abbaye.

En même temps que *Madeleine* et *Marthe,* deux autres cloches d'un poids moindre, *Janneken* et *Peterken,* pesant respectivement 1800 et 1200 livres, furent brisées et vendues par les Protestants.

Nous ne savons de quand date le premier carillon de la tour de Saint-Rombaut. La coulée de six grosses cloches, confiée le même jour à Simon Waghevens, indique-t-elle que dès cette époque on visait à obtenir un jeu de cloches? C'est possible. Ce qui est certain, c'est qu'en 1514, Gilles Waghevens coula une cloche destinée au « voorslag ». Dans la seconde moitié du xvije siècle, le carillon était assez fourni pour que le Magistrat, en 1679, put se défaire d'un certain nombre d'éléments, d'un poids total de 3,646 livres, pour les remplacer par le carillon actuel.

Celui-ci se compose, en dehors des six grandes cloches, de trente-neuf autres de moindre importance. Vingt-huit de ces cloches furent achetées à Pierre Hemony d'Amsterdam, les autres avaient été réservées de l'ancien carillon ou furent successivement

---

(1) Joseph portait comme inscription :

Joseph ben ick ghenaemt om soo het betaemt
den naeme Godts te eeren
Soo wie hoort myn geluit dat hy besluit
syn hart tot Godt te keeren.

ajoutées par M. De Haeze, Adrien Steylaert, André Van den Gheyn, Georges Du Mery (1) et, au xixe siècle, par A.-L.-J. Van Aerschot (2) et F. Van Aerschot.

Cette dernière cloche, une *sol dièse*, le seul ton qui faisait défaut jusqu'il y a quelques années, fut achetée, en 1912, par souscription publique, et offerte au carillonneur Jef Denyn, à l'occasion du vingt-cinquième anniversaire de son entrée en fonctions comme carillonneur de la ville. Elle est décorée du médaillon du carillonneur avec cette inscription : « Aen den grooten beiaardier Jef Denyn, het bewonderend volk. Gegoten door Felix Van Aerschot, anno 1912 ».

Le nouveau carillon se fit entendre pour la première fois le 17 janvier 1680, à la fête de saint Antoine :

In festiVItate antonII tIntInabULUM CepIt aVDIrI

dit un ancien chronogramme.

Lors de la tourmente révolutionnaire, alors que tant de cloches furent brisées, volées et converties en canons, celles de Saint-Rombaut restèrent indemnes. Il est vrai, le carillonneur, Gérard-Gommaire Havérals, qui n'était pas loin de partager les idées républicaines, avait représenté à nos maîtres que, du haut de sa tour, il célébrerait les fêtes civiques et chanterait les triomphes des armées invincibles de la République.

Primitivement, le Chapitre avait, avec la propriété de l'église elle-même, celle de la tour et des cloches. Ce sont les chanoines qui, sur la présentation du grand-coûtre, nomment le sonneur (3). Au xvje siècle encore, lors de la suppression de l'office de coûtre, les

---

(1) Cette cloche, qui sert à la sonnerie de la demi-heure, pèse 1861 livres et demie. Elle porte :
    Laudemus Dominum in cymbalis benesonantibus
    Georgius Du Mery me fecit anno 1735.

(2) C'est une *la bémol* ou *sol dièse*. Elle porte cette inscription qui provoqua des gorges chaudes de la part des adversaires de l'administration communale d'alors :
    A. L. J. Van Aerschot
    Successeur de A. L. Van den Gheyn
    m'a fait en 1873.

(3) V. Livre II, chap. I, § 2 ; t. I, p. 191.

chanoines nomment directement le sonneur et ils maintiennent cette prérogative jusqu'à la fin de l'ancien régime (1). Ils prescrivent également au sonneur des règlements concernant la manière de sonner (2) et lui font verser, entre leurs mains, une caution de 300 florins (3).

D'autre part, cependant, la Ville nomme, elle aussi, un sonneur pour les sonneries à sa charge, change le système de sonnerie, lorsqu'en 1624 elle remplaça par des cordes l'ancien pédalier (4) et construit, en 1660, à ses frais, un nouveau beffroi (5).

Cette double autorité, basée d'une part sur les droits historiques du Chapitre et justifiée, d'autre part, par les sacrifices financiers que de tout temps la Ville s'imposa, devait nécessairement donner lieu à des conflits qui se terminèrent par un *modus vivendi,* accordant à chacun des partis le libre usage des cloches et la faculté de nommer son propre sonneur. Ce fut la Ville également qui, tout au moins depuis le xvij^e siècle, nommait le carillonneur, qui fut en même temps organiste.

En fait, la situation n'a guère beaucoup changé depuis le Concordat. La Ville, on ne sait trop à quel titre, a supplanté la Fabrique d'église dans la propriété de la tour et des cloches, c'est elle seule qui nomme les sonneurs et le carillonneur, mais les marguilliers ont maintenu le libre usage des sonneries.

Au commencement de l'année 1918, le gouverneur général allemand ordonna un inventaire général des cloches du pays occupé. La confiscation n'était point encore prononcée, mais elle ne semblait guère éloignée. Ce fut à cette occasion que S. É. le Cardinal-Archevêque publia une lettre pastorale, dans laquelle se plaçant sur le terrain juridique autant que sur le terrain religieux, le chef de la hiérarchie épiscopale belge éleva la voix pour protester contre le sort inique fait aux populations chrétiennes de la Belgique, par l'injuste oppresseur. Grâce à cette attitude courageuse, grâce à l'intervention du Saint-Siège, grâce aussi, dit-on, et nous voudrions

---

(1) AC, Arm. I, casier 4, liasse *Cloches* A, n° 9.
(2) IBIDEM, n° 6.
(3) IBIDEM, n°s 1 et 10.
(4) IBIDEM, n° 6.
(5) V. ci-dessus p. 316.

pouvoir le croire, à des démarches du roi catholique de Bavière et de l'empereur d'Autriche auprès du gouvernement de Berlin, la saisie n'eut pas de suites.

Lorsque le 11 novembre 1918, à la nouvelle de l'armistice et de l'évacuation prochaine de la Belgique, le drapeau belge reparut au sommet de la tour, la voix grave des cloches se réveilla d'une létargie de plus de quatre années, et bientôt, sous l'habile touche de maître Brees d'Anvers, les notes argentines du carillon mêlèrent leur voix à l'hymne de joie et au chant de reconnaissance.

TABLE ALPHABÉTIQUE

DES NOMS DE PERSONNES

A

A., archidiacre de Liége et prévôt de Saint-Rombaut, I, 169.
Abel, zellarien, vice-pléban, I, 220, 221; II, 25.
Abigail, femme de Nabal, personnage biblique, II, 215.
Adam de Saint-Victor, écrivain ecclésiastique, I, 69, 81.
Adams, prêtre, chantre, I, 281.
Adeghem, Ant. d'A., chevalier, II, 179.
Adolphe de la Marck, évêque de Liége, I, 178.
Adon, comte de Malines, I, 6, 16, 24, 106, 129, 103, 135, 193; — II, 273.
Adriaen, *die gelaesmaeker*, II, 234.
Adrien IV, pape, I, xxiij.
Adrien VI, pape, I, 179.
Aegels, Lamb., maçon malinois, II, 131.
Aerts, Pierre, doyen, II, 212.
Ailly, Pierre d'A., évêque de Cambrai, II, 92, 312.
Albe, duc d'A., gouverneur des Pays-Bas, I, 255, 256, 257; — II, 170, 234.
Albert, saint A., de Louvain, évêque de Liége, I, 181, 183.
Albert d'Autriche, archiduc, II, 170.
Albert Ier, roi des Belges, II, 329.
Albert de Cuyck, évêque de Liége, II, 7.
Alburg, dame de naissance libre, II, 9.
Aleydis, femme d'Arnold de Grimbergen, II, 32.

Alexandre III, pape, I, 149.
Alexandre IV, pape, I, 51.
Alexandrine, sainte A., femme du proconsul Dacien, II, 239.
Allaert, Laurent, zellarien, I, 29.
Alsace, Thomas-Philippe, cardinal de Boussu d'Alsace, archevêque de Malines, I, 20, 26, 83, 85, 244, 274, 279; — II, 137, 157, 172, 174, 175, 193, 211, 216, 228, 231, 257, 258, 259, 260, 330.
Amandeau, M., prêtre, chapelain de Sainte-Gudule, I, xij.
Ancaiani, sœur Marie-Curcifix A., II, 226.
André, Ch.-L.-J., chan., II, 63.
Angre, Égide de A., *persona* de Boortmeerbeek, I, 222.
Anselme de Gembloux, chroniqueur, continuateur de Sigebert, I, 144.
Ansericus, v. Gansericus.
Ansfrid, évêque d'Utrecht, I, xxiv.
Anthoni, Jules, facteur d'orgues, II 307.
Anthonis, C.-A., évêque de Constance, auxiliaire de Malines, II, 197.
Anthony, J., artiste-peintre anversois, II, 277.
Anthoons, J.-B., I, 84.
Antoing, Jean II d'A., évêque de Cambrai, I. 180.
Appelmans, H., chan., II, 67.
Ardenchi, Guill., père d'Ogion, I, 194.
Ardenchi, Ogion, chan., I, 194.
Arenberg, prince d'A., I, 160.

Arenbergh, Conrad, lecteur des Frères Mineurs, II, 249.
Arnold, saint, évêque de Soissons, II, 216.
Arnold, saint Arnulphe, évêque de Metz, II, 216.
Arnold, pléban, II, 23.
Atrio, Gauthier de A., zellarien, I, 221.
Auger, commissaire du Directoire exécutif près de l'administration du canton de Malines, II, 54, 55.
Autriche, v. Albert; — don Juan; — Catherine; — Franco, fils du duc d'Autriche; — Marguerite.
Averaet, Arn. de A., notaire, II, 84.

B

Bacci, Martin, archidiacre-nommé d'Ypres, I, 266.
Backx, Laurent, v. Nagelmaeker *alias* Backx.
Baekelmans, L., architecte de l'église, II, 108.
Baert, Ph.-Fr. B. de Berentrode, prévôt, II, 276.
Baeten, J.-B., curé de N. D., historien malinois, I, xviij, 27, 52, 116, 179, 180, 181, 272; — II, 175, 193, 221, 234, 265, 267, 302, 305.
Baguet, J.-J.-Gh., chan., II, 64, 139, 197.
Balau, S., historien belge, I, 155.
Baldéric de Noyon, considéré jadis comme l'auteur des *Gesta episcoporum cameracensium*, I, 4, 5, 28, 142, 143, 146.
Baldericus, chan., I, 186.
Baldericus, comte, I, xxiv.
Baldericus, évêque de Liége, I, xxiv.
Balenus, Jean, chantre, I, 279.
Bamberga, Corneille de B., éditeur à Venise, I, 50.
Baraton, Ta.-G., chan., II, 62.
Barbier, V., historien belge, I, 143.
Barent Van Brussel, V. Van Orley.
Baronius, C., card., historien ecclésiastique, I, 86.

Bate ou Baten, Nicolas, doyen, I, 125, 200, 241.
Batifol, P., historien français, I, 83.
Battele, Jan van B., peintre, II, 257.
Bau, Arnold, fondateur d'une chapellenie, II, 227.
Baude, Giselbert de B., prévôt, I, 187.
Baudouin, chan., I, 180.
Baudouin de Bellefort ou Belifort ou Belisfort, chan., I, 151; — II, 241, 246.
Baudouin III, comte de Hainaut, I, 181.
Baudouin V, comte de Hainaut, père du prévôt Godefroid, I, 181.
Baudouin VI, comte de Hainaut, frère du prévôt Godefroid, I, 181.
Baume, Guillaume de la B., chevalier de la Toison d'or, II, 161.
Bäumer, G., historien allemand, I, 69, 82, 191.
Bauw, famille, II, 113.
Bauw, Jean, chevalier, II, 223.
Bauw, Jean, fils du précédent, II, 223.
Bauw, Henri, fils de Jean, II, 223.
Bauw, ..., prêtre, fils de Jean, II, 223.
Bauw, ..., religieuse, fille de Jean, II, 223.
Bauwens, architecte communal, II, 320, 321.
Beaucourt, Jérôme, menuisier, II, 154.
Beaucourt de Noortvelde, P., historien belge, I, 181.
Beaufort, comte de B., II, 161, 256.
Beaurain, H.-J., chan., II, 62.
Beelaerts, H.-B. chroniqueur malinois, I, 117, II, 285.
Beer de Moulbecque, Baron de B., prévôt du chapitre d'Harlebeke, I, 268.
Belderbussche, V. Vincent Van der Heyden.
Belisfort, V. Baudouin de B., chan.
Benoît, saint B., auteur de la règle monastique, I, 182.
Berentrode, V. Baert de Berentrode.

Bergen, Jacques van B. vice-gardien des Frères Mineurs, II, 249.
Berges, Fr., receveur de la Confrérie de la Sainte Trinité, II, 287.
Berghes, Alphonse de B., archevêque de Malines, I, 26, 90; — II, 120, 157, 172, 174, 175, 252, 264, 276.
Berghes, Jean de B., président du Grand Conseil, I, 249.
Berghes, Ph.-A. de B., chan., I, xxj.
Berlière, U., historien belge, I, 185, 193, 194; — II, 94, 262.
Bernaerts, J., peintre malinois, I, 100.
Bernard, tailleur de pierres bruxellois, II, 320.
Berteaux, E., historien français, I, 145, 201.
Berthels, Ch., pseudonyme de De Ridder, C.-B., chanoine et historien, II, 251.
Berthout, famille des B., avoués et seigneurs de Malines, I, xxj, xxvj, xxvij, 56, 143, 155, 156, 157, 158, 159, 186; — II, 83, 126, 157, 209, 213, 214.
Berthout, Arnoul, dit Draekenbaerd, seigneur de Malines au xe siècle, I, xxj.
Berthout, Florent, seigneur de Berlaer et, après la mort de son neveu Gilles, seigneur de Malines (†1331), I, xxvij.
Berthout Ier ou III, avoué de Malines († 1219), I, xxvi, 152.
Berthout, Gauthier II, fils de Gauthier Ier ou III, seigneur de Malines († vers 1243), I, 159, 241; — II, 214.
Berthout, Gauthier III, fils de Gauthier II, le Grand, seigneur de Malines († 1286), I, xxvj, 157; — II, 213, 214.
Berthout, Gauthier IV, fils de Gauthier III, seigneur de Malines († 1288), 20, 33; — II, 213, 214.
Berthout, Gauthier, fils de Gauthier IV, mort en bas âge († 1287), II, 214.

Berthout, Gauthier, chanoine en 1205, I, 185.
Berthout, Gilles, fils de Gauthier Ier, frère de Gauthier II, I, 152.
Berthout, Gilles, second fils de Gauthier IV, et de sa femme Alice de Guines, seigneur de Malines, après la mort de son frère Jean, II, 213, 214.
Berthout, Gilles ou Égide, fils de Gauthier II, frère de Gauthier III le Grand, seigneur de Hombeek, I, 157, 241.
Berthout, Gilles, fils de Gauthier Ier, I, 152; — II, 19.
Berthout, Henri I, fils de Gauthier Ier, sire de Duffel et de Gheel, I, 152; — II, 19.
Berthout, Henri II, fils de Henri Ier, sire de Duffel, I, 152; — II, 19.
Berthout, Jacques, archidiacre de Tournai, grand-coûtre de Malines († 1275), I, 186, 236; — II, 214.
Berthout, Jean, fils d'Arnoul, dit Draekenbaerd, I, xxj.
Berthout, Jean, fils de Gauthier IV, petit-fils de Gauthier III le Grand, seigneur de Malines († 1304), I, 157, 241, 291; — II, 213.
Berthout, Marie, dame de Malines, I, 241.
Berthout, Sophie, fille de Gauthier III le Grand, femme de Henri de Breda, II, 82, 214.
Berthuin, saint B., patron de Malonne, I, 8, 22.
Bertou, G.-Fr., chan., II, 61.
Béthune, Bon J., archéologue, II, 64.
Bertrand, Martin, *iunior* ou Bertrams, chan., I, 253.
Beydaels, Ph., chan., I, xvj.
Bigard, Arnould de B., I, 162.
Bigard, Arnould de B., fils du précédent, I, 162, 186.
Bigwood, G., historien belge, I, 288.
Biron, R., historien, I, 69.
Biscop, Henri, ténor-basse, I, 28.
Bisschoppen, Henri, sacristain, I, 192.

Blanchard, L., numismate français, I, 145.
Blanchardin le Chêne, Fr.-D.-E., chan., II, 63.
Blasebalgh, R., bourgeois de Malines, I, 31.
Blehen, C.-J.-S., femme de C.-J. Van Helmont, et mère du chanoine, I, xij.
Blieck, Josse, curé de Neckerspoel, II, 257.
Blommaert, Abraham, peintre, II, 268.
Blondeel, Hugo, contre-basse, I, 279, probablement le même que :
Blondel, Hughes, chantre, I, 280.
Boeckstuyns, J.-Fr., sculpteur malinois, II, 269.
Boekenoogen, S.-J., historien, I, 5.
Boelmans, Marguerite, II, 268.
Boeyermans, F., peintre, I, 136.
Boeyemans, J., proviseur de la Confrérie du Saint Sacrement, I, xx; — II, 222.
Böhmer, historien allemand, I, xx, xxiij.
Boisot, Charles, chan., I, 253, 255.
Bollen, M., clerc, mort au front en 1915, II, 244.
Bolswert, Boëtius à B., graveur, I, 97, 269.
Bolswert, Scheltus à B., graveur, II, 188.
Boniface IX, pape, I, 228.
Bonnecroix, Michel, chapelain nommé à Saint-Rombaut, I, 271.
Bont, Guill., archidiacre d'Anvers, I, 190.
Boonen, Jacques, archevêque de Malines, I, xj, 24, 40, 84, 85, 271, 272, 273, 278, 280, 290; — II, 24, 142, 148, 151, 164, 171, 173, 174, 175, 287.
Bor, historien hollandais, I, 257.
Boreo, le P., postulateur de la cause de S. Jean Berchmans, II, 225.
Borgesteyn, Simon de B., fils de Jean Scoonjans, bienfaiteur de l'église, II, 247.

Bormans, St., historien, I, xxiij, xxvij, 3, 49, 178.
Borquelmars, A., zellarien, II, 238.
Borquelmans, Ph., zellarien, II, 238.
Borreman, J., proviseur de la chapelle de St-Rombaut, II, 116.
Bosco, Jean, pléban-nommé, I, 276.
Bossuel, H.-W., organiste, II, 307.
Bouchart, J., chan., II, 63.
Bouart, Gauthier, chapelain, I, 234.
Boudin, J., dit du Tour, peintre, I, 135.
Bourgogne, v. Jean, évêque de Cambrai.
Breda, Godefroid, seigneur de B., bienfaiteur des *sacerdotes emeriti*, I, 246.
Breda, Henri de B., mari de Sophie Berthout, II, 214.
Brees, carillonneur d'Anvers, II, 335.
Briamont, Disme, chan., fondateur du chapitre de Notre-Dame, I, 272; — II, 175, 193, 234, 246.
Broeckaert, J.-B., proviseur de la Confrérie du Saint Rosaire, II, 280.
Broeckoven, Hyac. de B., chanoine-nommé de Saint-Bavon, I, 266.
Broers, J., I, 100.
Broers, J.-P., jurisconsulte, II, 214.
Broers, Ed., avocat, II, 139, 197.
Brolio, Guillaume de B., procureur des religieuses de Blijdenberg, I, 163.
Brolio, Martin de B., fils de Richard de Monte Magno, fondateur d'une chapellenie, II, 87, 93, 254.
Broqueville, Bon de B., ministre de la guerre en 1914, II, 109.
Bruindguns, Guill., prêtre, I, 185.
Brule, Baldericus de B., tenancier du Chapitre, I, 165.
Bruyndoncx, N., abbé de St-Bernard-sur-l'Escaut, I, 135.
Bruynshoren, Alexandre de B., prévôt, I, 237.
Bourrelier ou Malpas, Renaubert, chantre, I, 83, 188, 253.
Burgtmair, graveur allemand, I, 137.
Burius ou de Buri, G., zellarien, hagiographe et historien, I, 28, 133, 215; — II, 314.

Busco, Guill., bas ténor, I, 279.
Busleyden, Jean, II, 238.
Butkens, C., historien, I, xx.
Buydens, J., marguillier, II, 145.
Byvank, Dr, bibliothécaire de la Bibliothèque royale à La Haye, I, 100.

C

Caestre, famille de C., II, 211, 268.
Caeymaex, Ch., chan., II, 66.
Cahier, Ch., hagiographe, I, 198.
Caimo, J.-R.-Gh., évêque de Bruges, I, 134.
Caligatoris ou de Causmaeker, Jean, curé du Béguinage, II, 21.
Calixte III, pape, II, 101, 298.
Calmieu ou Collemède, Gui de C., év. de Cambrai, I, 227.
Cals, Livine C. van Walle, femme de Jean Micault, seigneur d'Oisterstein, I, 112.
Caluwaers, Elisabeth, I, 94.
Caluwaert, famille, II, 262.
Campenhout. Gérard de C., fermier des dîmes de Steenockerzeel, I, 84.
Canis, J., ou D'Hondt, chanoine, chantre, doyen, I, 186, 187, 199, 236, 241; — II, 33.
Cannaerts, A., prêtre tué au front en 1915, II, 244.
Cannart d'Hamale, Fr. de C, sénateur, II, 197.
Cannart-de Meester, de C., membre de la Commission consultative pour la restauration de la métropole, II, 139.
Cantipratanus, v. Thomas de Cantimpré.
Caprara, cardinal, légat du pape Pie VII auprès de Napoléon Ier, II, 60, 63.
Caput, Jean, zellarien, I, 227.
Caput ou Capitis, Jean, chan., I, 246.
Caput, v. Hooft.
Caraffa, Pierre-Louis, nonce pontifical à Cologne, I, 262.
Cardenas, Marie de C., femme de Ernest de Croy, II, 289.

Cardon, A., graveur, I. 135.
Carette, J.-J.-R., professeur au Collège Saint-Pierre à Louvain, II, 243.
Carnoy, J., philologue belge, I, xxj.
Carpentier, Jean, II, 207.
Carron, Ferricus, chan., I, 193.
Cartuyvels, sénateur belge, I, 37.
Casselot, Emm., chan., I, xvj; — II, 286.
Cassina de Boulers, R.-Fr.-N., chan. II, 193.
Castello Briants, C. de C. B., femme de Henri de Croy, I, 179.
Catherine d'Autriche, reine de Portugal, II, 195.
Catherine, femme de Rombout Blasebalgh, I, 31.
Cauchie, A., historien belge, I, 276.
Cauthals, J., fondeur de cuivre malinois, I, 128; — II, 176, 210.
Cauthals, Jean, les fils de, fondeurs de cuivre, II, 264.
Cautz ou Coens, Étienne, facteur d'orgues, II, 308.
Cécile, femme de David, reine d'Écosse, mère de S. Rombaut, I, 13, 14.
Cent-Marcs, Jean des C. M., zellarien, I, 221.
Ceulemans, J.-F., chanoine, curé-doyen à Louvain, I, 66.
Châlon, R., architecte, II, 324.
Charlemagne, empereur, I, 29, 176.
Charles le Chauve, roi de Germanie, I, xx.
Charles II, roi d'Espagne, II, 246.
Charles de Lorraine, gouverneur général du Pays-Bas, I, 63.
Charles-Quint, empereur, I, 179, 180, 193; — II, 73, 95, 200, 291, 329.
Charles le Simple, roi de Germanie, I, xxiij, 3, 4, 142.
Charles le Téméraire, duc de Bourgogne, II, 119, 178, 291.
Chedeville, J.-B., desserviteur de la plébanie, II, 27.
Chevalier, U., hist. français, I, 69.
Chièvre, v. Nicolas Claret, évêque de Cambrai.

Christiaens, J., bienfaiteur de l'église, II, 298.
Chrodegang, saint, évêque de Metz, I, 143, 176, 186.
Claes, Hans, fondeur de cuivre, II, 264.
Claes, Mathias, maçon, II, 317.
Claessens, P., chan., historien belge, I, xviij, 21, 22, 142, 180, 213, 251, 261, 267; — II, 52, 54, 210, 247, 270.
Claren, Gilles, doyen, I, 184, 185.
Claret, v. Nicolas Claret ou de Chièvre, évêque de Cambrai.
Clerck-Boevekerke, famille, I, 111.
Clerici, Pierre, chapelain, I, 247, 270.
Clément IV, pape, I, 225.
Clément VI, pape, I, 194; — II, 94.
Clément VII, pape, I, 84.
Clément XI, pape, I, 130.
Clopper, Nic., chan. de St-Lambert, I, 225.
Cnope, A., pléban, II, 23.
Coens, historien belge, I, 246.
Cogels, P., bibliophile anversois, I, 66.
Cole, Dominique de C., chan., I, 151.
Colibrant, famille C., II, 242.
Colibrant, Marie, femme de Jean Vleminck, II, 242.
Collemède, v. Calmieu.
Collier, P.-E., doyen, II, 63.
Colomban, saint C., I, 22.
Colyns, A., sculpteur, II, 300, 301.
Compaignon, J., historien belge, II, 2.
Coninckx, H., historien malinois, II, 46, 47, 141.
Conthault, Antoine, chan., I, 249, 253.
Coolput, Josse, basse, I, 279.
Coolman, Gauthier, architecte, II, 311.
Cools, H., maître des cérémonies, II, 287.
Coop, Jacques, marguillier, II, 307.
Coop, J.-B., marguillier, II, 186.
Coop, Jean et Philippe, fermiers de la *cavea cleri*, I, 247.
Cooremans, Th., chan., historien belge, II, 19.

Coques ou Cox, Guillaume, peintre, gravure en tête du volume II.
Coriache, Amé ou Aimé, chan., archidiacre de Malines, I, 81, 90; — II, 41, 193, 221, 287.
Corneille, ..., choral, I, 286.
Cornelii, Gérard, canoniste, I, 263.
Cornelis, Guillaume, Jésuite, II, 270.
Cornet, Pierre, facteur d'orgues, II, 308.
Corswaren, Gauthier de C., prévôt, I, 166, 178, 189, 190.
Corten, chan., II, 252.
Corvilain, A.-J.-D., doyen de Nivelles, II, 244.
Cosemans, Cath., femme de Jacques Heyns, II, 242.
Cosin, J.-M., abbé d'Heylissem, I, 136; — II, 142.
Cossiers, peintre, I, 136.
Coucke, Samuel, peintre-verrier à Bruges, I, 273.
Coveliers, J.-F.-M., sous-diacre, tué au front en 1917, II, 244.
Coxie, Michel, le vieux, peintre malinois, I, 97; — II, 132, 215, 218, 234, 235, 239, 240, 242, 250, 286, 291.
Coxie, Michel, fils de Michel, peintre, II, 308.
Crabb, H., pléban, II, 139.
Crabbe, Jean, membre de la corporation de Saint Luc, II, 250.
Crabeels, juge de paix à Malines, II, 51.
Craenendonck, Marguerite van C., femme de Jean de Paffenrode, II, 267.
Cramme, Ant.-Jos., zellarien, I, 285, 286.
Crayenblieck, Henri, fondateur d'un anniversaire, I, 241.
Crieckenbeke, Christophe, curé de Saint-Jean à Malines, II, 29.
Crockaert, Ch.-J., chan., II, 64.
Crockaert, J., peintre, I, 99, 100, 135.
Croy, Agnès de C., mère de Jean de Bourgogne, évêque de Cambrai, II, 179.
Croy, Ernest de C., mari de Marie de Cardenas, II, 289.

DES NOMS DE PERSONNES

Croy, Eustache, prévôt, évêque d'Arras, I, 180.
Croy, Guillaume, frère de Henri, précepteur de Charles-Quint, I, 179.
Croy, Guillaume, prévôt, évêque de Cambrai, archevêque de Tolède, cardinal, I, 179, 269.
Croy, Guillaume, sire de Chièvre, I, 179.
Croy, Henri, comte de Porcean, I, 179.
Croy, Jacques, évêque de Cambrai, I, 179.
Cruesen, André, archevêque de Malines, I, 20, 40, 115, 116, 286; — II, 130, 154, 157, 164, 165, 166, 168, 169 174, 255, 270.
Crutz, zellarien, II, 57.
Cruydsteen, Gauthier, zellarien, I, 227.
Culot, Richard, chantre, I, 281.
Cuppere, Jean de C., doyen, I, 275.
Curtius, Étienne, chapelain et organiste à Assche, II, 308.
Curtius, Pierre, docteur en théologie, commissaire de Philippe II, I, 251.
Custodis, Guillaume, zellarien, I, 231; — II, 232.
Cuyck, V. Albert de C., évêque de Liége.

D

Dachery, historien, I, 143.
Dacien, proconsul romain, II, 239.
D'Alton, général autrichien, II, 45.
Danco, P.-J., sculpteur anversois, II, 236.
Daniel seigneur de Bouchout, I, 158.
Daris, J., hist. liégeois, I, 48, 176.
Dassonville, Melchior, peintre décorateur, II, 314.
David, roi de Juda, II, 215.
David, roi d'Écosse, père de St-Rombaut, I, 13, 14.
David, zellarien, I, 221.
David, J., chan., hist. belge, I, 56, 61, 259; — II, 207.

D'Avorton, commandant militaire français II, 47.
D'Azevedo, G.-D., hist. malinois, I, 39, 61, 90, 259; — II, 14, 38, 76, 283, 284.
De Backer, Aug., avocat, membre de la commission consultative pour la restauration de la métropole, II, 139.
De Backer, V. Arnold, Jean, Pierre Pistoris.
De Bavay, Rob., abbé de Villers, I, 135.
De Belie, L.-C., sous-diacre, mort au front en 1917, II, 244.
De Beysier, J., notaire du chap., I, xvj.
de Borman, B^{on}, C., hist. belge, II, 7.
De Blauw, Fr., collectionneur malinois, II, 129.
De Broux, A., chan., II, 44, 56.
De Bruyn, Barbe, fille dévote, II, 203.
De Bruyn, Hercule, II, 287.
De Bruyn, sacristain-prêtre, II, 54.
De Buck, V., hagiographe, I, 5.
Dechamps, Victor-Auguste, cardinal-archevêque de Malines, II, 196, 197, 220, 273.
Deckers, P.-L., historien belge, I, 4.
De Clerck, Jean, chroniqueur brabançon, I, 61.
De Clerck, Jean, fondeur de cuivre, II, 264.
De Clerck, L.-A.-G., curé à Bueken, II, 243.
De Clerck, Ph., communemaître, II, 230.
De Clerck, Pierre, fondeur de cloches, II, 328.
De Coster, D., graveur, II, 169, 170, 171.
De Coster, H.-L., chan., I, xx; — II, 140, 141, 171, 181, 197, 211, 229, 231, 237, 341, 270, 272, 273, 280, 383.
De Coster, P., doyen des boulangers, II, 215.
De Crayer, D., peintre, II, 206, 289.
De Cuyper, Martin, évêque de Calcédoine, auxiliaire de Cambrai, II, 262.

de Cuypers, Fr.-C.-Gh. et J.-F.-Gh., comtes de C. de Rymenam, frères, I, 97, 99, 111, 135.
de Cuypers, Cte J.-F.-D.-J., de Rymenam, généalogiste, II, 114.
de Cuypers, Cte J.-P.-G. d'Alsingen, historien, auteur, avec Van den Eynde, de *Mechelen opgeheldert*, II, 114, 160, 212.
De Decker, chan., II, 197.
De Decker, L.-Ch., doyen, II, 289.
De Deckere, Jean, sonneur des cloches, I, 192.
De Graeve, Ch., architecte brugeois, I, 45.
De Coesin, éditeur gantois, II, 149.
De Grauwe, J., fondateur d'une chapellenie, II, 151.
De Haes, J.-Fr., chapel. in et second sacristain, *magister choraulium*, I, 40, 286.
De Haes, Thérèse, chargée de soin des choraux, I, 286.
De Haeze, Max., peintre, I, 136.
De Haze, Melchior, fondeur de cloches anversois, II, 329, 331, 333.
De Herde, Anne, femme de Sébastien de la Porte, II, 287.
De Hondt ou D'Hondt, V. Canis.
De Hondt, Jean, ouvrier malinois, II, 317.
De Hornes, J., peintre malinois, I, 133.
De Huyster, Corneille, de Malines, I, 37.
De Keyzer, L, menuisier, I, 100.
De Kunst, J., receveur de la Confrédie de la Sainte Trinité, II, 287.
De Laet, C., p'éban, I, 47.
De Laderrière, Van Achtert ou Van Ginderachter, chan., I, xij, 257.
Delafaille, P.-E., historien, I, 29; — II, 318, 327.
de la Haye, famille, I, 104.
De Lange, Jean, *alias* Papegay I, 195.
De Langhe, J.-Z.-L., chapelain, II, 279, 280.

De Lannoy, Guillaume, chantre et sacristain de St-Rombaut, I, 37.
De Lantsheere, J.-H., chan., vicaire-général du card. de Frankenberg, I, xiij; — II, 49, 55, 56, 58, 59.
De la Porte, S., II, 287.
De Lathouwer, ou Lathouwers Jean, chapelain, I, 238, 253; — II, 298.
della Faille, secrétaire d'État, I, 268.
de L'Espinoy, Ph., doyen., I, xiv.
de Locquenghien, J.-Chr., I, 160.
de Marneffe, Edg., historien belge, I, xxj, 148, 162, 186, 216.
De Marès, Ant., tailleur de pierres nivellois, II, 303.
De Marteau, J., historien, I, 82.
De Martelaere, père et fils, sculpteurs, II, 325.
De Mol, Antoine, doyen, I, 40.
De Mompere, Jean, peintre, II, 245.
De Munck, J.-J., historien malinois, I, 4, 12, 21, 32, 3³, 34, 37, 38, 48, 50, 59, 62, 65, 66, 67, 90, 97, 100, 101, 111, 113, 117, 119, 134, 136, 158, 176, 216, 259; — II, 82, 89, 102, 104, 156, 163, 172, 192, 214, 213, 266, 281, 283, 284, 286, 287, 292, 299, 305.
De Mury, artiste-peintre, II, 180.
De Neve, Jean, secrétaire de Contich, II, 268, 286.
De Neve, Martin, fils du précédent, II, 269, 286.
Denies, P., receveur de la confrérie de la Sainte Trinité, II, 287.
Denis, Catherine, II, 113.
De Noter, J.-Fr., architecte malinois, II, 72, 75, 98, 323.
Dens, J., chan., II, 67.
Dens, P., chan., président du Séminaire, II,
Denyn, J., carillonneur, II, 333.
De Partz, H., prévôt, II, 302.
De Pauw, Daniel, propriétaire à Eikenvelt, sous Steenockerzeel, I, 162.
De Perry, Nic.-Emm., peintre, I, 136; — II, 137.
De Plaine, C., maire de malines, II, 42.

De Plaine, R.-Th., chan., II, 62, 64.
De Pottere, Ant., proviseur de la Confrérie du Saint-Sacrement, II, 222.
de Prat, évêque de Poitiers, archevêque nommé de Malines, *vulgo* « l'abbé de Pradt », I, 63, 64; — II, 137, 173.
Du Prats, L., marguillier, II, 42.
De Raadt, Th., historien belge, I, xxvj, 154.
De Ruedt, Jean, II, 279.
De Raedt, J.-J., peintre, I, 45.
de Ram, Fr. X., chan. historien, I, 51.
de Renesse, A.-G., abbé de Ste-Gerdrude à Louvain, I, 135.
De Reyger, M., peintre, II, 161.
Dergent, P.-J., curé de Gelrode, II, 243.
De Ridder, C. B., chan., historien, I, 89, 180; — II, 54, 55.
De Ridder, Gauthier, notaire du Chapitre, v. Militis.
De Roubaix, J., mayeur du district, de la ville et de la province de Malines, II, 3.
De Ruddere, Benoit, chan., II, 193.
de Saint-Genois, J., historien, I, xxvj.
De Save, Philippe, sculpteur malinois, II, 314.
Descamps, J.-B., historien français, II, 188, 189.
De Sluyter, Nic., grand-coûtre, I, 193.
De Slike, Jean, censier de la fondation de Zellaer, II, 95.
Desmarez, G., historien belge, II, 79.
Dessain, éditeur malinois, I, 116.
De Smet, Ambroise, chan., II, 193.
Detzel, historien allemand, I, 137.
De Vette, Julienne, bienfaitrice de l'église, II, 272.
De Visschere, Jean, orfèvre malinois, I, 35.
De Vos, Marc, sculpteur bruxellois, II, 175.
De Vos, M., abbé de St-Michel, I, 136.

De Vreese, M., philologue, I, 58.
De Vriendt, Fr., sculpteur anversois, II, 226.
De Vroeye, Adrien, zellarien, I, 231.
Deudon, L., chan., archidiacre, II, 193.
De Wannemaker, P., secrétaire de l'Archevêché, I, xiij.
de Wargny, sous-préfet du département des Deux-Nèthes, II, 42.
de Wavrans, J.-H., évêque d'Ypres, I, 135.
De Winter, P., receveur des LX Frères, I, 241.
De Wit, Jacono, amateur d'art, II, 266.
Dhanis, M.-C.-H., chan., historien, I, 14, 191, 259; — II, 299.
D'Hondt, J., v. Canis.
D'Hooghe, J.-B., concierge de l'Archevêché, I, 47.
D'Hoop, A., historien belge, I, 219.
Diego, don D., Fernande de Velasco, v. Velasco.
Dierxens, historien anversois, I, 182.
Dierickx, H., archiviste de la ville de Malines, I, xxvij.
Dierycks, un des *heeren van Frankevoirt*, II, 182.
Dievecht, chroniqueur malinois, II, 213.
Dimmarus, tenancier au Chapitre, I, 169.
Dolmans, A., curé du Béguinage, II, 46.
Dominicus, chan., I, 17.
Domitien, saint, I, 81.
Domyns, Jean, hagiographe, I, 12, 13, 15, 16, 18, 20, 21, 127, 130.
Donat, diacre, chroniqueur, I, 155.
Dondelier, chevalier anglais, I, 59, 60.
Dorpius, v. Van den Dorpe.
Dorvaux, historien français, I, 91.
Douchy, G., bienfaiteur de l'église, II, 291, 301.
Douglas dit Schot, communemaître, II, 186.
D'Outreman, historien français, I, 181.

Dreves, G.-M., historien allemand, I, 49, 67, 69, 70, 71, 73.
Drusius, évêque de Bruges, II, 137.
Dubrulle, H., historien français, II, 100.
Du Cange, philologue, I, 148, 158.
Duflos, Ant., sculpteur, II, 265, 267, 308.
Dujardin, Éd., artiste-peintre, II, 139, 180, 197, 226, 230.
Du Jardin, Marie, femme du Baron Philippe Van de Venne, II, 227.
De Mery, G., fondeur de cloches, II, 333.
Dumont, C.-S., orfèvre montois, II, 302.
Dumouriez, général français, II, 117, 260.
Dunghen, Jean de D., prévôt, I, 229.
Du Pont, P., proviseur de la chapelle St-Rombaut, I, 116; — II, 238.
Dusart, J.-F., receveur de l'octroi, membre de la Commission consultative pour la restauration de la métropole, II, 139.
Durer, Albert, peintre, I, 97.
du Trieu, G.-J.-F., chan., v. Van Driesche.
Duvivier, Ch., historien, I, 30, 145, 186; — II, 20.
Duvivier, J.-H., chanoine de Sainte-Pharaïlde à Gand, secrétaire du Cardinal de Franckenberg, II, 57.

E

Eechove, Baudouin de E., doyen, I, 125, 127, 157, 197.
Eechove Jean de E., ou Eichove, zellarien, I, 223, 227.
Eelens, J., proviseur de la Confrérie de la Sainte Trinité, II, 285.
Egbert, proviseur de l'église de Boortmeerbeek, I, 222.
Ekle, Gosuim de E., zellarien, I, 220, peut-être le même que G. de Wetterstraete.
Éléonore d'Autriche, reine de France, II, 195.

Elisa, femme d'Adon, comte de Malines, I, 6, 129, 135, 193.
Élisabeth d'Autriche, reine de Danemark, II, 195.
Ellewouts, Disme, pléban, II, 24.
Elne, Gui, évêque d'E., évêque auxilaire de Liége, II, 39, 92.
Enckevoirt, cardinal G., prévôt, I, 179, 180; — II, 104, 212.
Engelbert, saint, archevêque de Cologne, II, 240, 241.
Engelbert, cardinal Sterckx, v. Sterckx.
Engelbert, comte de Berg et d'Altena, père de saint Engelbert, II, 241.
Engels, Pierre, horloger de Termonde, II, 317.
Eppeghem, Adam, zellarien, I, 220, 221, 223.
Eppeghem, Arnold, zellarien, I, 221.
Eppeghem, Gauthier, chan., I, 151, 185.
Eppeghem, Guill., chan., I, 185.
Esmein, A., historien français, I, xxiij.
Estrix, J., femme de Corn. Scheppers, II, 238, 329.
Étienne II, pape, I, 14, 135; — II, 298.
Étienne, évêque de Liége, I, xxiij, 3, 82.
Eugène III, pape, I, 141, 145, 147, 149, 159, 167, 183; — II, 3, 4, 6, 7, 10, 20, 79.
Eugène IV, pape, I, 164, 225, 242.
Everaerts, oratorien, II, 149.
Everlinck, Henri, bienfaiteur du Chapitre, I, 241.
Éwald, saints E., II, 296.
Eyteghem, J. de E., zellarien, II, 145.

F

Fabri, Jean, notaire, I, 265.
Fabri, Nic., pléban, II, 96.
Fayd'herbe, Henri, peintre-décorateur, II, 234.

Fayd'herbe, Luc, architecte et sculpteur, II, 152, 153, 164, 165, 173, 175, 177, 209, 211, 301.
Fayd'herbe, L., prêtre, chanoine nommé, II, 63.
Fayen, A., historien belge, I, xxvij, 30, 31, 59, 194.
Ferdinand, roi d'Aragon, II, 161, 195.
Ferremans, Corneille, peintre malinois, II, 127.
Fierens-Gevaert, critique d'art, II, 189.
Flamminge, Jean, chanoine de Cambrai, I, 225.
Flera, Jean de F., zellarien, I, 228.
Fleto, Étienne de F., *iusticiarius* à la cour censale du Chapitre à Malines, I, 164.
Floret, François, II, 213.
Foncke, Rob., historien malinois, II, 175, 245.
Fontaines, v. Nicolas de F., évêque de Cambrai.
Foppens, Fr., éditeur bruxellois, II, 72.
Foppens, J.-F., chan., archidiacre de Malines et historien, I, xj, xij, xx, xxj, 21, 32, 61, 142, 165, 171, 184, 191, 220, 259; — II, 94, 166, 192, 245, 299.
Forgeur, J., vicaire-général, II, 58, 59, 61.
Franchois, Luc, peintre-décorateur malinois, II, 234, 264, 269.
Franchois, facteur d'orgues à Bruxelles, III, 307.
Franck-Gilis, famille, II, 198.
Francken, orfèvre malinois, I, 32.
Franckenberg, card. J.-H. de F., archevêque de Malines, I, 27, 42, 44, 45, 49, 50, 51, 52, 53, 54, 59, 91, 117, 134, 285, 289, 294, 295; — II, 133, 156, 167, 172, 208, 209, 210, 211, 228, 231, 235, 271, 308.
Franco, fils du duc d'Autriche, prévôt, I, 181.
François-Xavier, saint, ses reliques, II, 270, 271.
François II, empereur, II, 296.

Frankevoirt, Heeren van F., fondateurs d'un autel, I, 109; — II, 182, 183; v. également Pierre van den Dorpe et François Dierycks.
Franquart. , architecte, I, 40.
Frédéric, évêque de Liége, I, 176.
Frédéricq, P., historien belge, II, 100.
Freytiers, L., graveur malinois, I, 126.
Frizolius, J., zellarien, I, 28.
Froidmont, Jean de F., chan., I, 263.

G

Galivet, Marie, II, 226.
Galoyus de Meerbeke, dit *domicellus*, I, 222.
Gansericus, prévôt, I, 181.
Gaudy, Josette, femme de Gui, II, 268.
Gaudy, Simon, II, 268.
Gaufridus, prévôt, I, 180.
Gauthier, père du chanoine Arnold, I, 151, 170.
Gauthier, pléban, II, 23, 25.
Gauthier, curé de Sempst, I, 151, 246.
Gauthier, Émile, chan., II, 226.
Gauthier, Louis, zellarien, II, 232.
Gautier, L., historien, I, 69.
Gavre, v. Jean, évêque de Cambrai.
Geanty, J., curé de Romoncourt, I, 93.
Geerts, Corn., jésuite, I, xij.
Geila, comtesse, [de la famille des Berthout?], fondatrice de deux prébendes canoniales, I, 141, 142, 146, 153, 170, 171, 287.
Génard, P.-P., orfèvre anversois, I, 47.
Generé, Fr., abbé du Parc, I, 135.
Genneré, doyen, II, 167.
Gentil, Philiberte, femme de Don Diego Fernande de Velasco, II, 286.
Gérard, pléban, I, 14; — II, 23.
Gérard, chanoine, I, 170; — II, 23.
Gerbrendt, Pierre, chanoine de Soignies, I, 233.

Germain, saint, I, 197.
Germeys, Hubert, abbé de St-Trond, I, 41.
Gerrits, J., sculpteur anversois, II, 277, 278.
Gesler, J., hist. belge, I, xxj.
Geylens, sacristain de St-Rombaut, I, 192.
Geymaer, Théodore, notaire apostolique, I, 190.
Ghele, Henri de G., chapelain, I, 233.
Gherdeghem, Anselinus de G., tenancier du Chapitre, I, 169.
Ghiselberti, H., pléban, puis doyen, I, 65, 213, 230; — II, 23, 24.
Ghiselberti, J., zellarien, I, 65.
Ghooris, H., boulanger, II, 215.
Ghysels, Ad., proviseur de la Confrérie de la Sainte Trinité, II, 285.
Gielemans, J. hagiographe, I, 11.
Gilbert, chapelain d'Hanswyck, II, 17.
Gilbert de Mons, chroniqueur belge, I, 181.
Gilis, J.-B., chan., II, 56, 296.
Gilis, Joachim, major de la légion Wallonne, II, 194, 253, 254.
Gilles de Merica, évêque auxiliaire de Cambrai, I, 213.
Gocelin, chan., I, 186.
Godefroid, seigneur de Breda, I, 246; — II, 18, 32.
Godefroid, frère de Baudouin VI de Hainaut, prévôt, I, 181.
Godenne, L., éditeur et historien malinois, I, 45; — II, 247, 273.
Godin, François, II, 246.
Goedeweerd, Romb., peintre, II, 256.
Goethals, M.-F.-V., historien belge, I, 90; — II, 52.
Goetschalckx, P., historien belge, I, xxij, 33.
Gommaire, saint G., patron de Lierre, I, 4, 7, 10, 13, 16, 104, 119, 120, 135, 136.
Gooris, P.-J., sacristain de St-Rombaut, I, 42, 43; — II, 27, 48, 49, 259, 260.

Goossens, Pierre-Lambert, card. G., archevêque de Malines, I, 22, 117; — II, 118, 277, 278.
Gorcum, martyrs de G., I, 135; — II, 243.
Gossart, Jean G., dit de Maubeuge, II, 250, 251.
Gosuin, curé de Heffen, II, 296.
Goris, J.-F., curé à Autgaerden, II, 243.
Gottignies, Lancelot de G., mari de Cath. Van Diest, II, 275.
Goudt, Chr., bienfaiteur de l'église, II, 290.
Govaerts, G., architecte, I, 37.
Govaerts, E., abbé, professeur au collège de Neerpelt, I, 37.
Goyers, frères, sculpteurs à Louvain, II, 162, 243.
Gramaye, J.-B., historien, I, xx.
Granvelle, Antoine-Perrenot, card. de G., archev. de Malines, I, xij, 82, 180, 185, 188, 249, 253, 254, 255, 258, 259, 269, 279, 280, 283, 285, 291; — II, 116, 157, 167.
Grauwels, Fr., receveur des Bénéficiers de Zellaer, II, 145.
Grave, v. Jean de Grave, évêque de Cambrai.
Grégoire XI, pape, I, 242.
Grégoire XII, pape, I, 252.
Grégoire XIII, pape, II, 167.
Grégoire, proviseur de l'église de Boortmeerbeek, I, 222.
Grimbergen ou de Grimbergis, Arnold de G., bienfaiteur de la fabrique de Saint-Rombaut, II, 32.
Grimberghs, v. Jean Locus alias G.
Gueldre, v. Henri, Marguerite.
Gui de Colmieu ou de Collemède, évêque de Cambrai, I, 227.
Gui, évêque d'Elne, évêque auxiliaire de Liége, II, 39, 92.
Gui, évêque de Preneste, I, 178.
Guillaume Ier, roi des Pays-Bas, II, 63, 188.
Guillaume, chan., I, 186.
Guillaume, « die men heet die clerc van Berlaer », II, 214.

Guillaume de Bruxelles, abbé de Saint-Trond, I, 36.
Guillaume IV d'Egmond seigneur de Malines, II, 179.
Guillaume de Hainaut, évêque de Cambrai, II, 17.
Guillaume d'Orange, le Taciturne, I, 255, 256.
Guillaume, L., philologue, I, 69.
Guines, Alice de G., veuve de Gauthier IV Berthout, II, 20
Gurnez, J.-A. a G., hagiographe, I, 118.
Gustave III, roi de Suède, II, 319.
Gyseleers-Thys, B.-J., historien malinois, I, 292, 311.

H

Haenen, J.-H., doyen, II, 56.
Hacsaert ou Haesaerts, Thomas, menuisier, II, 146, 245, 263, 264, 301.
Haghebaert, Melchior, phonascus, I, 279, 284.
Haghen, Henri de H., zellarien, I, 227.
Hainaut, v. Ragenaire, comte de H.
Hainaut, Guillaume de H., évêque de Cambrai, II, 17.
Halen, v. Vrancx van Halen.
Hamale, Marie de H., femme de Guillaume de Croy, sire de Chièvres, I, 179.
Hamme, Jean de H., seigneur de Steenockerzeel, I, 158.
Hanicq, P.-J., éditeur malinois, I, 43; — II, 51.
Hanneton, Philippe, chan., I, xiv, 253.
Hanswyck, Hugo de H., fondateur d'une chapellenie, I, 154, 169, 236; — II, 144.
Haren, Cath. de H., fille de Guillaume, II, 4.
Haren, Guill. de H., chanoine, curé d'Hanswyck, II, 4, 17.
Haren, Math. de H., fille de Guill., II, 4.
Hasebroec, H., censier du Chapitre, I, 169.

Hasedonck, Siger de H., fondateur d'une chapellenie, I, 166, 185, 236.
Hauchin, Jean, arch. de Malines, I, 38, 259, 261; — II, 157, 173, 174, 175, 176, 215, 224, 255, 285.
Hautpré, P. de H., chroniqueur, I, 59.
Haverals, Gommaire, carillonneur, II, 333.
Hectoris, Henri, grand coûtre, I, 192, 193.
Hedwige, fille de Hugues Capet et femme de Ragenaere, comte de Hainaut, I, 142.
Heelu, Jan van H., chroniqueur, I, 57.
Heesboom, Régnier de H., chan., I, 61.
Heidinger, historien allemand, I, 91.
Heimbucher, M., historien allemand, I, 93.
Helbig, J., archéologue belge, II, 119.
Helrode, Henri de H., chan., I, 150, 170.
Hemony, Pierre, fondeur de cloches à Amsterdam, II, 332, 333.
Hendrickx, orfèvre malinois, II, 178.
Henneman, Jean, II, 305.
Henri II, empereur, I, xxiij, xxiv.
Henri IV, empereur, I, 143.
Henri I, duc de Brabant, I, 151, 182, 219.
Henri II, duc de Brabant, I, 149.
Henri, archevêque de Cologne, II, 240.
Henri de Berghes, évêque de Cambrai, II, 34.
Henri de Gueldre, évêque de Liége, I, 56, 57, 58, 62.
Henri, fils de Gauthier, chan., I, 150, 170.
Henri, fils de Mathilde, chan., I, 151, 185.
Herdines, Gosuin de H., abbé d'Afflighem, I, 179.
Herdsfelt, Jean de H., zellarien, I, 227.
Hérenthals, Gérard de H., zellarien, I, 227.

Hergenröther, card. H., historien ecclésiastique, I, 180.
Hermandes, Ph , vice-pléban, II, 26.
Hermans, V., archiviste communal, II, 326.
Herreyns, G., peintre, dirécteur de l'Academie à Malines, I, 42, 135, 136.
Herry, Thybaut, orfèvre malinois, II, 269.
Hersebroec, Henri de H., II, 154.
Herstal, Pepin de H., I, 155.
Hertinckx, J.-J., chapelain, chan. en 1804, I, 240; — II, 54, 62.
Hesius, G., jésuite, auteur du plan du maître-autel, II, 102, 152, 153, 155, 164, 166.
Hessels, J., écrivain ecclésiastique, I, 50.
Heughen, Gauthier de H., chan., I, 185.
Heuterus, Pontus, historien belge, II, 305.
Heveren, Jean de H., II, 4.
Heylens, Ed., chapelain à Zondereygen, I, 90.
Heylken, béguine, II, 202.
Heyns, Jacques, marguillier, II, 242.
Heyns, M., dit Smets, sculpteur, II, 292.
Heyst, Jan Jans de H., vice-doyen, I, 184.
Hildernisse, Marie, fille dévote, II, 271.
Hoberga, Arnold de H., chanoine, I, 151, 170.
Hobergis, Égide de H., I, 236, 241.
Hobergis, Guill. de H., zellarien, I, 227. — V. également Van Hoeberghen.
Hocsensela, Gilles de H., zellarien, I, 220, 221.
Hoeck, Martin, prêtre, receveur de l'archevêché, I, 280.
Hoefnagle, B., II, 287.
Hofstade, Gérarde de H., échevin, exécuteur testamentaire d'Égide Ploechvoets, II, 239.

Hollar, Wenceslas, graveur, II, 323, 324.
Holoint, G., abbé d'Averbode, I, 135.
Holvoet, J.-B., jésuite, II, 317.
Holvoet, Michel, chan. et historien du Chapitre, I, 270, 274.
Hondecoten ou Hondecoutre, Gui, II, 268.
Hongrie, v. Marie, reine de H.
Honorius III, pape, I, 149; — II, 79.
Hoogstraeten, famille, II, 103.
Hoogstraeten, Cte de H., II, 262.
Hoots, famille H., II, 275.
Hoots, Antoine, chan., I, 284; — II, 34, 35.
Hoots, Cath., veuve de Guill. Van den Borcht, II, 275, 294.
Hoots, Jean, II, 291.
Hougarde, Wilhelmus de H., chan., I, 150, 170.
Houthorne, Henri de H., doyen, I, 127, 183, 199, 227.
Hövelman, J.-G., professeur à Louvain, chan. en 1804, II, 52, 62.
Hovius, Mathias, archevêque de Malines, I, 24, 38, 39, 40, 83, 193, 226, 258, 259, 261, 266, 269, 270, 280, 285; — II, 150, 157, 163, 169, 170, 173, 176, 224, 250, 255, 294.
Hoynck van Papendrecht, C.-P., historien, I, 50.
Hubert, saint H., apôtre de Malines, I, 16.
Hubert, Jos., archéologue montois, II, 324.
Huens, Jacqmyne, femme de Conrad van Halen, II, 267.
Huens, Romb., marguillier, II, 186.
Huleu, J.-G., chan., archiprêtre, vicaire-général, I, xvij, 43, 44, 241; — II, 27, 47, 51, 52, 54, 55, 56, 61, 134.
Humont, M., éditeur bruxellois, I, 13.
Hunin, J., graveur, II, 133, 136, 323.
Huyghe, G., éditeur bruxellois, I, 43.
Huys, Michel, chan., I, 39, 193, 258, 259; — II, 176.

I

Imbart de la Tour, historien français, II, 6.
Innocent VIII, pape, II, 282.
Inlemont, Henri de I., doyen, I, 183.
Isabelle de Portugal, femme de Philippe le Bon, II, 178, 179.
Isabelle, femme de Ferdinand le Catholique, roi d'Espagne, II, 195.
Isabelle, infante, gouvernante des Pays-Bas, I, 268.
Iteghem, seigneurs d'I., II, 295.

J

Jacobs, A., architecte anversois, I, 45.
Jacobs, tailleur de pierres malinois, II, 320.
Jaecx, Jean, zellarien, II, 177, 233, 234, 235, 236, 303.
Jaecx, Pierre, plébain, II, 257, 286.
Jaffé, historien, I, xxiij.
Jans, Jean-J. de Heyst, vice-doyen, I, 184.
Jansenius, évêque de Gand, II, 157.
Janssens, Abraham, peintre, II, 252.
Jaye, H., éditeur malinois, I, 84, 130; — II, 213.
Jean XXII, pape, I, 59, 194, 228, 237; — II, 94.
Jean II, duc de Brabant, I, 60, 113, 291.
Jean III, duc de Brabant, II, 94.
Jean IV, duc de Brabant, II, 219.
Jean sans Peur, duc de Bourgogne, II, 179.
Jean, roi d'Aragon, II, 161.
Jean II d'Antoing, évêque de Cambrai, I, 186.
Jean de Bourgogne, frère bâtard de Philippe le Bon, évêque de Cambrai, I, 191; — II, 179.
Jean de Flandre, évêque de Liége, I, 56, 58.
Jean V, de Gavre ou de Lens, évêque de Cambrai, I, 212, 243.
Jean, abbé de Grimbergen, I, 226.
Jean, curé à Hombeek, I. 198.
Jean, dit Rombaut de Lira, I, 31.
Jeanne la Folle, reine de Castille, II, 195.
Jehotte, J., sculpteur à Liége, II, 274.
Jonnyn, J., écrivain ecclésiastique, II, 287.
Joca, femme de Siger de Hasedonck, I, 185.
Joffry, J.-B., historien malinois, II, 149.
Jongeneelen, J.-A., historien, I, 22.
Joos, Emm., chan., II, 139.
Jorez, J.-B., éditeur bruxellois, II, 114.
Joseph II, empereur, I, 116, 237, 238, 293; — II, 5, 44, 45, 271.
Juan, don Juan d'Autriche, gouverneur des Pays-Bas, I, 257.
Jules II, pape, I, 179, 241; — II, 226.
Julien, Alexis, fondeur de cuivre, II, 317.

K

Keereman, famille, I, 110.
Kegel, Arnold, bourgeois de Malines, I, 163.
Keldermans, Jean, architecte, II, 311.
Keldermans, Jean, alias Mansdale, sculpteur malinois, II, 255.
Keller, M., chan., II, 30.
Kempeneer, A., chan., historien malinois, I, xxvj.
Kempeneer, J.-B., archéologue malinois, II, 220.
Kerman, Guillaume, marguillier, II, 96.
Kersselaers, J.-Fr., zellarien, II, 49.
Ketelbant, J., chan., vicaire-général, II, 260.
Keyen, H., notaire du Chap., I, xiv.
Keynooge, chan., I, xvj.
Kilian, saint K., I, 22.
Klauber, frères, graveurs à Augsbourg, I, 5.

Koeniger, A.-M., historien allemand, II, 6.
Kurth, G., historien, xxj, xxiij, 30, 57, 93.

L

Laddersons, chapelain, II, 54.
Laddersons, P., menuisier, II, 154.
Ladon, peintre-verrier, II, 277.
Laenen, G., curé de Baerle, I, 90.
Laenen, J., chan., historien, I, 21, 48, 116, 143, 144, 147, 176, 205, 206, 207, 212, 229, 250, 252, 264, 275, 291, 294, 295; — II, 4, 7, 8, 9, 16, 20 22, 32, 42, 44, 45, 54, 59, 66, 79, 100, 116, 175, 236, 325.
Lahaye, L., historien belge, I, xxiij.
Lambert, saint L., apôtre de Malines, I, 16, 82; — II, 2.
Lambert, doyen de Saint-Gommaire, I, 182.
Lamprecht, K., historien allemand, I, 156.
Lanchvelt, Jean, sacristain, I, 192.
Lanen, Jacques, chan., I, 230.
Langerus, prêtre, I, 108, 150.
Langhe, Jean de L. ou Papegay, chan., I, 252.
Langhmans, F., sculpteur malinois, II, 186, 191, 192, 193, 301.
Lannoy, Jean de L., chevalier de la Toison d'Or, II, 161.
Lapide, Cornelius a L., jésuite, théologien, I, 261.
Lapide, Godefroid a L., marguillier, II, 96.
Lapide, Jean a L., v. Van Steen.
Lathouwers, J., chapelain, II, 297.
Lavalleye, Ed., hist. belge, I, 181.
Laurent, prêtre de Boortmeerbeek, I, 222.
Laurent, représentant du peuple à Malines, II, 48.
Laurent, vice-pléban, II, 25.
Laureys, Jean, sculpteur, II, 192.
Laureys, commissaire-priseur à Malines, II, 137.

Lauwerys, L., chanoine, vicaire-général, II, 66.
Lauwers, chan., vicaire-général, II, 197, 227.
Lauwris, Marguerite, peut-être Scramans, femme de Gauthier Coolman, II, 311.
Le Boiteulx, Anne, femme de Joachim Gilis, II, 194, 253.
Leclercq, chanoine officiel de Malines, I, 258.
Leclercq, C., peintre, I, 137; — II, 207.
Leclère, C., hist. belge, I, xxvj.
Lecocq, Baudouin, seign. de Humbeek, I, 87, 88, 122.
Lecocq, Ch., fils du suivant, I, 122.
Lecocq, Cosme, fils Baudouin, I, 87, 88, 122.
Lecocq, J.-Fr., comte de Humbeek, I, 121.
Lee, John, graveur, II, 133.
Leefdael, Roger de L., investi du fief de Steenockerzeel, I, 158.
Leenaers, G., prêtre, I, 174.
Leest, Gauthier de L., feudataire du chapitre, II, 153.
Leest, Marguerite de L., femme d'Égide de Schelle, II, 214.
Lemmens, F.-A., greffier de Steenockerzeel, I, 158.
Lemesle, chanoine, II, 66.
Lens, A., peintre, I, 135.
Léon III, pape, I, 29.
Léon X, pape, I, 179, 180, 270; — II, 104.
Léopold Ier, roi des Belges, II, 320.
Léopold II, roi des Belges, II, 273, 320.
Le Pivie, J., II, 268.
Le Roy, J., historien belge, II, 169, 170, 171, 245, 247, 323.
Le Sayve, Jean, peintre, II, 228, 242, 286, 288.
L'Escuyer, Catherine, II, 265, 271.
Lessius, Léonard, jésuite, théologien, I, 263.
Levis, Pierre de Mirepoix ou de L., év. de Cambrai, I, 227.

Leumes, Math., charpentier, II, 132, 302.
Libert, saint, fils d'Adon, comte de Malines, I, 6, 13, 16, 24, 25, 41, 63, 83, 85, 104, 105, 108, 129, 130, 133, 135, 136; — II, 275.
Lichtert, Marguerite de L., veuve de Pierre Luyten, fondatrice d'une chapellenie, I, 239, 275.
Liebaert, Jacques, président du Grand Conseil, II, 236.
Liétard, évêque de Cambrai, I, 145, 205; — II, 2, 3, 10.
Liesele, J. de L., curé du Béguinage, II, 21.
Ligne, Cath. de L., abbesse de Ste-Waudru, I, 49.
Lindanus, évêque de Ruremonde, II, 157.
Lintius, Gilbert, éditeur malinois, I, 126.
Lira, Arnold de L., ambassadeur du duc Jean III à Rome, II, 94.
Lira, v. Jean de Platea ou de Lira, alias Van der Straeten; — Jean, dit Rombaut de Lira.
Lissauw, Abraham, orfèvre anversois, II, 269.
Lochorst, Herman de L., doyen de Maestricht, I, 229.
Lockx, Marie, II, 267.
Locquenghien, Jean-Chrétien, I, 160.
Locus, Jean, alias Grimberghs, I, 255.
Loës, Fr., curé de Hodelange, archéologue, I, 92.
Loevelde, Jacques de L., chan. de St-Lambert, fondateur de deux chapellenies, I, 238; — II, 238, 254.
Lombaerts, E., curé à Bovenloo, II, 243.
Loncin, A., chanoine, II, 66.
Longin, Claude, chan., I, 258; — II, 129, 223, 224.
Loos, G.-A., prévôt de la confrérie du Saint-Rosaire, II, 289.
Lothaire II, roi de Lorraine, I, 148.
Louckx, architecte communal, II, 321.
Louis le Pieux, roi de France, I, 176.

Louis le Débonnaire, roi de France, I, 143.
Louis XV, roi de France, I, 260, 318, 319.
Louis de Male, comte de Flandre, seigneur de Malines, I, xxvij; — II, 73, 207, 256.
Louis, apothicaire à Malines, II, 52.
Louvain, Arnold de L., chan., I, 150, 170.
Lucas, Rudolphe, zellarien, I, 273.
Lupus, Pierre, prieur des Carmes, I, 258.
Luyckx, restaurateur de tableaux, II, 161.
Luyten, Marguerite de L., I, 235.
Luyten, Pierre, mari de Marguerite de Lichtert, II, 239, 275.
Luytens, Henri, chan., I, 259.

M

Macaire, saint M., évêque d'Antioche, II, 149.
Maere, R., historien belge, I, 276.
Maes, Henri, zellarien, II, 232.
Malet de Coupigny, Ch.-A.-J., chan., II, 62.
Malingrau, J.-B., zellarien, II, 57.
Malpas, v. Bourrelier.
Manderlier, L., chan., II, 62, 64.
Manuce, P., éditeur romain, I, 83.
Marguerite, sainte M., patronne de l'église primitive de l'*abbatia*, II, 183.
Marguerite d'Autriche, gouvernante générale des Pays-Bas, I, 244, 285, 286; — II, 126, 195, 284.
Marguerite de Brabant, femme de Louis de Male, II, 207.
Marguerite de Constantinople, comtesse de Flandre, I, 57.
Marguerite de Gueldre, petite-fille de Florent Berthout, I, xxvij.
Marguerite de Male, fille de Louis, comte de Flandre, femme de Philippe le Hardi, II, 207.
Marguerite d'York, duchesse de Bourgogne, II, 291.

Marie d'Autriche, reine de Hongrie, gouvernante des Pays-Bas, I, 244; — II, 195.
Marie de Bourgogne, duchesse de Brabant, I, 295; — II, 195.
Marie, dame de Malines, I, 241.
Marie, fille du seigneur de Ghistelles, femme de Vrancx van Halen, II, 255, 256.
Marie-Madeleine, sainte, patronne de l'église primitive de l'*abbatia*, I, 29; — II, 92-93.
Marck, Adolphe de la M., évêque de Liége, I, 178.
Marck, Guillaume de la M., I, 255.
Mares, M., peintre-verrier, II, 179.
Marson, J., curé de Rachecourt, I, 91.
Martène, historien français. I, 148.
Martini, J., conseiller et maître des requêtes au Grand Conseil, II, 147.
Martinius, jésuite, bollandiste, I, 83.
Masquelier, A., zellarien, I, xix. 217.
Mathias, archiduc M., gouverneur-général des Pays-Bas, II, 117, 125, 250.
Mathias Hovius, archevêque de Malines, v. Hovius.
Mathilde, mère du chanoine Henri, I, 151, 185.
Mathys, Corneille, ténor, I, 279.
Matthieu « le peintre », II, 209.
Maubeuge, Jean Gossart, dit de M., peintre, II, 250, 251, 266.
Mauquoy, Alphonse, graveur anversois, II, 322.
Mayor, Carolus, zellarien, I, 260, 279.
Maxime, saint M., fondateur de l'église N.-D. au delà de la Dyle, II, 2.
Maximilien I*er*, empereur, I, 295; — II, 161, 195.
Méan, prince de Méan, archevêque de Malines, I, 44, 45; — II, 64, 65, 131, 174, 273, 274, 306.
Meerbeke, Henri de M., mayeur de Jodoigne, I, 222.
Meiremans, Égide, chan., I, 253.

Melys, Albert, Martin et Herman, orfèvres à Munster, I, 32.
Mengold, saint, office en son honneur, I, 81.
Mennens, Égide, receveur de la *Pixis cleri*, I, 165.
Mensaert, historien, II, 189.
Merbeca ou Meerbeek, Jean de M., I, 150, 170.
Mercier, D.-J., cardinal, archevêque de Malines, I, 47, 53, 62; — II, 65, 66, 77, 109, 111, 226, 243, 260, 277, 322, 327.
Mereman, Élisabeth, I, 163.
Merica, v. Gilles de Merica, évêque auxiliaire de Cambrai.
Merode, Aerdt ou Arnold de M., communemaître, II, 227.
Merode, Albert de M., chanoine de Saint-Bavon, I, 266.
Merode, Bernard de M., lieutenant de Guillaume d'Orange, I, 255.
Mersonis, W., chanoine, I, 185.
Mertens, A., historien anversois, II, 33, 326.
Mertens, J.-Fr., chan., II, 63.
Metten Gelde, J., fondateur d'une messe dominicale, II, 295.
Metsius, L., évêque de Bois-le-Duc, II, 157.
Metternich, prince de M., II, 48.
Meurs, Walburge de M., femme de Guillaume IV d'Egmont, II, 179.
Mey, A., prêtre, receveur du Chap., I, xiv.
Meyer, Gérard, procureur de l'archevêque en cour de Rome, I, 268.
Meyer, Joachim, orfèvre bruxellois, I, 40, 41; — II, 127.
Meyer, L., jésuite, II, 326.
Meyns, H., architecte de l'église, II, 108, 110, 321.
Micault, J., seigneur d'Oisterstein, I, 112.
Michaux, famille M., II, 103, 104.
Michaux, C.-F., zellarien, chan. en 1804, II, 54, 57, 62.
Michel, chan., peut-être Michel de Zellaer, I, 150, 151, 170, v. également Zellaer.

Michiels, L., chanoine, II, 317.
Michiels, M., fondeur de cloches, II, 76.
Mierts, L., doyen du Chapitre, I, xxvij; — II, 243.
Migne, écrivain ecclésiastique, I, 4, 143.
Militis ou De Ridder, Gauthier, notaire du Chapitre, I, 193, 294; — II, 34, 281.
Milse, Louis de M., chan., I, 127, 227.
Mingai, architecte, II, 229, 241.
Minori villa, Henri de M. V, II, 160.
Miraeus, A., historien belge, I, xj, xij, xxij, xxiij; 3, 142, 143, 145, 146, 149, 154, 162, 177, 179, 182, 195, 205, 212, 213, 219, 220, 221, 249, 251, 253, 267; — II, 7, 11, 14, 23, 82, 214.
Mirepoix, Pierre de M. ou de Levis, évêque de Cambrai, I, 227.
Misset, E., historien, I, 80.
Mol, Gérard, chantre, I, 279.
Molanus, J., hagiographe, I, 51, 182; — II, 149.
Mompeliers, Marie, femme de Jean Van Paepenbroeck, II, 245.
Montanus, Philippe, chantre, I, 279.
Montemagno, Galuaignus de M., II, 254.
Montemagno, Richard de M., père de Martin de Brolio, qui fonda une chapellenie, II, 254.
Montpellier, de M., évêque de Liége, II, 225.
Moons, C.-J., prêtre, II, 217.
Moons, F., curé à Delle, II, 244.
Moons, Jean, receveur des taxes sur les « gruene waren », II, 320.
Moretus, Balth., éditeur anversois, I, 84.
Morillon, Maximilien, chan., archid'acre, évêque de Tournai, I, 253, 254, 255, 269, 280.
Morissens, F.-C., peintre-restaurateur, II, 188.
Morissens, Michel, sculpteur, II, 264.
Morissens, Pierre, peintre, II, 139.
Mortelmans, chan., II, 197.

Mosselman, chanoine, I, xiij.
Mucs « Maitre M. », II, 290.
Mulaert, Jean, bourgeois de Malines, II, 33.
Mulbacher, hist. allemand, I, xx.
Musch, v. Adrien Van den Broecke, alias Musch.
Musenis, Balthazar de M., zellarien, I, 240.

N

Nabal, personnage biblique, II, 215.
Nagelmaeker, Laurent, alias Backx, pléban, chan., I, 116, 160; — II, 263.
Namur, Regnier de N., alias de Sancto-Trudone, zellarien, I, 209, 230.
Namurco, v. Tilman de N.
Napoléon Ier, empereur, II, 210.
Nassau, Engelbert de N., chevalier de la Toison d'Or, II, 161.
Nassau, Guillaume de N., prince d'Orange, v. Guillaume.
Nassau, Louis de N., I, 255.
Naturelli, Philibert, prévôt, I, 179.
Naulaerts, P., zellarien, chan. hon. en 1804, II, 62.
Neckerspoel ou de Vado-Neptuni, Gauthier, zellarien, I, 220, 221, 223.
Neeffs, C.-V.-G., historien, II, 213.
Neeffs, Emm., historien, I, 34, 35, 39, 58, 94, 101, 133; — 69, 118, 119, 120, 127, 160, 165, 167, 170, 178, 188, 194, 195, 207, 209, 211, 219, 252, 255, 262, 263, 265, 275, 290, 291, 292, 301, 311.
Nicasii, Jean, zellarien, II, 34, 232.
Nicolas, hymne liturgique en l'honneur de saint N., I, 73.
Nicolas V, pape, II, 100, 101, 190, 213, 298.
Nicolas Claret ou de Chièvres, évêque de Cambrai, I, 145, 146, 147.
Nicolas de Fontaines, évêque de Cambrai, I, 172, 187, 221, 226, 246; — 10, 14, 17, 145.
Nigri, Ph., doyen, évêque d'Anvers, I, 184, 185, 186, 244, 251, 252.
Nimal, H., hist. belge, II, 237.

Nollet, F., receveur de la Ville, II, 49.
Norritz, John, officier anglais, I, 257, 258; — II, 105, 117.
Notger, évêque de Liége, fondateur du Chapitre, I. x, xxiij, 3, 91, 142, 144, 146, 147, 153, 155, 158, 171, 287; — II, 11, 69, 70, 83, 93, 145.
Notschal, Martin, curé de Cortenberg, I, 233.
Novo Lapide, siger de N. L., prévôt, I, 49.
Noyelles, Pontus de N., général au service des États, I, 257.
Nuten, F.-A., chanoine, II, 66.

O

Oem, Jean, fondateur d'une chapellenie, II, 244.
Offermans, M., charpentier ou ardoisier, II, 98.
O' Kelly de Galway, A., hist. belge, II, 283.
Oliviers, J.-B., bourgmestre de Malines, II, 306.
Oliviers, juge de paix à Malines, II, 51.
Oliviers, Max., frère lai des Frères Mineurs à Malines, I, 41.
Olthoff, Fr., historien, I, 12.
Ophem, Lambert de O., prévôt, I, 179.
Orange, v. Guillaume le Taciturne.
Orseliers, Ch., receveur de la Confrérie de la Sainte Trinité, II, 287.
Os, v. Van der Steghen, *alias* Os.
Ost, Alfred, artiste-peintre malinois, I, 129.
Othon, II, empereur, I, xxiij.
Otto, J.-M.-H., chanoine, II, 66.
Otto, N., sacriste, II, 218.
Oudart, Christophe, frère du suivant, II, 305.
Oudart, Nicolas, chan., II, 305.

P

Paffenrode, Élisabeth de P., II, 268.
Paffenrode, Jean de P., II, 262, 267.
Pansius, secrétaire de la Ville, I, 293.

Palinck, J., peintre, I, 46; — II, 188, 226, 267.
Pape, Arnold, décimateur à Bertenbroec, I, 169.
Papegay, v. De Lange.
Paquot, J.-N., historien, I, 12.
Parme, v. Marguerite d'Autriche.
Parri, L., chanoine, I, 160.
Paul III, pape, I, 244; — II, 182.
Paul IV, pape, I, 251; — II, 290, 298.
Paul V, pape, I, 115; — II, 106.
Pauwels, *heer* P., religieux du prieuré d'Hanswyck, II, 204.
Pauwels, C., chanoine, II, 57.
Peeters, Jacques, menuisier, II, 153, 154, 161.
Pepin de Herstal, I, 155.
Pergameni, Ch., historien belge, I, xxvj, 157.
Perrennot, Frédéric, jurisconsulte, II, 234.
Persoens, Robert, notaire du Chap., I, xij, xiv, 208.
Petit, A.-J., archéologue, I, 45.
Philibert de Savoie, mari de Marguerite d'Autriche, II, 284.
Philippe II, roi d'Espagne et souverain des Pays-Bas, I, 184, 249, 251, 258, 319, 329.
Philippe IV, roi d'Espagne et souverain des Pays-Bas, II, 166, 170.
Philippe d'Autriche, comte de Charolais, II, 161.
Philippe le Beau, archiduc d'Autriche, père de Charles-Quint, II, 195, 200.
Philippe le Bon, duc de Bourgogne, I, 164, 230; — II, 100, 119, 178, 179.
Philippe le Hardi, duc de Bourgogne, II, 207.
Philippe de Saint-Pol, duc de Brabant, II, 219.
Philippe, choral, I, 286.
Philippen, Louis, historien belge, I, 246.
Philippi, Pietro, II, 308.
Pie II, pape, II, 298.
Pie IV, pape, I, 52, 251.
Pie V, pape, I, 83.
Pie VII, pape, II, 59.
Pie IX, pape, II, 65, 197, 238, 269.

Pie X, pape, II, 65, 97, 109.
Pierre de Levis ou de Mirepoix, évêque de Cambrai, I, 227.
Piérets, A.-L., marguillier, II, 42.
Pierets de Croonenburg, P.-A., adjoint du maire, bienfaiteur de l'église, I, 44 ; — II, 206.
Pinchart, M., historien belge, II, 70, 195.
Piot, Ch., historien belge, I, 184.
Pirenne, H., historien belge, I, 161.
Piron, C.-F.-A., historien belge, II, 75.
Pistoris, Franco, fondateur de la *Missa panis*.
Pistoris, Pierre, fondateur d'une chapellenie, II, 293.
Pistoris, Jean, zellarien, I, 228, 242, 243.
Plantin, Chr., éditeur anversois, II, 157.
Plast, Pierre, chanoine, I, 247.
Platea, Jean de Platea ou Van der straeten, *alias* de Lira, V. Van der Straeten.
Ploechvoets, Égide, fondateur d'une Chapellenie, II, 229.
Pluys, J.-Fr., peintre-verrier malinois, II, 139, 140, 141, 162, 180, 207, 220, 226, 227, 288, 289.
Pluys, Léopold, peintre-verrier, fils du précédent, II, 139, 141, 181, 197, 217, 218, 229, 230, 237, 241, 273.
Ponte, Jean de P., sous-collecteur pontifical, I, 237.
Ponthieure de Berlaere, J.-L.-J., chanoine, II, 44, 55, 56.
Poties, N., chevalier du Saint Sépulcre, II, 283.
Pontius, graveur, I, 97.
Poncelet, E., historien belge, I, 153.
Poullet, Edm., historien belge, I, 180, 276.
Poullet, Prosper, historien belge, I, 276.
Poupeye, C., archéologue, II, 167, 192.
Præcipiano, Humb.-Guill.-A.-P., archevêque de Malines, II, 157, 172, 222.

Præcipiano, Cte Prosper-Ambroise, général dans les armées de Charles II, frère de l'archevêque, II, 172, 246.
Preud'homme, éditeur montois, I, 67.
Prinche, Gauthier, zellarien, I, 189, 220.
Proost, J.-M.-A.-F., acolythe au Séminaire, II, 244.
Proost, E., historien belge, II, 16.
Puessius, François, chanoine, I, 263.

Q

Quarré, famille, I, 104.
Quarré, Hugo, chan., I, 269, 273, 274, 275.
Quellin, Artus, sculpteur, II, 211, 274.
Quellin, Jean-Érasme, peintre, II, 138, 142, 200, 207, 267.

R

Raduard, chanoine, II, 2.
Radulphus de Rivo, écrivain ecclés., I, 50.
Raduwaert ou Raduardi, famille malinoise, II, 190.
Rael, André, syndic du Chap., I, 208.
Raepsaet, J.-J., hist. belge, I, 148.
Ragenaire ou Regnier III ou IV, comte de Hainaut, I, 142.
Raymond ou Rainaut, saint, corruption pour saint Rombaut, I, 92.
Regnier, v. Ragenaire.
Regnier, comte de Huy, I, 142.
Reichensperger, Aug., homme politique allemand, II, 324.
Reimaers, Romb., chanoine, II, 245.
Reinelde, sainte, I, xxij, 155.
Remacle, saint, I, 71.
Remenam ou Rymenam, H. de R., I, 151, 170.
V. également Rimenam et Van Rymenam.
Renaes, J.-B., maître du chant, I, 285.
Requesens, gouverneur général des Pays-Bas, I, 257.
Reusens, Edm., chan., hist. belge, I, 233, 236 ; — II, 52, 142.
Reyers, François, chan., I, 253.
Reynolds, historien, II, 189.

Reyers, Fr., II, 287.
Ricardus ou Richard, chan., I, 151.
Richardot, François, évêque d'Arras, I, 256.
Riemslagh, P., chanoine, II, 62, 63.
Rimenam, Pierre, zellarien, I, 227.
Robert, doyen, I, 162, 167, 187.
Robyns, Fr., receveur de la *Pixis cleri*, I, 247.
Robyns, Jean, doyen, I, 65, 184.
Roegiers, Matthys, gardien des Frères Mineurs conventuels, II, 249.
Rogier, Bathazar, contre-ténor, I, 280.
Rogier ou Rogerius, Réginald, maître des cérémonies du cardinal de Granvelle, I, 280, 285; — II, 157.
Rombaut, saint, I., x; — I, sa vie et sa légende, 3 et ss.; — *Passio S. Rumoldi*, 23 et ss.; — les reliques, 28 et ss.; — II, 92, 93, 98, 212, 217; — étymologie du nom, 30 note 5; — les fêtes liturgiques et les solennités religieuses en son honneur, 48 et ss.; — office liturgique, 65 et ss.; — les sanctuaires, 87 et ss.; — tableaux de la légende, 99 et ss.; — confrérie, 113 et ss.; — iconographie, 125 et ss.; — sceaux le représentant, 193 et ss. et 277; — titulaire de l'église, II, 92, 93.
Rombaut, évêque de Constance, I, 30.
Rombaut, bienfaiteur de l'abbaye d'Hasnon, I, 30.
Rombaut, frère de Gérard de Wallers, I, 30.
Rombaut, chevalier, I, 30.
Rombaut, Jean, dit R. de Lira, I, 31. v. également Rumoldi et Rumoldus.
Rombize, maître R., chantre, I, 281.
Rome, v. Jan Van Brussel ou Van Rome ou Roomen.
Romero, commandant espagnol, I, 256.
Rooses, M., historien belge, I, 96; — II, 263, 265, 266.
Roquelaure, J.-A. de R., archevêque de Malines, I, xiij, 90; — II, 27, 57, 58, 59, 60, 61, 63.

Rosenberg, A., historien allemand, I, 96.
Rosmer, M., pléban, II, 26.
Rotselaer, Romb. van R., maçon, II, 295.
Roubaix, Adrien de R., conseiller au Grand Conseil, II, 113, 126, 244.
Roussard, J.-F., hist. belge, I, 95, 97.
Roxart, Gosuin, II, 297.
Roxart, Marguerite, femme de Gosuin, II, 297.
Rubens, P.-P., I, 95, 96, 97; — II, 134, 263, 265, 266, 269.
Ruelens, Ch., hist. belge, I, 96.
Ruisere, P., zellarien, II, 228, 232.
Rumoldi, Joannes, I, 31.
Rumoldus a S^{ma} Trinitate, Carme[?], I, 19.
Rumwold, saint, I, 30.
Ruthgeerts, Balthazar, facteur d'orgues, II, 307.
Ryckmans, Vve Paul, éditeur malinois, I, 62.
Ryckmans-Van Deuren, éditeur malinois, I, 116.
Rydams, Melle R., II, 226.
Rymenam, v. Remenam.
Rythovicus, évêque d'Ypres, II, 157.

S

Sabbe, M., littérateur flamand, I, 30.
Sader, Goeris, II, 83.
Salvator, cardinal, I, 251.
Sanders, Antoinette, femme de Jacques Wasteel, II, 267.
Sancto-Trudone, Regnier de Namur *alias* de S.-T., zellarien, I, 230.
Sapiens, J., pléban, II, 23.
Sarens, Guill., président du Collège du Porc, I, 281.
Sauwell, propriétaire d'une maison à Malines, II, 96.
Savoie, v. Philibert de S.
Scaerbeke, Jean de S., I, 222.
Scammelaert, Nic., chapelain, II, 297.
Schammelaert, Michel, II, 234.
Schats, P., historien belge, II, 311.

Schayes, A.-G., historien belge, II, 95.

Scheers, Henri, fondateur d'un anniversaire de l'*Officium antiquum*, I, 241.

Schelle, Égide de S., mari de Marguerite de Leest, bienfaiteur de l'église, II, 214.

Schellens, chroniqueur malinois, I, 40, 44; — II, 47, 255, 162, 187, 215, 224, 248, 286, 288, 324.

Schenkels ou Schenkelius, recteur de la Grande école, II, 148, 227.

Scheppers, C.-J., échevin de Malines, père du suivant, II, 238.

Scheppers, V., chan., bienfaiteur de l'église, II, 99, 139, 197, 238.

Schmitz, W., historien allemand, I, 143.

Schœffer, J., chan., historien malinois, I, xviij, 101, 117, 165; — II, 2, 5, 20, 75, 83, 139, 197, 201, 270, 276.

Schooffs, Jean, peintre malinois, I, 37.

Schoolmeesters, E., historien belge, I, xxiij, xxvij, 58.

Schot, v. Douglas dit S.

Schram, dessinateur, II, 207.

Schuermans, F.-J., zellarien, chan. en 1804, I, 241; — II, 57, 62, 63.

Scockaert, Brigitte, dame de Gaesbeek, I, 158.

Scoonjans, Guillaume, fils naturel de Jean, II, 247.

Scoonjans, Henri, père de Jean, II, 247.

Scoonjans, Jean, fondateur d'une chapellenie, II, 247, 248, 253.

Scoonjans, Simon, ou de Borgersteyn, fils de Jean, II, 247.

Scramans, v. Lawris.

Scribanius, Ch., jésuite, II, 270.

Scrieck, Rombaut, ténor, I, 279.

Scrivere, Jean, bourgeois de Malines, I, 163.

Sébald, saint S., son tombeau, I, 35.

Seffen, C., pseudonyme de C.-V.-G. Neeffs, II, 213.

Selens, J., receveur de la confrérie de la Sainte Trinité, II, 280.

Serinus, Th., hagiographe, I, 5.

Serrure, R., historien, I, xxj.

Servranckx, G.-S., hist. belge, I, 179.

Severini, Arnold, I, 229.

Silvortius, pléban, II, 203, 263.

Simenon, G., hist. belge, I, 153.

Simon, pléban, I, 185; — II, 23.

Sintruyen, N. van S., menuisier, II, 304.

V. aussi Sancto-Trudone.

Siré, P., hist. belge, II, 3.

Sixte IV, pape, II, 24.

Slike, Jean de S., propriétaire d'une maison à Malines, II, 96.

Smaes, J.-R., zell., I, xviij; — II, 57.

Smets, B., zellarien, chan. en 1804, I, 42, 43, 241; — II, 42, 53, 57, 62, 260.

Smets, J., étainier, I, 43.

Smets, v. Heyns, M., dit S.

Smeyers, E.-J., peintre, I, 136; — II, 138, 236, 266, 276.

Smits, Gérard, chanoine, I, xiij.

Smits, Fr.-W., théologien, I, 21.

Smits, X., historien hollandais, II, 71.

Snellinck, Jean, peintre, II, 224.

Snoy, famille S., II, 300.

Snoy, Joos, II, 243.

Sollar, Michel de S., v. Zellaer.

Sollerius ou du Sollier, jésuite, historien, I., xxj, 3, 5, 6, 7, 10, 11, 13, 19, 20, 21, 22, 33, 35, 38, 40, 50, 51, 53, 54, 60, 65, 66, 76, 83, 101, 113, 115, 119, 127, 130, 145, 150, 163, 198, 205; — II, 14, 33, 99, 101, 324.

Somers, E., chapelain, proviseur des LX Frères, I, 241.

Somers, Wierick, orfèvre anversois, I, 40.

Soms, Ant., menuisier, II, 305.

Sondereygen, Henri de S., I, 89.

Sonnegiis ou de Sonneghem, Jean de S., chanoine, I, 151, 170.

Sonnius, François, év. d'Anvers, I, 251; — II, 157.

Sophie, J.-B., abbé de Grimbergen, I, 136.

Speeck, Jacques, chanoine, I, 275.
Spierinck, Jean, chan., I, 230.
Spiloes, M.-C.-A., professeur à l'institut Ste-Marie à Hal, II, 244.
Sporta, Jean de S., chapelain, I, 233.
Spys, Guill., zellarien, I, 227.
Stadeiken, Gauthier de S. ou Stade, proviseur de la Fabrique de Saint-Rombaut, II, 33.
Starhemberg, ministre plénipotentiaire autrichien, II, 270.
Steelant, Gadeferus de S., grand coûtre, I, 192.
Steenackers, F.-P.-É., chanoine, historien, II, 66.
Steenackers, H., éditeur malinois, I, 129.
Steenheffene, Jean de S., chapelain, I, 234.
Steenhuffel, Jean de S., zellarien, I, 220, 221.
Stege, Nic., *alias* Os, bienfaiteur de l'église, II, 84.
Stend, Henri de S., II, 297.
Sterckx, Eng., card. S., archevêque de Malines, I, 86, 89, 116; — II, 167, 196, 197, 207, 212, 225, 226, 240, 241, 243, 269, 273, 288, 289, 309, 328.
Steurs, F., hist. malinois, II, 70, 184, 194, 311, 316, 317, 327.
Stevaert, Josse, peintre malinois, II, 234.
Stevart, Eustache, II, 318, 319.
Stevart ou Stevartius, Jérôme, doyen, I, 21, 275; — II, 116, 319.
Steylaert, Adrien, fondeur de cloches, II, 333.
Steynemoelen, famille, I, 107.
Stockmans, J.-B., historien belge, I, xxij, 154.
Storm, Gauthier, notaire impérial, exécuteur testamentaire de Simon Scoonjans, I, 190; — II, 247.
Strickaert, fille pieuse, I, 39.
Stumpha, Jean de S., exécuteur testamentaire d'Égide Ploechvoets, II, 239.
Stutz, U., historien allemand, II, 6.
Suetens, Augustin, II, 268.

Surius, B., hagiographe, I, 5, 6, 7; — II, 283.
Suweyns, A., peintre, I, 134.
Suys, architecte, II, 306.
Suys, Gauthier de S., zellarien, I, 221.
Swinnen, Gilles, menuisier, II, 304.
Syerus, chantre [1157], I, 186.
Syerus, chanoine [1205], I, 185.
Syn, Herman, maçon, II, 295.

T

Tambuyser, Égide, sculpteur malinois, II, 220, 227.
Tambuyser, P.-J., sculpteur malinois, II, 270.
Tarlier, A., et Wauters, A., historiens belges, I, 177.
Teffelen, Nicolas de T., notaire apostolique, I, 225.
Teugels, J., menuisier et sculpteur malinois, II, 288.
Thenis, Rombaut de T., zellarien, II, 231, 232.
Théobald, frère, hagiographe, I, 7, 16, 48, 119.
Thierry de Saint-Trond, hagiographe, I, 5, 6, 7, 8, 10, 13, 16, 17, 18, 22, 28, 29, 31, 48, 51, 74, 77, 85, 90, 129, 193.
Thiéry, A., chanoine, archéologue, II, 325.
Theus, P.-L.-H., professeur au petit séminaire d'Hoogstraeten, II, 244.
Tilman de Namurco ou de Namur, zellarien, II, 201.
Thomas, chanoine, I, 185.
Thomas de Cantimpré, ou Cantipratanus, écrivain ecclésiastique, I, 183.
Tongerloo « kapitein T. », acquéreur de la chapelle de saint Rombaut au cimetière, I, 94.
Thonys, Marg., veuve de Louis Vleminck, fondateur d'une chapellenie, II, 241.
Thorelli, Jean, I, 193.
Torfs, L., historien belge, II, 33.

Torrentius, v. Van den Borre, Égide, chan.; — Sébastien, zellarien.
Toussyn, Nicolas, peintre malinois, II, 72, 127, 177, 304.
Trabukier, Obert, exécuteur testamentaire de Simon Scoonjans, II, 223, 247.
Trautsmansdorff, Cte de T., gouverneur général des Pays-Bas, II, 45.
Trudon, saint T., sa châsse, I, 35.
Tryapan, Gabriel, mari de Marguerite Thonys, II, 242.
t'Serghysels, Aug., exécuteur testamentaire d'Égide Ploechvoets, II, 239.
Tubbackx, Henri, proviseur des LX Frères, I, 240.
Tuerlinckx, Jos., sculpteur, II, 139.
Turnhout, Jean, maître du chant, I, 282.

U

Ulmo, Henri de U., zellarien, I, 221.
Urbain II, pape, I, 291.
Urbain VIII, pape, II, 2, 84, 222.
Ursel, duc d'U., II, 140.
Ursel, Réginald d'U., abbé de Gembloux, I, 95.
Usuard, hagiographe, I, 51.

V

Valerius, Remmerus, chroniqueur malinois, I, xxij; II, 2, 142.
Valle, Franco de V., chan., cantor, I, 187, 199.
Valle, Rombaut de V., doyen, I, 229.
Van Achelen, Igramus, II, 227.
Van Adorp, R., abbé de St-Adrien à Grammont, I, 135.
Van Aerschot, A.-L.-J., fondeur de cloches à Louvain, II, 333.
Van Aerschot, F., fondeur de cloches à Louvain, II, 333.
Van Aerschot, Séverin, fondeur de cloches à Louvain, II, 330.
Van Aerschot-Van den Gheyn, fondeur de cloches à Louvain, II, 328.

Van Assel, P., receveur des biens confisqués, I, 94.
Van Attevoort, Jacques, secrétaire du Chapitre, II, 186, 191.
Van Attevoort, Michel, chan., II, 161.
Van Auwen, Ant., sculpteur malinois, I, 127.
Van Avont, Jean, sculpteur malinois, II, 300, 308.
Van Avont, Romb., sculpteur malinois, II, 170.
Van Battel, Gauthier, peintre-verrier, père du suivant, II, 194, 195.
Van Battel, Gauthier, peintre-verrier, II, 194, 195.
Van Battel, Jean, peintre malinois, père de Gauthier l'ancien, I, 34.
Van Bergen, Marie, bienfaitrice de l'église, II, 279.
Van Beughem, chanoine de Sainte-Pharaïlde à Gand, secrétaire du cardinal de Franckenberg, II, 52, 53.
Van Beveren, M., sculpteur anversois, II, 165.
Van Bladel, J.-H.-A., curé de Hérent, II, 244.
Van Bombergen, chan. de N.-D. d'Anvers, II, 59.
Van Borick, Grégoire, chapelain, II, 216.
Van Borren, Ph., chanoine, I, 180.
Van Boxmeer, J.-B., tailleur de pierre malinois, II, 321.
Van Boxmeer, Ph., architecte communal, II, 162, 324.
Van Bree, architecte bruxellois, II, 171.
Van Breedam, V., collectionneur malinois, II, 175.
Van Brussel ou Van Rome ou Roomen, J., peintre-verrier, II, 195.
Van Camp, sous-diacre, tué au front en 1918, II, 244.
Van Campenhout, A., pléban, II, 197, 272, 273.
Van Campenhout, G., habitant de Steenockerzeel, I, 165.
Van Campenhout, J., zellarien, I, 28.

Van Campenhout, J., grav., II, 175.
van Caster, Guillaume, chanoine, archéologue et historien malinois, I, xxvij, 5, 11, 19, 33, 35, 38, 39, 40, 45, 53, 58, 61, 62, 63, 80, 101, 125, 152, 200; — II, 2, 17, 19, 33, 79, 81, 114, 119, 120, 134, 159, 189, 190, 202, 212, 220, 236, 254, 322, 323, 324.
Van Caster, Jacques, II, 301.
Van Cauteren ou Vercauteren, Pierre, chanoine, fondateur d'une prébende canoniale, I, xvj, 260, 273, 274, 275.
Van Craenendonck, Jean, marguillier, II, 307.
Van Dagne, Fl., proviseur de la Confrérie du Saint-Sacrement, II, 222.
Vandale, B., hagiographe, I, 18, 45, 60, 101, 117.
Van Dale, Jean, propriétaire à Malines, II, 5.
Vanden Becke, Jean, habitant de Malines, I, 174.
Van den Bergh, L., numismate et historien malinois, I, 127, 281.
Van den Borre ou Torrentius, Égide, chan., I, 253.
Van den Borre, Sébastien, zellarien, II, 158, 233.
Van den Bossche, Fr., hagiographe, I, 16.
Van den Bossche, Jacques, peintre-verrier, II, 234, 290.
Van den Bosch, Ludolf, peintre, II, 148.
Van den Bossche, Romb., menuisier, II, 274.
van den Branden de Reeth, F., historien, I, xxiv, xxvj; — II, 139, 197.
van den Branden de Reeth, Victor-Auguste-Marie, archevêque de Tyr, doyen du Chapitre, I, xxvij; — II, 77, 260.
Van den Briel, proviseur de la Confrérie du St-Sacrement, II, 53.
Van den Broecke, Adrien, *alias* Musch, proviseur de la confrérie du Saint-Sacrement, II, 282.

Van den Dale, Baptiste, sculpteur, II, 303.
Van den Dale, Gérard, II, 113.
Van den Dorpe, Hermes, zellarien, frère du suivant, II, 234.
Van den Dorpe ou Dorpius, Jean, zellarien, proviseur de la chapelle, II, 232, 233, 234, 236.
Van den Dorpe, éditeur anversois, I, 12.
Van den Dorpe, un des *Heeren van Frankevoirt*, I, 182.
Van den Eynde, A., historien, I, 31; — II, 34.
Van den Eynde, J., proviseur de la Confrérie du Saint-Rosaire, II, 289.
Van den Eynde, N., sculpteur anversois, II, 153.
Van den Eynde, Pierre, boulanger, II, 215.
Van den Eynde, Rombaut, historien malinois, auteur de *Mechelen opgeheldert*, I, 100, 101, 102, 105, 133, 217; — II, 113.
Van den Gheyn, André, fondeur de cloches à Louvain, II, 329, 330, 331, 332, 333.
Van den Gheyn, A.-L., fondeur de cloches à Louvain, II, 333.
Van den Gheyn, Henri, fils de Pierre II, fondeur de cloches, II, 76.
Van den Gheyn, Pierre II, fondeur de cloches, II, 76.
Van den Gheyn, Pierre III, II, 76.
Van den Gheyn, Jean, fondeur de cuivre, II, 154, 155.
Van den Gheyn, J., fondeur de cuivre, II, 176.
Van den Grave, Corneille, choral, I, 285.
Van den Hove, Mathias, archevêque de Malines, v. Hovius.
Van den Houte, Jean, marguillier, II, 307.
Van den Hove, fille pieuse, I, 39.
Van den Hove, Romb., II, 293.
Van den Nieuweneynden, S., abbé de Tongerloo, I, 135.

Van den Perre, Michel, doyen, I, 274.
Van den Poel, Phillippe, choral, I, 285.
Van den Royele, v. van Nethene.
Van den Sluys ou Slusa, Simon, bienfaiteur des choraux, I, 284; — II, 159, 160.
Van den Steen, Gaspar, sculpteur malinois, I, 41.
Van den Steen, J., sculpteur, II, 154, 186, 187, 209, 210.
Van den Tympel, Olivier, gouverneur de Bruxelles, I, 257, 258; — II, 105, 117.
Van den Venne, Henri, habitant de Malines, I, 172.
Van den Venne, J., sculpteur, II, 146-147.
Van den Wiele, P., chanoine, I, 83.
Van den Wiele, B.-R., greffier de la cour censale de Steenockerzeel, I, 162.
Van de Wiele, architecte de l'église, II, 108.
Van den Zype, Romb., chan. de St-Pierre à Turnhout, 1, 38; — II, 218.
V. également Zypæus.
Van de Poel, M.-M.-C., bienfaitrice de l'église, II, 230.
Van der Aa, famille, I, 100; — II, 291.
Van der Aa, Jean, II, 292.
Van der Aa, Walburge, femme de Joos Snoy, II, 243.
Van der Auwera, F.-F.-W., mort au front en 1915, II, 244.
Van der Beek, Jean, chapelain, receveur de l'*Officium antiquorum obituum*, I, 241.
Van der Bercht, jonkheer, II, 296.
Van der Beringen, J., marguillier, II, 35.
Vanderborch, H. Van Huldenbergh, gheseyt Vanderborch, v. Van Huldenbergh.
Van der Borcht, Guill., mari de Cath. Hoots, II, 275, 294.

Van der Borcht, Pierre, dessinateur, II, 157.
Van der Burch, François, évêque de Tournai, I, 268.
Van der Burch, doyen, II, 264.
Van der Eeken, F., abbé de Ninove, I, 135.
Van der Elst, J.-F., éditeur malinois, I, 5; — II, 133.
Van der Elst, J., éditeur malinois, II, 213.
Van der Elst, Laurent, éditeur malinois, I, 89, 124, 126; — II, 319.
Van der Essen, L., historien belge, I, 155.
Van der Haghen, Luc, protestant converti, I, xj.
Van der Hasselt, P., zellarien, v. Verhasselt.
Van den Heyden, Bon Vincent, dit Belderbussche, II, 252.
Vanderkindere, L., historien belge, I, xx, xxiv, xxv, 153, 181; — II, 9.
Van der Laen, Ferd., chan., I, xvj.
Van der Laen, J., seigneur de Schrieck et de Grootloo, II, 188.
Van der Linden, H., historien, I, 58.
Van der Linden, M., pléban, II, 197, 270.
Van der Linden, Josse-Joseph, chan., I, 296.
Van der Male, Gauthier, chan., I, 243.
Van der Moeren, J.-Fr., II, 56.
Van der Moet, habitant de Oude-Tonghe, dépositaire des archives du Chapitre, I, xvij.
Van der Noot, Philippe-Érard, chan., I, 264.
Van der Noot, Thomas, éditeur anversois, I, 12, 13, 128, 130.
Van der Steghen *alias* Os, N., fondateur de deux chapellenies, II, 282.
Van der Straeten, Edm., historien belge, I, 279, 280.
Van der Straeten, Jean, conseiller au Grand Conseil, père du suivant, I, 188.

Van der Straeten, Jean V. d. S., ou de Platea, *alias* de Lira, chan., I, 188, 241, 246; — II, 290, 293.
Van der Veken, Nic., sculpteur malinois, I, 63, 203; — II, 155, 166, 203, 237, 278.
Van der Voort, Michel, le vieux, sculpteur, II, 302.
Van Dessel, C., hist. belge, II, 9.
Van Dessel, J.-B., surveillant des travaux à l'église, II, 80.
Van de Velde de Melroy, prévôt, puis évêque de Ruremonde, II, 50.
Van de Venne, H., peintre, II, 146.
Van de Venne, Bon J.-B., II, 227.
Van de Venne, B^{on} Ph., II, 226.
Van de Vorst, Jean, nonce apostolique, curé de N.-D. au delà de la Dyle, II, 234.
Van de Vyvere-Petyt, éditeur gantois, I, 90, 129.
Van Deuren, J.-F., orfèvre malinois, I, 45.
Van Diest, famille, I, 110; — II, 275.
Van Diest, Arnold, communemaître de Malines, II, 103, 275.
Van Diest, Aert ou Arnold, fils du précédent, fondateur d'une chapelle, II, 35, 103, 274.
Van Diest, Catherine, veuve de Lancelot de Gottignies, II, 275.
Van Doorslaer, G., hist. malinois, I, 283, 286; — II, 76, 177, 311, 329, 331.
Van Doren, Jean, sculpt. malinois, II, 127, 299.
Van Doren, J., archiviste de la ville de Malines, I, 4, 33; — II, 139.
Van Driesche ou Van den Driesche, J.-Fr., dit du Trieu, chan., I, xv; — II, 49, 51, 53, 55, 56, 59, 193.
Van Deurne de Damas, marguillier, II, 197.
Van Duffel, Élisabeth, femme de Gilles Vrancx, II, 299.
Van Dyck, A., peintre anversois, II, 138, 188, 189, 206.
Van Eeghem, Liévin, sculpteur malinois, II, 127.
Van Eersel, G.-G., évêque de Gand, I, 136.

Van Eghem, Libert, sculpteur malinois, I, 128; — II, 146, 173, 176, 264, 303, 304.
Van Ehrenberg, Guill., peintre, II, planche à la feuille de titre, 81, 298, 302.
Van Espen, B., canoniste, I, 194, 264.
Van Eyck, Dierick ou Thierry, orfèvre malinois, II, 38, 177.
Van Florsum, Jean, prêtre, receveur des Zellariens, I, 231.
Van Gameren, H.-G., évêque d'Anvers, I, 156; — II, 142.
Van Geel, J.-B., sculpteur, II, 155, 162, 165, 241, 257, 302, 306.
Van Genechten, chan., II, 66.
Van Gestel, C., chan. de N.-D., historien, I, 3, 87, 146, 186, 220, 221, 251, 272; — II, 99, 160, 169, 170, 171, 324.
Van Ghele, André, sacristain, I, 192.
Van Gils, chanoine de N.-D. d'Anvers, II, 49.
Van Gindertalen, chanoine, II, 44, 50.
Van Halen, Conrad, proviseur de la chapelle St-Rombaut, I, 116; — II, 267.
Van Ham, C.-M., commissaire de l'administration centrale, I, xvij.
Van Hamme, Cl., femme de Jean Hoots, II, 291.
Van Hamme, L., membre de la commission consultative pour la restauration de la métropole, I, 139.
Van Hasselt, P., zellarien, v. Verhasselt.
Van Haver, dom Ursmer v. H., historien belge, I, 179.
Van Helmont, P.-J., chan., historien du Chapitre, I, xij, xiij, xiv, xv, 44, 45, 61, 145, 149, 150, 151, 154, 165, 171, 179, 180, 183, 184, 185, 187, 188, 192, 193, 207, 208, 209, 212, 230, 241, 246, 258, 262, 268, 278, 279, 284, 288, 289, 296; — II, 15, 23, 33, 35, 44, 49, 50, 53, 55, 56, 59, 61, 64, 84, 94, 137, 158, 239, 290, 293, 294, 306.

Van Helmont, Charles-Jos., père de Pierre-Jos., I, xiij.
Van Helmont, Jacques, peintre-verrier, II, 178.
Van Herbergen, J., chanoine., II, 49, 56.
Van Herdeghem, la demoiselle, II, 186.
Van Herreweghen ou Van der Herreweghen, J., zellarien, chan. hon. en 1804, II, 57, 62.
Van Heurck, E., historien, I, 5.
Van Hoeberghen, maison de V. H., I, 189; v. également Hoberga.
Van Horicke, Rombaut, I, 187.
Van Hove, A., historien et canoniste belge, I, 178, 180, 183, 194, 250.
Van Huldenberg, H. Van H., ghesyt Vanderborch, échevin et historien malinois, II, 213.
Van Kerckhove, Corneille, maçon, II, 320.
Van Kiel, A., receveur de la Fabrique, II, 42.
Van Laere, Guillaume, facteur d'orgues à Bruxelles, II, 307.
Van Leest, Ant., graveur, II, 157.
Van Lerius, Th., historien, I, 16.
Van Lier, Antoine, menuisier, II, 191.
Van Lier, Ant., sculpteur, II, 259.
Van Lokeren, A., historien belge, II, 9.
Van Lokeren, J., sculpteur, II, 70.
Van Lovene, G., boulanger, II, 215.
Van Meerbeek, Fr., sculpteur malinois, II, 99.
Van Meerbeek, Marie, femme de G. Wauters, bienfaitrice de l'église, II, 230.
Van Melckebeke, G.-J.-J., historien malinois, II, 219, 240, 245, 296.
Van Melckebeke, Prosper, pharmacien à Malines, I, 247.
Van Meldert, G.-J., chanoine, II, 193.
Van Messem, P., chanoine, I, xxvij; — II, 67.
Van Middeldonck, J., habitant de Malines, I, 174.

Van Milder, C., sculpteur, II, 300, 301.
Van Milder, J., sculpteur, II, 301.
Van Muysene, Jean, écoutête de Malines, I, 103.
Van Nerven, Corn., architecte et sculpteur bruxellois, II, 191.
Van Nethene, Cath., alias Van den Royele, femme de Jean de Muysene, I, 103.
Van Notenschalen, Ant., bourgeois de Malines, II, 202.
Van Olmen, Franç., chanoine, I, 100; — II, 66.
Van Oostenryck, Anne, fille dévote, II, 286.
Van Oostenryck, Barbe, fille dévote, II, 286.
Van Orley, Bern., peintre, I, 97; — II, 284.
Van Orssagen, Guill., sonneur de cloches, I, 192.
Van Orssele, Érasme, chanoine, I, 258.
Van Oyenbrugghe, Cath., femme de Jean Bauw, II, 223.
Van Papenbroeck, Élisabeth, bienfaitrice de la chapelle des zellariens, II, 232.
Van Papenbroeck, Jean, II, 245, 246.
Van Perck, Isabelle, II, 27.
Van Petegem, P. et L., facteurs d'orgues à Gand, II, 308.
Van Poeck, A., artiste-peintre, II, 207.
Van Provyn, L., chanoine, II, 63.
Van Puymbroeck, J., historien belge, I, 164.
Van Rechten, J., peintre malinois, II, 235.
Van Roye, Anne, béguine, II, 202.
Van Roye, Cath., fille pieuse, II, 203.
Van Rymenam, R., chan., II, 44, 46, 49, 55, 56.
Van Ryswyck, Lamb., orfèvre anversois, II, 229, 237, 241.
Van Steen, Jean, bienfaiteur du Chapitre, I, 187.

Van Straten, *persona* de Wambeke, I, 281.
Van Susteren, chan., évêque de Bruges, II, 192.
Van Thienen, Anne, hagiographe, I, 11, 12, 12, 15, 59.
Van Tienen, J.-B., éditeur anversois, I, 63.
Van Trimpont, J.-B., chan., pléban, I, 117; — II, 22, 26, 27, 53, 56, 57, 59, 97, 270.
Van Vaernewyck, bibliophile, I, 11.
Van Veltom, G., chroniqueur malinois, II, 17.
Van Voesdonck, famille, II, 291.
Van Voesdonck, Catherine, femme d'A. Van Diest, le jeune, II, 274.
Van Waesberghe, J., éditeur anversois, I, 66.
Van Wiel, J.-J., proviseur de la chapelle Saint-Rombaut, I, 117.
Van Winghe, famille, I, 108.
Van Wint, J.-B., sculpteur anversois, II, 220.
Vardaeus, H., hagiographe, I, 5, 6, 19, 50, 65, 66, 70, 71, 72, 73, 75, 76, 77, 78, 101, 127.
Vars, Henri de V., fondateur de la « première messe », I, 243.
Velasco, v. don Diégo Fernande de V., II, 286.
Velthem, Louis de V., chroniqueur, I, 57, 58.
Veranneman, Fr., I, 160.
Verbeeck, J., sculpteur louvaniste, II, 302.
Verberckt, Jean, bienfaiteur de l'église, II, 202.
Verberght, J., proviseur de la confrérie du Saint-Rosaire, II, 289.
Verbrecht, Corneille, marguillier, II, 34.
Verbrugghen, P., sculpteur anversois, II, 153.
Vercauteren ou Van Cauteren, P., chan., fondateur d'une prébende canoniale, I, xvj, 260, 273, 274, 275.
Vercoullie, philologue flamand, I, 30.

Verdam, J., philologue néerlandais II, 38.
Vereycken, audiencier, chevalier du Saint Sépulcre, II, 283.
Vergheest, Romb., chan., I, 253, 254, 256, 258, 259, 261.
Verhaegen, Adrien, receveur de l'*Officium antiquorum obituum*, I, 241.
Verhaegen, P.-J., peintre, I, 135; — II, 208.
Verhaegen, Théod., sculpteur malinois, II, 167, 192.
Verhasselt, Van Hasselt ou Van der Hasselt, P., zellarien, II, 54, 57.
Verhavert, Fr., hist. malinois, I, 18, 105, 117; — II, 166, 175, 186, 188, 272, 276, 288.
Verheyen, Cécile, femme de Janne Metten Gelde, II, 296.
Verhoeven, J., chanoine, I, xiv.
Verkens, P., prêtre, I, 65.
Verlinden, Barbe, femme de Augustin Suetens, II, 268.
Verlinden, P.-J., chanoine, II, 63.
Vermeersch, H., facteur d'orgues à Duffel, II, 309.
Vermeulen, R., chargé d'accorder et d'entretenir les orgues, II, 223.
Vermeulen, J.-B., maçon malinois, II, 131.
Vermeulen, huissier du tribunal, II, 53.
Vermoelen, Jasper, habitant de Malines, I, 174.
Verpoorten, Corneille, peintre malinois, II, 308.
Verpoorten, M., peintre, II, 304.
Verriest, L., historien belge, I, 49, 153.
Versindt, Fr., sacristain et chapelain, II, 296.
Vervloet, J., peintre malinois, II, 138, 225, 245, 248.
Vervoort, Michel, sculpteur anversois, II, 172, 246, 257.
Verwys, E., philologue néerlandais II, 38.
Vestem, Barth., prêtre, I, 264.
Vettere, Gauthier de V., zellarien, I, 223.

Viglius Zuichemius, président du Conseil privé, I, 251.
Vignon, Catherine, bienfaitrice des choraux, I, 286.
Villani, Jean, bienfaiteur de l'église, II, 200.
Viollet-le-Duc, archéologue français, II, 119.
Vitriaco, de V., doyen, I, 17, 151.
Vlaminck, Ghiselbert, bourgeois de Malines, père de Guillaume, I, 193.
Vlaminck, Guill., chanoine, I, 194.
Vlaminck, Romb., bourgeois de Malines, I, 31.
Vleminck, Jean, mari de Marie Colibrant, II, 243.
Vleminck, Louis, mari de Marguerite Thonys, II, 241.
Vleminck, Louis, fils du précédent, II, 242.
Vleminck, Marguerite, fille de Louis et de Marguerite Thonys, II, 242.
Vleminqx, J, surintendant des pauvres, I, 116.
Vosterman, graveur, I, 97.
Vorstius, v. Van der Vorst.
Volkacrt, Nic., fondateur d'une chapellenie, II, 147.
Von Sickel, historien, I, xxiij.
Vrancken, P., chanoine, II, 66.
Vranckx, Louis, chan., vice-doyen, proviseur des LX Frères, I, xiv, 65, 180, 240, peut-être le même que
Vranckx, Louis, chevalier du Saint-Sépulcre, II, 284.
Vranckx, Pierre, chevalier du Saint-Sépulcre, II, 284.
Vrancx, Barbe, femme de Jean Wyts, I, 236; — II, 278, 280.
Vrancx, Claire, II, 268.
Vrancx, Gilles, fondateur de la table riche, II, 299.
Vrancx van Halen, seigneur de Lillo, II, 126, 231, 255, 256.
Vueght, Radbodus, chan., II, 96.
Vyverheim, famille, II, 291.
Vyverheim, v. famille Van Diest-V.

W

Wachtendonck, Jean de W., archevêque de Malines et hagiographe de St-Rombaut, I, 16, 19, 21, 28, 32, 85, 118, 130, 270, 274, 281; — II, 169, 174.
Wagemans, J., peintre, I, 135.
Waghemans, J., chapelain, II, 144.
Waghevens, Georges, fondeur de cloches malinois, II, 329, 330.
Waghevens, Gilles, fondeur de cloches malinois, II, 332.
Waghevens, Médard, fondeur de cloches malinois, II, 329.
Waghevens, Simon, fondeur de cloches malinois, II, 332.
Walaferus, évêque de Dublin, I, 13, 14.
Walcaud, évêque de Liége, I, xxiij.
Wallers, Gérard de W., frère de Rumoldus, I, 30.
Wallius, J., jésuite, poète latin, I, 88.
Walravens, J.-M.-B., curé de Notre-Dame, II, 46.
Walterus, chanoine, I, 185.
Waltherus, v. Gauthier.
Waltsomerloe, Wilhelmina de W., femme de Jean Oem, II, 244.
Wappers, G., artiste-peintre, II, 180.
Warichez, J., historien, I, xxij, 57; — II, 25.
Warnkönig, L.-A., historien allemand, II, 9.
Warnots, E.-J., abbé de St-Jacques sur Caudenberg, I, 135.
Waryns, Nic., exécuteur testamentaire de Simon Scoonjans, II, 247.
Wasia, Jean de W., zellarien, I, 227.
Wasteel, Jacques, II, 267.
Wattenbach, historien, I, xxiij.
Wauters, Alph., historien belge, I, 91, 157, 158, 177, 181.
Wauters, Ch., peintre, I, 137; — II, 267.
Wauters, G., mari de Marie Van Meerbeek, bienfaitrice de l'église, II, 230.

Wauters, Nicolas, contre-ténor, I, 280.
Weale, J., historien, I, 19, 49, 50, 80.
Weber, J., historien allemand, II, 150.
Weld, C., dessinateur, II, 133.
Weldeken, Jean, chanoine, I, 227.
Wellaeus, Jérôme, éditeur à Louvain, I, 51.
Wellemans, Cath., bienfaitrice de l'église, II, 281.
Wenceslas, duc de Brabant, II, 256.
Wertfeldt ou Wertvelt, famille, I, 110.
Wertfeldt, Élisabeth de W., femme d'Arnold Van Diest, le vieux, II, 103, 275, 291.
Wetterstraete, Gosuin de W., zell., I, 229; peut-être le même que G. d'Ekle.
Weynsch, Walterus dictus W., zellarien, II, 34.
Wichman de Hamalant, I, xxv.
Wichmans, A., écrivain ecclésiast., I, 22, 95; II, 203, 2°o, 281.
Willaert-Stalins, membre de la Commission consultative pour la restauration de la métropole, II, 139.
Wilhelmi, Égide, zellarien, II, 232.
Willemans, famille, I, 110.
Willems, Fl., chanoine, II, 66.
Willems, Gilles, zellarien, I, 231.
Willems, J.-Fr., littérateur flamand et hist., I, 61, 256, 259; — II, 326.
Willibrord, saint W., apôtre de Malines, I, 16.
Wilmet, éditeur montois, I, 67.
Wilmore, Jacques, horloger malinois, II, 317.
Windericus, comte, bénéficier du domaine de Malines, I, xxiij, 3.
Wineghem, *liberi de W.*, bourgeois de Malines, I, 163.
Witticken, Fr.-P., hist. allemand, II, 46.
Wouters, J., curé à Heyenbeek, II, 244.
Wynants, J., chapelain, II, 295.
Wynricx, P., prêtre, I, 65.
Wyts, Catherin, commandant du régiment de Bourgogne, II, 279.

Wyts, J., fondateur d'une chapelle, I, 232; — II, 103, 278, 280.
Wyts, Jean, fondateur d'une chapellenie, I, 236.
Wyts, Josse, chanoine, I, xij, 253.

X

Ximenès, cardinal, archevêque de Tolède, I, 179.

Y

York, Marguerite d'Y., duchesse de Bourgogne, II, 291.
Ysembourg, comte d'Y., meurtrier de saint Engelbert de Cologne, II, 241.
Ysewyn, Jean, évêque de Tripoli, I, 229.
Ysewyn, Jean, chevalier du Saint Sépulcre, II, 284, 287.

Z

Zaccarias, F.-A., écrivain ecclésiastique, I, 83.
Zellaer, Arnold de Z., chan., I, xviij, 94, 151, 167, 170, 186; sa vie et sa fondation : 215 et ss.; son sceau : 218, 223, 227, 236, 240, 241, 276; — II, 80, 90, 96, 113, 143, 199, 231, 254.
Zellaer, Gualterus de Z., chanoine, I, 185, 216.
Zellaer, Michel de Z., frère d'Arnold, I, 150, 151, 220.
Zellaer, W. de Z., père de Michel et Arnold, I, 216, 241.
Zelre, Jean de Z., membre de la corporation de saint Luc, II, 250.
Zierixzee, Arnold de Z., zellarien, I, 227.
Zoetermans, Corn., charpentier, II, 132.
Zypaeus ou Van den Zype, B.-A., frère du suivant, II, 193.
Zypaeus, J.-B., chan., II, 186, 193.
Zypaeus, J., fils de Pierre, choral, I, 284.
Zypaeus, Pierre, I, 284.
Zypaeus, Romb., chán. de St-Pierre à Turnhout, I, 38; — II, 218.

INDEX BIBLIOGRAPHIQUE

Aenkondigingsblad [Algemeen] van Mechelen, ..., Malines, 1852, n° 40.
Aenkondigingsblad [Mechelsch nieuws- en]. Malines, 1868-1876 *(articles du chan. De Coster, sur les œuvres d'art à la métropole).*
Académie Royale d'Archéologie de Belgique [Bulletin de l'], 1900, 1901, 1908.
Analecta Bollandiana, tt. III, V et XIV.
Analectes pour servir à l'histoire ecclésiastique de la Belgique. Louvain, 1862 et ss.
Annales du XIIᵉ Congrès de la Fédération Archéologique et Historique de Belgique. Malines, 1907.
ANSELMI [moine de Gembloux], continuatio ad chronicon Sigeberti (MGH, ss. VI).
Authentieke stukken ofte verbael-processen van alles hetgene geschiet is voor / ten tijde / ende / naer de verberginge, begraevinge ende ontgraevinge der HH. Reliquien van den H. Rumoldus. Bruxelles, 1793.
AZEVEDO, G.-D. D'A., Korte chronycke van vele gedenckweerdige geschiedenissen. soo in de principaele steden van het hertogdom van Brabant als in de stadt en provincie van Mechelen voorgevallen, 420-1582. Louvain, 4 vol. (1ʳᵉ éd.).
— Korte chronycke der stadt ende provincie van Mechelen. Louvain, 9 vol. (2ᵉ éd.).
— Kort begryp van 't Leven, Lyden en Mirakelen van den H. Rumoldus, Bisschop en Martelaer, Apostel ende Patroon van de Stadt ende Provincie van Mechelen, waer een deel der gebeenderen van het Heylich Lichaem Godvruchtichlyk bewaert ende ge-eert wordt in de vermaerde capelle van het Gehucht Sondereygen onder de Parochie van Baerle in het Bisdom van Antwerpen in welcke Capelle de H. Rumoldus als Patroon geviert wordt. Principalyck getrocken uyt de Lof-Reden beschreven omtrent het jaer 1100 door Theodoricus, abt van Sint-Truyen in 't Land van Luyck. Louvain, 1763.
— Historische saemen-spracke over de Stadt van Mechelen, tusschen Pipinus ende Ludolphus de selve stadt doorwandelende. Malines, 1775.
B[AETEN], J., Verzameling der Naemrollen betrekkelijk de kerkelijke geschiedenis van het Aertsbisdom. Malines, s. a. (1881), 3 vol.
BALAU, S., Les Sources de l'Histoire de Liége. Bruxelles, 1910.
BARONIUS, C., Annales ecclesiastici. Lucques, 1738-1739.
BARBIER, V., Histoire du Chapitre de St-Aubain à Namur. Namur, 1901.
BATIFOL, P., Histoire du Bréviaire romain. Paris, 1895.
BAUMER, G., Geschichte des Breviers. Fribourg en Brisgau, 1895; — trad. franç. par R. BIRON, 2 vol. Paris, 1905.

Beaucourt de Noortvelde, P., Historische beschrijving der kerk van O.-L.-V. te Brugge met de tijdrekening zijner Proosten en eene verzameling van Grafschriften. Bruges, 1775.

Beelaerts, H.-B., Verzaemeling van echte en bewijsstukken getrokken, soo uit de stads archieven als van het kapittel, kloosters, en andere stichten, soo tot vermeerdering als verbetering der Historie van Mechelen opgeheldert in haere kercken, kloosters, enz. (*Ms. aux Archives de la Ville.*).

Berlière, U., Inventaire analytique des diversa Cameralia. Rome, 1906.

— Les Suppliques de Clément VI. Rome, 1906.

Berteaux, É., Étude historique ... sur l'ancienne Cathédrale, les évêques, archevêques ... de Cambrai. Cambrai, 1908, 2 vol.

Bijdragen tot de Geschiedenis, bijzonderlijk van het aloude hertogdom Brabant. Eeckeren-Donck, 1890 et ss.

Bigwood, G., Notes sur les mesures de blé dans les anciens Pays-Bas, *dans* Annales de la Société d'Archéologie de Bruxelles, t. XIX, 1905.

Biron, R., v. Baumer.

Boendale, J., v. De Clerck.

Böhmer, Regesta chronologica diplomatica regum atque imperatorum romanorum, 911-1313. Francfort, 1831; 2e éd., Innsbruck, 1889.

Bor, P., Oorspronck, begin en vervolgh der Nederlantsche oorlogen (1553-1606). Amsterdam, 1679-84.

Bormans, J.-H., v. De Clerck.

Bormans, St. et Schoolmeesters, E., Cartulaire du Chapitre de Saint-Lambert à Liége. Bruxelles, 1893-98, 3 vol.

Brandt [Van den grooten] tot Mechelen (*ms. no 5442 (18107-11) de la Bibl. Royale*).

[Bréviaire] à l'usage de Madame Catherine de Ligne, abbesse de l'église N.-D. de la Thure, pour ses sœurs chanoinesses de l'église Saincte Wauldrud à Mons en Haynn. (*ms. no 2086 de la Bibl. Royale*).

Breviarii [Pars estivalis] secundum morem ecclesie Scte Marie Antverpiensis. Venise, MCCCCXCVI.

Broederschap — Copye bij oversettinghe uyt het Latyn van de Bulle by de welcke opgerecht is het — van alle Gods lieve Heilighen mede ook van de giefse der Reliquien van verscheyde Heylighen ende van eenige aflaeten voor het voorschreven Broederschap. Malines, 1639.

Broederschap van den H. Rumoldus, martelaer, apostel en patroon der Stad Mechelen. Malines, 1re éd. 1836, 2e éd. 1856.

Cercle Archéologique [Bulletin du], Littéraire et Artistique de Malines. Malines, 1890 et ss.

Buri, G. de B., ou Burius, Jubilaeum quarti saeculi Collegii Canonicorum Zellariensium. Malines, 1660.

— Brevis noticia Romanorum Pontificum. Malines, 1675.

Butkens, C., Les Trophées tant sacrés que profanes du duché de Brabant, 2e éd. La Haye, 1724-1746, 2 vol.

Capita Constitutionum SS. Basilicae Principis Apostolorum. Rome, 1820.

Carnoy, J., Le Mallum dans la toponymie belge, *dans les* Mélanges Ch. Mœller. Louvain, 1914.

Cauchie, A. et Maere, R., Recueil des instructions générales aux Nonces de Flandre. Bruxelles, 1904.

Chronicon vel historia Mechliniensis ex Bibliotheca Tungrensi missa et de novo descripta ex originali per Petrum de Hautpré, anno Domini 1710 *(ms. aux Archives de l'Archevêché).*

CHEVALIER, U., Poésie liturgique du moyen âge, *dans* L'Université Catholique. Paris, 1892.

— Poésie liturgique traditionnelle de l'Église Catholique en Occident. Tournai, 1894.

CLAESSENS, P., Quelques éclaircissements sur l'établissement des évêchés dans les Pays-Bas, *dans* La Revue Catholique, t. XVII.

— La vie de saint Rombaut, apôtre de Malines. Malines, 1875.

— De Legende of het leven en de dood van den Heiligen Rumoldus, apostel, martelaer, patroon van Mechelen. Malines, 1875.

— Promotions aux prélatures abbatiales dans l'ancienne Belgique, *dans* La Revue Catholique, t. XXI.

— Histoire des Archevêques de Malines. Louvain, 1881, 2 vol.

— Carmina iunioris et senioris aetatis. Louvain, 1886.

— Les Chapitres séculiers de Belgique, *dans* Précis historiques, t. XXXIII.

COMPAIGNON, J., Histoire de N.-D. de Consolation, vénérée chez les Religieuses Carmélites de Vilvorde. Bruxelles, 1648.

Confrérie de saint Rombaut, martyr, apôtre et patron de la ville de Malines. Malines, 1856.

COENS, Disquisitio historica de origine Beghinarum. Liége, 1629.

Collectio litterarum pastoralium, t. I. Malines, 1849.

Commissions royales d'Art et d'Archéologie (Bulletin des), 1903 et 1906.

CONINCKX, H., Malines sous la République française, *dans* Bulletin du Cercle Archéologique, t. IV, 1893.

— Mechelsche levensbeschrijvingen, *dans* Bulletin du Cercle Archéologique, t. XV, 1905.

COOREMANS, TH., Geschiedenis van Waelhem, *dans* De Ware Volksvriend, 1900 et ss.

Courant [Mechelsche]. Malines, 1875-1877 *(Articles du chan. De Coster, sur les nouvelles œuvres d'art, placées dans la métropole).*

Cronike [Alder-excellenste] van Brabant, geprent t' hantwerpen in 't iaer 1512 in octobri.

Cronike [Van Brabant die Excellente] gheprent tot Antwerpen op die Lombaerde veste bi mei Jan van Droesborch int iaer ons Heeren MCCCCCXXX in iunio.

DACHERIUS, L.-B., Veterum aliquot scriptorum... spicilegium. Paris, 2ᵉ éd., 1665.

DARIS, J., Histoire du diocèse et de la principauté de Liége, depuis les origines jusqu'au xiiiᵉ siècle. Liége, 1890.

— Notices historiques sur les églises du diocèse de Liége, t. XV. Liége, 1894.

DAVID, J., Geschiedenis van de Stad en Heerlykheid van Mechelen. Louvain, 1854.

DE BUCK, V., Archéologie irlandaise, *dans* Études théologiques, historiques et littéraires. Paris, 1869.

DE CLERCK, J. ou JAN BOENDALE, Brabantsche Yeesten of Rymchronyk van Brabant, éd. J.-F. WILLEMS et J.-H. BORMANS, Bruxelles, 1839-1869, 3 vol.

Delafaille, F.-E., v. Raymaeckers B. et Delafaille.
Delafaille, P.-G., Bijdragen tot opheldering der Geschiedenis van Mechelen. Malines, s. d.
Délices des Pays-Bas, Bruxelles, éd. de F. Foppens, 1711.
de Marneffe, Edg., Recherches sur le nom de Malines, dans Bulletin du Cercle Archéologique de Malines, t. IV, 1893.
— Questions de toponymie. Encore le nom de Malines; ibidem.
— Cartulaire d'Afflighem, dans Analectes pour servir à l'histoire ecclésiastique de la Belgique, 2e série.
De Marteau, J., Vie de S. Lambert et documents du xe siècle. Liége, 1878.
De Munck, J.-J., Beschryving der negen-hondert-jarige jubelfeesten van den H. Rombout, geviert in het jaer 1680. Malines, 1774.
— Gedenkschriften dienende tot opheldering van het leven, lyden, wonderheden, ende duysent-iaerige eer-bewysinge van den Heyligen Bisschop ende Martelaer Rumoldus, Apostel ende Patroon van Mechelen, tot Mechelen, M.D.CC.LXXVII.
de Ram, F.-X., Syndicon Belgicum, sive acta omnium ecclesiarum Belgii, Nova et absoluta collectio Synodorum tam provincialium quam diocesanorum archiepiscopatus Mechliniensis. Malines, t. I, 1828.
De Ridder, C.-B., Analectes concernant l'histoire ecclésiastique de la Belgique et en particulier de l'Archevêché de Malines, dans Annuaire ecclésiastique, 1860-1864.
— Les élections abbatiales dans les Pays-Bas avant le xixe siècle, dans Analectes pour servir à l'histoire ecclésiastique de la Belgique, t. V.
De Saint-Genois, J., Histoire des avoueries en Belgique. Bruxelles, 1837.
Descamps, J.-B., Voyage pittoresque de la Flandre et du Brabant. Paris, 1769; — 2e éd., Bruxelles, 1772; — 3e éd., Bruxelles, 1838.
Des Marez, G., Le diplôme de fondation de l'église des SS. Michel et Gudule, dans Annales de la Société royale d'Archéologie de Bruxelles, t. XII, pp. 325 et ss.
Dhanis, M.-C.-H., Opkomst en bloei van het Christendom in Mechelen. Malines, 1857, 2 vol.
Directorium ad rite legendas horas Canonicas misasque celebrandas, iuxta normam breviarii et missalis romani. Malines, 1916.
Diurnale du Couvent de Blijdenberg à Malines (ms. aux Archives de l'État à Gand).
Domyns, J., Divi praesulis Christique martyris Rumoldi Mechliniensium praesidis sive titularis eximii vita. Bruxelles, 1569 (Le texte a été reproduit par Sollerius, Acta S. Rumoldi, et par H. Vardaeus, S. Rumoldi, ... acta, martyrium, liturgia antiqua et patria).
Donat, le diacre D., Acta Sancti Trudonis dans AA, SS. B., t. V.
Dorvaux, Les anciens pouillés du diocèse de Metz. Nancy, 1902.
D'Oultreman, H., Histoire de la ville et comté de Valenciennes. Douai, 1639.
Dreves, G.-M., Analecta liturgica. Leipzig, tt. VII, VIII et XII, 1885-1892.
Dubrulle, H., Documents pour servir à l'Histoire des indulgences accordées à la ville de Malines au milieu du xve siècle. Paris, 1904.
Duvivier, Ch., Recherches sur le Hainaut ancien. Bruxelles, 1866, 2 vol.
— Actes et documents anciens intéressant la Belgique. Bruxelles, 1898.
Fayen, A., Lettres de Jean XXII. Rome, 1908.

Fierens-Gevaert, Van Dyck. Paris, 1903.
Foncke, R., Boeken in sterfhuizen van Oud-Mechelen, *dans* Het Boek, 1915 et 1916.
— Het graf van Aartsbisschop Boonen, *dans* De Katholiek, 1917.
Foppens, J.-F., Historia episcopatus Antverpiensis. Bruxelles, 1717.
— Auberti Miraei... opera diplomatica et historica... éditio secunda, 2 vol. Louvani, 1723; — Diplomatum belgicorum nova collectio sive supplementum ad opera diplomatica Auberti Miraei, 2 vol. Bruxelles, 1734, 1747.
Foppens, J.-F., Jubilaeum quinti saeculi Collegii Canonicorum Zellariensium. Louvain, 1760.
— Naemrollen der Voorzitters en Raedsheeren van den Grooten Raed, met hunne lofreden, wapens en grafschriften *(ms. aux Archives de la Ville)*.
— Mechlinia Christo nascens et crescens, seu acta urbem ecclesiam Mechliniensem eiusque viros pietate et dignitate conspicuos concernentia, collecta et ordine disposita, 3 vol. in-f° *(ms. aux Archives de l'Archevêché, du Chapitre, de la Ville et à la Bibliothèque Royale, n°s 5433 et 5442)*.
— Capitulum Mechliniense *(ms. aux Archives de l'Archevêché)*.
Frédéricq, P., Rekeningen en andere stukken van den Pauselyken aflaathandel te Mechelen in 't midden der xve eeuw (1443-1472). Bruxelles, 1909.
Gallia christiana in provincias ecclesiasticas distributa, t. V. Paris, 1731.
Gautier, L., Œuvres poétiques d'Adam de Saint-Victor. Paris, 1re éd., 1852, 2e éd., 1881, 3e éd., 1894.
Gazet van Mechelen, Malines 1857-1861 *(Les années 1857 à 1861 contiennent une série d'articles historiques dûs au chan. J. Schœffer, qui ont été réunis en grande partie, plus tard en un volume séparé.* Cf. Schœffer).
Gesler, J., De oorsprong van den plaatsnaam Mechelen. Hasselt, 1914.
Gesta abbatum Trudonensium, éd. de Borman. Liége, 1872-77, 2 vol.
Gesta episcoporum Cameracensium [MGH, ss. t. VII; Migne, Patrologie latine, t. 149].
Godenne, L., Malines jadis et aujourd'hui. Malines, 1908.
Goethals, M.-F.-V., Lectures relatives à l'Histoire des Sciences, des Arts et des Lettres en Belgique et dans les pays limitrophes. Bruxelles, 1837, 3 vol.
Goetschalckx, P., Oorkondenboek der Witheeren abdy van Sint-Michiels te Antwerpen, t. I. Eeckeren-Donck, 1909 [*Extrait de Bijdragen tot de Geschiedenis, bijzonderlijk van het aloude Hertogdom van Brabant*].
Goovaerts, A., Les œuvres de sculpture faites aux xvij^e et xviij^e siècles pour l'église du prieuré de Leliëndael à Malines. Malines, 1892 [*Extrait du Bulletin du Cercle Archéologique*].
Graf- en Gedenkschriften der Provincie Antwerpen, t. VIII. Anvers, 1903.
Gramaye, J.-B., Historiae et antiquitatum urbis et provinciae Mechliniensis, libri III. Bruxelles, 1606.
Gurnez, J.-A., a G., Vita et martyrium S. Liberti, Malinatis et Mechliniensium principum Adonis et Elisae filii. Malines, 1639.
Guillaume, L., Proses d'Adam de Saint-Victor et Odes d'Horace (Partie du maître). Tournai, 1910.
Gummari [Vita S.], v. Théobald.
Gyseleers-Thys, B.-J.-F., Tydrekenkundige beschrijving der heerlykheid van Mechelen, dienende tot vermeerdering en verbetering aen de zoo

genaemde Heerlykheid van Mechelen, uytgegeven onder het bestuur van M. David. Malines, s. d.
— La tour de la métropole de Malines, Ire partie. L'architecte primitif. Malines, 1836.
— Coup d'œil sur la métropole de Malines en 1836. Malines, 18^6.
HEIDINGER, Descriptio ex codicibus mss. saeculi xvj^e, archidiaconatus tituli S. Agathae in Longuino.
HEIMBRECKER, M., Die Orden und Congregatunen der Katholischen Kirche. Paderborn, 1907.
HERGENRÖTHER, C., Regesta Leonis X. Fribourg, 1884.
HERMANS, V., L'Incendie de la Tour Saint-Rombaut à Malines. Gand, 1877 *(Extrait du Messager des Sciences historiques)*.
— Bibliothèque Malinoise *(Extrait du Bulletin du Cercle Archéologique)*.
HESSELS A LOVANIO, JOH., Calendarius ecclesiasticus generalis Rodulphi de Rivo. Louvain, 1568.
HOLVOET, M., De dignitatibus et praebendis ecclesiae metropolitanae S. Rumoldi Mechliniae compendium *(ms. aux Archives de l'Archevêché)*.
HOYNCK VAN PAPENDRECHT, C.-P., Analecta Belgica. La Haye, 1743, 6 vol.
HULEU, GH., Lof-reden ter eere van den H. Rumoldus, apostel en beschermer van Mechelen,... met historische aenmerkingen op de beroemste voorvallen die in deze stad hebben plaets gehad ten tyde van de Fransche vervolginge. Malines, 1793.
— Waerschouwinge aen het volk. Malines, 1797.
— Veritatis aurora... civice formule iuramenti 19 fructidor examen serium. Malines, 1798.
— Pligten van allen Catholyken borger. Malines, 1798.
— Theophila ofte Godtminnende zielen, s. l. n. d.
JOFFRY, J.-B., Memorie van het Verwers ambacht binnen Mechelen *(ms. aux Archives de la Ville)*.
JONGENEELEN, J.-A., Elfhonderdjarig jubelfeest van den H. Rumoldus. Malines, 1875.
IMBART DE LA TOUR, Les paroisses rurales du ive au xj^e siècle. Paris, 2e éd., 1900.
JAFFÉ-WATTENBACH. Regesta pontificum romanorum a condita ecclesia ad ann. 1198. Leipzig, 1883.
KURTH, G., Notger de Liége et la civilisation au xe siècle. Paris, 1905.
KEMPENEER, A., Les aliénations de Malines au xive siècle *(Extrait du Bulletin du Cercle Archéologique de Malines, 1903)*.
KÖNIGER, A.-M., Burchard I von Worms und die deutsche Kirche seiner zeit. Munich, 1905.
LAENEN, J., Le ministère de Botta-Adorno, dans les Pays-Bas autrichiens, pendant le règne de Marie-Thérèse. Anvers, 1902.
— Notes sur l'organisation ecclésiastique du Brabant à l'époque de l'érection des nouveaux évêchés (1559). Anvers, 1904.
— Jean Ysewyn, évêque de Tripoli et administrateur apostolique du diocèse de Cambrai *(Extrait du Bulletin du Cercle Archéologique de Malines, Malines, t. XVI, 1906)*.
— L'ancienne bibliothèque des Archevêques de Malines *(Extrait du Bulletin du Cercle Archéologique de Malines, t. XIV, 1904)*.
— Les diocèses de Malines et d'Anvers, de 1794 à 1802, *dans* Annuaire du Clergé, 1907.

LAENEN, J., Les reliques de saint Hymelin à Vissenaeken, *dans* Analectes pour servir à l'histoire ecclésiastique de la Belgique, t. XXXI.
— Étude sur la suppression des couvents par l'Empereur Joseph II dans les Pays-Bas autrichiens et plus spécialement dans le Brabant (1783-1794). Anvers, 1905.
— Le patrimoine des églises paroissiales et les Magistri fabricae, *dans* La Vie diocésaine, t. I, 1907.
— Bonheyden, *dans* La Vie diocésaine, t. II, 1908.
— A propos d'un petit monument découvert récemment à l'église Sainte-Catherine à Malines, *dans* Bulletin de l'Académie Royale d'Archéologie de Belgique, 1908.
— Joseph II en zijne regeering in België. Anvers, 1908.
— Les paroisses rurales depuis les origines jusqu'à la Révolution française, *dans* l'Annuaire du Clergé, 1905.
— Le projet de l'achèvement de la tour de l'église Saint-Rombaut, *dans* La Vie diocésaine, t. III, pp. 346 et ss., 1909.
— La dîme ecclésiastique dans le droit local du Brabant, *dans* La Vie diocésaine, t. V, 1911.
— Le titre pastoral avant le Concordat, *dans* Annuaire du Clergé, 1911.
— Een oud liedje over den Mechelschen torenbrand. Gand, 1912, *dans* Verslagen en mededeelingen der K. Vl. Academie, 1912.
— Heksenprocessen. Anvers, 1914.
— Le clergé rural et l'impôt princier. Louvain, 1914 *(Extrait des Mélanges Ch. Moeller)*.
— Les paroisses primitives des villes et le problème des origines communales. Liége, 1919 *(Extrait des Mélanges Baron de Borman. Liége, 1919)*.
— Introduction à l'histoire paroissiale du diocèse de Malines (en préparation).
LAHAYE, L., Étude sur l'abbaye de Waulsort, *dans* Bulletin de la Société d'Art et d'Histoire du diocèse de Liége, t. V, 1889.
LAMPRECHT, K., Deutsches Wirtschaftsleben im Mittelalter. Leipzig, 1886.
LAVALLEYE, ED., Petite dissertation sur la liste des chanoines de la cathédrale de St-Lambert à Liége, en 1131. Liége, 1839.
LECLÈRE, C., Les avoués de Saint-Trond. Louvain, 1902.
Legende [Hier begint Sinte Rombouts l.], Gheprent bi my Thomas van der Noot. Nous n'avons pas encore pu retrouver cet incunable dont l'existence est signalée au commencement du xixe siècle. Cf. t. I, p. 11.
MACHARIUS, Kort begryp van het leven en mirakelen van den H. Ardsbisschop en Patriarch van Antiochen, die besonderlyk tot Gend en andere plaetsen van Vlaenderen en Nederland geviert word. Gand, s. d.
MAERE, R., v. Cauchie, A. et Maere, R.
MAJOR, C., La ville et province de Malines à la France, depuis le 12 de may 1746 jusqu'au 25 janvier 1749 *(ms. à la Bibliothèque Royale*, n°s 17225-17227).
MARTÈNE, Edm. et DURAND, U., Thesaurus novus anecdotorum seu collectio monumentorum, t. I. Paris, 1717.
Martyrologium Romanum. — Editio typica Vaticana auspice SS. D. N. Pio Papa X confecta. Rome, 1913.
MERTENS, A., Iets over de spotnamen onzer Belgische steden, *dans* Lettervruchten van het Leuvensch Genootschap met Tijd en Vlijt. Louvain, 1847.

MERTENS, F. et TORFS, L., Geschiedenis van Antwerpen. Anvers, 8 vol., 1867 et ss.

MEYER, In incendium Mechliniense, *dans* J.-F. WILLEMS, Mengelingen van Vaderlandschen inhoud.

MIGNE, Patrologiae cursus. Patrologiae latinae, t. 149. Paris, 1864.

Mirakelen [De] ende wel-daeden ver-kregen door het aen-roepen vanden H. P. Franciscus-Xaverius aen syne HH. Ge-approbeerde reliquien rustende in de Kercke vande Societeit Jesu tot Mechelen. Anvers, 1660.

Missae propriae ecclesiae metropolitanae Mechliniensis ad formam missalis Romanae redactae. Malines, 1728.

Missel à l'usage de l'église de Bilsen *(ms. à la Bibliothèque Royale, n° 9786-97890).*

MISSET, E. et WEALE, W.-H.-J., Thesaurus hymmologicus, I, Prosae. Londres, 1888.

MOLANUS, J., Usuardi martyrologium quo Romana ecclesia ac permultae aliae utuntur. Louvain, 1re éd., 1568; 2e éd., 1573.

— Natales sanctorum Belgii. Douai, 1616.

— De Canonicis libri III. Cologne, 1587.

Monumenta Germaniae historica, SS., VI et VII; — Leges, I et II.

Necrologium. Annotata excerpta e libro spectante ad Capitulum Mechliniense et in eius archivis asservato cui titulus *Martyrologium secundum usum Romanae curiae (ms. aux Archives de l'Archevêché).*

NEEFFS, C.-V.-J.-G. (C. Seffen), Onderzoek en aanteekeningen nopens de Grafstede der Berthouten, Heeren van Mechelen, in Ste-Romboutskerk aldaer, *dans* De Vlaamsche School, t. III, 1857.

NEEFFS, EMM., Inventaire historique des tableaux et des sculptures se trouvant dans les rues de Malines. Louvain, 1869.

— Histoire de la peinture et de la sculpture à Malines. Gand, 1876.

— Notes sur les anciennes verrières de l'église métropolitaine de Malines, *dans* Le messager des Sciences historiques en Belgique, 1877.

— Les blasons des Chevaliers de la Toison d'Or, *dans* Le messager des Sciences historiques, 1878.

NIMAL, A., Mgr Scheppers, fondateur des Frères et des Sœurs de N.-D. de Miséricorde. Malines, 1906.

Obituaire des Religieuses Clarisses de Malines *(ms. au couvent des Religieuses Clarisses à Malines).*

OLTHOFF, FR., De boekdrukkers, boekverkoopers en uitgevers in Antwerpen sedert de uitvinding der boekdrukkunst. Anvers, 1891.

Officia patronorum ecclesiae metropolitanae Mechliniensis ex breviario et octavario Romano collecta. Malines, 1629.

Officia propria ecclesiae metropolitanae Mechliniensis redacta ad formam Breviarii Romani, Clementis VIII, Urbani VIII. Anvers, 1635.

Officia propria sanctorum ecclesiae metropolitanae, civitatis et archidiocesis Mechliniensis. Malines, 1re éd., 1838; dernière éd. 1919.

O'KELLY DE GALWAY, A., Mémoire sur l'Ordre du St-Sépulcre de Jérusalem, suivi de la matricule biographique des chevaliers et des pèlerins des Pays-Bas. Bruxelles, 1873.

Passio S. Rumoldi, v. THIERRY, abbé de Saint-Trond.

PERGAMENI, CH., L'avouerie ecclésiastique belge. Gand, 1907.

PIRENNE, H., Le livre de l'abbé Guillaume de Rijckel (1249-1272). Polyptique et comptes de l'abbaye de Saint-Trond au milieu du xiij^e siècle. Bruxelles, 1896.

PIRON, C.-F.-A., Algemeene levensbeschryving der mannen en vrouwen van België. Malines, 1860.

Placcaeten ende ordonnantien van de hertogen van Brabandt. Anvers-Bruxelles, 1648-1774.

Plechtige translatie der Reliquien van den Gelukzaligen Joannes Berchmans binnen Mechelen, gevolgd van de jaerschriften en gedichten.... Malines, s. d. (1865).

PONCELET, ED., Le livre des fiefs de l'église de Liége sous Adolphe de la Marck. Bruxelles, 1898.

POULLET, EDM., Les constitutions nationales belges de l'ancien régime à l'époque de l'invasion française de 1794. Bruxelles, 1875.

POULLET, PR., Histoire politique nationale. Louvain, 2 vol., 2e éd., 1888-1898.

POUPEYE, C., Nicolas Van der Veken, sculpteur malinois du xvij^e siècle, dans Bulletin du Cercle Archéologique de Malines, t. XXI, 1911; — et dans Mémoires du Congrès Archéologique de Malines, 1911.

— Théodore Verhaegen, sculpteur malinois du xviij^e siècle, dans Bulletin du Cercle Archéologique de Malines, t. XXIII, 1913.

PROOST, E., Les tribunaux ecclésiastiques en Belgique, dans Annales de l'Académie d'Archéologie de Belgique, t. XXVII.

Psalter Davids [Den] na dalder correxte copie ouergesedt met die Hymnen ende Ghebeden so van den tyt als van die feestdagen des iaers, nu nieuwelincx tot profyt van alle menschen binnen Mechelen ouergesedt. Anvers, 1561.

RAEPSAET, J., Œuvres complètes. Gand, 1839, 5 vol.

RAYMAECKERS, B. en DELAFAILLE, F.-E., Geschiedkundige wandeling op Sint-Rumoldus toren te Mechelen. Malines, 1863.

Reconciliationes ecclesiarum et cemiteriorum de consecrationes sacellorum et altarium factea in Civitate Mechliniensi immediate post rebellionem (ms. à la Bibliothèque Royale, n° 16527).

REUSENS, E., Éléments d'Archéologie chrétienne. Louvain, 1886.

Residuum colloquii cuiusdam inter dominum quempiam et amicum catholicum in quo grassationes et latrocinia narrantur quae contigerunt dum Mechlinia ab anno 1580 usque ad annum 1585 sub iugo calviniarum gemuit (ms. à la Bibliothèque Royale, n° 18107-18117).

Rombout. — Hier beghint dat leven des heyleghe bisschops ende martelare Sinte Rombout hooghe ende werdigte patroen van der stat van Mechelen (ms. aux Archives de la Ville et de l'Archevêché).

ROSENBERG, A., Rubensbriefe gesammelt und erlautert. Leipzig, 1881.

ROSSARD, J.-F., Les leçons de P.-P. Rubens ou fragments épistolaires sur la Religion, la Peinture et la Politique, extrait d'une correspondance inédite en langue latine et italienne entre ce grand artiste et Ch.-Reg. d'Ursel, abbé de Gembloux. Bruxelles, 1838.

RUELENS, CH. et ROOSES, M., Correspondance de Rubens et documents épistolaires concernant sa vie. Anvers, 1887 et ss.

Rubricae generales ecclesiae Leodiencis. Liége, 1769.

SCHAEYS, J.-B., Histoire de l'Architecture en Belgique. Bruxelles, s. d.

SCHELLENS, FR., Mechelsche Chronycke 1260-1855 (ms. aux Archives de la Ville).

Schats, P., Wouter Coolman, bouwmeester van Sint-Romboutstoren te Mechelen, *dans* Vlaamsche School, t. II.

Schellens, De parochiekerken van Mechelen, t. I. De metropolitaene kerke van Sinte-Rombout *(ms. aux Archives de la Ville*, DD. Notices S. II (VII), n° 1.

Schœffer, J., Herstellings- en versieringswerken te doen aan de metropolitane kerk van den H. Rumoldus te Mechelen. Malines, 1850.

— Historische aanteekeningen rakende de kerken, de kloosters, de ambachten en andere stichten der stad Mechelen. Malines, 1879; 3 vol.

Schoolmeesters, E., Les statuts synodaux de Jean de Flandre, évêque de Liége. Liége, 1908.

— v. Bormans et Schoolmeesters.

Seffen, C., v. Neeffs, C. V. G.

Serrure, R., Étude sur l'origine du nom de Malines, *dans* Bulletin du Cercle Archéologique de Malines, t. IV, 1893.

Servranckx, G.-S., Histoire de la commune d'Héverlé et de ses seigneurs. Louvain, 1855.

Simenon, G., Le servage à l'abbaye de Saint-Trond. Bruxelles, 1903.

Siré, P., Hanswyck en het wonderdadigh beeldt van de Alderheylichste Maagd ende Moeder Gods Maria. Termonde, 1738.

Smits, C.-F.-H., De kathedraal van 's Hertogenbosch. Bruxelles-Amsterdam, 1907.

Société [Bulletin de la] Scientifique et Littéraire du Limbourg, t. XXXII, 1914.

Société royale d'Archéologie de Bruxelles [Annales de la], 1886 et ss.

Sollerius, J.-B., S. J. Acta S. Rumoldi Episcopi et Martyris Apostoli et Patroni Mechliniensium, Antverpiae, 1718 *(Extrait des AA. SS., t. I, julii)*.

Steurs, F., De glasraam verbeeldende de geslachten der doorl. Huizen van Oostenryk en Burgondië in St-Romboutskerk. — De glasraam der lakenwevers, *dans* Geschiedkundige verhandelingen rakende de stad Mechelen. Malines, 1872-1874.

— De Toren van Sint-Romboutskerk te Mechelen. Malines, s. d.

Stevart, Hyer., Oratio panegyrica de S. Rumoldo habita in generali cleri capitulo die... iunii anni M.D.CC.X.L. *(ms. aux Archives de la Ville et de l'Archevêché*, imprimé dans De Munck, *Gedenkschriften*, pp. 154 et ss.).

Stockmans, J.-B., Geschiedenis der gemeente Schelle. Lierre, s. d.

Stutz, U., Geschichte des Kirchliches Beneficialwezens. Berlin, 1890.

— Die Eigenkirche als element des mittelalterlich germanischen Kirchenrechts. Berlin, 1895.

— Lehen und Pfrunde, *dans* Zeitschrift des Savignystiftung, t. XXXII, 1899.

Surius, L., Vitae Sanctorum. Édition de 1581, 1586, 1618, 1877, t. VIII.

Tarlier, A. et Wauters, A., Géographie et Histoire des communes belges. Ville de Nivelles. Bruxelles, 1862.

Taxandria, Tijdschrift voor Noordbrabantsche geschiedenis en Volkskunde. Bergen-op-Zoom, 1906.

Théobald, Vita S. Gummari, *dans* AA. SS. t. V; — et *dans* P.-D.-L. Deckers, Leven en eeredienst van den H. Gummarus.

Thierry, abbé de Saint-Trond, Passio S. Rumoldi, éditions de Hugo Vardaeus, Sollerius, L. Surius.

Valerius, Remmerus., Chronycke van Mechelen. Malines, s. a.
van Caster, G., Histoire des Rues de Malines et de leurs Monuments. Malines, 1682.
— Namen der Straten van Mechelen en korte beschrijving hunner vorige en nog bestaande gebouwen. Malines, s. d. (1901).
— Malines. Guide historique et description des monuments. Tournai, 1887.
— Histoire du prieuré d'Hanswyck. Malines, 1888.
— Le vrai plan de la Tour de Saint-Rombaut. Malines, 1890.
— Notice historique sur Waelhem et l'ancienne abbaye cistercienne de Roosendael, dans Bulletin du Cercle Archéologique de Malines, t. II, 1891.
— Les festivités en l'honneur de saint Rumold, évêque, martyr, apôtre de Malines (Extrait du Bulletin du Cercle Archéologique de Malines, t. XIII, 1903.
— Les blasons funéraires de l'église Saint-Rombaut, dans Bulletin du Cercle Archéologique, t. XI, 1901.
Vandale, B., Vie et miracles de saint Rombaut, d'après les tableaux de Michel Coxie et autres qui se trouvent à la cathédrale de Malines. Bruges, 1857.
Van den Bergh, L., Catalogue descriptif des monnaies, méreaux, jetons et médailles frappés à Malines, ou ayant trait à son histoire. Malines, 1899.
van den Branden de Reeth, F., Recherches sur l'origine de la famille des Berthout. Bruxelles, 1843.
Van den Eynde, Aug., Choix d'inscriptions et monuments funéraires de la ville de Malines et ses environs. Malines, 1856.
Van den Eynde, R. et de Cuypers d'Alsingen, J.-F.-G., Provincie, stad ende district van Mechelen, opgeheldert in haere kercken, kloosters, kapellen, gelden. enz. Bruxelles, 1770.
Van der Essen, L., Les vitae des saints Mérovingiens. Louvain, 1907.
— La *Vita Bertuini*, dans Analectes pour servir à l'histoire ecclésiastique, t. XXXII.
Vanderkindere, L., Gislebert de Mons. Bruxelles, 1895.
— Les tributaires ou serfs d'église en Belgique au moyen âge. Bruxelles, 1897.
— La formation territoriale des principautés belges au moyen âge. Bruxelles, 1902, 2ᵉ éd.
— La liberté et la propriété en Flandre, du ixe au xij^e siècle, dans Choix d'Études historiques. Bruxelles, 1905.
Van der Straeten, Edm., La musique aux Pays-Bas avant le xixe siècle. Bruxelles, 1857-1880.
Van Dessel, C., Topographie des voies romaines en Belgique. Bruxelles, 1877.
Van Doorslaer, G., Y a-t-il des raisons pour ne pas considérer Gauthier Coolman comme l'auteur des plans de la Tour de Saint-Rombaut? dans Bulletin du Cercle Archéologique, t. XIV, 1904.
— Jubés et maitrises de Malines, dans Bulletin du Cercle Archéologique de Malines, t. XVI, 1906.
— L'enseignement de l'Exposition d'Art ancien à Malines. Anvers, 1912.
— L'ancienne industrie du cuivre, III. La fonderies de cloches, dans Bulletin du Cercle Archéologique, t. XXII, 1912.

Van Doren, P.-J., Inventaire des Archives de la ville de Malines, tt. I et II. Malines, 1859-1862.

Van Espen, B., Ius ecclesiasticum Universum Lovanii, 1753 *(En réalité l'édition fut faite à Paris par Joseph Barre et Gabriel de Bellagarde).*

Van Gestel, Corn., Historia sacra et profana archiepiscopatus Mechliniensis, sive descriptio archi-diocoesis illius. Hagae Comitum, 1725.

Van Haver, Ursmer, dom, Een nederlandsche Kardinaal, dom Willem de Croy, monnik der abdij van Afflighem, *dans* De Katholiek. Utrecht, t. CXLIX, pp. 261-286.

Van Heelu, J., Rymchronyk, éd. J.-Fr., Willems, Bruxelles, 1847.

Van Helmont, P.-J., De Sancto Rumoldo, pontifice, martyre, ecclesiae et civitatis Mechliniensis patrono inclyto, eiusque sacris reliquiis asservatis, absconditis ac solemni iubilaeo honoratis, acta ab anno 1776 ad annum 1825 *(ms. aux Archives de l'Archevêché).*

— Capitulum Mechliniense seu series praepositorum, decanorum, cantorum, magnorum custodum, plebenorum et canonicorum ecclesiae S. Rumoldi Mechliniae, 2 vol. in-f° *(ms. aux Archives de l'Archevêché.* Le t. II est demeuré incomplet ; il finit brusquement avec la notice biographique du chanoine Gérard Smits, installé le 11 mai 1618. Des notes pour la partie manquante existent aux Archives du Chapitre).

— Mémoire pour l'organisation du clergé de l'église métropolitaine et primatiale de S. Rombaut à Malines *(ms. aux Archives administratives de l'Archevêché).*

— Archiepiscopatus Mechliniensis suppressio et nova erectio ac limitum eius circumscriptio 1801-1802. Joannis Amandi de Roquelaure, nuper episcopi Silvanectensis ad novam sedem archiepiscopalem Mechliniensem translatio, acta, resignatio, mors. 1802-1818 *(ms. aux Archives de l'Archevêché).*

— Historia archiepiscopatus Mechliniensis sub R^{mo} D^{no} de Pradt *(ms. aux Archives de l'Archevêché).*

— Histoire du Chapitre de N.-D. au delà de la Dyle *(ms. aux Archives de l'Archevêché).*

— Kalendarium cum necrologio antiquo ecclesiae B. M. V. trans Dyliam Mechliniae *(ms. in-f°, et ms. in-4° moins complet, aux Archives de l'Archevêché).*

— Abrégé chronologique des prévôts, doyens et chanoines du Chapitre de l'église Collégiale et paroissiale de N.-D. au delà de la Dyle *(ms. aux Archives de l'Archevêché).*

Van Hove, A., Étude sur les conflits de juridiction dans le diocèse de Liége à l'époque d'Érard de la Marck (1506-1538). Louvain, 1900.

Van Huldenbergh, H., gheseyt Vanderbosch, Gheboorte Linie oft gheslachts afcompste der Heeren Voogden van Mechelen. Malines, 1638 et 1768.

Van Lokeren, A., Chartes et documents de l'abbaye de Saint-Pierre à Gand. Gand, 1868-1871.

Van Melckebeke, G.-J.-J., Geschiedkundige aanteekeningen rakende de Sint-Jansgilde, bygenaemd de Peoene. Malines, 1862.

— Geschiedkundige aanteekeningen rakende de kruis- of voetbooggilde. Malines, 1869.

— De St-Lambrechts of Schermersgilde te Mechelen. Malines, 1873.

— Geschiedkundige aanteekeningen rakende de Sint-Christoffel of Kolveniersgilde te Mechelen. Malines, 1874.
— De St-Sebastiaan of handbooggilde te Mechelen. Malines, 1879.

Van Puymbroeck, Fr. Adolphus, De Franciscanen te Mechelen. Gand, 1893.

Van Velthem, L , Spieghel historiael (1246-1316), éd. J. Le Long. Amsterdam, 1727; — éd. W.-J. Jonckbloed, La Haye, 1840.

Van Velthem's [Lodewijck], Voortzetting van den Spieghel Historiael, éd. A. Van der Linden et W. de Vrees. Bruxelles, t. I, 1906.

Van Veltom, Gaspar, Chronycke ofte beschryvinge der besonderste geschiedenissen t' sedert het eerste van de derthienste eeuwe raeckende het clooster van Onse Lieve [Vrouw] van Hanswyck *(ms. aux Archives de l'église N.-D. d'Hanswyck).*

Vardaeus, H., S. Rumoldi martyris, archiepiscopi Dubliniensis, Mechliniensium apostoli, advocati sterilium coniugum, agricolarum, piscatorum, institorum et navigantium acta, martyrium, liturgia antiqua et patria per R.-P.-E.-Hugonem Vardaeum opus posthumum nunc recuas a V. A. P. F. Thoma serino... recognitum et in vivellis suppletum. Louvain, 1662.

Verhavert, Fr., Geschiedenis van de Metropolitane kerk van den H. Rumoldus. Malines, 1914.
— De Duitschers te Mechelen. Malines, 1919.

Verriest, L., Le servage dans le Hainaut. Bruxelles, 1910.

Verwys, E. et Verdam, J., Middel nederlandsche woordenboek. La Haye, 1897.

Visite de la Gilde de saint Thomas et de saint Luc à Malines, *dans Revue de l'Art chrétien, 1887.*

Von Sickel, Diplomata regum atque imperatorum Germaniae, t. II, Hanovre, 1879 [MGH].

Wachtendock, J. van W., Vita passio et miracula S. Rumoldi, apostoli Mechliniensis et martyris. Mechliniae, 1638.
— Het leven, 't lyden ende mirakelen van den H. Romboudt, apostel ende martelaer van Mechelen... overgeset in de Nederlandsche taele door den Eerw. H. Franchoys van den Bossche, Pastoor ende Deken van de Collegiale Kercke van S. Jacob tot Antwerpen. Malines, 1re éd., 1639; — 2e éd., 1667.

Warichez, J., L'abbaye de Lobbes, depuis les origines jusqu'en 1200. Louvain, 1909.

Warnkönig, L.-A., Flandrisches Staats- und Rechtsgeschichte, bis zum jahre 1305. Tubingen, 1835-1842.

Wauters, A., Histoire des environs de Bruxelles. Bruxelles, 3 vol., 1850-1857.
— Table chronologique des Chartes et diplômes imprimés concernant l'histoire de la Belgique. Bruxelles, 1866 et ss.

Weale, J., Analecta liturgica, Pars II, Thesaurus Hymnologicus, I. Lille-Bruges, 1888.

Weber, J., Die Vererhrung der heiligen XIV Nothilfer. Kempten, 1886.

Wichmans, A., Brabantia Mariana tripartita. Anvers, 1652.

Willems, J.-Fr., Mengelingen van historische Vaderlandsche inhoud. Anvers, 1827-1830.

Wittichen, Fr.-P., Preusen und die Revolution in Belgiën und Luttich. Göttingen, 1905.

TABLE DES MATIÈRES

CHAPITRE IV
La paroisse

§ 1 — La paroisse primitive

Sommaire. — La paroisse-mère de Malines en 1134. — Un double problème à résoudre. — Les cinq paroisses primitives. — Le titre baptismal de Malines au xij^e siècle. — Faits qui corroborent notre hypothèse. — Deux difficultés. — Le transfert des fonts baptismaux à l'église Saint-Rombaut. — Conclusion 1

§ 2 — Le fractionnement de la paroisse-mère

Sommaire. — Érection des nouvelles paroisses au xiij^e siècle. — Les paroisses de Notre-Dame, de Muysen et de Neckerspoel, et les conditions d'érection de ces paroisses. — La paroisse de Notre-Dame d'Hanswyck. — Les autres paroisses urbaines. — Les paroisses de Waelhem et de Bonheyden. — L'église Saint-Nicolas. 13

§ 3 — Le plébah et les curés des églises subalternes

Sommaire. — La plébanie de Saint-Rombaut. — Le vice-plébán. — Le dernier plébán de l'ancienne cathédrale, J.-B. Van Trimpont. — Les curés des églises subalternes. — Les droits du Chapitre sur les oblations et la cire 22

§ 4 — La Fabrique d'église de Saint-Rombaut

Sommaire. — Les attributions du Conseil de Fabrique en général. — Les origines de l'administration fabricienne de Saint-Rombaut. — Le règlement de 1265. — L'évolution de l'institution. — Le règlement de 1590. — Le règlement de 1601. — Les revenus et charges de la Fabrique. — Les devoirs et droits des marguilliers. — La Fabrique dans la seconde moitié du xvij^e et au xviij^e siècle. — Le sceau de la Fabrique. 31

CHAPITRE V
Le Chapitre et le Clergé à la fin du xviij^e siècle

Sommaire. — Les dernières années du régime autrichien. — La première conquête française. — La seconde invasion française et la contribution de guerre de 1,500,000 livres. — La situation financière du Chapitre lors de sa suppression. — Les débuts de la persécution religieuse. — Le serment de haine à la royauté et la suppression du culte. — La dispersion des chanoines. — Le sort des Zellariens 44

CHAPITRE VI
Le nouveau Chapitre métropolitain

Sommaire. — La fin de la persécution religieuse. — La prise de possession du siège archiépiscopal, par Jean-Armand de Roquelaure. — Érection du nouveau Chapitre. — Installation des premiers chanoines titulaires et honoraires. — Le Chapitre de 1808 à 1834. — L'organisation définitive du Chapitre. — Le nouveau sceau. — Les événements de 1914 58

LIVRE III
L'Édifice
CHAPITRE I
Le plan terrier et l'aspect extérieur du Monument

Sommaire. — L'église de Notger. — La construction de l'église actuelle. — Plan terrier. — Aspect extérieur : les parties hautes ; les chapelles ; les fenêtres ; les porches ; la balustrade des combles ; les sculptures extérieures. — Le campanile et sa cloche. 69

CHAPITRE II
La chronologie du Monument

§ 1 — La première période des constructions 1200-1342

Sommaire. — Les grandes périodes de l'histoire du monument. — Les constructions de la première période. — Le début des travaux. — Le transept. — Les caractères architectoniques de la grande nef. — Le chœur et le déambulatoire. — La chapelle du S. Rosaire. — Les chapelles sur plan carré du déambulatoire. — Variations dans les éléments constructifs et décoratifs de la première période : les colonnes, les arcatures décoratives et claires-voies, les voûtes. — La marche successive des travaux durant cette période. — La consécration de l'église, le 28 avril 1312, et le titre patronymique 78

§ 2 — L'édifice de 1342 à 1580

Sommaire. — L'incendie en 1342. — Les travaux de restauration. — Les nouvelles constructions après 1342. — La construction de la voûte de la grande nef, en 1437. — L'indulgence du Jubilé de 1451. — Autres bulles d'indulgences, de 1451 à 1456. — Les constructions de la troisième période. — La voûte du chœur. — Indulgence accordée par Léon X. 94

§ 3 — L'édifice de 1585 à 1919

Sommaire. — La restauration de l'édifice après l'occupation protestante. — Les constructions nouvelles aux xvij^e et xviij^e siècles. — Les premiers travaux après le Concordat. — La restauration de l'église de 1840 à 1914. — Les événements de 1914. — Les réparations provisoires en 1914 et 1916 105

§ 4 — Les pierres tombales

Sommaire. — Usage général d'enterrer dans les églises. — Les dalles funéraires. — L'enlèvement des pierres tombales aux xvj^e et xvij^e siècles. — Le déplacement des dalles au xviij^e siècle. — Les pierres tombales au xixe siècle 112

CHAPITRE III

Coup d'œil général sur le mobilier, du xiij^e au xxe siècle

Sommaire. — Pénurie de renseignements concernant le mobilier avant 1580. — Les trois époques du mobilier. — Le mobilier de la première époque (xiij^e s.-1580) : les vitraux, les peintures décoratives, les autels, les statues, autres objets mobiliers. — La destruction de l'ancien mobilier en 1580. — Période de transition (1585-1620 env.). — La seconde période du mobilier. — Les préparatifs au jubilé millénaire de saint Rombaut, en 1775. — L'époque républicaine. — Le vandalisme pieux du xixe siècle. — Le mobilier de la troisième période. — Les événements de 1914. 116

CHAPITRE IV

Description du mobilier aux différentes époques

§ 1 — Le chœur

N° 1 — *La clôture du chœur*

Sommaire. — L'ambon de l'église de Notger et l'autel de la Sainte-Croix. — Le jubé gothique. — L'autel de sainte Marie-Madeleine. — L'autel de saint Rombaut. — Le jubé du xvij^e siècle et les autels dressés devant le nouveau jubé. — Démolition du jubé. — Essais de clôture du chœur au xixe siècle. — La clôture du chœur du côté du déambulatoire 143

N° 2 — *L'intérieur du Chœur*

Sommaire. — L'intérieur du chœur d'après une gravure de 1572. — Y eut-il un autel de la Sainte Vierge derrière le maître-autel ? — Les blasons des chevaliers de la Toison d'or. — Les stalles du xvj^e au xxe siècle. — Le maître-autel, depuis 1585. — L'autel de l'archevêque Cruesen. — Les sépultures des Archevêques. — Le mausolée d'André Cruesen. — Le mausolée de Mathias Hovius. — Le mausolée d'Alphonse de Berghes. — Le mausolée d'Humbert de Praecipiano. — Projet de cénotaphe à la mémoire du cardinal d'Alsace. — La pierre tombale de Jean Hauchin. — Le caveau des Archevêques. — Le pavement du chœur. — Le grand lutrin de laiton. — Les grands chandeliers et autres objets de dinanderie. — La statue du Roi David. — Vitraux anciens et modernes du chœur 157

§ 2 — Le transept

N° 1 — *La partie méridionale*

Sommaire. — L'autel des Rois Mages. — L'autel de sainte Marguerite. — L'autel de saint Jacques le Majeur. — Le premier autel de sainte Anne. — L'autel actuel de sainte Anne. — Le Christ en croix de Van Dyck. — Peintures anciennes derrière l'autel de sainte Anne. — Les portails du transept. — Les verrières de la fenêtre du pignon méridional. — La verrière en face de l'autel de sainte Anne 182

N° 2 — *La partie septentrionale du Transept*

Sommaire. — L'autel de saint Antoine. — L'autel primitif de la Vierge. — La Confrérie de Notre-Dame. — L'autel de la Confrérie avant 1580. — L'autel actuel. — Le vitrail de Louis de Male. — Le vitrail actuel. — Le tableau de C. Leclercq 199

§ 3 — Le Pourtour du Chœur et les Chapelles du Déambulatoire

N° 1 — *La partie Nord du Pourtour*

Sommaire. — Les clôtures du déambulatoire. — Le monument du cardinal de Franckenberg. — Le buste de la *Mater dolorosa*. — La salle capitulaire. — Le tombeau des Berthout. — Le local du vestiaire actuel des chanoines titulaires. — La chapelle des Reliques de saint Rombaut. — Deux pierres tombales à signaler. — La chapelle de saint Jacques le Mineur. — La chapelle des saints Pierre et Paul et Martin ; — la confrérie du Saint Sacrement avant 1580 ; — la chapelle de 1585 à 1804 ; — la chapelle depuis le xixe siècle. — La chapelle de sainte Marie-Madeleine jusqu'en 1580 ; — depuis 1580 jusqu'au xixe siècle ; — la chapelle depuis 1804 209

N° 2 — *La chapelle de Zellaer et la partie méridionale du pourtour*

Sommaire. — La chapelle absidale jusqu'en 1762 ; — la chapelle de 1762 à 1876 ; — la chapelle depuis 1876. — La chapelle des saints Gilles, Georges et Catherine ou de l'Ancienne Arbalète, avant le xixe siècle ; — la chapelle au xixe siècle et sa consécration à saint Engelbert. — La chapelle du Saint Sauveur ou des *Vettewariers*, avant le xixe siècle ; — sa consécration aux saints Martyrs de Gorcum. — **La chapelle des saints Macaire et Antoine**, avant 1580 ; — la chapelle depuis 1585 et son affectation au serment des Arquebusiers. — L'autel du déambulatoire. — Le monument du comte de Praecipiano. — La chapelle Scoonjans avant 1580 ; — la cession de la chapelle à la corporation des Peintres. — La chapelle des Lombards avant et après les troubles du xvj^e siècle. — Le monument de Vrancx van Halen. — Le monument du cardinal de Granvelle. — Le monument du cardinal d'Alsace. — La grande sacristie 231

§ 4 — Les chapelles du bas-côté septentrional

Sommaire. — La première chapelle avant 1580 ; — la Confrérie du Saint Sacrement obtient l'usage de la chapelle ; — le nouveau mobilier ; — l'autel de 1631 ; — le mobilier du xvij^e siècle. — La chapelle au xviij^e siècle : le tabernacle, la relique de saint François Xavier. — La chapelle à la fin du xviij^e et au commencement du xixe siècle. — Le mobilier du xixe siècle. — La petite sacristie. — La chapelle de Van Diest ou des Sept Dormants. — La chapelle du Saint Nom. — La chapelle de l'ancienne *thesauraria*. — Les Chevaliers de Jérusalem. — Les Cordonniers et la Confrérie de la Sainte Trinité. — La chapelle après le Concordat. 261

§ 5 — La grande nef et les collatéraux

Sommaire. — Les verrières anciennes. — La polychromie des murs et des colonnes. — Les autels adossés aux colonnes de la grande nef. — Les autels du bas-côté méridional. — Les autels du collatéral Nord avant le xvj^e siècle. — Les autels après 1585. — Les bancs d'œuvre aux xvij^e et xviij^e siècles. — Les statues placées contre les colonnes. — La chaire de vérité. — La statue de Moïse et le bénitier de Baptiste Van den Dale. — La porte des mariages et les fonts baptismaux. — Le portail sous la tour. — Les orgues 290

CHAPITRE V

La Tour

§ 1 — Le monument

Sommaire. — Le début de la construction. — L'auteur du plan. — Le thème général de la construction. — Le porche et les étages extérieurs. — Les étages intérieurs. — Visiteurs de marque. — Les restaurations. — La tour en 1914. — Le projet d'achèvement. — L'*incendie* de 1687 310

§ 2 — Les Cloches et le Carillon

Sommaire. — Les six grandes cloches : Jhesus-Salvator, Carolus, Rumoldus, Maria, Madeleine, Libert. — Deux autres cloches anciennes. — Le carillon. — La propriété des cloches. — Les cloches en 1914-1918 327

Table alphabétique des noms de personnes . . . 327
Index bibliographique 369
Table des matières 382

www.ingramcontent.com/pod-product-compliance
Lightning Source LLC
Chambersburg PA
CBHW060552170426
43201CB00009B/750